Clarisse Bader

La femme française
dans les temps modernes

OmniaVeritas

CLARISSE BADER

LA FEMME FRANÇAISE
DANS LES TEMPS MODERNES

1883

Publié par
OMNIA VERITAS LTD

ⓞMNIA VERITAS

www.omnia-veritas.com

PRÉFACE 7

CHAPITRE PREMIER 11

L'ÉDUCATION DES FEMMES LA JEUNE FILLE LA FIANCÉE 11

(XVIe-XVIIIe siècles) *11*

CHAPITRE II 89

L'ÉPOUSE, LA VEUVE, LA MÈRE 89

(XVIe-XVIIIe siècles) *89*

CHAPITRE III 153

LA FEMME DANS LA VIE INTELLECTUELLE DE LA FRANCE 153

(XVIe-XVIIIe siècles) *153*

CHAPITRE IV 247

LA FEMME DANS LA VIE PUBLIQUE DE NOTRE PAYS 247

CHAPITRE V 341

LA FEMME AU XIXE SIÈCLE— LES LEÇONS DU PRÉSENT ET LES EXEMPLES DU PASSÉ 341

I

L'émancipation politique des femmes jugée par l'école révolutionnaire. 341

II

Le travail des femmes. Quels sont les emplois et les professions qu'elles peuvent exercer ?........ 351

III

Quelle est la part de la femme dans les oeuvres de l'intelligence, et dans quelle mesure la femme peut-elle s'adonner aux lettres et aux arts ?........ 357

IV

L'éducation des femmes dans ses rapports avec leur mission. La méthode de Mgr Dupanloup.......... 364

V

Conditions actuelles du mariage. Les droits civils de la femme peuvent-ils être améliorés ?.......... 396

VI

Mondaines et demi-mondaines.......... 405

VII

Le divorce.......... 414

VIII

Où se retrouve le type de la femme française.......... 421

PRÉFACE

J'ai cherché dans mes précédentes études la place que la femme a occupée dans les sociétés qui ont laissé leur influence sur notre civilisation. Je termine aujourd'hui mon travail par un ouvrage qui a pour objet la condition de la femme française dans les temps modernes.

Les quatre premiers chapitres de ce livre disent ce qu'a été la femme dans la vie domestique, intellectuelle, sociale et politique de notre pays, depuis le XVIe siècle jusqu'au XVIIIe inclusivement.

En pénétrant dans les vieux foyers français je m'applique surtout à retrouver les principes sur lesquels repose la famille. Dans cette partie de mon oeuvre, j'interroge les personnes qui ont vécu dans ces trois siècles, je recueille leurs témoignages, ces témoignages que nous livrent particulièrement les mémoires domestiques, les correspondances privées, tous les documents intimes auxquels notre époque attache justement un si grand prix.

Pour étudier la part qu'a eue la femme dans notre vie littéraire et artistique, je ne me suis arrêtée qu'aux modèles qui représentent vraiment une influence. Je m'y suis longuement attardée, comme le voyageur qui, après avoir rapidement traversé les plaines, s'arrête aux cimes des montagnes.

Quant au rôle historique des femmes françaises, je n'y ai cherché que les éléments de ce problème très actuel : Dans notre pays, la femme est-elle apte à la vie politique ?

C'est dans le chapitre suivant, *la Femme française au XIXe siècle*, que j'ai essayé de résoudre ce problème. Dans ce chapitre, le dernier de l'ouvrage, j'ai successivement abordé les questions suivantes : *L'émancipation politique des femmes.— Le travail des femmes. Quelles sont les professions et les fonctions qu'elles peuvent exercer ?—Quelle est la part de la femme dans les œuvres de l'intelligence, et dans quelle mesure la femme peut-elle s'adonner aux lettres et aux arts ?—L'éducation des femmes dans ses rapports avec leur mission.—Conditions actuelles du mariage. Les droits civils de la femme peuvent-ils être améliorés ?—Mondaines et demi-mondaines.—Le divorce. Où se retrouve le type de la femme française.*

Ce chapitre, comme l'indique son sous-titre, rappelle avec *les leçons du présent, les exemples du passé*. Ces exemples, je les ai demandés aux précédentes pages du livre et aussi aux ouvrages que j'ai déjà écrits sur la condition de la femme dans les civilisations dont la France est l'héritière. Le dernier chapitre de mon travail est donc la conclusion, non seulement de ce livre même, mais de toutes mes études antérieures sur la femme.

Comme j'ai eu particulièrement en vue *la condition* de la femme, la partie biographique n'occupe dans cet ouvrage qu'une place secondaire, et seulement pour expliquer par un vivant commentaire ce qui se rapporte à cette *condition*. La biographie disparaît même complètement lorsque j'aborde le XIXe siècle. Je suis du, nombre de ceux qui croient qu'il est bien difficile de parler de ses contemporains avec une entière impartialité. Sans m'interdire quelques allusions aux femmes qui se sont distinguées à notre époque, j'ai tenu à n'écrire dans ces pages aucun nom du XIXe siècle. Ici les personnalités s'effacent, et les principes seuls apparaissent.

Il y a vingt ans qu'au sortir de l'adolescence je commençais l'œuvre que je termine aujourd'hui. Ce travail, objet de ma constante sollicitude, a été interrompu dans ces dernières années par des épreuves domestiques qui semblaient m'enlever jusqu'à l'espoir de le reprendre jamais. C'est avec une profonde tristesse que je croyais devoir abandonner une oeuvre qui n'avait été pour moi que la forme d'une humble mission moralisatrice, et dont les souvenirs se rattachaient aux radieuses années disparues pour toujours de mon horizon assombri. En m'attribuant une part du prix fondé par une généreuse amie de la France, la célèbre Mme Botta, l'Académie française m'a accordé un nouvel et puissant encouragement qui m'a rendue à mes chères occupations d'autrefois et qui m'a donné la force de faire plus d'un sacrifice à l'achèvement de mon oeuvre. J'aurais voulu que cette conclusion de mes travaux témoignât dignement de ma reconnaissance ; mais pour la réalisation d'un tel voeu, il ne suffisait pas de l'effort qui, dans les luttes d'un incessant labeur, surmonte la peine et brave la fatigue.

CLARISSE BADER.
Décembre 1882.

Chapitre Premier

L'ÉDUCATION DES FEMMES

LA JEUNE FILLE LA FIANCÉE

(XVIe-XVIIIe siècles)

Transformation que le XVIe siècle fait subir à l'existence de la femme.—Le courant de la vie mondaine et le courant de la vie domestique.—Les deux éducations.—Érudition des femmes de la Renaissance.—Opinion de Montaigne à ce sujet.—Les émancipatrices des femmes au XVIe siècle.—Les sages doctrines éducatrices et leur application.—L'instruction des femmes au XVIIe siècle.—Les femmes savantes d'après Mlle de Scudéry et Molière.—Suites funestes de la satire de Molière.—L'ignorance des femmes jugée par La Bruyère, Fénelon, Mme de Maintenon, etc.—L'éducation comprimée des jeunes filles.—Réformes éducatrices : le traité de Fénelon sur l'*Éducation des filles* ; Mme de Maintenon à Saint-Cyr.—L'instruction professionnelle et l'instruction primaire du XVIe au XVIIIe siècles.—Caractère de l'ignorance des femmes du monde au XVIIIe siècle ; leur éducation automatique.—Les théories éducatrices de Rousseau et de Mme Roland.—Les anciennes traditions.—Les résultats de l'éducation mondaine et ceux de l'éducation domestique.—La jeune fille dans la poésie et dans la vie réelle.—Les tendresses du foyer.—Mme de Rastignac—Le sévère principe romain de l'autorité paternelle.—Les jeunes ménagères dans une gentilhommière normande.—La fille pauvre Mlle de Launay.—Le droit d'aînesse.—Bourdaloue et les vocations forcées.—Condition civile et légale de la femme.—La communauté et le régime dotal.—Marche ascendante des dots.—Mariages d'ambition.—La chasse aux maris.—Les mariages enfantins.—Mariages d'argent.—Mésalliances.—Mariages secrets.—Les exigences du rang et leurs victimes ; une fille du régent ; Mlle de Condé.—Mariages d'amour ; Mlle de Blois.—La corbeille.—Cérémonies et fêtes nuptiales.—Le mariage chrétien.

Dans la famille patriarcale du moyen âge, c'est surtout la condition domestique de la femme qui nous apparaît. La châtelaine dans le manoir féodal, la bourgeoise dans la maison de la cité, la paysanne dans la chaumière, nous font généralement revoir ce type, vieux comme le monde : la femme gardienne du foyer.

Au XVIe siècle un changement considérable se produit dans l'existence de la châtelaine. Cette vie, désormais plus sociale que domestique, devient d'autant plus brillante qu'elle concentre ses rayons dans le cercle enchanteur que trace François Ier, et que l'on nomme la cour de France. Avant ce roi, Anne de Bretagne avait bien appelé auprès d'elle les femmes et les jeunes filles de la noblesse, mais c'était pour les garder à l'ombre d'une austère tutelle et les former aux moeurs patriarcales du foyer.[1] Tel ne fut pas, on le sait, le but de François Ier en attirant les châtelaines à sa cour. « Une cour sans femmes, avait-il dit, est une année sans printemps et un printemps sans roses. »

Sans doute cette apparition des femmes à la cour de France leur donne, comme nous le verrons plus tard, une influence souvent heureuse sur les lettres, sur les arts, et fait éclore la fleur délicate et brillante de la causerie française. Mais les moeurs domestiques et l'état social du pays sont loin de gagner à ce changement. Sur un théâtre aussi corrompu que séduisant, les femmes perdent le goût du

---

[1] Brantôme, *Premier livre des Dames*. Anne de Bretagne.

foyer ; elle sacrifient au désir de plaire leurs devoirs de famille, et jusqu'à leur honneur. Elles renoncent enfin à ce patronage qu'elles exerçaient dans leurs terres. La femme de cour, environnée d'un cercle d'adulateurs, a remplacé la châtelaine, mère et protectrice de ses paysans. L'historien et l'économiste s'accordent pour constater que si la politique qui attira à la cour les familles dirigeantes, acheva la victoire de la royauté sur l'esprit féodal, cette même politique prépara malheureusement aussi la Révolution. Tandis que la noblesse se corrompt dans la domesticité de la cour, les paysans, privés des exemples moraux et de la protection matérielle que leur donnaient leurs seigneurs, se trouvent ainsi livrés aux sophistes du XVIIIe siècle, et ils sauront traduire par des actes d'une sauvage violence les doctrines antisociales et antireligieuses[2].

A partir du XVIe siècle, deux courants vont s'établir dans les moeurs françaises. D'une part une élégante corruption envahira le monde de la cour ; mais d'autre part les moeurs patriarcales se conserveront dans bien des familles nobles ou plébéiennes qui, soit dans les campagnes, soit encore dans les villes, n'auront pas subi la contagion immédiate du mal. A la cour même se retrouveront, aussi bien et plus encore parmi les femmes que parmi les hommes, de ces natures fortement trempées à qui le spectacle du mal donne plus de vigueur encore dans la pratique du bien.

L'éducation de la femme se ressentira de cette double influence. Ici on préparera en elle la gardienne du foyer, là une femme de la cour. Les résultats de ces deux éducations ne tarderont pas à nous apparaître.

---

[2] F. Le Play, *La Constitution essentielle de l'humanité* ; H. Taine, *Les Origines de la France contemporaine. L'ancien régime*.

Mais dans les provinces comme à la cour, dans la bourgeoisie comme dans la noblesse, le mouvement intellectuel qui produisit la Renaissance donna une vive impulsion à la culture de l'esprit chez la femme. Nous aurons à le constater dans un chapitre spécial réservé à l'influence de la femme française sur les lettres et sur les arts.

Chez les femmes de la Renaissance, l'érudition se joint au talent d'écrire. Et quelle érudition ! Les trois brillantes Marguerite de la cour des Valois en donnent l'exemple. Elles savent toutes trois le latin, et les deux premières, le grec. L'hébreu même n'est pas étranger à la première Marguerite, soeur de François Ier. La fille d'un Rohan lit la Bible dans le texte hébraïque. Des femmes traduisent les anciens ; d'autres écrivent elles-mêmes en latin, en grec ; elles abordent jusqu'aux vers latins. Marie Stuart, dauphine de France, compose un discours latin dont nous aurons à parler. Catherine de Clermont, duchesse de Retz, initiée aux mathématiques, à la philosophie, à l'histoire, possède à un si haut degré la connaissance du latin, que la reine Catherine de Médicis la charge de répondre au discours que lui adressent en cette langue les ambassadeurs polonais qui, en 1573, viennent annoncer au duc d'Anjou son élection au trône de Pologne. La harangue de la duchesse fut élevée au-dessus des discours que le chancelier de Birague et le comte de Cheverny firent aux ambassadeurs au nom de Charles IX et du nouveau roi de Pologne.[3]

Presque toutes ces femmes sont poètes en même temps qu'érudites. Quelques-unes sont musiciennes et s'accompagnent du luth pour chanter leurs vers. Beaucoup sont louées pour avoir allié au talent, à la science, les

---

[3] L'épitaphe du tombeau de la duchesse mentionna le souvenir de ce discours. Cette inscription se trouve maintenant au musée historique de Versailles. Guilhermy, *Inscriptions de la France, du Ve siècle au XVIIIe*, t. I. Paris,1873, CCCXI.

sollicitudes domestiques, les devoirs de la mère[4]. Nous les retrouverons en étudiant la part qu'eut la femme dans le mouvement intellectuel de notre pays.

Les filles du peuple ne restent pas étrangères à l'érudition, témoin la maison de Robert Estienne où l'obligation de ne parler qu'en latin était imposée aux servantes mêmes[5].

Le besoin du savoir était universel pendant la Renaissance, époque de recherches curieuses et qui fut certes moins littéraire qu'érudite et artistique. Les femmes ne firent donc que participer à l'entraînement général, et ce ne fut pas sans excès. Elles ne surent pas toujours se défendre de la pédanterie, s'il faut en croire Montaigne. Le philosophe sceptique raille agréablement les femmes savantes d'alors qui faisaient parade d'une instruction superficielle : « La doctrine qui ne leur a peu arriver en l'ame, leur est demeurée en la langue, » dit-il avec son inimitable accent de malicieuse naïveté.

Si les femmes veulent s'instruire, Montaigne leur abandonne impertinemment la poésie, « art folastre et subtil, desguisé, parlier, tout en plaisir, tout en montre, comme elles. » Mais dans cette page badine, il y a déjà le grand principe de l'instruction des femmes : Montaigne leur permet d'étudier tout ce qui peut avoir dans leur vie une utilité pratique, l'histoire, la philosophie même[6].

Cette valeur pratique de l'instruction, Montaigne l'avait déjà formulée dans un précédent chapitre des *Essais*, mais, à vrai dire, il ne croyait guère que la femme fût capable de trouver dans l'étude ce bienfait moral. Après avoir cité ce

---

[4] L. Feugère, *les Femmes poètes au XVIe siècle*.
[5] Baillet, *Jugement des Savants*. 1722. T. VI. Enfants célèbres par leurs études.
[6] Montaigne, *Essais*, l. III, ch. iii.

vers grec : « A quoy faire la science, si l'entendement n'y est ? » et cet autre vers latin : « On nous instruit, non pour la conduite de la vie, mais pour l'école, » Montaigne écrit : « Or il ne fault pas attacher le sçavoir à l'ame, il l'y fault incorporer ; il ne l'en fault pas arrouser, il l'en fault teindre ; et s'il ne la change, et meliore son estat imparfaict, certainement il vault beaucoup mieulx le laisser là : c'est un dangereux glaive, et qui empesche et offense son maistre, s'il est en main foible, et qui n'en sçache l'usage...

« A l'adventure est ce la cause que et nous et la théologie ne requérons pas beaucoup de science aux femmes, et que François, duc de Bretaigne, fils de Jean V, comme on luy parla de son mariage avec Isabeau, fille d'Escosse, et qu'on luy adjousta qu'elle avoit esté nourrie simplement et sans aulcune instruction de lettres, respondit, « qu'il l'en aymoit mieulx, et qu'une femme estoit assez sçavante quand elle sçavoit mettre différence entre la chemise et le pourpoinct de son mary[7]. »

L'utilité de l'instruction était néanmoins un argument que ne pouvaient négliger les femmes qui dès lors défendaient les droits intellectuels de leur sexe et qui comptaient dans leurs rangs la jeune et belle dauphine de France, Marie Stuart, prononçant en plein Louvre, devant la cour assemblée, cette harangue latine dont j'ai parlé plus haut, et qu'elle avait composée elle-même ; « soubtenant et deffendant, contre l'opinion commune, dit Brantôme, qu'il estoit bien séant aux femmes de sçavoir les lettres et arts libéraux[8]. » Nous ne savons à quel point de vue se plaça ici la jeune dauphine, si elle faisait de l'instruction une simple parure pour l'esprit de la femme ou une force pour son caractère. Mais je pense que la grâce toute féminine qui distinguait Marie Stuart la

---

[7] Montaigne, *Essais*, l. I, ch. XXIV. Molière n'oubliera pas ce dernier trait.
[8] Brantôme, *Premier livre des Dames*. Marie Stuart.

préserva des doctrines émancipatrices qui, à cette époque déjà, égaraient quelque peu les cerveaux féminins. Ne vit-on pas alors Marie de Romieu, répondant à une satire de son frère contre les femmes, défendre leur mérite avec un zèle plus ardent que réfléchi, et déclarer que la femme l'emporte sur l'homme non seulement par les qualités du coeur, mais encore par les dons intellectuels, par le maniement des affaires, et même... par le courage guerrier[9] ! Le comte Joseph de Maistre, qui eut le tort d'exagérer la thèse opposée, devait, deux siècles plus tard, répondre sans le savoir à la prétention la plus exorbitante d'une femme dont le nom et les écrits ne lui étaient sans doute pas connus : « Si une belle dame m'avait demandé, il y a vingt ans : « Ne croyez-vous pas, monsieur, qu'une dame pourrait être un grand général comme un homme ? » je n'aurais pas manqué de lui répondre : « Sans doute, madame. Si vous commandiez une armée, l'ennemi se jetterait à vos genoux comme j'y suis moi-même ; personne n'oserait tirer, et vous entreriez dans la capitale ennemie avec des violons et des tambourins... Voilà comment on parle aux femmes, en vers et même en prose. Mais celle qui prend cela pour argent comptant est bien sotte[10]. »

Mlle de Gournay, elle, devait se contenter de proclamer l'égalité des sexes. Elle fit bien certaines petites restrictions pour les aptitudes guerrières ; mais pour la science de l'administration, elle se garda bien d'admettre que la femme fût quelque peu inférieure à l'homme[11].

La cause de l'instruction des femmes fut mieux plaidée par Louise Labé, la Belle Cordière. Montaigne avait permis

---

[9] L. Feugère, *les Femmes poètes au XVIe siècle*.

[10] Comte J. de Maistre, *Lettres et Opuscules inédits*. A Mlle Constance de Maistre. Saint-Pétersbourg, 1808.

[11] L. Feugère, *Mlle de Gournay* (à la suite des *Femmes poètes au XVIe siècle*).

que la femme, si elle le pouvait, s'instruisît de ce qui lui serait utile ;—Louise Labé nous donne l'une des meilleures applications de ce précepte, en disant que la femme doit s'instruire pour être la digne compagne de l'homme[12] : la digne compagne de l'homme, oui, sans doute ; mais aussi la mère éducatrice, selon la pensée d'un auteur qui appartient au XVe et au XVIe siècles. Jean Bouchet, alors qu'il défend Gabrielle de Bourbon, femme de Louis de la Tremouille, contre ceux qui reprochent à la noble dame d'avoir écrit. « Aucuns trouvoyent estrange que ceste dame emploiast son esprit à composer livres, disant que ce n'estoit l'estat d'une femme, mais ce legier jugement procède d'ignorance, car en parlant de telles matières on doit distinguer des femmes, et sçavoir de quelles maisons sont venues, si elles sont riches ou pauvres. Je suis bien d'opinion que les femmes de bas estat, et qui sont chargées et contrainctes vacquer aux choses familières et domesticques, pour l'entretiennement de leur famille, ne doyvent vacquer aux lectres, parce que c'est chose repugnant à rusticité ; mais les roynes ; princesses et aultres dames qui ne se doyvent, pour la reverence de leurs estatz, applicquer à mesnager comme les mecaniques, et qui ont serviteurs et servantes pour le faire, doyvent trop mieulx appliquer leurs espritz et employer le temps à vacquer aux bonnes et honnestes lectres concernans choses morales ou historialles, qui induisent à vertuz et bonnes meurs, que à oysiveté mère de tous vices, ou à dances, conviz, banquetz, et aultres passe-temps scandaleux et lascivieux ; mais se doivent garder d'appliquer leurs espritz aux curieuses questions de théologie, concernans les choses secretes de la Divinité, dont le sçavoir appartient seulement aux prelatz, recteurs et docteurs.

« Et si à ceste consideracion est convenable aux femmes estre lectrées en lectres vulgaires, est encores plus requis

---

[12] *Id.*, même ouvrage.

pour un aultre bien, qui en peult proceder : ce que les enfans nourriz avec telles meres sont voluntiers plus eloquens, mieulx parlans, plus saiges et mieulx disans que les nourriz avec les rusticques, parce qu'ilz retiennent tousjours les condicions de leurs meres ou nourrices. Cornelie, mere de Grachus, ayda fort, par son continuel usaige de bien parler, à l'eloquence de ses enfans. Cicero a escript qu'il avait leu ses epistres, et les estime fort pour ouvrage féminin. La fille de Lelius, qui avait retenu la paternelle éloquence, rendit ses enfans et nepveux disers[13]. »

En définissant le rôle de l'instruction dans les devoirs maternels, Jean Bouchet n'a pas oublié de démontrer que l'étude prémunit aussi la femme contre les plaisirs du monde et les passions mauvaises. Le cynique Rabelais a lui-même compris que les coupables amours ne pouvaient trouver place dans une âme sérieusement occupée ; et par une charmante allégorie, il a montré Cupidon n'osant s'attaquer au groupe des muses antiques, et s'arrêtant surpris, ravi, désarmé, et en quelque sorte captif lui-même devant leurs graves et doux accents. L'amour profane ne pouvant les séduire, est devenu, sous leur influence, l'amour immatériel.

En joignant les réflexions de Jean Bouchet et de Rabelais à celles de la Belle Cordière, on ne saurait mieux définir le rôle de l'instruction chez la femme, le vide que remplit cette instruction et la force qu'elle donne pour mieux s'acquitter des devoirs de l'épouse et de la mère. C'étaient de tels principes qui, en dépit même de certaines exagérations, rendaient si solide l'instruction que possédaient au XVIe siècle des femmes de tout rang. Dans une famille bourgeoise habitant le midi, Jeanne du Laurens reçoit la sage culture intellectuelle qui lui permettra de rédiger avec un si exquis bon sens, un jugement si sûr, si droit, ce *Livre de raison*,

---

[13] Jean Bouchet, *le Panegyrie du chevallier sans reproche*, ch. XX.

récemment publié pour l'honneur de sa famille et l'édification de notre temps[14].

Mais, selon le témoignage de Henri IV, « l'ignorance prenait cours dans son royaume par la longueur des guerres civiles. » A cette éblouissante période de la Renaissance succèdent des jours sombres où les tempêtes menacent d'éteindre le flambeau de la vie intellectuelle. Sans doute cette vie renaîtra plus florissante que jamais au XVIIe siècle ; mais les femmes du monde, déshabituées de l'étude, se livreront alors pour la plupart à la frivolité des goûts mondains. Les femmes instruites deviennent des exceptions brillantes qui se produisent néanmoins dans divers rangs de la société.

De grandes dames comme Mme de la Fayette, Mme de Sévigné, Marie-Eléonore de Rohan, abbesse de la Sainte-Trinité, à Caen, plus tard abbesse de Malnoue[15], et, dans une sphère moins haute, Mme des Houlières, Mlle Dupré, ont étudié le latin. Cette dernière apprend même le grec[16].

La duchesse d'Aiguillon, élevée dans le Bocage vendéen, reçoit comme sa grand'mère de Richelieu, une instruction solide. Elle est même initiée aux lettres grecques et latines [17]. Huet, le savant évêque d'Avranches, surprend un jour entra les mains de Marie-Élisabeth de Rochechouart un livre que celle-ci lui cache : c'est le texte grec de quelques opuscules de Platon, et elle achève avec lui la lecture du Crilon. Instruite et modeste comme cette jeune fille, sa tante,

---

[14] Manuscrit publié par M. Charles de Ribbe, dans l'ouvrage intitulé: *Une Famille au XVIe siècle*.

[15] Huet, *Mémoires*, livre III.

[16] M. l'abbé Fabre, *De la correspondance de Fléchier avec Mme Des Houlières et sa fille* ; *la Jeunesse de Fléchier*.

[17] Bonneau-Avenant, la Duchesse d'Aiguillon.

Gabrielle de Rochechouart, abbesse de Fontevrault, traduit le Banquet et fait refondre sa traduction par Racine [18]. Dans ce même XVIIe siècle on admirera la science philologique d'Anne Lefèvre, la célèbre Mme Dacier.

Ainsi qu'au XVIe siècle, nulle étude, quelque aride qu'elle soit, ne rebute quelques femmes. A la connaissance des langues, Mme de la Sablière joint l'étude de la philosophie, de la physique, de l'astronomie, des mathématiques. Les grandes dames raisonnent sur le cartésianisme. Mme de Grignan, qui se reconnaît fille de Descartes, écrit une lettre sur la doctrine du pur amour, professée par Fénelon. C'était là s'aventurer sur le terrain théologique dont Fénelon, et avant lui, Jean Bouchet, avaient prudemment éloigné la femme. L'auteur de l'*Éducation des filles* se défiait avec raison de l'influence féminine dans les questions que doit seule trancher l'Église. Heureux le doux et saint pontife s'il n'eût pas été lui-même entraîné par une femme vers la doctrine contre laquelle s'éleva l'esprit philosophique de Mme de Grignan !

Comme au XVIe siècle, l'amour de la science, quelque circonscrit qu'il fût chez les femmes, devenait un excès. Si quelques femmes continuaient d'unir à une forte instruction leurs sollicitudes domestiques, il sembla que d'autres les aient sacrifiées à la curiosité et à la vanité du savoir. L'affectation du bel esprit, la préciosité du langage[19] ajoutaient encore à l'antipathie qu'inspiraient ces femmes. Leurs ridicules furent flagellés par une femme, une femme qui avait d'autant plus le droit d'être écoutée que, très instruite, elle n'était point pédante : c'était Mlle de Scudéry.

---

[18] Huet, Mémoires, livre VI ; Oeuvres de Racine, édition Petitot, 1825. T. IV. Le Banquet de Platon, et la lettre que Racine écrit à Boileau sur ce travail. Cette lettre est reproduite dans les Oeuvres de Boileau, édition Berriat-Saint-Prix, 1837.

[19] Sur le rôle des *Précieuses*, voir plus loin, ch. III.

Elle opposa la femme savante à la femme instruite, l'une affectant avec prétention une science qu'elle n'a pas, l'autre cachant avec modestie l'instruction qu'elle possède ; la première montrant chez elle « plus de livres qu'elle n'en avoit lu, » la seconde en laissant voir moins « qu'elle n'en lisoit[20] ; » celle-ci employant d'un air sentencieux de grands mots pour de petites choses, celle-là disant simplement les grandes choses ; la pédante interrogeant publiquement sur une question de grammaire, sur un vers d'Hésiode, la femme instruite qui a le bon goût de se déclarer incompétente. Mais notons surtout ce contraste : la femme studieuse et modeste surveillant toute sa maison avec sollicitude, tandis que sa maladroite imitatrice dédaigne le soin du ménage. Devant cette femme oublieuse de ses devoirs, impérieuse, suffisante, contente d'elle et tranchant de tout, faisant rejaillir ses ridicules sur les femmes réellement instruites, Mlle de Scudéry sent déjà bouillonner l'impatience que traduira si bien l'auteur des *Femmes savantes*.

Au milieu de ces femmes qui cherchent à pénétrer les secrets de la nature, se livrent à des dissertations philologiques, ou pérorent sur les mérites du platonisme, du stoïcisme, de l'épicuréisme, du cartésianisme, tandis qu'elles ignorent la science la plus utile, celle du devoir modestement accompli, je comprends la mauvaise humeur du maître de maison ; et si, dans sa colère, il dépasse la mesure en confondant la femme instruite avec la pédante, je l'excuse quand il s'écrie :

Le moindre solécisme en parlant vous irrite ;
Mais vous en faites, vous, d'étranges en conduite.
Vos livres éternels ne me contentent pas ;
Et, hors un gros Plutarque à mettre mes rabats,

---

[20] V. Cousin, *la Société française au XVIIe siècle*, d'après le Grand Cyrus de Mlle de Scudéry.

Vous devriez brûler tout ce meuble inutile,
Et laisser la science aux docteurs de la ville ;
M'ôter, pour faire bien, du grenier de céans,
Cette longue lunette à faire peur aux gens,
Et cent brimborions dont l'aspect importune ;
Ne point aller chercher ce qu'on fait dans la lune,
Et vous mêler un peu de ce qu'on fait chez vous,
Ou nous voyons aller tout sens dessus dessous.
Il n'est pas bien honnête, et pour beaucoup de causes,
Qu'une femme étudie et sache tant de choses.
Former aux bonnes moeurs l'esprit de ses enfants,
Faire aller son ménage, avoir l'oeil sur ses gens,
Et régler la dépense avec économie,
Doit être son étude et sa philosophie.
Nos pères, sur ce point, étaient gens bien sensés,
Qui disaient qu'une femme en sait toujours assez,
Quand la capacité de son esprit se hausse
A connaître un pourpoint d'avec un haut-de-chausse.
Les leurs ne lisaient point, mais elles vivaient bien ;
Leurs ménages étaient tout leur docte entretien ;
Et leurs livres, un dé, du fil et des aiguilles,
Dont elles travaillaient au trousseau de leurs filles.
Les femmes d'à présent sont bien loin de ces moeurs :
Elles veulent écrire et devenir auteurs.
Nulle science n'est pour elles trop profonde,
Et céans beaucoup plus qu'en aucun lieu du monde :
Les secrets les plus hauts s'y laissent concevoir,
Et l'on sait tout chez moi, hors ce qu'il faut savoir.
On y sait comme vont lune, étoile polaire,
Vénus, Saturne et Mars, dont je n'ai point affaire ;
Et dans ce vain savoir, qu'on va chercher si loin,
On ne sait comme va mon pot, dont j'ai besoin.
Mes gens à la science aspirent pour vous plaire,
Et tous ne font rien moins que ce qu'ils ont à faire.
Raisonner est l'emploi de toute ma maison.
Et le raisonnement en bannit la raison... !
L'un me brûle mon rôt, en lisant quelque histoire ;

L'autre rêve à des vers, quand je demande à boire :
Enfin je vois par eux votre exemple suivi.
Et j'ai des serviteurs et ne suis pas servi.
Une pauvre servante au moins m'était restée,
Qui de ce mauvais air n'était point infectée ;
Et voilà qu'on la chasse avec un grand fracas,
A cause qu'elle manque à parler Vaugelas[21].

Dira-t-on que ce dernier trait sent la charge ? Non. Rien de plus exact que ce détail de moeurs. Rappelons-nous qu'au XVIe siècle, les servantes mêmes de Robert Estienne étaient obligées de parler latin[22], et reconnaissons la justesse des plaintes de Chrysale lorsqu'il nous dit :

Qu'importe qu'elle manque aux lois de Vaugelas,
Pourvu qu'à la cuisine elle ne manque pas ?
J'aime bien mieux, pour moi, qu'en épluchant ses herbes
Elle accommode mal les noms avec les verbes,
Et redise cent fois un bas ou méchant mot.
Que de brûler ma viande ou saler trop mon pot.
Je vis de bonne soupe, et non de beau langage.
Vaugelas n'apprend point à bien faire un potage,
Et Malherbe et Balzac, si savants en beaux mots,
En cuisine peut-être auraient été des sots[23].

Tout, dans cette oeuvre admirable, est une exacte peinture d'un certain coin de la société pendant la première moitié du XVIIe siècle. Les Philaminte, les Bélise, les Armande n'étaient pas plus rares alors qu'au XVIe siècle. Après avoir vu ce que Marie de Romieu écrivait pendant la Renaissance pour défendre les droits de la femme,

---

[21] Molière, *les Femmes savantes*, acte II, scène VII.
[22] Voir plus haut.
[23] Molière, *l. c.*

trouverons-nous exagérée la scène dans laquelle les femmes savantes exposent le plan de leur académie ?

...Nous voulons montrer à de certains esprits,
Dont l'orgueilleux savoir nous traite avec mépris,
Que de science aussi les femmes sont meublées ;
Qu'on peut faire, comme eux, de doctes assemblées,
Conduites en cela par des ordres meilleurs.
Nous approfondirons, ainsi que la physique,
Grammaire, histoire, vers, morale, et politique.
Nous serons, par nos lois, les juges des ouvrages ;
Par nos lois, prose et vers, tout nous sera soumis :
Nul n'aura de l'esprit, hors nous et nos amis[24].

Mais le succès de Molière dépassa le but que le grand comique avait poursuivi. Le ridicule qu'il jetait sur les femmes savantes allait faire perdre aux femmes jusqu'à cette modeste instruction qu'il leur permettait, alors qu'il faisait exprimer par Clitandre sa véritable pensée :

...Les femmes docteurs ne sont pas de mon goût.
Je consens qu'une femme ait des clartés de tout :
Mais je ne lui veux point la passion choquante
De se rendre savante afin d'être savante ;
Et j'aime que souvent, aux questions qu'on fait,
Elle sache ignorer les choses qu'elle sait :
De son étude enfin je veux qu'elle se cache ;
Et qu'elle ait du savoir sans vouloir qu'on le sache,
Sans citer les auteurs, sans dire de grands mots,
Et clouer de l'esprit à ses moindres propos[25].

On ne saurait mieux dire. C'était ainsi que, plusieurs années auparavant, Mlle de Scudéry en avait jugé[26], et telle

---

[24] *Les Femmes savantes*, acte III, scène II.
[25] *Les Femmes savantes*, acte I, scène III.

sera toujours l'opinion des esprits judicieux. Tout dans la femme doit être voilé, l'instruction comme la beauté. Et c'est avec une délicatesse infinie que Fénelon a pu dire des jeunes filles : « Apprenez-leur qu'il doit y avoir, pour leur sexe, une pudeur sur la science presque aussi délicate que celle qui inspire l'horreur du vice[27]. »

Mais le ridicule que Molière jetait sur les femmes savantes l'emporta sur les réserves qu'il avait faites. L'éclat de rire qui accueillit sa pièce fut général, et Boileau en prolongea l'écho en y ajoutant sa note railleuse[28]. L'instruction fut condamnée avec le pédantisme, et l'ignorance triompha du tout.

« Les femmes sous Louis XIV, dit Thomas, furent presque réduites à se cacher pour s'instruire, et à rougir de leurs connaissances, comme dans des siècles grossiers, elles eussent rougi d'une intrigue. Quelques-unes cependant osèrent se dérober à l'ignorance dont on leur faisait un devoir ; mais la plupart cachèrent cette hardiesse sous le secret : ou si on les soupçonna, elles prirent si bien leurs mesures, qu'on ne put les convaincre ; elles n'avaient que l'amitié pour confidente ou pour complice. On voit par là même que ce genre de mérite ou de défaut ne dut pas être fort commun sous Louis XIV[29]…. »

Avec sa finesse malicieuse, La Bruyère constata que les défauts des femmes ne s'accordaient que trop ici avec les

---

[26] Cousin, *La Société française au XVIIe siècle, d'après le Grand Cyrus de Mlle de Scudéry* ; M. l'abbé Fabre, *la Jeunesse de Fléchier*.
[27] Fénelon, *De l'éducation des filles*, ch. VII. La Rochefoucauld a, lui aussi, trouvé en cette rencontre la note juste. « Une femme, dit-il, peut aimer les sciences ; mais toutes les sciences ne lui conviennent pas, et l'entêtement de certaines sciences ne lui convient jamais, et est toujours faux » *Maximes diverses*, VI.
[28] Boileau, *Satires*, X.
[29] Thomas, *Essai sur le caractère, les moeurs, l'esprit des femmes*. 1772.

préjugés des hommes. « Pourquoi, dit-il, s'en prendre aux hommes de ce que les femmes ne sont pas savantes ? Par quelles lois, par quels édits, par quels rescrits, leur a-t-on défendu d'ouvrir les yeux et de lire, de retenir ce qu'elles ont lu, et d'en rendre compte ou dans leur conversation, ou par leurs ouvrages ? Ne se sont-elles pas au contraire établies elles-mêmes dans cet usage de ne rien savoir, ou par la faiblesse de leur complexion, ou par la paresse de leur esprit, ou par le soin de leur beauté, ou par une certaine légèreté qui les empêche de suivre une longue étude, ou par le talent et le génie qu'elles ont seulement pour les ouvrages de la main, ou par les distractions que donnent les détails d'un domestique, ou par un éloignement naturel des choses pénibles et sérieuses, ou par une curiosité toute différente de celle qui contente l'esprit, ou par un tout autre goût que celui d'exercer leur mémoire ? Mais, à quelque cause que les hommes puissent devoir cette ignorance des femmes, ils sont heureux que les femmes, qui les dominent d'ailleurs par tant d'endroits, aient sur eux cet avantage de moins.

« On regarde une femme savante comme on fait une belle arme : elle est ciselée artistement, d'une polissure admirable, et d'un travail fort recherché ; c'est une pièce de cabinet que l'on montre aux curieux, qui n'est pas d'usage, qui ne sert ni à la guerre ni à la chasse, non plus qu'un cheval de manège, quoique le mieux instruit du monde.

« Si la science et la sagesse se trouvent unies en un même sujet, je ne m'informe plus du sexe, j'admire ; et, si vous me dites qu'une femme sage ne songe guère à être savante, ou qu'une femme savante n'est guère sage, vous avez déjà oublié ce que vous venez de dire, que les femmes ne sont détournées des sciences que par certains défauts : concluez donc vous-mêmes que moins elles auraient de ces défauts, plus elles seraient sages ; et qu'ainsi une femme sage n'en serait que plus propre à devenir savante, ou qu'une femme savante, n'étant telle que parce qu'elle aurait pu vaincre beaucoup de défauts, n'en est que plus sage[30]. »

Nous savons, en effet, que les femmes du monde se tenaient volontiers alors éloignées de l'instruction la plus élémentaire. Avant que Molière se fût moqué des pédantes, Mlle de Scudéry constatait, comme Fénelon devait le faire après le succès des *Femmes savantes*, que le danger de la science n'était pas aussi pressant ni aussi général chez la femme que le péril de l'ignorance : « Encore que je sois ennemie déclarée de toutes les femmes qui font les savantes, je ne laisse pas de trouver l'autre extrémité fort condamnable, et d'être souvent épouvantée de voir tant de femmes de qualité avec une ignorance si grossière que, selon moi, elles déshonorent notre sexe[31]. »

« Apprenez à une fille à lire et à écrire correctement », dira Fénelon. « Il est honteux, mais ordinaire, de voir des femmes qui ont de l'esprit et de la politesse ne savoir pas bien prononcer ce qu'elles lisent... Elles manquent encore plus grossièrement pour l'orthographe, ou pour la manière de former ou de lier les lettres en écrivant : au moins accoutumez-les à faire leurs lignes droites, à rendre leurs caractères nets et lisibles[32]. »

Mlle de Scudéry avait aussi parlé des fautes d'orthographe grossières que commettaient des femmes aussi inhabiles à bien écrire qu'habiles à bien parler. Elles embrouillent à un tel point les caractères dont elles se servent, qu'une femme reporte à une autre toutes les lettres que celle-ci lui a écrites de la campagne, et la prie de les lui déchiffrer elle-même[33].

---

[30] La Bruyère, *Caractères*, ch. III, Des Femmes.
[31] *Le Grand Cyrus*, cité par M. Cousin, *La Société française au XVIIe siècle*.
[32] Fénelon, *De l'éducation des filles*, ch. XII.
[33] *Le Grand Cyrus*, cité par M. Cousin, *La Société française au XVIIe siècle*.

Mais ce manque d'orthographe et ce griffonnage ne se remarquaient-ils pas jusque dans les lettres d'une spirituelle épistolière comme Mme de Coulanges[34] ?

Montaigne remarquait de son temps que tout, dans l'éducation des filles, ne tendait qu'à éveiller l'amour[35]. La même observation est faite par Mlle de Scudéry qui se plaint que le désir de plaire soit la seule faculté que l'on cultive chez la femme : « Sérieusement,... y a-t-il rien de plus bizarre que de voir comment on agit pour l'ordinaire en l'éducation des femmes ? On ne veut pas qu'elles soient coquettes ni galantes, et on leur permet pourtant d'apprendre soigneusement tout ce qui est propre à la galanterie, sans leur permettre de savoir rien qui puisse fortifier leur vertu ni occuper leur esprit. En effet, toutes ces grandes réprimandes qu'on leur fait dans leur première jeunesse... de ne s'habiller point d'assez bon air, et de n'étudier pas assez les leçons que leurs maîtres à danser et à chanter leur donnent, ne prouvent-elles pas ce que je dis ? Et ce qu'il y a de rare est qu'une femme qui ne peut danser avec bienséance que cinq ou six ans de sa vie, en emploie dix ou douze à apprendre continuellement ce qu'elle ne doit faire que cinq ou six ; et à cette même personne qui est obligée d'avoir du jugement jusque à la mort et de parler jusques à son dernier soupir, on ne lui apprend rien du tout qui puisse ni la faire parler plus agréablement, ni la faire agir avec plus de conduite ; et vu la manière dont il y a des dames qui passent leur vie, on diroit qu'on leur a défendu d'avoir de la raison et du bon sens, et qu'elles ne sont au monde que pour dormir, pour être grasses, pour être belles, pour ne rien faire, et pour ne dire que des sottises ; et je suis assurée qu'il n'y a personne dans la compagnie qui n'en connoisse quelqu'une à qui ce que je dis convient. En mon particulier,... j'en sais une qui dort plus

---

[34] Lettre de Coulanges à Mme de Sévigné, 27 août 1694.
[35] Montaigne, *Essais*, liv. III, ch. V.

de douze heures tous les jours, qui en emploie trois ou quatre à s'habiller, ou pour, mieux dire à ne s'habiller point, car plus de la moitié de ce temps-là se passe à ne rien faire ou à défaire ce qui avoit déjà été fait. Ensuite elle en emploie encore bien deux ou trois à faire divers repas, et tout le reste à recevoir des gens à qui elle ne sait que dire, ou à aller chez d'autres qui ne savent de quoi l'entretenir ; jugez après cela si la vie de cette personne n'est pas bien employée !...

« Je suis persuadée... que la raison de ce peu de temps qu'ont toutes les femmes, est sans doute que rien n'occupe davantage qu'une longue oisiveté[36]... » Combien juste et profonde est cette dernière remarque !

La satire de Molière ne rendra que plus générales ces nonchalantes habitudes, et la vie inoccupée des femmes produira avec la paresse, la frivolité, le goût exagéré du luxe et des plaisirs mondains : pente fatale qui mène promptement à l'abîme ! Ou bien le désoeuvrement amollira à un tel degré les femmes et les jeunes filles que, suivant le témoignage de Mme de Maintenon, elles ne seront plus capables d'aucun effort, même pour parler, même pour s'amuser ; et que, inertes, apathiques, elles ne sauront plus que manger, dormir[37] ! Entre cette vie et celle de la brute, je ne vois aucune différence ; et, s'il en est une, elle est tout entière à l'avantage de l'animal qui, du moins, se remue pour chercher sa pâture.

Il était temps de remédier à l'anémie morale que nous révèle Mme de Maintenon. Ce fut pour combattre ce mal que Fénelon écrivit son admirable traité de l'*Éducation des filles*, et que Mme de Maintenon appliqua les théories du saint

---

[36] *Le Grand Cyrus*, cité par M. Cousin, *La Société française au XVIIe siècle*.
[37] Mme de Maintenon, *Lettres et Entretiens*, éd. du M. Lavallée, 145. Entretien avec les dames de Saint-Louis, 28 juin 1702.

prélat dans l'Institut de Saint-Louis, à Saint-Cyr, qu'elle avait fondé pour les jeunes filles de la noblesse pauvre[38]. Ces théories étaient elles-mêmes le résultat de l'expérience que Fénelon avait acquise en dirigeant le couvent des Nouvelles catholiques.

De la pédanterie de quelques femmes, disait l'abbé Fleury, « on a conclu, comme d'une expérience assurée, que les femmes n'étaient point capables d'étudier, comme si leurs âmes étaient d'une autre espèce que celles des hommes, comme si elles n'avaient pas, aussi bien que nous, une raison à conduire, une volonté à régler, des passions à combattre, une santé à conserver, des biens à gouverner ou s'il leur était plus facile qu'à nous de satisfaire à tous ces devoirs sans rien apprendre[39]. »

S'instruire pour mieux remplir ses devoirs, pour former son jugement, pour occuper sa vie, c'est là, en effet, le modèle de l'éducation au XVIe et au XVIIe siècles, modèle qui ne fut pas suivi par la généralité des familles, mais qui subsistait toujours. Mlle de Scudéry avait ainsi défini le rôle de l'instruction chez la femme. Telle fut aussi la pensée qui inspira Fénelon et Mme de Maintenon. Mais tous deux comprirent que pour que leurs réformes fussent durables, il fallait préparer dans les jeunes filles des mères éducatrices qui les perpétueraient. Pour former ces mères, leur plan ne devait pas se borner à l'instruction des femmes, mais il devait embrasser la grande et forte éducation qui ne sépare pas l'enseignement intellectuel de l'enseignement moral.

---

[38] Le traité de *l'Éducation des filles* parut en 1687, deux ans après la fondation de Saint-Cyr, mais Mme de Maintenon consulta Fénelon sur l'oeuvre qu'elle créait. Elle collabora avec lui et avec l'évêque de Chartres pour le traité intitulé: *l'Esprit de l'Institut des filles de Saint-Louis*. Mme de Maintenon, *Lettres et Entretiens*, 52.

[39] Fleury, *Traité du choix et de la méthode des études*, XXXVIII. Études des femmes.

Ces mères éducatrices étaient rares. L'éducation, si négligée dans bien des familles mondaines, était en même temps comprimée. Et il faut dire que ce système de compression dominait aussi, dès le XVIe siècle, dans les familles les plus austères. Le principe romain qui régnait alors dans le droit, passait dans les moeurs, et ce n'était pas à tort que Fénélon souhaitait pour la jeune fille une plus douce atmosphère de tendresse. La mère de Mme de Maintenon n'avait embrassé que deux fois sa fille ! Par contre, ces mères si avares de baisers étaient prodigues de soufflets, témoin, au XVIe siècle, cette femme d'ailleurs si digne et si respectable, Mme du Laurens : « Quant à nous autres filles qui estions jeunes, ma mère nous menoit tous-jours devant elle, soit à l'église, soit ailleurs, prenant garde à nos actions. Que si nous regardions çà et là, comme font ordinairement les enfans, elle nous souffletoit devant tous pour nous faire plus de honte... »[40]

Fénelon et Mme de Maintenon étaient témoins de ce que, sous la surveillance d'une mère grondeuse, la vie domestique pouvait avoir d'ennuis pour la jeune personne. « Quelle est, dit Mme de Maintenon, la fille qui ne travaille pas depuis le matin jusqu'au soir dans la chambre de sa mère, et n'en fait pas son plaisir ? Elle n'y trouve, le plus souvent, que de la mauvaise humeur à essuyer, beaucoup de désagréments, quelquefois même de mauvais traitements, et personne ne s'avise de la plaindre et de lui procurer des délassements. La plupart travaillent assidûment toute la semaine, et ne se promènent que les fêtes et dimanches.[41] »

Il était des mères qui, très mondaines pour leur compte, et très sévères pour celui de leurs filles, ne les emmenaient à la cour que dans une attitude d'esclavage. « Mme la princesse

---

[40] Manuscrit de Jeanne du Laurens, publié par M. de Ribbe *Une famille au XVIe siècle*.
[41] Mme de Maintenon, *Lettres et Entretiens*, 145.

d'Elbeuf, dit Mme de Maintenon, joue toute la journée avec Mme la duchesse de Bourgogne ; sa fille est assise à son côté sans dire un seul mot ; les jours ouvriers elle travaille, et les dimanches et fêtes, elle est les bras croisés à regarder jouer, et à s'intéresser au jeu de sa mère, et quelquefois, lasse et ennuyée de regarder, elle ferme les yeux. Mme Colbert, que la reine aimait beaucoup, et à qui elle faisait l'honneur de jouer avec elle, avait sa fille debout près d'elle qui passait sa vie sans parler[42]. » Ces mères n'eussent pas permis à leurs filles de prendre la parole sans avoir été interrogées.

Les mères laissaient-elles leurs filles chez elles, la vie de celles-ci n'était pas mieux dirigée. Une femme de chambre de la mère devenait la gouvernante de la fille : « Ce sont ordinairement des paysannes, ou tout au plus de petites bourgeoises qui ne savent que faire tenir droite, bien tirer la busquière, et montrer à bien faire la révérence. La plus grande faute, selon elles, c'est de chiffonner son tablier, d'y mettre de l'encre : c'est un crime pour lequel on a bien le fouet, parce que la gouvernante a la peine de les blanchir et de les repasser : mais mentez tant qu'il vous plaira, il n'en sera ni plus ni moins, parce qu'il n'y a rien là à repasser ni à raccommoder. Cette gouvernante a grand soin de vous parer pour aller en compagnie, où il faut que vous soyez comme une petite poupée. La plus habile est celle qui sait quatre petits vers bien sots, quelques quatrains de Pibrac qu'elle fait dire en toute occasion, et qu'on récite comme un petit perroquet. Tout le monde dit : La jolie enfant ! la jolie mignonne ! La gouvernante est transportée de joie et s'en tient là. Je vous défie d'en trouver une qui parle de raison[43]. »

---

[42] Mme de Maintenon, *ouvrage cité*, 187. Instruction à la classe verte, 1705.

[43] Mme de Maintenon, *ouvrage cité*, 156. Instruction aux demoiselles de la classe verte, mars 1703.

Dans les familles mondaines, quelle pernicieuse atmosphère entoure la jeune fille ! La grande âme sacerdotale de Fénelon est saisie de tristesse devant le spectacle que présentent les désordres et les discordes de la maison, la vie dissipée de la mère de famille. « Quelle affreuse école pour des enfants ! s'écrie-t-il. Souvent une mère qui passe sa vie au jeu, à la comédie, et dans les conversations indécentes, se plaint d'un ton grave qu'elle ne peut pas trouver une gouvernante capable d'élever ses filles. Mais qu'est-ce que peut la meilleure éducation sur des filles à la vue d'une telle mère ? Souvent encore on voit des parents qui, comme dit saint Augustin, mènent eux-mêmes leurs enfants aux spectacles publics, et à d'autres divertissements qui ne peuvent manquer de les dégoûter de la vie sérieuse et occupée dans laquelle ces parents mêmes les veulent engager ; ainsi ils mêlent le poison avec l'aliment salutaire. Ils ne parlent que de sagesse ; mais ils accoutument l'imagination volage des enfants aux violents ébranlements des représentations passionnées et de la musique, après quoi ils ne peuvent plus s'appliquer. Ils leur donnent le goût des passions, et leur font trouver fades les plaisirs innocents. Après cela, ils veulent encore que l'éducation réussisse, et ils la regardent comme triste et austère, si elle ne souffre ce mélange du bien et du mal. N'est-ce pas vouloir se faire honneur du désir d'une bonne éducation de ses enfants, sans en vouloir prendre la peine, ni s'assujettir aux règles les plus nécessaires [44]. »

Devant ces tristes exemples, Fénelon et sa noble alliée comprennent combien il est urgent d'élever la femme qui aura elle-même des enfants à élever un jour. En considérant cette mission aussi bien que l'influence qu'exercent les femmes, Fénelon juge même que la mauvaise éducation des

---

[44] Fénelon, *De l'éducation des filles*, xiii.

filles est plus dangereuse encore que celle des hommes[45]. Et Mme de Maintenon, alors qu'elle engage les élèves de Saint-Cyr à ne donner à leurs compagnes que de bons exemples, les prévient que par celles d'entre ces jeunes filles qui sont destinées à devenir mères, la transmission du bien et du mal s'opérera pendant les siècles des siècles, et que des fautes commises mille ans plus tard feront peser une effroyable responsabilité sur la personne qui aura laissé tomber une mauvaise semence dans l'âme d'une mère future[46].

Mme de Maintenon écrit aussi à une dame de Saint-Louis : « Que vous êtes heureuse, ma chère fille, de ne pas dire un mot qui ne soit une bonne oeuvre qui ira plus loin que vous[47] ! »— » Il y a donc dans l'oeuvre de Saint-Louis, si elle est bien faite et avec l'esprit d'une vraie foi et d'un véritable amour de Dieu, de quoi renouveler dans tout le royaume la perfection du christianisme, » disait *l'Esprit de l'Institut*. Et elle se montrait ainsi la digne élève de ces Ursulines qui avaient formulé ce principe : « Il faut renouveler par la petite jeunesse ce monde corrompu ; les jeunes réformeront leurs familles, leurs familles réformeront leurs provinces, leurs provinces réformeront le monde[48]. » Les Ursulines s'appliquaient, elles aussi, à former des institutrices en même temps que des élèves ; mais nous reparlerons des services qu'elles rendirent.

Fénelon et la fondatrice de Saint-Cyr jugent que tout dans d'instruction de la mère future doit concourir à un double but : éclairer la piété, fortifier la raison. Ils veulent former de solides chrétiennes, des chrétiennes instruites de leur

---

[45] Fénelon, *De l'éducation des filles*, I.
[46] Mme de Maintenon, *Lettres et Entretiens*, 185. Entretien avec les demoiselles de la classe bleue, 1705.
[47] Id. *id.*, 216. Lettre à Mme de Saint-Périer, 1708.
[48] *Chronique des Ursulines*, citée par M. Legouvé. *Histoire morale des femmes*.

religion, des chrétiennes qui, suivant le conseil de saint François de Sales, sauront sacrifier les pratiques surérogatoires de la piété à leurs devoirs essentiels d'épouses et de mères ; ils veulent former aussi des femmes raisonnables qui, habituées à s'appliquer le fruit de toutes les instructions qu'elles auront reçues, deviendront de sûres conseillères, mettront les biens de l'âme au-dessus des vanités du luxe et du monde ; des femmes laborieuses, charitables, « de bonnes moeurs, modestes, discrètes, silencieuses,... bonnes, justes, généreuses, aimant d'honneur, la fidélité, la probité, faisant plaisir dans ce qu'elles peuvent, ne fâchant personne, portant partout la paix, ne désunissant jamais, ne redisant que ce qui peut plaire et adoucir[49]. » C'est l'idéal de la femme forte, cet idéal que Fénelon présente à la dernière page de son livre et qui en est la vraie conclusion. Et pour que soit pleinement réalisé cet idéal de la femme forte qui rira encore à son dernier jour, Fénelon et Mme de Maintenon demandent qu'on laisse s'épanouir dans la jeune fille cette aimable gaieté qui annonce la paix de la conscience et qu'étouffait souvent l'éducation domestique du XVIIe siècle.

Dans ce système d'éducation, l'instruction proprement dite devenait un puissant moyen de préparer la femme forte. Ici encore Mme de Maintenon semble s'être inspirée de Fénelon en appliquant à Saint-Cyr la méthode pédagogique de celui-ci, cette méthode qui, admirablement appropriée aux besoins de l'enfant, à la curiosité de l'adolescente, témoignait que l'ancien supérieur des Nouvelles catholiques avait vu de près se développer l'intelligence féminine et avait ainsi étudié les enseignements que comporte chaque âge.

---

[49] Mme de Maintenon, *Lettres et Entretiens*, 193. Lettre aux dames de Saint-Louis, 11 février 1706.

Cette méthode n'a point vieilli, non plus que les résultats qu'elle poursuit.

De même que l'éducation morale, l'éducation intellectuelle doit tendre à ce double but que nous avons signalé : former le jugement, éclairer la piété, et rendre ainsi la femme plus capable de remplir ses devoirs. Au lieu de cette instruction qui ne fait qu'encombrer la mémoire, Fénelon et Mme de Maintenon veulent une instruction vraiment pratique qui soit une force pour le caractère en même temps qu'une lumière pour l'esprit.

Pour la fondatrice de Saint-Cyr, il n'était pas jusqu'aux leçons d'écriture qui ne servissent à l'éducation morale, et les exemples que Mme de Maintenon traçait elle-même sur les cahiers des élèves étaient des préceptes remplis de cette haute raison, de cette douce sagesse, de cette délicatesse de sentiment qui distinguaient cette femme célèbre. Elle s'appliquait à ce que les jeunes filles s'assimilassent le suc de toutes les leçons qu'elles entendaient, et elle les engageait à écrire leurs réflexions dans un livre spécial[50].

Certes, ce n'était qu'à un petit nombre de connaissances que s'appliquait cette méthode. Mais, selon l'esprit du XVIIe siècle, mieux valait peu savoir et bien savoir que de posséder superficiellement un plus grand nombre de connaissances. Aussi, quelque restreint que fût le programme de Fénelon, nous dirons, avec Mgr Dupanloup, que *exquis bon sens*, qui est l'âme du XVIIe siècle, pouvait souvent remplacer

---

[50] Mme de Maintenon, *Lettres et Entretiens*. À une époque antérieure, Jacqueline Pascal, en religion soeur Sainte-Euphémie, veillait aussi à ce que ses élèves s'appliquassent les fortes lectures religieuses qu'elle leur faisait, mais qui étaient malheureusement imbues des doctrines jansénistes. *Règlement pour les enfants de Port-Royal*, composé par soeur Sainte-Euphémie en 1657 et imprimé en 1665, à la suite des *Constitutions de Port-Royal*. Voir ce règlement dans l'ouvrage de M. Cousin, *Jacqueline Pascal*, appendice n° 2.—M. Cousin fait remarquer que l'enseignement mutuel était judicieusement appliqué dans ce règlement.

l'enseignement des livres, et qu'une instruction très élémentaire pouvait suffire alors qu'elle s'appuyait sur la base solide de la raison[51]. Ce bon sens était un guide sûr, à l'aide duquel les femmes devaient juger sainement aussi bien des oeuvres de l'esprit que des choses de la vie.

Avec une forte instruction religieuse, très justement éloignée toutefois des controverses théologiques, Fénelon ne prescrit donc à la jeune fille que bien peu de connaissances : lire distinctement et naturellement, écrire avec correction, parler avec pureté, savoir les quatre règles de l'arithmétique pour faire les comptes de la maison, être initiée aux choses de la vie rurale, aux droits et aux devoirs seigneuriaux, apprendre les éléments du droit autant que ceux-ci se rapportent à la condition de la femme, mais éviter cependant de faire servir ces connaissances à une humeur processive. Après ces études qui, pour lui, sont fondamentales et dont la dernière manque à nos programmes actuels, Fénelon permet qu'on laisse lire aux jeunes filles des livres profanes dont la solidité les dégoûtera de la creuse lecture des romans : « Donnez-leur donc des histoires grecque et romaine ; elles y verront des prodiges de courage et de désintéressement. Ne leur laissez pas ignorer l'histoire de France, qui a aussi ses beautés ; mêlez-y celle des pays voisins, et les relations des pays éloignés judicieusement écrites. Tout cela sert à agrandir l'esprit et à élever l'âme à de grands sentiments, pourvu qu'on évite la vanité et l'affectation[52]. »

C'est avec les mêmes précautions que le vénérable auteur souhaite que le latin, la langue des offices de l'Église, remplace dans l'instruction des jeunes filles l'italien et l'espagnol qui y figuraient alors, ces deux idiomes dont l'étude entraîne la lecture d'ouvrages passionnés, et qui, ne

---

[51] Mgr Dupanloup, *Lettres sur l'éducation des filles*.
[52] Fénelon, Éducation des filles, XII.

fût-ce qu'au point de vue littéraire, ne sauraient égaler la vigoureuse beauté du latin.

« Je leur permettrais aussi, mais avec un grand choix, la lecture des ouvrages d'éloquence et de poésie, si je croyais qu'elles en eussent le goût, et que leur jugement fût assez solide pour se borner au véritable usage de ces choses ; mais je craindrais d'ébranler trop les imaginations vives, et je voudrais en tout cela, une exacte sobriété : tout ce qui peut faire sentir l'amour, plus il est adouci et enveloppé, plus il me paraît dangereux.

« La musique et la peinture ont besoin des mêmes précautions[53]. »

Fénelon souhaitait que, dans l'éducation de la jeune fille, l'inspiration chrétienne animât la poésie, la musique, et particulièrement l'alliance de ces deux arts, le chant. Mais cette bienfaisante inspiration lui semblait bien difficile à rencontrer à une époque où la poésie et la musique s'unissaient pour célébrer l'amour. Nous verrons comment Racine allait réaliser le vœu de Fénelon.

Avec ce sentiment du beau qui faisait désirer à Fénelon que, pour leur parure, les jeunes filles prissent pour modèle la noble simplicité des statues grecques, il veut qu'elles étudient le dessin, la peinture, ne fût-ce que pour exécuter leurs travaux manuels avec un art plus délicat et pour faire régner dans certains arts industriels le goût qui y manque trop souvent.

Tout est solide dans cette instruction. Nous n'y trouvons qu'un seul défaut : une trop grande méfiance à l'endroit des oeuvres littéraires. En éliminant tout ce qui, dans ces ouvrages,

---

[53] Id., *l. c.*

enflamme les passions, il reste encore assez de pages où l'on peut montrer à la jeune fille la sublime alliance du beau et du bien. L'émotion même que font naître les grands sentiments est sans péril lorsqu'elle est réglée par cette haute raison que cultivaient dans leurs disciples les deux nobles éducateurs du XVIIe siècle. Ils leur avaient appris à juger trop sainement des choses de l'esprit pour que des sentiments exaltés leur donnassent le dégoût de la vie réelle.

Bien que Mme de Maintenon élevât justement au-dessus de la forme littéraire l'utilité du fond, elle ne négligeait pas chez les élèves de Saint-Cyr l'élégante pureté de l'expression. Elle leur enseignait elle-même ce style épistolaire où elle excellait, ce style naturel qui, dans sa brièveté, se borne « à expliquer clairement et simplement ce que l'on pense. » Elle composa pour ces jeunes personnes des *Proverbes*, des *Conversations* qui, tout en exerçant leur jugement, les initiaient aux grâces de la causerie française. Elle fit plus. Après avoir entendu l'une des « détestables » ouvres dramatiques que Mme de Brinon, première supérieure de Saint-Cyr, composait pour ses élèves, « elle la pria de n'en plus faire jouer de semblables, et de prendre plutôt quelque belle pièce de Corneille ou de Racine choisissant seulement celle où il y aurait le moins d'amour. » *Cinna* fut représenté par les demoiselles de Saint-Cyr. Je m'étonne que l'on n'ait point préféré *Polyeucte* à *Cinna*. Ne semble-t-il pas que le choix de cette dernière pièce ait été une flatterie ingénieuse à l'endroit du nouvel Auguste ?

Andromaque suivit *Cinna* sur le théâtre de Saint-Cyr. Après la représentation, Mme de Maintenon écrivit à Racine : « Nos petites filles viennent de jouer votre *Andromaque*, et l'ont si bien jouée qu'elles ne la joueront de leur vie, ni aucune autre de vos pièces. » Elle lui demanda alors de composer « quelque espèce de poème moral ou historique dont l'amour fût entièrement banni, et dans lequel il ne crût pas que sa réputation fût intéressée, parce que la pièce resterait ensevelie à Saint-Cyr, ajoutant qu'il lui importait peu que cet ouvrage fût contre les règles, pourvu qu'il contribuât aux vues qu'elle avait de divertir les demoiselles de Saint-Cyr en les instruisant[54]. »

De ce désir de Mme de Maintenon naquirent successivement *Esther*, *Athalie*, ces oeuvres dans lesquelles on ne saurait dire que la réputation de Racine ne fût pas « intéressée », et qui, certes, ne devaient pas demeurer « ensevelies à Saint-Cyr. » Ainsi, c'est pour l'éducation des femmes qu'ont été écrites ces pages où l'harmonieux génie de Racine s'élève à une incomparable grandeur en traduisant la pensée biblique ; ces pages immortelles qui comptent parmi les gloires les plus pures de la France et qui témoigneraient au besoin que la foi a toujours été la meilleure inspiration de la poésie.

Les tragédies jouées à Saint-Cyr durent charmer Fénelon qui avait désiré que l'on exerçât les enfants à représenter, entre eux les scènes les plus touchantes de la Bible. Et la musique se joignant à la poésie dans les choeurs d'*Esther* et d'*Athalie*, c'était là encore répondre au voeu du maître qui avait si vivement souhaité que la musique et la poésie, ces arts « que l'Esprit de Dieu même a consacrés », fussent rappelées à une mission éducatrice qui était leur mission primitive : « exciter dans l'âme des sentiments vifs et sublimes pour la vertu[55]. »

On sait quel éclat eurent les représentations d'*Esther* : Louis XIV présidant à l'admission des invités, en dressant lui-même la liste ; et le jour des représentations, le grand souverain se tenant près de la porte, levant sa canne pour former une barrière et ne laissant entrer que les personnes

---

[54] Mme de Caylus, citée par L. Racine, *Mémoires*.
[55] Fénelon, *Éducation des filles*, ch. XII.

dont les noms figuraient sur la liste qu'il tenait dans sa main royale. On sait aussi l'enthousiasme avec lequel *Esther* fut accueillie et le charme touchant qu'ajoutaient à cette oeuvre déjà si émouvante, les jeunes filles qui l'interprétaient, ces enfants de la noblesse pauvre, qui vivaient loin de leurs familles, ces *jeunes et tendres fleurs transplantées* comme les compagnes d'Esther[56]. Le grand Condé pleura à ce spectacle comme il avait pleuré dans son héroïque jeunesse en entendant Auguste pardonner à Cinna.

Racine avait dirigé lui-même les répétitions de sa pièce. Quel maître que celui-là ! Combien ce grand chrétien devait faire pénétrer dans les jeunes âmes les sublimes enseignements de son oeuvre : le courage religieux qui fait braver la mort à une femme jeune et timide, la confiance dans cette justice souveraine qui, à son heure, abaisse l'orgueilleux et fait triompher l'innocent persécuté ! Quel maître aussi dans l'art de bien dire que le merveilleux poète qui initiait ses élèves aux délicatesses de son style enchanteur ! Mme de Maintenon avait réellement atteint le but qu'elle poursuivait par ces représentations : remplir de belles pensées l'esprit des jeunes filles, les habituer à un pur langage et aussi à ce maintien noble et gracieux qui est essentiel à la dignité de la femme, et que Mme de Maintenon enseignait aux demoiselles de Saint-Cyr avec toutes les bienséances du monde.

Mais l'éclat de ces représentations eut des suites fâcheuses qui compromirent jusqu'à la cause de l'instruction des femmes. Lorsque, l'hiver suivant, Racine présenta *Athalie* à Mme de Maintenon, des avis donnés tantôt par des

---

[56] Louis Racine, *Mémoires*. Les représentations d'*Esther* eurent lieu en 1689. La même année, Racine composa pour les demoiselles de Saint-Cyr quatre cantiques inspirés de l'Écriture sainte. Plusieurs fois le roi se les fit chanter par ces jeunes personnes.— Racine et Boileau avaient revu, au point de vue du style, les constitutions de Saint-Cyr. (Note de M. Lavallée dans son édition des *Oeuvres de Mme de Maintenon*.)

personnes bien intentionnées, tantôt par des rivaux du poète, firent comprendre à la fondatrice de Saint-Cyr le danger qu'il y avait à produire de jeunes filles sur un théâtre et devant la cour. *Athalie* ne fut donc représentée que devant le roi et Mme de Maintenon, dans une chambre sans décors et par les jeunes personnes revêtues de leurs uniformes de pension.

Si la réforme s'était arrêtée là, nous n'y aurions vu aucun inconvénient. Mais Mme de Maintenon crut s'apercevoir que depuis les représentations d'*Esther* les demoiselles de Saint-Cyr n'étaient plus les mêmes. L'orgueil et les folles vanités du monde avaient pénétré avec les applaudissements de la cour dans ce pieux asile. Il n'était pas jusqu'à cette faculté de raisonner que Mme de Maintenon avait développée dans ses élèves, qui ne contribuât à en faire des pédantes. Elles n'avaient aussi que trop imité ce ton de raillerie qui, chez Mme de Maintenon, demeurait dans les limites d'un aimable enjouement, mais qui, chez ces jeunes filles hautaines, devenait aisément de l'impertinence.

Mme de Maintenon écrit à Mme de Fontaines, maîtresse générale des classes : « La peine que j'ai sur les filles de Saint-Cyr ne se peut réparer que par le temps et par un changement entier de l'éducation que nous leur avons donnée jusqu'à cette heure ; il est bien juste que j'en souffre, puisque j'y ai contribué plus que personne, et je serai bien heureuse si Dieu ne m'en punit pas plus sévèrement. Mon orgueil s'est répandu par toute la maison, et le fond en est si grand qu'il l'emporte même par-dessus mes bonnes intentions. Dieu sait que j'ai voulu établir la vertu à Saint-Cyr, mais j'ai bâti sur le sable. N'ayant point ce qui seul peut faire un fondement solide, j'ai voulu que les filles eussent de l'esprit, qu'on élevât leur coeur, qu'on formât leur raison ; j'ai réussi à ce dessein : elles ont de l'esprit et s'en servent contre nous ; elles ont le coeur élevé, et sont plus fières et plus hautaines qu'il ne conviendrait de l'être aux plus grandes princesses ; à parler même selon le monde, nous avons formé leur raison, et fait des discoureuses, présomptueuses, curieuses, hardies. C'est ainsi que l'on réussit quand le désir d'exceller nous fait agir. Une éducation simple et chrétienne aurait fait de bonnes filles dont nous aurions fait de bonnes femmes et de bonnes religieuses, et nous avons fait de beaux esprits que nous-mêmes, qui les avons formés, ne pouvons souffrir ; voilà notre mal, et auquel j'ai plus de part que personne[57]. »

Mais pour remédier au mal, Mme de Maintenon perd cette mesure qui est le trait distinctif de son caractère. S'imaginant que c'est l'instruction qui enfle le coeur de ses élèves, elle supprime, dans le programme d'études l'histoire romaine, l'histoire universelle. L'histoire de France même trouve à peine grâce à ses yeux, et encore à la condition de n'être qu'une suite chronologique des souverains. Les demoiselles de Saint-Cyr ne seront plus guère occupées que par les travaux à l'aiguille et par des instructions sur les devoirs de l'état auquel leur condition les destine. Peu de lectures, si ce n'est dans quelques ouvrages de piété ; mais ici encore Mme de Maintenon veille à ce que ces lectures puissent former le jugement et régler les moeurs, en même temps qu'elles donneront à la piété un solide aliment.

Enfin Mme de Maintenon laisse échapper cette parole que rediront si souvent les adversaires de l'instruction des filles : « Les femmes ne savent jamais rien qu'à demi, et le peu qu'elles savent les rend communément fières, dédaigneuses, causeuses, et dégoûtées des choses solides[58]. »

---

[57] Mme de Maintenon, *Lettres et Entretiens*, 26. 20 septembre 1691.
[58] Mme de Maintenon, *Lettres et Entretiens*, 84. Instruction aux religieuses de Saint-Louis. Juin 1696.

Mme de Maintenon aurait pu se dire que, dans un certain ordre de connaissances, les femmes peuvent acquérir plus que cette demi-instruction qui en fait des pédantes. Elle aurait pu se dire aussi que ce qui avait enorgueilli les demoiselles de Saint-Cyr, ce n'était pas leur instruction, c'était la parade qu'on leur avait fait faire de leurs talents.

Du reste cette réforme était trop exagérée pour qu'elle fût longtemps appliquée. Selon Mme du Pérou, dame de Saint-Louis, Mme de Maintenon n'avait voulu que déraciner le « fond d'orgueil » de Saint-Cyr, pour établir ensuite un juste milieu dans les études. La correspondance et les instructions de la fondatrice semblent prouver qu'il en fut ainsi. Les tragédies, les *Proverbes*, les *Conversations*, ne figurent plus au premier rang, mais sont réservés comme récompense du travail après les devoirs de lecture et d'écriture. L'histoire n'est plus négligée, à en juger par une leçon d'histoire contemporaine que Mme de Maintenon octogénaire envoie à la classe bleue.

A Paris, dans la maison de l'Enfant-Jésus, trente jeunes filles nobles étaient élevées d'après le modèle de l'Institut de Saint-Louis[59]. Mme de la Viefville, abbesse de Gomerfontaine, et Mme de la Mairie, prieure de Bisy, voulurent aussi employer cette méthode dans leurs couvents. Mais ceux-ci admettant des filles de bourgeois et de vignerons, la fondatrice de Saint-Cyr rappela à Mme de la Viefville et à Mme de la Mairie, que si les mêmes principes moraux et religieux doivent être donnés aux jeunes filles de condition inférieure, il n'en est pas ainsi de l'éducation sociale et intellectuelle. Elle les engage donc à proscrire de

---

[59] Par une touchante association, c'est dans cette même maison, que huit cents femmes venaient chercher des secours et du travail. Cette maison, située dans la rue de Sèvres, est aujourd'hui occupée par l'hôpital de l'Enfant-Jésus. Sous sa nouvelle destination de charité, elle a gardé son ancien nom. Guilhermy, *Inscriptions de la France*, t. I, CCCLXXXVI.

l'éducation donnée à ces enfants, tout ce qui pourrait exalter leur imagination et leur faire rêver une autre vie que la modeste existence à laquelle elles sont appelées. L'instruction professionnelle, voilà ce qu'elle recommande pour ces jeunes personnes avec l'enseignement de la lecture, de l'écriture, du calcul.

Mme de Maintenon se rencontrait encore avec Fénelon dans ce principe, qu'il faut élever les filles pour la condition où elles doivent être placées, pour le lieu même qu'elles doivent habiter. C'est la véritable éducation professionnelle, sage, prudente, et qui, au lieu de faire mépriser aux jeunes filles l'état où elles sont nées, les rend dignes d'y faire honneur un jour[60].

L'instruction professionnelle existait donc au XVIIe siècle et même à une époque antérieure. Henri II avait créé à Paris, à l'hôpital de la Trinité, rue Saint-Denis, une fabrique de tapisserie de haute et basse lisse, fabrique qui avait pour jeunes ouvriers les orphelins recueillis dans cette maison. Il y avait parmi eux trente jeunes filles qui étaient ainsi initiées et exercées à notre vieil art national[61].

Au XVIIe siècle, Mme de Miramion fonde la maison de la Sainte-Enfance où des religieuses forment de petites orphelines au travail qui fait vivre, à la foi qui soutient l'ouvrière. Elle fonde aussi un atelier où les enfants apprennent, avec les ouvrages manuels, la lecture, l'écriture, le catéchisme. Du reste, les travaux de couture étaient enseignés aux jeunes filles dans ces petites écoles dont Mme de Miramion grossit considérablement le nombre, et auxquelles elle prépara, elle aussi, de dignes maîtresses dans

---

[60] Mme de Maintenon, *Lettres et Entretiens* ; Fénelon, *De l'éducation des filles*, ch. XII.
[61] Guilhermy, *Inscriptions de la France*, t. I, ccclxxvi et note 2. Paul Lacroix (Bibliophile Jacob), *les Arts au moyen âge et à l'époque de la Renaissance*.

ces saintes filles que le peuple reconnaissant nomma les *Miramionnes*[62].

L'instruction primaire poursuivait, en effet, son cours, et elle continuait de faire une large part à l'instruction gratuite. Au XVIe siècle elle avait pris un développement extraordinaire que les guerres de religion vinrent ralentir, mais qui continua pendant les deux siècles suivants. L'Église donnait à ce mouvement une énergique impulsion. Les archevêques de Bordeaux rappellent dans tous leurs statuts la nécessité de l'instruction populaire, et l'un d'eux, Mgr de Rohan, demande à ses curés de se procurer tous des maîtres et des maîtresses d'école. En 1682, l'évêque de Coutances exhorte les pasteurs des paroisses à faire instruire les filles par quelque pieuse femme qui se dévouera « à un si saint emploi. » Pour lui la mission de l'institutrice est, on le voit, un sacerdoce. En 1696, les curés de Chartres supplient leur évêque de leur donner des maîtres et des maîtresses d'école pour moraliser le peuple par l'instruction gratuite : l'ignorance leur semble la source principale du vice[63].

Des inscriptions du XVIIe et du XVIIIe siècles nous montrent d'humbles curés de campagne fondant ou soutenant, dans leurs paroisses, des écoles de filles aussi bien que des écoles de garçons[64]. Ces inscriptions attestent aussi que de généreuses chrétiennes prirent part aux fondations scolaires, justement regardées comme des oeuvres pies[65]. Dans le traité de l'*Éducation des filles*, Fénelon demande que

---

[62] Mme de Miramion fonda plus de cent écoles. Bonneau-Avenant, *Madame de Miramion*.

[63] Allain, *l'Instruction primaire avant la Révolution*. 1881.

[64] Guilhermy, *Inscriptions de la France*, t. III. DCCCLXXXIV (Fontenay-sur-Bois) ; DCCCCXCVII (Genevilliers), etc.

[65] Ibid., t. III, DCCCLXXXII, DCCCCXIV, etc.

l'on apprenne aux futures châtelaines le moyen d'établir de petites écoles dans leurs villages[66].

Il serait trop long de citer tous les efforts de l'Église pour répandre dans les plus humbles rangs de la société la lumière intellectuelle dont elle est le foyer. Mais comment ne pas nommer quelques-unes des communautés religieuses qui se dévouèrent à l'instruction du peuple ? Dès la fin du XVIe siècle, une femme admirable, Mlle de Sainte-Beuve, fonde la communauté des Ursulines de France qui donnent l'instruction gratuite. Elles enseignent à leurs élèves la lecture, l'écriture, l'orthographe, le calcul[67]. En 1668, elles avaient 310 de ces pépinières qui, d'après la pensée fondamentale de l'institut, devaient préparer par l'enfant, par la jeune fille, la régénération de la famille et de la société[68].

En 1789, parmi les autres communautés qui donnaient aux enfants l'instruction primaire, les Filles de la Charité avaient 500 maisons : les Soeurs d'Ernemont, 106 avec 11,660 élèves ; les Soeurs d'Évron recevaient dans leurs 89 établissements 3,000 élèves[69].

---

[66] Fénelon, *Éducation des filles*, ch. XII.

[67] Mme de Maintenon, *Lettres et Entretiens*, 270. Instruction aux demoiselles de la classe verte, mai 1714.—De curieux mémoires récemment publiés, ajoutent une preuve de plus à la solide instruction et au dévouement des Ursulines. Nous trouvons dans ces pages le nom d'une fille des Godefroy, Louise-Catherine, en religion soeur Catherine de l'Assomption, qui, à l'étude des saintes lettres, joignait celle du latin, de la poésie, de l'arithmétique, et qui consacrait surtout son zèle aux élèves les moins avancées. *Les savants Godefroy*. Mémoires d'une famille pendant les XVIe, XVII, et XVIIIe siècles, par M. le marquis de Godefroy-Ménilglaise. Paris, 1873.

[68] Voir plus haut.

[69] Chiffres recueillis par M. de Resbecq et cités par M. Allain, *l'Instruction primaire avant la Révolution*.—La communauté de Sainte-Marguerite ou de Notre-Dame-des-Vertus, et les Dames de la Trinité instruisaient les filles du faubourg Saint-Antoine. Guilhermy. *Inscriptions de la France*, t. I, CX-CXL.

« Il y a ordinairement dans chaque paroisse deux écoles de charité, une pour les garçons et l'autre pour les filles, » dit en 1769 un Traité du gouvernement temporel et spirituel des paroisses[70].

En chassant les religieux instituteurs de la jeunesse, en spoliant les petites écoles, la Révolution allait plonger le peuple dans les ténèbres de l'ignorance. Et la Révolution accuse de ces ténèbres ceux qui avaient allumé et fait rayonner depuis tant de siècles le flambeau qu'elle-même a éteint !

Si l'enseignement primaire avait poursuivi son cours au XVIIIe siècle, nous ne saurions en dire autant de l'instruction donnée aux femmes du monde. Quelque restreintes que fussent au XVIIe siècle les connaissances que possédaient les disciples de Fénelon et de Mme de Maintenon, la sûreté et la délicatesse de leur jugement pouvaient, nous l'avons rappelé, suppléer en elles à l'étendue de l'instruction. Mais ce fond solide, si rare même alors, manqua de plus en plus. La frivolité seule domine au XVIIIe siècle. A cette époque la femme a la pire des ignorances : celle qui veut décider de tout, en philosophie, en politique, en religion. Telle grande dame qui n'a lu jusqu'alors que dans ses Heures, se trouve, en une seule leçon, une philosophe sans le savoir[71].

Les femmes les plus frivoles se passionnent pour la science. Vers 1782, c'est une mode. On a dans son cabinet « un dictionnaire d'histoire naturelle, des traités de physique et de chimie. Une femme ne se fait plus peindre en déesse sur un nuage, mais dans un laboratoire, assise parmi des

---

[70] Allain, *étude citée*. Sur les écoles de filles avant 1789, voir le récent ouvrage de M. Albert Duruy, *l'Instruction publique et la Révolution*.
[71] Taine, *Les Origines de la France contemporaine. L'ancien régime*.

équerres et des télescopes[72]. Les femmes du monde assistent aux expériences scientifiques, elles suivent des cours de sciences physiques et naturelles. En 1786, elles obtiennent la permission d'assister aux cours du collège de France. A une séance publique de l'Académie des Inscriptions, elles « applaudissent des dissertations sur le boeuf Apis, sur le rapport des langues égyptienne, phénicienne et grecque... » Rien ne les rebute. Plusieurs manient la lancette et même le scalpel ; la marquise de Voyer voit disséquer, et la jeune comtesse de Coigny dissèque de ses propres mains[73]. »

Il y avait là certainement quelques tendances louables. Nous ne pouvons, par exemple, qu'applaudir à la décision qui permit aux femmes de suivre les cours du Collège de France. Mais dans toutes les démonstrations que provoqua chez la femme l'engouement de la science, il y a quelque chose qui sent la parvenue. Elle exhibe ses richesses avec un étalage qui en rappelle la date trop fraîche. En dépit de Molière et de Boileau, la pédante a survécu, et avec la pédante, le préjugé contre une sage instruction des filles.

Dans l'épître dédicatoire d'*Alzire*, adressée à Mme du Chatelet, Voltaire, ayant à louer l'instruction de cette femme malheureusement plus savante que vertueuse, citait des exemples contemporains qui lui faisaient croire que son siècle ne partageait plus les préjugés que Molière et Boileau avaient répandus contre l'instruction des femmes. Mais Voltaire flattait son siècle, et à part quelques exceptions, la jeune fille du XVIIIe siècle était élevée en poupée mondaine. « Une fillette de six ans est serrée dans un corps de baleine ; son vaste panier soutient une robe couverte de guirlandes ; elle porte sur la tête un savant échafaudage de faux cheveux, de coussins et de noeuds, rattaché par des épingles,

---

[72] Id., *Id.*
[73] Id., *Id.*

couronné par des plumes, et tellement haut, que souvent « le menton est à mi-chemin des pieds ; » parfois on lui met du rouge. C'est une dame en miniature ; elle le sait, elle est toute à son rôle, sans effort ni gêne, à force d'habitude ; l'enseignement unique et perpétuel est celui du maintien[74]. »

Un écrivain du XVIIIe siècle, Mercier, nous dira : « Le maître de danse, dans l'éducation d'une jeune demoiselle, a le pas sur le maître à lire, et sur celui même qui doit lui inspirer la crainte de Dieu et l'amour de ses devoirs futurs[75]. »

Les quelques notions de catéchisme que la jeune fille perdait bientôt d'ailleurs dans le courant philosophique du siècle, n'occupaient, en effet, qu'un rôle bien secondaire, je ne dirai pas dans l'éducation, ce serait profaner ce mot, mais dans le dressage de la jeune fille. Tout y était sacrifié à l'enseignement du maintien. Lorsque, par une mesure d'économie, le cardinal de Fleury décide Louis XV à faire élever ses filles à l'abbaye de Fontevrault où, trop souvent, gâtées en filles de roi, elles n'ont guère d'autre règle que celle de leurs fantaisies, l'une des princesses, Mme Louise de France, ne connaît pas encore, à douze ans, toutes les lettres de son alphabet. Un seul professeur d'art d'agrément a suivi ses royales élèves à Fontevrault ; c'est encore le maître à danser[76] !

Huit jours avant son mariage, la future duchesse de Doudeauville, Mlle de Montmirail, âgée de quinze ans, est mise dans un coin de la salle à manger, avec une robe de

---

[74] Taine, *ouvrage cité*.
[75] Mercier, *Tableau de Paris*, 1783. T. VIII, ch. CDX. Petites filles, Marmots.
[76] Mme Campan, *Mémoires sur la vie de Marie-Antoinette*.

pénitence, pour avoir mal fait sa révérence à son entrée dans le salon d'une mère aussi sévère que fantasque[77] !

Mais empruntons encore à Mercier quelques traits relatifs à cette éducation qui, « dès la plus tendre enfance...imprègne, pour ainsi dire, l'âme des femmes de vanité et de légèreté. » Pour la petite fille, « la marchande de modes et la couturière sont des êtres dont elle évalue l'importance, avant d'entendre parler de l'existence du laboureur qui la nourrit, et du tisserand qui l'habille. Avant d'apprendre qu'il y aura des objets qu'elle devra respecter, elle sait qu'il ne s'agit que d'être jolie, et que tout le monde l'encensera. On lui parle de beauté avant de l'entretenir de sagesse. L'art de plaire et la première leçon de coquetterie sont inspirés avant l'idée de pudeur et de décence, dont un jour elle aura bien de la peine à appliquer le vernis factice sur cette première couche d'illusion.

« Qu'on daigne regarder avec réflexion ces marionnettes que l'on voit dans nos promenades, préluder aux sottises et aux erreurs du reste de leur vie. Le *petit monsieur*, en habit de tissu, et la *petite demoiselle*, coiffée sur le modèle des grandes dames, copiant, sous les auspices d'une *bonne* imbécile, les originaux de ce qu'ils seront un jour. Toutes les grimaces et toutes les affectations du petit maître sont rassemblées chez le *petit monsieur*. Il est applaudi, caressé, admiré en proportion des contorsions qu'il saisit. La *petite demoiselle* reçoit un compliment à chaque minauderie dont son petit individu s'avise ; et si son adresse prématurée lui donne quelque ascendant sur le petit *mari*, on en augure, avec un étonnement stupide, le rôle intéressant qu'elle jouera dans la société[78]. »

---

[77] Vie de Mme de la Rochefoucauld, duchesse de Doudeauville.
[78] Mercier, *l. c.*

La petite fille grandit dans l'ennui et l'oisiveté sous ce toit paternel qui souvent n'abrite pour elle ni caresses ni sourire. Le matin, quand la mère est à sa toilette, la petite fille vient cérémonieusement lui baiser la main ; elle voit encore ses parents aux heures des repas[79].

La mère aime-t-elle sa fille ou du moins croit-elle l'aimer, la garde-t-elle dans sa chambre, cette chambre est, comme au XVIIe siècle, une prison où l'enfant, privée de tout mouvement, est tour à tour encensée ou grondée ; « toujours ou relâchement dangereux ou sévérité mal entendue ; jamais rien selon la raison. Voilà comment on ruine le corps et le coeur de la jeunesse[80]. »

Devant cette jeune fille condamnée au rôle d'automate, Rousseau, l'ennemi, des couvents, se prend à regretter ces maisons où l'enfant peut se livrer à ses joyeux ébats, sauter et courir.

Rousseau parlait ainsi dans le livre par lequel il crut pouvoir réformer l'éducation, aussi bien celle des femmes que celle des hommes.

Au milieu de ses folles utopies, Rousseau établit néanmoins dans l'*Émile* un principe que feraient bien de méditer les émancipateurs actuels de la femme : c'est qu'il faut élever chaque sexe selon sa nature, et ne pas faire de la femme un homme, pas même un honnête homme ! Il faut simplement en faire une honnête femme ; « Elles n'ont point de collèges ! s'écrie-t-il. Grand malheur ! Eh ! plût à Dieu qu'il n'y en eût point pour les garçons[81] ! » Je n'achève la

---

[79] *Vie de Mme de la Rochefoucauld, duchesse de Doudeauville* ; Taine, *les Origines de la France contemporaine. L'ancien régime*.
[80] Rousseau, *Émile*, V.
[81] Rousseau, *l. c.*

phrase de Rousseau que pour compléter la citation, mais non pour l'approuver jusqu'au bout. Il est certain que la vie de collège est aussi nécessaire à l'homme, pour le préparer à la vie publique, qu'elle serait funeste à la femme qui est destinée à l'existence du foyer.

Rousseau dit que l'éducation doit préparer une femme qui comprenne son mari, une mère qui sache élever ses enfants. Ce sont là de sages préceptes que nous trouvions dans les siècles précédents, mais que le faux jugement de Rousseau applique fort mal, comme d'habitude. C'est que, au lieu de reconnaître l'existence du péché originel, le philosophe admet la bonté absolue de la nature humaine. Tous les instincts de cette nature sont bons ; il n'y a qu'à les développer. La ruse est l'instinct naturel de la femme : c'est cette ruse qu'il faut laisser croître. La grande science de la femme sera d'étudier le coeur de l'homme pour chercher adroitement à plaire. Cette étude est la seule que Rousseau encourage chez la jeune fille. Il lui permet d'ailleurs d'apprendre sans maître tout ce qu'elle voudra, pourvu que ses connaissances se bornent à des arts d'agrément qui la rendront plus capable de plaire à son mari. C'est en vain que Rousseau a prêché la réforme de l'éducation ; ses belles théories n'aboutissent qu'à l'éducation du XVIIIe siècle : l'art de plaire[82].

Aucune réforme sérieuse n'était possible avec le système d'un philosophe qui enlevait à l'éducation de la femme comme à celle de l'homme la seule base solide : l'éducation religieuse. Rousseau, qui trouvait qu'il n'est peut-être pas temps encore qu'à dix-huit ans, l'homme apprenne qu'il a une âme, Rousseau permet cependant que l'on instruise plus tôt la femme des vérités religieuses. Il est vrai que c'est par un motif assez irrespectueux pour l'intelligence féminine :

---

[82] Taine, *ouvrage cité*.

Jean-Jacques trouve que si, pour apprendre les vérités religieuses à la femme, on attend qu'elle puisse les comprendre, elle ne les saura jamais. Peu importe donc que ce soit plus tôt ou plus tard.

La religion de Rousseau, cette religion dont le Vicaire savoyard est l'éloquent apôtre, est fort élastique : c'est la religion naturelle. Il est vrai qu'au temps où nous vivons, il faut savoir gré à Jean-Jacques de n'avoir biffé ni l'existence de Dieu ni l'immortalité de l'âme.

Impuissantes—heureusement—à passer dans la vie réelle, les rêveries éducatrices de Rousseau rappellent cependant aux mères qu'elles ont des filles. Elles ont maintenant le goût de la sensiblerie maternelle. Mais, incapable de comprendre que cette enfant représente pour elle un devoir, la mère ne voit en elle qu'un plaisir. On initie la petite fille aux grâces du parler élégant. On fait de cette enfant, qui y est déjà si bien préparée, une petite comédienne de salon. Elle reçoit pour maîtres des acteurs célèbres ; elle joue dans les proverbes, dans les comédies, dans les tragédies. Rousseau n'avait sans doute pas prévu tous ces résultats, mais n'en avait-il pas préconisé le principe : l'art de plaire ?

Une disciple de Rousseau, Mlle Phlipon, la future Mme Roland, parut donner un fondement plus solide à l'éducation des femmes quand elle écrivit un discours sur cette question proposée par l'Académie de Besançon : Comment l'éducation des femmes pourrait contribuer à rendre les hommes meilleurs. Suivant la méthode de Rousseau, la jeune philosophe juge que pour répondre à cette question il faut suivre les indications de la nature. Cette méthode lui fait découvrir que c'est par la sensibilité que les femmes améliorent les hommes et leur donnent le bonheur : c'est donc la sensibilité qu'il faut développer et diriger en elles par une instruction qui éclaire leur jugement. Développer la sensibilité, c'est-à-dire le foyer le plus ardent et le plus dangereux qui soit dans le coeur de la femme ! En vain, Mlle Phlipon prétend-elle régler la marche du feu. Oui, avant l'incendie, on peut et l'on doit diriger la flamme ; mais quand tout brûle, est-ce possible ? Allumer l'incendie et se croire la faculté de se rendre maître du feu, quelle utopie !

Telle est l'éducation par laquelle l'élève de Rousseau prépare l'épouse et la mère éducatrice. Tout ici, même l'exercice de la réflexion, doit concourir à rendre la femme plus aimante et plus aimable. N'est-ce pas encore ; avec une plus généreuse inspiration, le système de Rousseau : l'art de plaire ? Aussi, bien que Mlle Phlipon accorde à l'instruction des femmes une place que l'*Emile* ne lui avait pas attribuée, ses conclusions ne s'écartent guère de celles de son maître. Non plus que Rousseau d'ailleurs, elle ne sait leur donner une valeur pratique. Elle avoue elle-même à la fin de son discours qu'elle est « plus prompte à saisir les principes » qu'elle n'est « habile à détailler les préceptes[83]. »

Ce n'est pas dans la prédominance absolue de la sensibilité, c'est dans l'harmonie du coeur et de la raison qu'est le secret de la véritable éducation, mais il n'appartient pas à la philosophie naturelle, de livrer ce secret.

Tandis que les philosophes dissertaient sur l'éducation, tandis que des mères mondaines s'essayaient à appliquer les théories de Rousseau, quelques familles, bien rares il est vrai, continuaient de chercher les traditions éducatrices à leur véritable source : le christianisme. J'aime à remarquer ces traditions dans la postérité du chancelier d'Aguesseau. Un esprit supérieur avait toujours distingué les femmes de cette famille. La femme et la soeur du chancelier nous

---

[83] M. Faugère a fait rechercher le manuscrit du discours de Mme Roland, dans les archives de l'Académie de Besançon. Il a publié ce travail inédit dans son édition des *Mémoires* de Mme Roland. 1864.

apparaîtront plus tard. Sa fille aînée, la future comtesse de Chastellux, reçut chez les dames de Sainte-Marie de la rue Saint Jacques, une solide instruction. Rentrée dans sa famille, elle se livra d'elle-même à de fortes études. Son père l'y encourageait : « J'espère, lui écrivait-il, que vous humilierez par vos réponses la vanité de vos frères, qui croient être d'habiles gens, et que vous leur ferez voir que la science peut être le partage des filles comme des hommes. » Ce serait là un avis un peu téméraire s'il ne trouvait son correctif dans cette autre phrase : « Ce que je trouve de beau en vous, ma chère fille, c'est que vous ne dédaignez pas de descendre du haut de votre érudition, pour vous abaisser à faire tourner un rouet. » Plus tard, le chancelier s'intéressait à la prédilection que sa petite-fille, Mlle Henriette de Fresnes, avait pour l'histoire ancienne et particulièrement pour ce qui concernait l'Égypte. Il se plaisait au style de cette jeune personne, mais il la félicitait aussi de garder le goût des occupations ménagères : « Je suis ravi de voir que vous savez *pâtisser* aussi bien qu'écrire, et que vous cherchez de bonne heure à imiter les moeurs des femmes et des filles des patriarches. Vous me permettrez cependant de préférer toujours les ouvrages de votre esprit à ceux de vos doigts[84]. »

Mlle Henriette de Fresnes. qui devint la duchesse d'Ayen, trouvait donc, dans les traditions de sa famille, une plus sûre méthode d'éducation que celle de l'*Émile*. Elle l'applique avec la sollicitude maternelle la plus éclairée. En élevant ses cinq filles, la duchesse fortifie leur jugement, fait planer leurs âmes au-dessus des intérêts terrestres, et leur apprend qu'il faut tout sacrifier à la vertu. Elle lit avec ses filles les pages les plus éloquentes des anciens et des modernes, ainsi que les plus belles oeuvres de la poésie. Elle forme elle-même ces

---

[84] D'Aguesseau, *Lettres inédites*. A Mlle d'Aguesseau, 13 octobre 1712 ; à Mlle Henriette de Fresnes, 4 janvier et 27 février 1745 ; et dans le même ouvrage, *Essai sur la vie de Mme la comtesse de Chastellux*, par Mme la marquise de la Tournelle, sa fille.

admirables mères qui, à travers la tourmente de la Révolution, gardent ses enseignements pour les transmettre à notre siècle : Mme de La Fayette, Mme de Montagu ; Mme de Montagu qui disait à ses filles que « la vérité ne nous est pas donnée seulement pour orner notre esprit, mais pour être pratiquée[85]. » Belle définition qui résume tout ce que la vieille éducation française nous a donné de meilleur.

Du XVIe au XVIIIe siècles, quelles jeunes filles produira d'une part l'éducation mondaine, de l'autre l'éducation domestique ?

Au XVIe siècle, la première de ces éducations nous offre, dans son expression typique, la fille d'honneur attachée à une reine ou à une princesse. Elle figure dans les ballets, elle assiste aux tournois ; ou, bien, à cheval, la plume au vent, elle escorte avec ses compagnes la litière d'une royale voyageuse. Elle porte gaiement la vie, la mort même ; et, vaillante, elle fait de sa tendresse le prix de la valeur guerrière. Mais, dans l'*escadron volant* de Catherine de Médicis, elle met à moins haut prix son amour, et sert l'astucieuse politique de la reine pour séduire les hommes qu'il faut gagner[86].

La légèreté des filles d'honneur pouvait aller jusqu'à la plus effroyable immoralité. Brantôme nous en donne des preuves suffisantes. Ne nous montre-t-il pas de ces jeunes filles buvant dans une coupe où un prince a fait graver les scènes les plus immorales ! Si quelques-unes de ces jeunes filles détournent les yeux, d'autres regardent effrontément,

---

[85] Anne-Paule-Dominique de Noailles, marquise de Montagu.
[86] Brantôme, les deux livres des *Dames* ; Marguerite de Valois, reine de France et de Navarre, *Mémoires*.

échangent tout haut d'ignobles réflexions, et osent même étudier les infâmes leçons qui leur sont présentées[87] !

Sous Louis XIV, la dépravation, pour être moins éhontée, n'en existe pas moins parmi les filles d'honneur. Elles sont exposées ou s'exposent elles-mêmes aux hommages outrageants. La maréchale de Navailles est obligée de faire murer l'escalier qui mène le jeune roi chez les filles d'honneur.

Mais dans les familles demeurées patriarcales, d'autres habitudes préparent dans la jeune fille la gardienne du foyer. Au sein de l'austère retraite où la protège l'honneur domestique, elle verra dans la vie, non cette fête perpétuelle que rêvent les filles de la cour, mais une rude épreuve à laquelle elle doit préparer son âme.

Dans les familles même qui ne prennent de la cour que l'élégance et qui en repoussent la corruption, la jeune fille conserve cette grâce suave et chaste, cette dignité et cette simplicité, cette douceur et cette force morale que lui avait donnée le moyen âge. Il s'y joint même quelque chose de plus dans ce milieu d'une distinction souveraine. Quand, aux attraits de la vierge chrétienne, venaient s'unir les dons exquis de l'intelligence, le charme des nobles manières et du gracieux parler, on avait dans son expression la plus accomplie le type de la jeune fille française.

Au XVIe siècle et au commencement du XVIIe, les luttes du temps font souvent prédominer chez la jeune fille la force sur la douceur. Corneille dut peindre d'après nature ces *adorables furies* qui, tout entières à la vengeance d'un père, immolent à cette vengeance leurs plus tendres sentiments, et sacrifient à un faux point d'honneur les lois de la

---

[87] Brantôme, *Second livre des Dames*.

miséricorde, celles de la justice même. Mais, à côté de ces natures ardentes, le doux type de la jeune fille subsiste toujours, et des temps plus calmes permettront de le voir plus souvent dans sa paisible sérénité. Racine l'avait sous les yeux en dessinant Iphigénie. Molière le respecta généralement dans ses comédies. Nobles ou bourgeoises, la plupart de ses jeunes filles, gracieuses et modestes comme Iphigénie, ont comme celle-ci la tendresse filiale, le respect de la volonté paternelle, la force des généreuses renonciations. Sans doute le poète comique ne leur demande pas d'immoler leur vie,—ce n'était pas son rôle,—mais elles savent sacrifier leurs sentiments les plus chers au souvenir d'un père, au repos d'un fiancé. Nous retrouverons encore cette touchante figure de la jeune fille française dans la société artificielle du XVIIIe siècle, cette société, tour à tour, et même à la fois, sentimentale et spirituellement légère ; et Bernardin de Saint-Pierre immortalisera dans sa Virginie ce type de la tendresse, du dévouement et de la céleste pureté qui, devant une mort soudaine et terrible, fait refuser à la jeune fille le salut qui l'alarme dans les plus intimes délicatesses de sa pudeur.

Et si nous passons dans la vie réelle, que de ravissantes figures depuis ces jeunes filles du XVIe siècle qui allient les plus humbles devoirs domestiques au culte des lettres, jusqu'à ces nobles créatures du XVIIe et du XVIIIe siècles, Louise de la Fayette, Marthe du Vigean, Louise-Adélaïde de Bourbon-Condé, anges de la terre qui s'envolent vers les saintes régions du cloître sans que leurs blanches ailes aient reçu la moindre poussière terrestre ! Et, au milieu de la tourmente révolutionnaire, que de touchantes physionomies encore, depuis cette *Jeune Captive* dont André Chénier recueillit, dans sa poésie enchanteresse, les mélancoliques regrets et les invincibles espoirs[88] ; jusqu'à Madame Élisabeth de France et ses glorieuses émules qui, devant l'échafaud, immolent avec un sublime courage ces mêmes regrets, ces mêmes espoirs, et prouvent que le pays de Jeanne d'Arc n'a pas cessé d'enfanter des vierges-martyres !

Sans doute, comme nous l'avons remarqué, les tendresses du foyer seront souvent comprimées pour la jeune fille. Mais ces tendresses déborderont plus d'une fois. On verra des Antigones soutenir leurs parents infirmes[89]. L'amour filial, l'amour fraternel auront leurs héroïnes, comme la généreuse soeur de François Ier captif, comme la duchesse de Sully pendant la Fronde, Mlle de Sombreuil et Mlle Cazotte pendant la Révolution.

Mme de Miramion, qui n'avait que neuf ans lorsqu'elle perdit sa mère, en devint malade de chagrin ; et toute sa vie, sa figure, de même que son esprit, garda la mélancolique impression de ce souvenir. Dès le jeune âge où elle fut privée de sa mère, elle devait regretter de ne l'avoir pas assez aimée[90].

« En aimant ma mère, j'ai appris à aimer la vertu, dira dans une maladie mortelle Mme de Rastignac, fille de la duchesse de Doudeauville. J'ai toujours cru entendre la voix de Dieu quand elle me parlait, et en lui obéissant, c'est sa volonté que j'ai cru faire. »

---

[88] Bien que l'héroïne de ce poëme, Mlle de Coigny, n'ait pas gardé dans la suite de sa vie le charme que nous a révélé André Chénier, elle est toujours restée, comme l'a dit M. Caro, la jeune fille immortalisée par le poète, *la Jeune captive*. Caro, *la Fin du XVIIIe siècle*.
[89] Mme la baronne d'Oberkirch, *Mémoires* ; *les savants Godefroy. Mémoires d'une famille*, etc.
[90] Récit de la vie de Mme de Miramion, écrit par elle-même, d'après l'ordre de son directeur, M. Jolly, 1677. Bonneau-Avenant, *Mme de Miramion*.

Les terreurs de la mort agitent la jeune femme : « Restez avec moi », dit-elle à l'admirable mère qui a inspiré un tel éloge. « Restez avec moi ; près de vous je n'ai jamais rien redouté. » Comme l'enfant bercé par sa mère, la malade s'endormait en sentant veiller sur elle cette tendre sollicitude. Mais la mort est là et va saisir sa proie. « Je remercie Dieu en mourant de n'avoir pas eu dans le cours de ma vie une seule pensée que je ne vous aie fait connaître », dit Mme de Rastignac à sa mère.

Elle va recevoir les sacrements : « Ce sera pour ce soir, » dit-elle au saint prêtre qui l'assiste : « Je désire épargner ce spectacle à la sensibilité de mes parents, mais j'ai prié ma mère de s'y trouver, il lui en coûterait trop de s'éloigner ; d'ailleurs, j'ai besoin de sa présence ; elle est mon ange, elle est ma vie, je croirai n'avoir rien fait de bien sans elle ; je dois à ses soins la prolongation de mes jours, et mon salut à ses vertus[91]. »

Aux premiers temps de sa maladie, elle avait pressenti sa fin prochaine. Jeune, charmante, adorée, elle disait : « Je suis résignée à tout ce que Dieu voudra, mais je conviens qu'il m'en coûterait de quitter la vie.—Cela est simple, lui répondit-on, à vingt et un ans, avec tous les avantages qui assurent le bonheur.—Non, reprit-elle en riant, ce ne sont pas là des biens, vous ne m'entendez pas.—Mais vous êtes épouse et mère !—Ah ! je le sens plus vivement que jamais !... et je suis fille[92] ! »

« Et je suis fille ! » Ce fut avec un déchirant accent que la malade prononça ces paroles qui révélaient que, pour cette

---

[91] *Vie de Mme de la Rochefoucauld, duchesse de Doudeauville.* Cette scène se passe en 1802 ; mais nous l'avons rattachée à l'ancienne France, qui forma Mme de Rastignac.
[92] Même ouvrage.

angélique créature, l'amour filial avait été le sentiment dominant de sa vie.

Toutefois le sévère principe romain de l'autorité paternelle l'emportait généralement sur l'amour dans les foyers de la vieille France. La tâche de la jeune fille était particulièrement lourde dans les familles nobles réduites à la pauvreté. Les filles du logis tenaient souvent lieu de servantes. A la ville, elles font le marché ; elles travaillent dans un grenier. A la campagne, elles respirent du moins le grand air des champs, mais elles joignent aux travaux du ménage les occupations de la vie rurale. Il en est qui ont à surveiller « quelques dindons, quelques poules, une vache, encore trop heureuses d'avoir à en garder », dit Mme de Maintenon qui, elle aussi, des sabots aux pieds, une gaule à la main, avait gardé les dindons d'une tante riche cependant, mais avare[93].

Une lettre écrite en 1671 et qui nous fait pénétrer dans une gentilhommière normande, nous initie à la rude existence que menaient les filles de la maison :

...Nous avons esté les mieux receus du monde tant de M. mon oncle que de Mme ma tante et de tous mes cousins et cousines... ils sont au nombre de neuf. L'aîsné est un garçon... après suivent quatre filles... l'aisnée su nomme Nanette, 17 à 18 ans, de taille dégagée, assez grande, passablement belle, fort adrette ; elle fait avec sa cadette suivante tout l'ouvrage de la maison ; encore dirigent-elles le manoir de la Fretelaye à demi-lieue de là. Cette cadette, Manon, âgée de 15 ans, trop grosse pour sa taille, est belle et a bonne grâce, mais gagneroit à ne pas être tant exposée au

---

[93] Mme de Maintenon, *Conseils et instructions aux demoiselles de Saint-Cyr pour leur conduite dans le monde*, édition de M. Lavallée. Instructions de 1706 et de 1707. Mme de Staal de Launay nous montre aussi ses deux futures belles-filles tenant le ménage paternel. V. ses *Mémoires*.

soleil en faisant tout le ménage de la maison. La troisième, Margot, n'est ni belle ni bonne (13 à 14 ans), la quatrième, Cathos (dix ans), assez bonne petite fille, presque sourde, a des yeux de cochon, un nez fort camard, un teint tout taché de brands de Judas. Suivent deux frères : Jean-Baptiste, agé de huit ans, gros garçon qui aura quelque jour bonne mine et promet quelque chose ; François, agé de sept ans, promettant moins et méchant comme un petit démon, sec comme un hareng soret... Vient après eux une fille de cinq ans, nommée Madelon, qui ne sçait pas que nous soyons partis, car elle en mourrait de déplaisir. Le dernier, Pierrot, petit démon, a deux ans et sept mois, tette encore, et donne à sa mère, luy seul, plus de peyne que tous les autres... Pour leurs habits, ils sont assez propres et honnestes suivant que l'on se vestit dans le pays... les deux filles ont des robes d'estamine de Lude avec des jupes de serge de Londres fort propre[94]...

Au milieu de cette nombreuse famille, de ces enfants volontaires, on se représente ce qu'était l'existence des jeunes ménagères ! La vie active qu'elles menaient nous semble au demeurant plus heureuse que la vie comprimée qui était le partage des jeunes filles riches.

Sous l'humble toit paternel la fille du gentilhomme pauvre était protégée par ces fermes principes qui, dans leur rigueur même, sauvegardaient sa dignité. Mais que de déceptions, que d'amères tristesses pour la jeune fille qui, élevée dans un milieu aristocratique, tombait dans la misère sans être entourée d'une famille ! Est-il rien de plus navrant que la détresse de Mlle de Launay, cette pauvre fille qui, réduite à la domesticité, subit les humiliations de son nouvel état devant les hommes même qui l'ont entourée

---

[94] Lettre de Denis III Godefroy, 3 octobre 1671. *Les savants Godefroy*. Mémoires d'une famille, etc.

d'hommages, et essuie jusqu'aux insultants mépris des autres caméristes qui n'ont ni son instruction, ni ses talents, et qui se vengent de cette infériorité en se moquant de son inaptitude à leur métier[95] ? Et que dire des malheureuses enfants qui, bien plus à plaindre encore que Mlle de Launay, sont livrées par un père ou par une mère qui exploite leur honneur[96] ?

Quant aux filles de familles riches, quel sort les attendait ?

Bien qu'au XVIe siècle le droit romain ait triomphé du droit germain, le droit d'aînesse échappe à cette influence, et généralement aussi, les filles sont, comme les cadets, sacrifiées à l'aîné de leurs frères, et ne reçoivent qu'une dot[97]. Néanmoins, cette dot paraît encore trop lourde à bien des familles qui se débarrasseront de cette charge au moyen du couvent. C'est avec une généreuse indignation que Bourdaloue flétrira le crime de ces parents qui, forçant les vocations, osent jeter à Dieu des coeurs qu'il n'a pas lui-même appelés : L'établissement de cette fille coûterait ; sans autre motif, c'est assez pour la dévouer à la religion. Mais elle n'est pas appelée à ce genre de vie : il faut bien qu'elle le soit, puisqu'il n'y a point d'autre parti à prendre pour elle. Mais Dieu ne la veut pas dans cet état : il faut supposer qu'il l'y veut, et faire comme s'il l'y voulait. Mais elle n'a nulle marque de vocation : c'en est une assez grande que la conjoncture présente des affaires et la nécessité. Mais elle avoue elle-même qu'elle n'a pas cette grâce d'attrait : cette grâce lui viendra avec le temps, et lorsqu'elle sera dans un lieu propre à la recevoir. Cependant on conduit cette victime

---

[95] Mme de Staal de Launay, *Mémoires*.

[96] Mme de Maintenon, *Lettres et Entretiens* ; Mme Campan, *Souvenirs*, portraits, anecdotes.

[97] J'ai longuement étudié la situation de la femme devant le droit romain et le droit germain dans mon ouvrage : *la Femme française au moyen âge*, actuellement sous presse.

dans le temple, les pieds et les mains liés, je veux dire dans la disposition d'une volonté contrainte, la bouche muette par la crainte et le respect d'un père qu'elle a toujours honoré. Au milieu d'une cérémonie brillante pour les spectateurs qui y assistent, mais funèbre pour la personne qui en est le sujet, on la présente au prêtre et l'on en fait un sacrifice qui, bien loin de glorifier Dieu et de lui plaire, devient exécrable à ses yeux et provoque sa vengeance.

Ah ! Chrétiens, quelle abomination ! Et faut-il s'étonner, après cela, si des familles entières sont frappées de la malédiction divine ? Non, non, disait Salvien, par une sainte ironie, nous ne sommes plus au temps d'Abraham, où les sacrifices des enfants par les pères étaient rares. Rien maintenant de plus commun que les imitateurs de ce grand patriarche. On le surpasse même tous les jours : car, au lieu d'attendre comme lui l'ordre du ciel, on le prévient... Mais bientôt corrigeant sa pensée : Je me trompe, mes frères, reprenait-il ; ces pères meurtriers ne sont rien moins que les imitateurs d'Abraham ; car ce saint homme voulut sacrifier son fils à Dieu : mais ils ne sacrifient leurs enfants qu'à leur propre fortune, et qu'à leur avare cupidité[98]...

La Bruyère n'est pas moins énergique : « Une mère, je ne dis pas qui cède et qui se rend à la vocation de sa fille, mais qui la fait religieuse, se charge d'une âme avec la sienne, en répond à Dieu même, en est la caution : afin qu'une telle mère ne se perde pas, il faut que sa fille se sauve[99]. »

---

[98] Bourdaloue, *Sermon pour le premier dimanche après l'Épiphanie*. Sur les devoirs des pères par rapport à la vocation de leurs enfants.
[99] La Bruyère, XIV, *De quelques usages*. Dans l'alinéa suivant le moraliste parle d'une jeune fille que son père, joueur ruiné, fait religieuse, et qui n'a d'autre vocation « que le jeu de son père. » Mme de Maintenon et la duchesse de Liancourt s'élèvent aussi contre les vocations forcées. Mme de Maintenon, *Lettres et Entretiens*, 60. Instruction aux demoiselles de la classe bleue, janvier 1695 ; la duchesse de Liancourt, *Règlement*

Si les parents ne mettent pas leurs filles au couvent, ils pourront les empêcher de se marier, dussent-ils, comme le fit le duc de la Rochefoucauld, les laisser végéter dans un coin séparé de la demeure paternelle, et réduire même l'une d'elles à épouser secrètement un ancien domestique de la maison, devenu un courtisan célèbre[100].

Ces abus n'existaient pas dans les familles où régnait l'esprit chrétien. Mère de neuf filles, la maréchale de Noailles né voulut forcer la vocation d'aucune d'elles. Une seule reçut l'appel divin et y répondit[101].

Dans ces pieuses familles, les filles sont dotées par leur père, soit de son vivant, soit par disposition testamentaire. On en voit même qui, conformément au droit romain, reçoivent du testament paternel une part égale à celle de leurs frères. Tel exemple nous est offert dans la famille des Godefroy. Nous voyons aussi dans cette famille une fille tendrement dévouée à ses parents et qui reçoit de sa mère « en avancement d'hoirie deux rentes au capital de 10,400 livres. » Son père lui avait déjà légué « hors part, » divers domaines ; et cependant elle avait des frères[102].

A la mort du père, le fils aîné devient chef de la famille. Plus d'un se souvient que le testament de son père a légué ses soeurs à sa tendresse. Plus d'un aussi sans doute, selon la touchante pensée de Mme du Plessis-Mornay, témoignera à ses soeurs par son amour fraternel, l'amour filial que lui

---

donné par une dame de haute qualité à M*** (Mlle de la Roche-Guyon), *sa petite fille, pour sa conduite et celle de sa maison. Avec un mitre règlement que cette dame avait dressé pour elle-même.* Paris, 1718. (Sans nom d'auteur.)

[100] Saint-Simon, *Mémoires*, éd. de M. Chérnel, t. II, ch. XXXVII ; VI, XXIII.

[101] E. Bertin, *les Mariages dans l'ancienne société française*.

[102] *Les savants Godefroy*. Mémoires d'une famille, etc.

inspirait une mère regrettée[103]. Chef de la maison, le frère aîné dote sa soeur. Dans une famille pauvre des frères se cotisent pour remplir ce devoir. Par testament le frère lègue à la soeur des rentes viagères ou autres[104].

La fille n'a-t-elle pas de frère et le père a-t-il désigné dans sa famille un héritier, elle épouse celui ci, fût-ce un oncle âgé.

Si le droit d'aînesse a échappé à l'influence du droit romain, ce dernier domine dans la condition de la femme, surtout au XVIe siècle. A cette époque le sénatus-consulte Velléien qui défend à la femme de s'engager pour autrui, règne aussi bien dans les pays de droit coutumier que dans les pays de droit écrit. L'ordonnance de 1606 l'abrogera implicitement ; mais cette ordonnance ne sera pour ainsi dire appliquée que dans les provinces du centre. Louis XIV en étendra l'application sans toutefois la rendre générale[105].

Les pactes nuptiaux subissent aussi l'influence romaine, tout en gardant le principe germain de la communauté. Suivant que les pays sont de droit coutumier ou de droit écrit, ce régime prévaut dans les premiers et le régime dotal dans les seconds[106].

---

[103] Mme du Plessis-Mornay, *Mémoires*.
[104] Les frères du Laurens. Manuscrit de Jeanne du Laurens. Ch. de Ribbe, *une Famille au XVIe siècle* ; id., *les Familles et la Société en France avant la Révolution ; les savants Godefroy*.
[105] Gide, *Étude sur la condition privée de la femme dans le droit ancien et moderne et en particulier sur le sénatus-consulte Velléien*. Paris, 1867.
[106] Un jurisconsulte a établi en France quatre espèces de pays sous le rapport de la communauté: 1° les pays de droit coutumier, principalement ceux que régissait la coutume de Paris ou d'Orléans ; « là, la communauté était le droit commun, à défaut de stipulation contraire...
« 2° D'autres pays coutumiers, tels que ceux de Bretagne, d'Anjou, du Maine, de Chartres et du Perche ; là, la communauté ne formait le droit commun que si le mariage avait duré *an* et *jour*.

Nous voyons dans certains contrats la dotalité romaine se mêler à la communauté coutumière. Mais c'est la loi romaine qui l'emporte quand elle défend aux époux, après leur mariage, les dons, les avantages, les contrats mutuels.

Comme le remarque M. Gide, l'autorité maritale s'affaiblit par les restrictions que subit le régime de la communauté. Cependant les romanistes d'alors ont une si faible idée de la capacité féminine, qu'ils s'accommodent d'un élément germain, le pouvoir marital, « pour en faire une sorte de tutelle à la romaine. » L'épouse devient une pupille, non plus, comme dans la communauté coutumière, à cause de sa faiblesse physique, mais à cause de l'infériorité morale que lui attribue l'esprit romain. Cette tutelle est pour la femme, aux yeux des romanistes, « un droit et un bénéfice. »

Si l'épouse agit seule, la loi juge que c'est sans volonté suffisante. La femme elle-même peut « attaquer le contrat. » Mais la tutelle n'étant plus maintenue que dans l'intérêt de l'épouse, ne rend plus le mari maître des biens du ménage, comme il l'était dans l'ancienne communauté coutumière.

La communauté n'est donc plus une suite nécessaire du pouvoir marital. « Elle ne résulta plus que des conventions nuptiales qui purent, au gré des parties, la restreindre ou l'exclure[107]. »

Tant que les familles vivent sur leurs terres ou mènent dans les villes une existence modeste, les dots sont faibles.

« 3° Les pays de droit écrit ; là, la communauté n'avait lieu qu'en cas de stipulation expresse ; le régime dotal était le droit commun ;
« 4° Le pays de Normandie, où il n'était pas même permis de stipuler le régime de la communauté (art. 330, 389 de la coutume). Armand Dalloz jeune. *Dictionnaire général et raisonné de législation et de jurisprudence*, t. I. *Communauté*.
[107] Gide, *ouvrage cité*.

Au XVIe siècle, 60,000 livres constituent une dot considérable. Ceux qui alors recherchaient les grosses dots en furent punis par les caprices impérieux de leurs riches compagnes : « Pourtant, dit Montaigne, treuve le peu d'advancement à un homme de qui les affaires se portent bien, d'aller chercher une femme qui le charge d'un grand dot ; il n'est point de debte estrangiere qui apporte plus de ruyne aux maisons : mes predecesseurs ont communément suyvi ce conseil bien à propos, et moy aussi[108]. »

La mère d'André Lefèvre d'Ormesson reçut en 1559 une dot de 10,000 livres. Son fils, qui nous l'apprend, dit à ce sujet « que son père avoit recherché le support et l'alliance, plus que les richesses[109]. »

Une autre famille de robe, celle des Godefroy, nous montre la progression des dots depuis le XVIe siècle jusqu'à la fin du XVIIIe. En 1535, la fille de Pierre Lourdet, « pourvu d'une charge dans la maison Royale, » apporte en dot, à Léon Godefroy de Guignecourt, « un capital de 4,000 livres tournois, un demi-arpent de vignes à Antony, le quart d'une maison rue de la Bucherie, quelques menues rentes, quatre cents livres de biens meubles et *deux robes*, l'une d'escarlatte, l'autre noire. Le contrat lui assure un douaire de cent soixante livres de rente s'il y a enfants, de deux cents au cas contraire, rachetable sur le pied du denier dix. »

En 1610, Théodore Godefroy épouse Anne Janvyer, fille d'un conseiller secrétaire du roi, et celle-ci lui apporte 6,000 livres tournois. Son fils se marie en 1650 avec la fille d'un écuyer, Geneviève des Jardins dont la dot, considérée comme modique, est évaluée à 14,000 livres ; il est vrai que dans ce chiffre ne figurent que 4,000 livres d'argent

---

[108] Montaigne, *Essais*, I. II, ch. VIII. Comp. au siècle suivant, La Bruyère, XIV.
[109] Cité par M. de Ribbe, *les Familles et la Société en France avant la Révolution*.

comptant ; des rentes diverses, des meubles, du linge, de la vaisselle forment le reste de la dot. En 1687, la fille de ce Godefroy, Marie-Anne, a 10,000 livres de dot, plus 1,000 livres de meubles et de hardes qui lui appartiennent : « Chacun des époux met un tiers de son apport dans la communauté. Un préciput de 1,200 livres en deniers ou meubles est réservé au prémourant. La veuve aura un douaire de 400 livres de rentes et l'habitation dans la maison seigneuriale de Champagne. » Alors que Marie-Anne était toute jeune fille, un mariage manqua pour elle, faute de 1,000 écus de dot. Son frère, Jean Godefroy d'Aumont, épouse en 1694 une femme dont la dot est de 16,000 florins que représentent des terres, des rentes et quelque peu d'argent comptant. Le contrat assure une pension à l'époux survivant.

Au XVIIIe siècle les dots sont beaucoup plus considérables. En 1720, Claude Godefroy du Marchais, frère de Marie-Anne et de Jean Godefroy, s'unit à une fille de robe qui lui apporte, avec une dot de 36,000 livres provenant de la succession paternelle et de ses épargnes, 15,000 florins que sa mère lui donne en avancement d'hoirie. Comme son fiancé, elle met « 18,000 livres dans la communauté. Le survivant pourra prélever sur les meubles un préciput de 6,000 livres en argent ou en nature à son choix et après estimation. Si c'est la femme, elle retirera en plus ses habits, linge, et bijoux, et aura un douaire de 1,500 livres de rente. » En 1769, la fille de Godefroy de Maillart a une dot de 150,000 livres en meubles et en immeubles[110].

Ces divers contrats sont d'autant plus curieux que certains d'entre eux nous offrent la combinaison de la communauté coutumière et de la dotalité romaine.

---

[110] *Les savants Godefroy*, Mémoires d'une famille pendant les XVIe, XVIIe et XVIIIe siècles.

Nous avons remarqué que c'est une famille de robe qui nous a offert, avec ces contrats, les chiffres qui établissent la progression des dots, du XVIe siècle au XVIIIe. Dans la noblesse de cour, sous Louis XIV, une dot de 60,000 francs, cette dot qui était considérable au XVIe siècle, est regardée comme bien modique. On voit des dots de 200,000, 300,000, 400,000 francs. Mais ces grosses dots sont néanmoins des exceptions. Aussi les filles qui les apportent sont-elles ardemment convoitées à cette époque où le luxe de la vie des cours entraîne aux folles dépenses. Le gentilhomme endetté recherche l'héritière. Une fille laide, bossue, mais grandement dotée, trouve « non seulement un mari, mais un ravisseur[111]. » Un jeune homme épousera une vieille femme riche, quitte à la maltraiter si elle ne meurt pas assez vite après l'avoir enrichi et l'avoir délivré de ses créanciers[112].

En général cependant, c'est plutôt par ambition que par avarice que les gentilshommes se marient au XVIIe siècle. Eux aussi, ils cherchent, comme au XVIe siècle, « le support et l'alliance », mais c'est surtout pour parvenir plus rapidement aux honneurs. Laide et contrefaite, Mlle de Roquelaure avait été enlevée par un Rohan qui convoitait sa dot. Laide et contrefaite, la fille du duc de Saint-Simon est recherchée par un prince de Chimay qui épouse en elle le crédit de son père. « Cruellement vilaine » était la seconde fille de Chamillart, et cependant le pouvoir d'un père ministre lui donna un attrait qui fit d'elle une duchesse de la Feuillade. Il est vrai que si le mari qui lui apportait ce titre avait une laideur plus agréable que la sienne, il était plus affreux au moral qu'elle ne pouvait l'être au physique[113].

---

[111] Ernest Bertin, *les Mariages dans l'ancienne société française*.
[112] La Bruyère, XIV.
[113] Saint-Simon. *Mémoires*, t. II, ch. XXVI ; IV, XII, XX ; Bertin, *ouvrage cité*.

Ajoutons cependant qu'au XVIIe et au XVIIIe siècles, dans la chasse aux maris, les parents des filles à marier se montrent plus âpres encore que les hommes à marier. Pour établir une fille, surtout quand elle est peu ou point dotée, que de calculs, que d'intrigues ! Un homme fût-il vieux, infirme, laid à faire peur ; fût-ce un brutal, un libertin, un pillard, un déserteur, c'est un mari que recherchent les plus illustres familles, surtout s'il est duc, si sa femme doit avoir tabouret à la cour[114].

Pour ne point manquer un parti, on fiance et l'on marie une enfant. La plus riche héritière de France, Marie d'Alègre, est fiancée à huit ans au marquis de Seignelay. Il y a des mariées de douze ans, de treize ans. La duchesse de Guiche, fille de Mme de Polignac, sera mère à quatorze ans et un mois[115]. Il y avait de si petites mariées qu'il fallait les porter à l'église. On les prenait « au col. » C'est ainsi que la fille de Sully fut menée en 1605 au temple protestant. « Présentez-vous cette enfant pour être baptisée ? » demanda malicieusement le ministre Moulin[116].

Au siècle précédent, Jeanne d'Albret avait ainsi été portée à l'autel, bien qu'elle fût d'âge à pouvoir marcher. Brantôme prétend qu'elle en était empêchée par le poids de ses pierreries et de sa robe d'or et d'argent. Mais cette petite fille de douze ans, que l'on avait fouettée tous les jours pour obtenir son consentement à son mariage, et qui, avec une énergie précoce, avait publiquement protesté contre la

---

[114] E. Bertin, *ouvrage cité*.
[115] Mme d'Oberkirch, *Mémoires*.
[116] E. Bertin, *ouvrage cité*.

violence qui lui était faite, pouvait avoir des motifs particuliers pour ne point aller librement à l'autel[117].

« Madame, votre fille est bien jeune », dit Louis XIV à la duchesse de la Ferté qui lui soumet un projet de mariage pour cette enfant âgée de douze ans.—» Il est vrai, Sire ; mais cela presse, parce que je veux M. de Mirepoix, et que dans dix ans, quand Votre Majesté connaîtra son mérite, et qu'Elle l'aura récompensé, il ne voudrait plus de nous. » En narrant cet épisode à sa fille, Mme de Sévigné ajoute : « Voilà qui est dit. Sur cela on veut faire jeter des bans, avant que les articles soient présentés. » Dans d'autres lettres, la spirituelle marquise parle de « cette enfant de douze ans,... toute disproportionnée à ce roi d'Éthiopie.... La petite enfant pleure ; enfin, je n'ai jamais vu épouser une poupée, ni un si sot mariage : n'était-ce pas aussi le plus honnête homme de France[118] ! »

Trop heureuse encore la petite fille que l'on ne mariait pas à un vieillard perdu de vices[119].

Bien des fois le marié est lui-même un enfant. Lorsque Mlle de Montmirail, âgée de quinze ans, mais déjà en plein développement de force et de beauté, épouse M. de la Rochefoucauld, frêle enfant de quatorze ans à peine, le pauvre petit marié, tout en se mettant sur la pointe des pieds, n'atteint pas à l'épaule de sa belle fiancée ; et l'exiguïté de sa taille fait d'autant plus rire les assistants que les Cent-Suisses qui figurent à la fête nuptiale sont pour le moins hauts de six

---

[117] Protestation de Jeanne d'Albret, au sujet de son mariage avec le duc de Clèves, pièce reproduite par M. Génin, à la suite des *Nouvelles lettres de la reine de Navarre*. Paris, 1842 ; Brantôme, *Premier livre des Dames*, Marguerite d'Angoulesme.

[118] Mme de Sévigné, *Lettres* à Mme de Grignan, 10, 19, 31 janvier 1689.

[119] E. Bertin, *ouvrage cité*.

pieds[120]. Plus comique encore fut ce petit prince de Nassau marié à douze ans à Mlle de Montbarey, qui en avait dix-huit. Tandis qu'un poète célébrait dans un épithalame les transports de l'heureux époux, celui-ci, furieux d'être marié, repoussait sa femme « avec une brusquerie d'enfant, mal élevé ; » et exaspéré d'être un objet de curiosité, « pleurait du matin au soir… Le marié ne voulut pas danser avec sa femme, au bal ; il fallut lui promettre le fouet s'il continuait à crier comme une chouette, et lui donner au contraire un déluge d'avelines, de pistaches, de dragées de toutes sortes, pour qu'il consentît à lui donner la main au menuet. Il montrait une grande sympathie pour la petite Louise de Dietrich, jolie enfant plus jeune encore que lui, et retournait auprès d'elle aussitôt qu'il pouvait s'échapper[121]. »

Lorsque des enfants étaient ainsi mariés, on ne les réunissait que plus tard à leurs conjoints. On connaît la jolie histoire du duc de Bourbon, l'*Amoureux de quinze ans*, qui enlève du couvent sa jeune compagne.

Bien qu'au XVIIe siècle on recherche plus dans le mariage l'alliance que la fortune, nous avons vu que le faste de la cour rendait plus nécessaire que jamais le besoin d'argent. Alors déjà il y a des unions vénales qui deviendront de plus en plus nombreuses dans le XVIIIe siècle. Les filles nobles n'étant guère dotées pour la plupart, on se rabat sur les filles de la robe, on descend jusqu'aux filles de la finance. Quelles proies que ces dots qui varient de 400,000 livres à un million ! Pour les obtenir, que de bassesses ! Les plus grands noms s'allient à la finance, la fille du financier fût-elle laide, son père fût-il un escroc ! La petite-fille d'une fruitière, la fille d'une femme de chambre et d'un charretier enrichi

---

[120] *Vie de Mme de la Rochefoucauld, duchesse de Doudeauville.*
[121] Mme d'Oberkirch, *Mémoires*.

devient duchesse[122]. Elle a les honneurs du Louvre ; à la cour, le tabouret ; sur son carrosse, l'impériale de velours rouge à galerie dorée ; dans sa maison, « le dais et la salle du dais. » Elle entrera « à quatre chevaux dans les cours des châteaux royaux. » Le souverain l'embrassera à sa présentation. Les deuils du roi seront les siens : « lorsque le roi drape », elle a « le droit de draper aussi[123]. »

Une ancienne lingère, veuve d'un trésorier et receveur général, devient duchesse et maréchale, et par son dernier mariage, non reconnu, il est vrai, femme d'un roi de Pologne[124].

Dans une lettre adressée à sa fille, Mme de Sévigné dit de son fils : « Je lui mande de venir ici ; je voudrais le marier à une petite fille qui est un peu juive de son *estoc* ; mais les millions nous paraissent de bonne maison[125]. » Malgré son orgueil, Mme de Grignan était absolument de l'avis de sa mère. Les millions lui paraissent de très bonne maison et elle marie son fils à la fille d'un financier, Mlle de Saint-Amand. « Mme de Grignan, en la présentant au monde, en faisait ses excuses ; et avec ses minauderies, en radoucissant ses petits yeux, disait qu'il fallait de temps en temps du fumier sur les meilleures terres[126]. »

Nous savons que pour épouser une noble héritière, un prince ne reculait pas devant un rapt. De même un gentilhomme enlèvera la fille d'un ancien laquais, devenu

---

[122] E. Bertin, *les Mariages dans l'ancienne France*.
[123] Pour *les honneurs du Louvre*, voir Mme d'Oberkirch, *Mémoires*.
[124] La maréchale de l'Hôpital, remariée secrètement à Jean-Casimir, roi de Pologne. Saint-Simon, t. VI, ch. xii ; E. Bertin, *ouvrage cité*.
[125] Mme de Sévigné, *Lettres*, 13 octobre 1675.
[126] Saint-Simon, *Mémoires*, t. III, ch. x.

trésorier général : une enfant de douze ans[127]. Pas plus pour les filles de la finance que pour celles de la noblesse, l'âge ne saurait être un obstacle aux vues intéressées de leurs poursuivants. Un fils de duc, un Villars-Brancas, âgé de trente-trois ans, a une fiancée de trois ans ! C'est la fille d'un ancien peaussier, André le Mississipien. Pour toucher la dot, le fiancé n'attend pas que la fiancée ait l'âge des épousailles. Il reçoit immédiatement 100,000 écus comptant ; une pension de 20,000 livres lui sera payée jusqu'au jour du mariage. En cas de rupture, il ne restituera rien. La dot définitive, promise pour le jour du mariage, devra se chiffrer par millions. « Mais, » dit Saint-Simon, « l'affaire avorta avant la fin de la bouillie de la future épouse, par la culbute de Law[128]. » La fiancée fut délaissée ; mais les acomptes de la dot restaient aux Brancas.

La vanité des familles de robe ou de finance s'accordait merveilleusement, du reste, avec la rapacité des grands seigneurs. Les jeunes filles, les veuves recherchent avec passion le titre qui fait d'elles des femmes de la cour, et pour l'obtenir, ce titre, elles ne reculent ni devant les dégoûts de l'âge ou de l'infirmité, ni devant les exemples peu encourageants que leur offrent celles de leurs égales qui ont tenté même aventure, et qui, plus d'une fois, ont eu à essuyer les dédains de leurs nouvelles familles.

Une femme de la robe marie sa fille avec 500,000 francs de dot à un être souillé, mais c'est un duc, et un duc, fût-il estropié à ne pouvoir marcher, un duc se vend très cher[129].

Toutes les bourgeoises, heureusement, ne pensaient pas comme cette mère. Lorsque Mlle Crosat va devenir

---

[127] E. Bertin, *ouvrage cité*.
[128] Saint-Simon, *Mémoires*, t. XI, ch. xx.i.
[129] Saint-Simon, *Mémoires*, t. III, ch. xxi ; t. VI, ch. xix ; E. Bertin, *ouvrage cité*.

princesse par son mariage avec le comte d'Évreux, sa grand'mère maternelle prévoit les tristes suites de cette alliance ; et au milieu de l'enivrement des siens, elle garde une réserve modeste dont la fière dignité impressionne jusqu'au plus orgueilleux des ducs, Saint-Simon[130]. Comme Mme Jourdain, elle aurait pu dire :

« Les alliances avec plus grand que soi sont sujettes toujours à de fâcheux inconvénients. Je ne veux point qu'un gendre puisse à ma fille reprocher ses parents, et qu'elle ait des enfants qui aient honte de m'appeler leur grand'maman. S'il fallait qu'elle me vînt visiter en équipage de grande dame, et qu'elle manquât, par mégarde, à saluer quelqu'un du quartier, on ne manquerait pas aussitôt de dire cent sottises. Voyez-vous, dirait-on, cette madame la marquise qui fait tant la glorieuse ? c'est la fille de monsieur Jourdain, qui était trop heureuse, étant petite, de jouer à la madame avec nous. Elle n'a pas toujours été si relevée que la voilà, et ses deux grands-pères vendaient du drap auprès de la porte Saint-Innocent. Ils ont amassé du bien à leurs enfants, qu'ils paient maintenant, peut-être, bien cher en l'autre monde ; et l'on ne devient guère si riche à être honnêtes gens. Je ne veux point tous ces caquets, et je veux un homme, en un mot, qui m'ait obligation de ma fille, et à qui je puisse dire : Mettez-vous là, mon gendre, et dînez avec moi[131]. »

Ce n'étaient pas seulement les gentilshommes qui épousaient des filles de robe ou de finance ; les hommes de robe et les financiers épousaient, eux aussi, des filles nobles et pauvres. Ces mésalliances, il est vrai, étaient plus rares, parce que, si le gentilhomme gardait son titre, la femme perdait le sien[132]. Aussi quels cuisants chagrins pour l'amour-

---

[130] Saint-Simon, *Mémoires*, t. III, ch. xxxiv.
[131] Molière, *le Bourgeois gentilhomme*, acte III, scène XII.
[132] Duclos, *Considérations sur les moeurs*, ch. X.

propre de ces jeunes filles ! Quels dédains pour les familles qu'elles honoraient de leur alliance ! L'une d'entre elles épouse le fils d'un laquais. Une jeune fille de grande maison est sacrifiée à un magistrat octogénaire. La première femme de Samuel Bernard était la fille d'une faiseuse de mouches ; les deux autres sont de noble race, et il a plus de soixante-dix ans, lorsqu'il épouse la dernière !

Les filles de la noblesse pauvre n'étaient pas les seules que l'on jetait dans les familles de la finance.

Mme de Soyecourt veut laisser sa fortune à ses fils. Pour marier sa fille sans dot, elle l'unit au fils d'un homme méprisé, mais riche. La Providence la châtie en permettant que, dans une bataille, ses fils soient tués tous les deux. Le nom et les biens de ces vaillants jeunes gens passent dans la descendance plébéienne de leur soeur : spectacle qui indigne Saint-Simon.

Il arrivait qu'un financier, en épousant une fille noble, lui reconnaissait une dot et lui fixait un douaire.

Par ces mésalliances, les positions sociales se mêlent sans cependant se confondre. Le président Le Coigneux qui, disait-on, avait un potier d'étain pour ancêtre, tenait par ses alliances à une tête couronnée et à un apothicaire dont les gelées de groseille étaient recherchées. De la race de l'apothicaire sortira une princesse de Lorraine[133].

« Le besoin d'argent a réconcilié la noblesse avec la roture, dit La Bruyère, et a fait évanouir la preuve des quatre quartiers....

---

[133] E. Bertin, *les Mariages dans l'ancienne société française.*

« Il y a peu de familles dans le monde qui ne touchent aux plus grands princes par une extrémité, et par l'autre au simple peuple[134]. »

L'amour aussi produisait des mésalliances.

Le cardinal de Richelieu, léguant son titre de duc à son petit-neveu, Armand de Wignerod, et à la descendance de celui-ci, disait dans son testament : « Je défends à mes héritiers de prendre alliance en des maisons qui ne soient pas vraiment nobles, les laissant assez à leur aise pour avoir plus égard à la naissance et à la vertu qu'aux commodités et aux biens. »

Le nouveau duc de Richelieu contracta une alliance, noble, il est vrai, mais disproportionnée à son âge et aux ambitions de son rang. Son frère épousa, lui, la fille d'une femme de chambre de la reine Anne. La duchesse d'Aiguillon, tante et tutrice des petits-neveux de Richelieu, fut douloureusement blessée de leurs mariages. « Mes neveux vont de pis en pis, disait-elle ; vous verrez que le troisième épousera la fille du bourreau[135]. »

L'amour, sentiment rare dans les alliances matrimoniales, apparaît surtout dans les mariages clandestins que le monde et les tribunaux mêmes traitaient avec d'autant plus d'indulgence que l'on ne savait que trop quelle dure contrainte les parents faisaient peser sur leurs enfants pour les marier au gré de leurs ambitions.

L'amour apparaît aussi, meurtri et sacrifié, chez ces princesses qui ne peuvent, elles surtout, écouter la voix du coeur. Ne parlons pas de la grande Mademoiselle qui, pour

---

[134] La Bruyère, ch. XIV, *De quelques usages*.
[135] Bonneau-Avenant, *la Duchesse-d'Aiguillon*.

son malheur, semble avoir pu épouser en secret le gentilhomme à qui le roi lui-même n'avait pu la marier publiquement. Jetons un regard sur un autre spectacle. Une nuit d'été, dans le parc de Saint-Cloud, au-dessus de la cascade, un jeune homme, une jeune fille, « la plus belle créature que Dieu ait faite », sont agenouillés l'un près de l'autre. Le jeune homme a noblement refusé le sacrifice que la jeune fille voulait lui faire en l'épousant ; il lui a juré de ne se marier jamais et d'aller se faire tuer à l'armée. A son tour, elle lui fait un serment : c'est de quitter la cour et de prendre le voile. Il lui baise la main en pleurant. Tels sont les adieux qu'échangent une fille du régent et M. de Saint-Maixent.

« Elle est devenue abbesse de Chelles, et il a reçu un boulet dans la poitrine, un boulet espagnol. Il n'avait pas vingt ans ! » disait soixante-huit ans plus tard un ami de M. de Saint-Maixent, un vieux roué de la Régence, et qui, malgré le cynisme habituel de son langage, s'attendrissait au souvenir de ce pur amour[136].

Vers la fin de ce même XVIIIe siècle, la princesse Louise-Adélaïde de Bourbon-Condé, unie par une tendre affection au marquis de la Gervaisais, s'effraye lorsqu'elle sent que cette amitié est devenue de l'amour. Elle dit un dernier adieu à celui qu'elle aime. Mais, comme le fait remarquer l'éditeur de ses *Lettres intimes*[137], elle offrit à Dieu, non un coeur tout palpitant d'une affection humaine, mais un coeur qui avait consommé jusque dans ses dernières profondeurs

---

[136] Mme d'Oberkirch, *Mémoires*. Sur les excentricités de l'abbesse de Chelles, voir Duclos, *Mémoires*, éd. de M. Barrière, et l'Introduction de l'éditeur. Elle mourut saintement.
[137] *Lettres intimes* de Mlle de Condé à M. de la Gervaisais (1786-1787), édition de M. Paul Viollet. Paris, 1878.

l'immolation de son amour : ce coeur était digne d'être un holocauste[138].

« De tant de mariages qui se contractent tous les jours, combien en voit-on où se trouve la sympathie des coeurs ? » demande Bourdaloue qui déclare énergiquement que les mariages contractés sans attachement produisent de criminels attachements sans mariage[139].

Il fallait des parents chrétiens comme les Noailles, pour demander à leur fille si son coeur ratifiait le choix qu'ils avaient fait de son époux. Écoutons l'accent ému avec lequel le maréchal de Noailles annonce à sa vieille mère qu'il a fiancé sa fille au comte de Guiche : « Je vous prie de demander à Dieu d'y mettre sa bénédiction. Je n'en ai jamais demandé aucun (mariage) à Dieu particulièrement, mais seulement celui qui serait le meilleur pour le salut de ma fille et pour le nôtre ; c'est ce qui me fait croire que c'est sa volonté et qu'il bénira mes bonnes intentions. Je vous prie de le bien demander à Dieu. Après avoir proposé à ma fille tous les jeunes gens à marier et même ceux à qui nous ne prétendions pas, elle nous dit, à sa mère et à moi, qu'elle aimait mieux M. le comte de Guiche et M. d'Enrichemont, et de ces deux derniers le comte de Guiche ; elle s'est mise à pleurer lorsque nous lui avons dit la chose, et à témoigner une modestie et une honnêteté dont tout le monde a été très content : vous l'auriez été fort, si vous l'aviez vue[140]. »

---

[138] Cf. ma brochure: *l'Hôtel de Mlle de Condé*, Paris, 1882. (Extrait de la *Revue du Monde catholique*)—Dans notre siècle, la princesse devint la fondatrice des Bénédictines du Temple.

[139] Bourdaloue, *Sermon pour le deuxième dimanche après l'Épiphanie. Sur l'état du mariage.*

[140] L'auteur des *Mariages dans l'ancienne société française*, M. E. Bertin, a trouvé ce document dans le *Recueil des lettres concernant la famille de Noailles*, Bibliothèque nationale, mss. 6919.

Le coeur se repose quand, au milieu de tous les scandaleux agissements qui font d'un lien sacré un marché, l'on entend cette voix paternelle qui considère dans le mariage le bonheur et la sanctification des époux. Et, même dans un milieu moins imprégné de la pensée chrétienne, lorsque l'on voit une jeune fille, non plus sacrifiée à l'orgueil de sa famille, mais trouvant dans son mariage la réalisation de ses voeux, on conçoit le ravissement avec lequel Mme de Sévigné contemple ce charmant spectacle : « La cour est toute réjouie du mariage de M. le prince de Conti et de Mlle de Blois. Ils s'aiment comme dans les romans. Le roi s'est fait un grand jeu de leur inclination. Il parla tendrement à sa fille, et l'assura qu'il l'aimait si fort, qu'il n'avait point voulu l'éloigner de lui. La petite fut si attendrie et si aise, qu'elle pleura. Le roi lui dit qu'il voyait bien que c'est qu'elle avait de l'aversion pour le mari qu'il lui avait choisi ; elle redoubla ses pleurs : son petit coeur ne pouvait contenir tant de joie. Le roi conta cette petite scène, et tout le monde y prit plaisir. Pour M. le prince de Conti, il était transporté, il ne savait ni ce qu'il disait ni ce qu'il faisait ; il passait par-dessus tous les gens qu'il trouvait en chemin, pour aller voir Mlle de Blois. Mme Colbert ne voulait pas qu'il la vît que le soir ; il força les portes, et se jeta à ses pieds, et lui baisa la main. Elle, sans autre façon, l'embrassa, et la revoilà à pleurer. Cette bonne petite princesse est si tendre et si jolie, que l'on voudrait la manger. Le comte de Gramont fit ses compliments, comme les autres, au prince de Conti : « Monsieur, je me réjouis de votre mariage ; croyez-moi, ménagez le beau-père, ne le chicanez point, ne prenez point garde à peu de chose avec lui ; vivez bien dans cette famille, et je réponds que vous vous trouverez fort bien de cette alliance. » Le roi se réjouit de tout cela, et marie sa fille en faisant des compliments comme un autre, à M. le prince, à M. le duc et à Mme la duchesse, à laquelle il demande son amitié pour Mlle de Blois, disant qu'elle serait trop heureuse d'être souvent auprès d'elle, et de suivre un si bon exemple. Il s'amuse à donner des transes au prince de Conti. Il lui fait dire que les articles ne sont pas sans difficulté ; qu'il faut remettre l'affaire à l'hiver qui vient : là-dessus le prince amoureux tombe comme évanoui ; la princesse l'assure qu'elle n'en aura jamais d'autre. « Cette fin s'écarte un peu dans le don Quichotte », ajoute la railleuse marquise ; « mais dans la vérité il n'y eut jamais un si joli roman[141] ». Roman qui devait avoir un triste et prosaïque dénouement ! Si la tendresse basée sur l'estime est une condition essentielle du mariage, il est dangereux d'apporter dans ce lien sacré les illusions passionnées, romanesques, que la réalité vient trop souvent détruire. Peut-être serait-il moins périlleux de ne ressentir qu'une indifférence que pourraient faire fondre cette communauté d'existence et cette mutuelle estime qui produisent à la longue de solides attachements.

Avant le mariage on exposait les dons qu'avait reçus la mariée. « On va voir, comme l'opéra, les habits de Mlle de Louvois : il n'y a point d'étoffe dorée qui soit moindre que de vingt louis l'aune[142] ». Quand une autre fille de Louvois épouse le duc de Villeroi, on expose pendant deux mois les superbes dons nuptiaux. Les Louvois marient-ils leur fils, M. de Barbezieux, les souvenirs qu'ils offrent à la fiancée, Mlle d'Uzès, valent plus de 100,000 francs[143].

Dans un contrat de 1675, la corbeille de mariage donnée par le sire de la Lande comprenait, avec une splendide croix de diamants et une montre « marquant les heures et les jours du mois », des pièces d'argenterie, « une tapisserie d'haulte-lisse pour une chambre, une tapisserie de cuir doré pour une autre », des meubles et même un attelage[144]. M. de la Lande ajoutait galamment à l'apport de sa fiancée cette belle

---

[141] Mme de Sévigné, *Lettres*, 27 décembre 1679.
[142] Mme de Sévigné, *Lettres*, 10 novembre 1679.
[143] Bertin, *ouvrage cité*.
[144] *Les savants Godefroy*, Mémoires d'une famille, etc.

corbeille dans laquelle les pièces de ménage et le carrosse à deux chevaux remplaçaient les robes et les chiffons qui, au XIXe siècle, forment le luxe d'une corbeille.

Le concile de Trente avait prescrit la publication des bans avant le mariage, ainsi que la présence des témoins à la bénédiction nuptiale. L'ordonnance de Blois fit passer dans la législation française ces utiles dispositions.

La solennité religieuse des fiançailles, la cérémonie nuptiale étaient accompagnées de fêtes qui, dans les familles riches, avaient parfois un grand éclat ; c'étaient des festins, des bals, des illuminations[145]. Dans des maisons plus modestes on s'amusait fort aussi. Une lettre écrite en 1671 par un gentilhomme de la robe, nous donne de curieux détails sur une noce parisienne. On danse entre le déjeuner et le souper, tous deux magnifiques, et l'on danse encore après ce second repas jusqu'à deux heures du matin. « Ce que j'ay trouvé de meilleur, ajoute le jeune invité, c'est qu'après tous les mets dont il y avait pour nourrir mille personnes, on a distribué des sacs de papier pour emporter des confitures chacun à son logis[146] ». Ce dernier trait, essentiellement bourgeois, dénote bien les habitudes de bonhomie patriarcale qui se conservaient alors dans bien des familles de robe.

La mariée devait, le lendemain du mariage, recevoir sur son lit les compliments d'une foule de gens « connus ou inconnus » et qui accouraient là comme à un spectacle dont l'inconvenance révolte justement La Bruyère[147].

---

[145] Mme de Sévigné, *Lettres*, 29 novembre 1679, etc.
[146] Lettre du 15 mai 1671, *Les savants Godefroy*, Mémoires d'une famille, etc.
[147] La Bruyère, *Caractères*, ch. vii, De la Ville.

J'aime mieux la touchante pensée qui, à ce lendemain de noce, plaçait une fête religieuse : l'action de grâces.

Dans les familles uniquement préoccupées des intérêts terrestres, c'était surtout par des plaisirs que l'on célébrait ces mariages auxquels présidaient trop souvent la vénalité, l'ambition. Mais, dans les maisons chrétiennes où l'on veillait avant tout à unir deux âmes immortelles, les fêtes nuptiales cédaient le pas aux graves enseignements que des parents dignes de ce nom donnaient à leurs enfants. Avant le mariage, le père les rappelait à son fils[148]. La mère, l'aïeule ou, à défaut de l'une ou de l'autre, le père écrivait pour sa fille ou sa petite-fille des conseils fondés sur l'expérience de la vie et qui initiaient la jeune personne aux grands devoirs qu'elle était destinée à remplir[149]. Le jour même du mariage, avant le souper, la noble mère dont j'ai déjà cité le nom, Mme la duchesse d'Ayen, s'enferme avec sa fille, Mme de Montagu, et, pour dernière instruction, lui lit des pages de cet admirable livre de Tobie[150] où les familles pieuses aiment à chercher leur modèle[151].

C'est avec une émotion religieuse que le soir de son mariage, l'époux chrétien écrivait dans son *Livre de raison* : « Fasse le ciel que ce soit pour un heureux establissement et

---

[148] Lettre du prince de Craon à son fils, le prince de Beauvau, au moment de son mariage. 10 mars 1745. (Appendice de l'ouvrage intitulé: *Souvenirs de la maréchale princesse de Beauvau*, suivis des *Mémoires du maréchal prince de Beauvau*, recueillis et mis en ordre par Mme Standish, née Noailles, son arrière-petite-fille. Paris, 1872.)

[149] Duchesse de Liancourt, *Règlement* donné à sa petite-fille, Mlle de la Roche-Guyon ; duchesse de Doudeauville, avis à sa fille. Voir aussi l'ouvrage de M. de Ribbe, *les Familles et la Société en France avant la Révolution*.

[150] *Anne-Paule-Dominique de Noailles, marquise de Montagu*.

[151] Ch. de Ribbe, *la Vie domestique, ses modèles et ses règles*, d'après les documents originaux.

pour l'honneur et la gloire de Dieu, afin que, s'il me donne des enfants, ils soient élevés pour l'honorer et le servir[152]. »

---

[152] *Livre de raison* de Balthazar de Fresse-Monval, 27 janvier 1684, manuscrit cité par M. de Ribbe, *la Vie domestique*. Le fils de Balthazar, Antoine, se sert à peu près textuellement des mêmes paroles le jour où il se marie. *Id.*

Chapitre II

L'ÉPOUSE, LA VEUVE, LA MÈRE

(XVIe-XVIIIe siècles)

La femme de cour.—Le luxe de la femme et le déshonneur du foyer.—Nouveau caractère de la royauté féminine.—Tristes résultats des mariages d'intérêt.—Indifférence réciproque des époux.—L'infidélité conjugale.—Légèreté des moeurs.—Veuves consolables.—Mères corruptrices.—La femme sévèrement jugée par les moralistes.—Rareté des bons mariages.—La femme de ménage.—La femme dans la vie rurale.—La baronne de Chantal.—La maîtresse de la maison, d'après les écrits de la duchesse de Liancourt et de la duchesse de Doudeauville.—La femme forte dans l'ancienne magistrature ; Mme de Pontchartrain, Mme d'Aguesseau.—La miséricorde de l'épouse ; Mme de Montmorency ; Mme de Bonneval.—La vie conjugale suivant Montaigne.—Exemples de l'amour dans le mariage.—De beaux ménages au XVIIIe siècle : la comtesse de Gisors, la maréchale de Beauvau.—Dernière séparation des époux.—Hommages testamentaires rendus par le mari à la vertu de la femme.—Dispositions testamentaires concernant la veuve.—La mère veuve investie du droit d'instituer l'héritier.—Autorité de la mère sur une postérité souvent nombreuse.—La mission et les enseignements de la mère.—La mère de Bayard.—Mme du Plessis-Mornay, la duchesse de Liancourt, Mme Le Guerchois, née Madeleine d'Aguesseau.—L'aïeule.—La mère, soutien de famille ; Mme du Laurens.—Caractère austère et tendre de l'affection maternelle.—Mères pleurant leurs enfants.—La mère et le fils réunis dans le même tombeau.

Pour la femme mariée comme pour la jeune fille, nous savons que les temps qui s'écoulent depuis la Renaissance jusqu'à la fin du siècle dernier, nous offrent même contraste : ici dominent les séductions du monde, là règnent les fermes principes de la vie domestique.

Les bals, les spectacles, les concerts, les mascarades, le jeu, les causeries frivoles et brillantes ravissent et enivrent les femmes. Elles vont au plaisir avec la même ardeur que les hommes vont au combat. La duchesse de Lorges, fille de Chamillart, se tue à force de plaisirs, et, mourante, se fait encore transporter à cet étrange champ d'honneur[153].

La femme est, à elle seule, un vivant spectacle. A la beauté, à l'esprit, à la grâce française, ces charmes souverains qu'elle réunit souvent, elle ajoute les ressources de la parure. Dans ce moyen âge où la vie sociale était assez restreinte cependant pour elle, la femme ne se défendait pas toujours contre les entraînements du luxe. La femme se livre plus que jamais à cette passion lorsqu'elle peut la déployer sur la brillante scène d'une cour.

Dans les modes variées qu'ils nous offrent, les portraits du XVIe siècle nous permettent de juger combien le costume féminin se prêtait alors à toutes les richesses de la parure. Les perles et les pierreries serpentent dans les cheveux relevés et autour du cou. Les perles et les pierreries garnissent aussi la robe de drap d'or, fourrée d'hermines mouchetées, qui s'ouvre en carré sur la poitrine.

Des perles encore serpentent sur le fichu bouillonné que termine la fraise, et sont disposées entre les bouillons des manches à crevés. J'emprunte, il est vrai, ces détails de costume au portrait de la reine Élisabeth d'Autriche peint

---

[153] Saint-Simon, *Mémoires*, tome VII, ch. XIV.

par François Clouet[154], et à une miniature représentant la duchesse d'Étampes[155]. Mais d'autres portraits du XVIe siècle, dus à Clouet ou à son école, témoignent que les femmes de la cour savaient lutter d'élégance avec une souveraine légitime ou illégitime.

Des aiguillettes d'or et des plumes ornent la robe de velours noir que porte Silvie Pic de la Mirandole, comtesse de la Rochefoucauld ; des perles d'or accompagnent la plume blanche d'une toque en velours noir posée sur sa blonde chevelure crêpée ; et le petit col plissé qui donne à cette toilette un caractère de simplicité, n'empêche pas la jeune comtesse de porter au cou un cercle d'or ciselé où chatoient les pierreries[156].

Les femmes d'alors, peintes aussi bien que parées[157], se condamnaient déjà à de véritables supplices pour obéir à la mode. Comme les contemporaines de Tibulle, une femme de Paris se fait « escorcher » pour donner à son visage une nouvelle peau. On n'avait pas encore inventé *l'émaillage*. « Il y en a qui se sont faict arracher des dents visves et saines, pour en former la voix plus molle et plus grasse, ou pour les renger en meilleur ordre. Combien d'exemples du mespris de la douleur avons nous en ce genre ! Que ne peuvent elles, que craignent elles, pour peu qu'il y ayt d'adgencement à esperer en leur beaulté[158] ! » Montaigne qui nous révèle avec son indiscrétion ordinaire, tous ces petits secrets, nous en apprend bien d'autres. Il a vu des femmes avaler jusqu'à du sable et de la cendre pour avoir le teint pâle ! Il juge aussi que ce doit être supplice d'enfer que ces corps de baleine qui

---

[154] Au musée du Louvre.
[155] Miniature citée par M. Frank dans son édition de *la Marguerite des Marguerites*.
[156] Au musée du Louvre.
[157] Marguerite d'Angoulême, l'*Heptamèron*.
[158] Montaigne, *Essais*, livre I, ch. XLI.

serraient la femme « ouy quelques fois à en mourir. » Ces détails ne sont malheureusement pas tous pour nous de l'archéologie....

Que de temps perdu dans ces soins idolâtres que la femme prend de sa personne ! « Je veoy avecques despit, en plusieurs mesnages, monsieur revenir maussade et tout marmiteux du tracas des affaires, environ midy, que madame est encores aprez à se coeffer et attifer en son cabinet : c'est à faire aux roynes ; encores ne sçay je : il est ridicule et injuste que l'oysifveté de nos femmes soit entretenue de nostre sueur et travail[159]. »

Ce luxe, cette oisiveté de la femme amènent la ruine de la maison, et ce n'est pas seulement la ruine, c'est le déshonneur, c'est le stigmate infamant du vol. Écoutons la voix austère du chancelier de l'Hôpital. « Tandis que la femme s'habille sans regarder sa fortune, nourrit des troupeaux de serviteurs, et se promène dans un char comme pour triompher d'un mari vaincu, celui-ci, qui ne veut céder en rien à une telle épouse, dépense dans les plaisirs de la table, de l'amour et d'un jeu honteux, des biens acquis par le travail de ses parents. Quand la perversité a épuisé le patrimoine, on ose mettre la main aux deniers publics, rien ne peut combler le gouffre avide ; la hideuse contagion gagne les autres citoyens et la république en est tout entière infectée[160]. »

Sous Louis XIV, le mariage du duc de Bourgogne fut l'occasion des plus folles dépenses du luxe. Le roi qui en avait cependant donné l'exemple, fut lui-même effrayé des ruines qui s'ensuivirent. Saint-Simon nous apprend que « le roi se repentit d'y avoir donné lieu, et dit qu'il ne comprenait

---

[159] Id., *Id.*, livre III, ch. IX.
[160] Ch. de Ribbe, *Les Familles et la Société en France, etc.*

pas comment il y avait des maris assez fous pour se laisser ruiner par les habits de leurs femmes ; il pouvait ajouter, et par les leurs. » Mais le noble duc nous dit que « le petit mot lâché de politique », le roi prit grand plaisir au spectacle de cette magnificence[161]. Paris avait lutté de splendeur avec la cour.

On se représente ces robes, ici de point de France, là d'une étoffe d'or valant au moins vingt louis l'aune ; ces pierreries et ces perles qui se mêlent aux mille boucles de la chevelure, et qui, à cette époque où les fraises et les fichus sont supprimés, n'en ruissellent que plus aisément sur les épaules.

Au XVIIIe siècle, voici les énormes paniers avec leurs enguirlandements de fleurs, de fruits, de perles, de pierreries. Voici encore, avec Marie-Antoinette, les coiffures que la reine met à la mode, ces immenses échafaudages de plumes, de gaze, de fleurs, qui représentent un vaisseau, un bocage, une ménagerie. Les femmes ne peuvent plus se tenir droites dans leurs voitures, elles s'y courbent ou s'y agenouillent.

Le coiffeur est devenu un artiste qui fait payer cher ses productions. Mme de Matignon fait avec Baulard un traité de 24,000 livres par an pour que, chaque jour, il lui fournisse une coiffure nouvelle.

Au Temple, une faiseuse de rouge, Mlle Martin, en vend le moindre pot un louis. D'autres pots de qualité supérieure, coûtent jusqu'à soixante et quatre-vingts louis. Mlle Martin a le privilège de faire fabriquer à Sèvres des pots de rouge qu'elle destine aux reines. « A peine une duchesse en obtient-elle un par hasard. » C'est « une vraie puissance » nous dit Mme d'Oberkirch.

---

[161] Saint-Simon, t. I, ch. XXX.

C'est une puissance aussi que Mlle Bertin, la célèbre marchande de modes qui traite « d'égale à égale avec les princesses. » Admise dans l'intérieur de la reine Marie-Antoinette, délibérant avec elle des affaires de la toilette, elle montre avec suffisance dans sa clientèle, « le résultat » de son « dernier travail avec Sa Majesté » : mystérieux conseils dans lesquels la jeune reine puisait le goût dominant de la parure et excitait ainsi parmi les femmes de la cour cette rivalité d'ajustements qui, cette fois, comme toujours, ruinait les familles et brouillait les ménages.

Mlle Bertin fit une banqueroute de deux millions. Ce chiffre se conçoit à une époque où une jeune femme honnête faisait en dix mois 70,000 francs de dettes, et où la princesse de Guémenée devait 60,000 livres à son cordonnier[162].

Par leur luxe insensé, les femmes croient ajouter à cette royauté que leur concède l'opinion et dont le moyen âge leur avait donné le sceptre. Reines, elles le sont en effet. Les rois eux-mêmes reconnaissent cette gracieuse majesté. Comme Louis XII, François Ier, François II font profession de respecter les dames. Charles IX et Louis XIV saluent toutes les femmes qu'ils rencontrent, et le premier de ces deux rois ne souffre pas que l'on médise d'elles[163]. Le XVIIIe siècle fait de la femme, non plus seulement une reine, mais une idole à laquelle il prodigue des hommages aussi peu respectueux dans le fond qu'ils sont délicats, raffinés dans la forme.

---

[162] *Mémoires* de Mme d'Oberkirch, de Mme Campan. Taine, *les Origines de la France. L'ancien régime*. La plaie du luxe s'étend partout alors. Le mal a envahi jusqu'aux campagnes, et un curé de village dit en 1783: « Les servantes d'aujourd'hui sont mieux parées que les filles de famille ne l'étaient il y a vingt ans. » Th. Meignan, *Les anciens registres paroissiaux*, cités par M. de Ribbe ; *les Familles, etc.*

[163] Brantôme, *Second livre des Dames*.

Le caractère de la royauté féminine a, en effet, bien changé depuis le moyen âge. Le chevalier défendait l'honneur de toutes les femmes, choisissait la dame de ses pensées et lui gardait sa fidélité. Défendre l'honneur des dames ! Garder à une seule sa fidélité ! Ce n'est point là, tant s'en faut, le but que poursuit l'homme de cour qui, bien au contraire, fait son possible pour compromettre toutes les femmes et ne se pique guère d'être fidèle à une seule, surtout si cette femme est la sienne. Il n'est pas de bon ton, d'ailleurs, d'aimer sa femme.

La froideur entre les époux est, en effet, le moindre des maux que la vie de cour entraîne à sa suite. Au XVIe siècle cependant, par un reste des bonnes vieilles coutumes, les époux osent encore s'aimer aux yeux du monde, témoin le charmant ménage que l'*Heptaméron* met en scène, Hircan et Parlamente qui assaisonnent d'un grain d'aimable taquinerie une affection qui se sent plus encore qu'elle ne s'exprime. Mais quand l'intérêt est la cause de tant de mariages, l'indifférence, l'hostilité même en sont les résultats ordinaires. Si le mari doit à sa femme de grandes alliances, ou une grande fortune, elle l'écrasera de cette supériorité. A-t-elle sur lui des avantages tout personnels, un mérite dont elle est infatuée, une beauté dont elle est fière, elle trouvera encore dans les dons qu'elle possède ou qu'elle s'attribue, des motifs d'orgueil qui abaisseront d'autant plus son mari à ses yeux qu'ils l'exalteront elle-même. Il y a des ménages où la femme paraît tant que le mari ne s'aperçoit jamais. « Ne pourrait-on point découvrir l'art de se faire aimer de sa femme ? » demande alors La Bruyère[164].

Plus d'une femme aurait pu retourner la question du moraliste. A l'une ou à l'autre de ces questions, il aurait pu être répondu que, pour trouver l'amour dans le mariage, il

---

[164] La Bruyère, *Caractères*, III, *Des Femmes*.

n'aurait pas fallu y chercher l'intérêt. Et ce reproche là, fallait-il l'adresser à celui qui avait poursuivi le marché ou à celle qui en avait été l'objet et souvent la victime ?

Au temps de La Bruyère, il est déjà de mauvais goût de se montrer en public avec sa femme. Au XVIIIe siècle, la séparation est totale entre les époux mondains. Ce n'est pas seulement la vie de cour, c'est la vie de salon, si animée et si charmante alors, qui étouffe, à Paris comme à Versailles, la vie de famille. « Quand les époux sont haut placés, dit M. Taine, l'usage et les bienséances les séparent. Chacun a sa maison, ou tout au moins son appartement, ses gens, son équipage, ses réceptions, sa société distincte, et, comme la représentation entraîne la cérémonie, ils sont entre eux, par respect pour leur rang, sur le pied d'étrangers polis. Ils se font annoncer l'un chez l'autre ; ils se disent « Madame, Monsieur, » non seulement en public, mais en particulier ; ils lèvent les épaules quand à soixante lieues de Paris, dans un vieux château, ils rencontrent une provinciale assez mal apprise pour appeler son mari « mon ami » devant tout le monde.—Déjà divisées au foyer, les deux vies divergent au delà par un écart toujours croissant. Le mari a son gouvernement, son commandement, son régiment, sa charge à la cour, qui le retiennent hors du logis ; c'est seulement dans les dernières années que sa femme consent à le suivre en garnison ou en province. D'autant plus qu'elle est elle-même occupée, et aussi gravement que lui, souvent par une charge auprès d'une princesse, toujours par un salon important qu'elle doit tenir. En ce temps-là, la femme est aussi active que l'homme, dans la même carrière, et avec les mêmes armes, qui sont la parole flexible, la grâce engageante, les insinuations, le tact, le sentiment juste du moment opportun, l'art de plaire, de demander et d'obtenir ; il n'y a point de dame de la cour qui ne donne des régiments et des bénéfices. A ce titre, la femme a son cortège personnel de solliciteurs et de protégés, et, comme son mari, ses amis, ses ennemis, ses ambitions, ses mécomptes et ses rancunes propres ; rien de plus efficace pour disjoindre un ménage que cette ressemblance des occupations et cette distinction des intérêts. Ainsi relâché, le lien finit par se rompre sous l'ascendant de l'opinion. « Il est de bon air de ne pas vivre ensemble, » de s'accorder mutuellement toute tolérance, d'être tout entier au monde. En effet, c'est le monde qui fait alors l'opinion, et, par elle, il pousse aux moeurs dont il a besoin.

« Vers le milieu du siècle, le mari et la femme logeaient dans le même hôtel ; mais c'était tout. « Jamais ils ne se voyaient, jamais on ne les rencontrait dans la même voiture, jamais on ne les trouvait dans la même maison, ni, à plus forte raison, réunis dans un lieu public. » Un sentiment profond eût semblé bizarre et même « ridicule, » en tout cas, inconvenant : il eût choqué comme un *a parte* sérieux dans le courant général de la conversation légère. On se devait à tous, et c'était s'isoler à deux ; en compagnie, on n'a pas droit au tête-à-tête[165]. »

De l'indifférence à l'infidélité il n'y a qu'un pas, et, dans les trois siècles qui nous occupent, ce pas est souvent franchi par la femme aussi bien que par l'homme. Eût-elle même été élevée dans une pieuse maison, l'enivrante atmosphère où elle vit lui fait trop souvent perdre le sens moral. Ces spectacles enchanteurs où toutes les harmonies de la poésie et du chant prêtent à l'amour leurs accents d'une pénétrante douceur ; ces hommages dont le monde entoure la jeune femme et qui, bien des fois, contrastent avec la froideur de son mari, les trahisons même de celui-ci, tout l'entraîne vers ce but si bien décrit par le poète :

Dans le crime il suffit qu'une fois on débute ;
Une chute toujours attire une autre chute.

---

[165] Taine, *Origines de la France contemporaine. L'ancien régime.*

L'honneur est comme une île escarpée et sans bords :
On n'y peut plus rentrer dès qu'on en est dehors.[166]

Mais si, dans le XVIIe siècle, cette île escarpée a vu se fixer sur elle les regards désespérés des pécheurs repentants, le XVIIIe siècle n'a guère connu ces remords ; ce triste XVIIIe siècle où le vice, déchirant le voile hypocrite sous lequel il s'était caché à la cour du grand roi vieillissant, éclatait dans les orgies de la régence et du règne de Louis XV. Sur vingt seigneurs de la cour, quinze ont, pour d'indignes créatures, abandonné leurs femmes, qui ne s'en plaignent guère d'ailleurs, et la ville suit l'exemple de la cour.

Depuis la Renaissance, le monde, très complaisant pour les fautes du mari, ne trouve pas mauvais que la femme se venge de l'infidèle en le trompant. Tel n'est pas toujours l'avis du mari offensé. Comme certain personnage de l'*Heptaméron*, s'il veut que toutes les femmes soient légères, il en excepte la sienne ; et, comme le comte Almaviva le sera en plein xviiie siècle, il est à la fois volage et jaloux, jaloux jusqu'à faire reparaître dans le courtisan le justicier du moyen âge, jaloux jusqu'à séquestrer, à tuer, à empoisonner la coupable. Ces fureurs tragiques, qui appartiennent au xvie siècle, se perdent dans les siècles suivants. Boileau rend un ironique hommage aux Parisiens :

Gens de douce nature, et maris bons chrétiens[167].

Au XVIIIe siècle surtout, en dépit d'Almaviva, « un mari qui voudrait seul posséder sa femme, dit Montesquieu, serait regardé comme un perturbateur de la joie publique, et comme un insensé qui voudrait jouir de la lumière du soleil à

---

[166] Boileau, *Satires*, x. Plus haut le poète, ou plutôt le moraliste a bien dépeint les dangers qui entouraient la jeune femme.
[167] Boileau, *Satires*, x.

l'exclusion des autres hommes. » D'ailleurs la jalousie est de mauvais ton. Un mari outragé, un duc, vient se plaindre à sa belle-mère de sa femme qui l'a déshonoré. La belle-mère, qui a de bonnes raisons pour excuser les fautes de cette espèce, répond à son gendre avec le plus grand sang-froid : « Eh ! monsieur, vous faites bien du bruit pour peu de chose ; votre père était de bien meilleure compagnie[168]. »

Beaucoup de maris sont, en vérité, de fort « bonne compagnie » dans ces trois siècles de corruption. L'un se laisse trahir avec candeur par une femme tristement habile à ce jeu[169]. Un autre ferme les yeux sur les désordres de sa femme pour qu'elle lui passe les siens. Plus méprisables encore, des époux acceptent un déshonneur qui leur vaut d'infâmes honneurs. On connaît la patience conjugale des ducs de Soubise et de Roquelaure, qui, trouvant que « la beauté heureuse » était sous Louis XIV, suivant l'expression du duc de Saint-Simon, « la dot des dots[170], » mettent en pratique cette étrange leçon :

Un partage avec Jupiter
N'a rien du tout qui déshonore ;
Et, sans doute, il ne peut être que glorieux
De se voir le rival du souverain des dieux[171].

Certains maris sont plus abjects encore ; ils ne se laissent pas seulement indemniser de leur honte, ils proposent eux-mêmes le marché : faits bien dignes de ces temps où un père, une mère vendaient leurs filles.

---

[168] Montesquieu, *Lettres persanes*, lv ; Mme d'Oberkirch, *Mémoires*.
[169] La Bruyère, *Caractères*, iii, *Des Femmes*.
[170] Saint-Simon, *Mémoires*, tome III, ch. xvii.
[171] Molière, *Amphitryon*, acte III, sc. xi.

Brantôme dit qu'à son époque l'immoralité avait gagné les provinces, et que des maris envoyaient leurs femmes à Paris pour plaider leur cause devant les juges.

On aime à opposer à ces indignes époux le marquis de Montespan, portant le deuil de la femme qui a mieux aimé être la maîtresse d'un roi que la fidèle compagne d'un gentilhomme.

Quant à la femme que sa honte élève si haut, elle n'a guère que l'orgueil de sa nouvelle situation. Pour une La Vallière, moins coupable assurément, puisqu'elle n'avait pas de mari à déshonorer, pour « une *petite violette qui se cachait sous l'herbe*, et qui était honteuse d'être maîtresse, d'être mère, d'être duchesse, » voici une marquise de Montespan, voyant légitimer les enfants nés d'un double adultère, et, reine aux yeux de tous, montrant à la cour, sous les flots de ses dentelles et les feux de ses pierreries, « une triomphante beauté à faire admirer à tous les ambassadeurs[172]. »

Le règne qui suivit celui de Louis XIV n'était pas fait pour effacer de tels scandales. La place de la reine de France est alors occupée par des femmes tombées assurément de moins haut que Mme de Montespan. Faut-il nommer Jeanne Poisson, marquise de Pompadour de par la faveur royale ? Faut-il abaisser encore plus nos regards et chercher Jeanne Vaubernier dans une fange si épaisse que pour la comtesse du Barry, c'est monter de quelques degrés dans la boue que de faire succéder le roi *à toute la France !*

Et ces femmes ne seront pas seulement les maîtresses de Louis XV. Par lui, elles gouverneront et déshonoreront la France.

---

[172] Mme de Sévigné, *Lettres*, à Mme de Grignan, 29 juillet 1676 1er septembre 1680.

Quand l'ignominie est publique et triomphe, comment s'étonner de cette phrase de La Bruyère : « Il y a peu de galanteries secrètes ; bien des femmes ne sont pas mieux désignées par le nom de leurs maris que par celui de leurs amants. » S'il est, on effet, des femmes qui, joignant le sacrilège au vice, cachent leurs désordres sous le voile de la dévotion, d'autres ne savent même plus rougir ; et, comme les matrones de la Rome impériale, elles se disputent honteusement des comédiens, des danseurs, des musiciens.

Pour mieux lutter avec la courtisane, de grandes dames du xvie siècle lui demandent des leçons.

La courtisane ! Son règne commence alors et ne cesse de s'étendre. La plus célèbre fait revivre pendant les deux derniers tiers du XVIIe siècle le type de l'hétaïre grecque, aussi séduisante par l'esprit que par la beauté. Ninon de Lenclos, celle dangereuse créature qui fait perdre à ses adorateurs jusqu'à la foi religieuse, exerce son pouvoir sur trois générations, fut-ce dans la même famille.

Le règne de la courtisane croît avec les scandales du XVIIIe siècle. Mme d'Oberkirch se plaint que la cour et les coulisses se mêlent beaucoup trop. Les filles de théâtre prennent une importance extraordinaire. Pour couvrir d'or et de bijoux d'indignes créatures, les hommes se ruinent. La maison de Mlle Dervieux « vaut la rançon d'un roi. La cour et la ville y ont apporté leur tribut. » Fragonard commence un plafond pour la demeure de la danseuse Guimard, et David l'achève. La grande dame visite comme un musée la maison de la courtisane. Elle ne lui en veut pas toujours du tort que celle-ci lui fait. La princesse d'Hénin que son mari délaisse pour une actrice, Mlle Arnould, est enchantée que le prince ait « des occupations. »— » Un homme désoeuvré est si ennuyeux. »

La légèreté et parfois la dépravation du langage sont au niveau des moeurs qui dominent du XVIe siècle jusqu'à la fin du XVIIIe. Une femme que Brantôme qualifie d'*honnête*, écrit un conte pour narrer d'ignobles aventures qui lui sont personnelles. La morale de ce récit est que le plaisir de tromper un mari ajoute du prix à la faute commise.

Bussy-Rabutin conseille à Mme de Sévigné d'agréer la cour du prince de Conti, et lui demande impertinemment la survivance. Le mariage du duc de Ventadour est l'objet de propos aussi légers que spirituels[173]. On peut se faire une idée de la liberté de langage qui régnait alors en lisant ce qu'écrivaient au XVIe siècle Marguerite d'Angoulême, et au XVIIe, avec une crudité moindre, Mme de Sévigné ; et cependant ces deux charmants écrivains étaient d'honnêtes femmes. Au XVIIIe siècle, Mme d'Oberkirch, élevée dans les moeurs sévères de l'Alsace, est si étonnée de la désinvolture de langage avec laquelle s'exprime Mme de Clermont-Tonnerre, que celle-ci s'arrête court. En rappelant ce fait, Mme d'Oberkirch ajoute : « Je ne puis me faire à ces manières *élégantes*, et je crois que je ne m'y ferai jamais[174]. »

Les grandes dames n'étaient pas plus réservées dans leurs lectures que dans leurs conversations. Les contes de La Fontaine sont lus par d'honnêtes femmes. Au temps des Valois, un horrible ouvrage est acheté son pesant d'or par des femmes du monde. Nous savons déjà qu'à la même époque les plus infâmes gravures n'effrayaient ni les jeunes filles ni les femmes de la cour. Deux siècles plus tard, les provocantes peintures de Boucher n'effaroucheront pas les belles dames.

---

[173] Bussy-Rabutin, à Mme de Sévigné, 10 juin 1654 ; Mme de Sévigné, à Mme de Grignan, 27 février 1671 ; Mme d'Oberkirch, *Mémoires*, etc.
[174] Mme d'Oberkirch, *Mémoires*.

Ces femmes mondaines ne sauront bien souvent faire respecter en elles ni la dignité de la veuve, ni l'autorité de la mère. Cette femme qui, à la mort de son mari, semble ou dans la défaillance de l'agonie, ou dans la folie du désespoir, joue plus d'une fois une triste comédie. « Or, après tous ces grands mystères jouez, et ainsi qu'un grand torrent, après avoir fait son cours et violent effort, se vient à remettre et retourner à son berceau, comme une rivière qui a aussi esté desbordée, ainsi aussi voyez-vous ces veufves se remettre et retourner à leur première nature, reprendre leurs esprits, peu à peu se hausser en joie, songer au monde. Au lieu de testes de mort qu'elles portoient, ou peintes, ou gravées et eslevées ; au lien d'os de trespassez mis en croix ou en lacs mortuaires, au lieu de larmes, ou de jayet ou d'or maillé, ou en peinture ; vous les voyez convertir en peintures de leurs marys portées au col, accommodées pourtant de testes de mort et larmes peintes en chiffres, en petits lacs ; bref, en petites gentillesses, desguisées pourtant si gentiment, que les contemplant pensent qu'elles les portent et prennent plus pour le deuil des marys que pour la mondanité. Puis, après tout, ainsi qu'on voit les petits oiseaux, quand ils sortent du nid, ne se mettre du premier coup à la grande volée, mais, vollelant de branche en branche, apprennent peu à peu l'usage de bien voler ; ainsi les veufves, sortant de leur grand deuil désespéré, ne le monstrent au monde si-tost qu'elles l'ont laissé, mais peu à peu s'esmancipent, et puis tout à coup jettent et le deuil et le froc de leur grand voile sur les orties, comme on dit, et mieux que devant reprennent l'amour en leur teste... »[175]

Plus d'une femme n'a vu en effet, dans le veuvage, que la liberté qui lui est donnée. Le veuvage ! c'est le triomphe de la grande coquette : Molière ne l'a pas oublié.

---

[175] Brantôme, *l. c.* Comp. Montaigne, *Essais*, livre II, ch., XXXV.

Et quel respect peuvent inspirer à leurs enfants ces femmes mondaines qui n'ont pas su être mères, ou qui ne se sont souvenues de ce titre que pour exercer sur leurs filles une influence corruptrice ?

Devant des moeurs, ici légères, là dépravées, faut-il s'étonner des rigoureux jugements que portent sur les femmes les moralistes du XVIe et du XVIIe siècles ? Faut-il s'étonner qu'au XVIIIe siècle, l'auteur de l'*Esprit des lois* ait prononcé cet arrêt sévère : « La société des femmes gâte les moeurs[176] ? » Trouverons-nous désormais étrange que Montaigne parle trop souvent de la femme comme d'une esclave de harem, et qu'il la méconnaisse au point de dire qu'elle est plus portée que l'homme à la sensualité[177] ? Grave erreur que celle-là, et dans laquelle a été bien loin de tomber un auteur qui, de nos jours, a dit cependant beaucoup de mal des femmes[178].

Suivant Montaigne, la chasteté de la femme n'est que grimace, ou plutôt c'est une coquetterie de plus. Ainsi en juge La Rochefoucauld. Il est vrai que ce paradoxal écrivain donne d'autres mobiles encore à la vertu des femmes : la vanité, la honte, le goût du repos, le souci de la réputation, la froideur naturelle, ou bien quelque aversion pour l'homme qui les aime. Ailleurs il dira plus insolemment encore : « La plupart des honnêtes femmes sont des trésors cachés, qui ne sont en sûreté que parce qu'où ne les cherche pas ».— » Il y a peu d'honnêtes femmes qui ne soient lasses de leur métier. » C'est odieux, mais l'indignation que causent de telles maximes, ne diminue-t-elle pas quand on sait quelles femmes les hommes de cour avaient trop souvent sous les yeux ? Elles prouvaient au moraliste qu'il y avait peu de

---

[176] Montesquieu, *Esprit dos lois*, livre XIX, ch. viii.
[177] Montaigne, *Essais*, livre II, ch. xv: livre III. ch. v.
[178] A. Dumas, *l'Homme-femme*.

femmes dont le mérite survécût à la beauté[179]. Ce n'est pas à dire qu'il faille recueillir comme un renseignement statistique, le chiffre que Boileau nous donne quant au nombre des femmes fidèles :

...Et dans Paris, si je sais bien compter,

Il en est jusqu'à trois que je pourrais citer.

Boileau a pris soin de nous avertir que ce n'était là qu'une figure de rhétorique, et qu'il ne fallait pas « prendre les poètes à la lettre[180] ». Quoi qu'il en soit, il est évident que ce qui a frappé notre poète, ce n'est pas le grand nombre des honnêtes femmes.

Suivant La Rochefoucauld, la femme a un tel fond de coquetterie qu'elle n'en connaît pas elle-même la mesure ; elle la dompte plus difficilement, que la passion ; et c'est cette coquetterie qu'elle prend souvent pour de l'amour. La Bruyère n'est pas tout à fait de cet avis. Il remarque que dans l'amour, la femme a plus de tendresse que l'homme. En revanche, il déclare qu'elle lui est inférieure en amitié. Sur ce dernier point il ne s'éloigne guère de LaRochefoucauld[181]. Montaigne, lui non plus, ne croyait pas la femme capable d'amitié[182]. Une femme dont le fidèle attachement le suivit au delà du tombeau, Mme de Gournay lui prouva qu'il s'était trompé. Mme de Sablé et Mme de la Fayette donnèrent aussi à La Rochefoucauld un démenti analogue[183]. Et où donc se trouverait l'amitié, sinon dans le coeur de la femme, ce coeur qui a besoin de se dévouer jusqu'au sacrifice ?

---

[179] La Rochefoucauld, *Maximes*, 204, 205, 220, 333, 307, 368, 474.
[180] Boileau, *Satires*, et note de 1713 ; Lettres à Brossette, 5 juillet 1706.
[181] La Rochefoucauld, *Maximes*, 241, 277, 332, 334, 440. La Bruyère, *Caractères*, iii.
[182] Montaigne, *Essais*, livre I, ch. xxvii.
[183] Voir plus loin, ch. iii.

Jugée peu digne de s'élever aux hauteurs de l'amitié, la femme ne mérite guère non plus la confiance, s'il faut eu croire La Bruyère, qui la suppose plus fidèle à garder son secret que celui d'autrui. Il semble au contraire que la femme se trahit plus facilement elle-même qu'elle ne trahit les autres. Mais il est vrai que La Bruyère juge de la femme d'après les coquettes de son temps, ou plutôt, les coquettes de tous les temps. Et les Célimènes ne manquaient pas au xviie siècle. Malgré le stigmate vengeur dont Molière avait marqué ce type, il ne cessa de faire école, triste école à laquelle le XVIIIe siècle fournit le plus d'élèves.

Aux yeux de La Bruyère, la femme est extrême en tout, dans le bien comme dans le mal. Nous n'y contredirons pas. Suivant ce moraliste, la plupart des femmes n'ont guère de principes : « elles se conduisent absolument par le coeur et dépendent pour leurs moeurs de ceux qu'elles aiment[184]. » La Bruyère n'étend heureusement pas à la totalité des femmes un semblable jugement. Sans doute, en matière d'opinion, et en toute chose qui n'intéresse pas la conscience, la femme se laisse plutôt guider par des sentiments que par des idées ; mais quant aux moeurs et aux croyances dont elle a reçu les immuables principes dans une solide éducation chrétienne, elles ne les sacrifiera jamais à ses plus vives tendresses mêmes ; loin de là, c'est elle qui en fera régner autour d'elle la bienfaisante influence.

D'ailleurs, même considérée comme une créature toute d'impression, la femme est-elle bien souvent aussi passive que le pense La Bruyère ? Montaigne n'en était pas très persuadé. Il ne la juge pas si prompte à se ranger à l'avis d'autrui, témoin l'amusante histoire de la Gasconne. Certes il se garde bien de nier l'impressionnabilité de la femme ; mais suivant lui, cette impressionnabilité est moins passive

---

[184] La Bruyère, *Caractères*, iii, Des Femmes.

qu'active ; et toujours, d'après le vieux sceptique, la femme s'exaspère d'autant plus que la contradiction lui est opposée par le froid raisonnement.

Devant la femme impérieuse, acariâtre, que Montaigne dépeint et qui servira de modèle à Boileau[185], je comprends que le premier ait accepté cet idéal du mariage : un mari sourd, une femme aveugle. Il me semble cependant que, dans cette définition, tout n'est pas à la charge de la femme, puisque la cécité de l'épouse n'est pas moins indispensable à la paix du mariage que la surdité de l'époux.

Montaigne ne nous paraît pas très convaincu ici du bonheur que peut apporter le mariage, le mariage qu'il considère comme « un marché qui n'a que l'entrée libre ». Pour La Rochefoucauld « il y a de bons mariages ; mais il n'y en a point de délicieux ».

Heureusement, à côté de ces portraits peu flatteurs de la femme, à côté de ces tableaux peu enchanteurs de la félicité conjugale, nous trouverons, sinon dans La Rochefoucauld, du moins dans Montaigne, dans La Bruyère, dans Montesquieu, d'autres traits qui témoignent que, dans un monde corrompu, il y avait encore d'honnêtes femmes et de bons ménages.

La démoralisation avait, du reste, été progressive. Le père de Montaigne lui disait que de son temps, à peine y avait-il dans toute une province, une femme de qualité « mal nommée. » Un écrivain qui n'aimait pas les femmes vertueuses et qui, regardant leur vie patriarcale d'autrefois comme un état de grossièreté primitive, considérait comme un progrès la brillante corruption qui les y avait arrachées, Brantôme, l'immoral Brantôme, constatait que, parmi ses

---

[185] *Satires*, x.

contemporaines, le nombre des honnêtes femmes l'emportait sur le nombre des autres[186]. Il est vrai que pour Brantôme le titre d'honnête femme était singulièrement élastique. Nous en avons cité une preuve[187].

Comme au moyen âge, les femmes d'intérieur, les femmes de ménage, existaient toujours au XVIe siècle, bien que Montaigne en restreignît le nombre : « La plus utile et honnorable science et occupation à une mère de famille, dit-il, c'est la science du mesnage. J'en veoy quelqu'une avare ; de mesnagières, fort peu : c'est sa maistresse qualité, et qu'on doibt chercher avant toute aultre, comme le seul douaire qui sert à ruyner ou à sauver nos maisons.... Selon que l'expérience m'en a apprins, je requiers d'une femme mariée, au dessus de toute aultre vertu, la vertu oeconomique. Je l'en mets au propre, luy laissant par mon absence tout le gouvernement en main[188]. »

L'ordre, l'économie, c'est là ce que recommande à la nouvelle mariée un père soucieux de l'avenir du jeune ménage[189]. C'est toujours l'idéal de la femme forte qui domine dans les familles chrétiennes, surtout dans la vie rurale. En parlant de l'agriculteur, Olivier de Serres voit, comme Montaigne, dans la femme vigilante la fortune de la maison ; mais il s'inspire directement de la Sainte-Écriture pour traduire cette pensée. Il dit avec un sentiment tout biblique : « Ce lui sera un grand support et aide, que d'estre bien marié, et accompagné d'une sage et vertueuse femme, pour faire leurs communes affaires avec parfaite amitié et bonne intelligence. Et si une telle lui est donnée de Dieu,

---

[186] Brantôme, *l. c.* ; Montaigne ; I, xxvii ; II, xxxi, xxxii ; III, v, etc. ; La Rochefoucauld, *Maximes*, 113.
[187] Voir plus haut, page 122.
[188] Montaigne, *Essais*, III, ix.
[189] Nicolas Pasquier, *Lettres*, l. V, lettre ix.

que celle qui est descrite par Salomon, se pourra dire heureux, et se vanter d'avoir rencontré un bon thrésor : estant la femme l'un des plus importans ressorts du mesnage, de laquelle la conduite est à préférer à toute autre science de la culture des champs. Où l'homme aura beau se morfondre à les faire manier avec tout art et diligence, si les fruicts en provenant, serrés dans les greniers, ne sont par la femme gouvernés avec raison. Mais au contraire, estans entre les mains d'une prudente et bonne mesnagere, avec honorable libéralité et louable espargne, seront convenablement distribués : si qu'avec toute abondance, les vieux se joindront aux nouveaux, avec vostre grand et commun profit, et louange. Aussi,

On dict bien vrai qu'en chacune saison
La femme fait ou défait la maison. »

Avec Xénophon, Olivier de Serres rappelle dans un autre chapitre, que la femme doit vaquer au gouvernement de la maison pendant que le mari dirige l'exploitation agricole. Mais il faut qu'il y ait entre les époux « communication de conseil requise à tout mesnage bien dressé : estant quelques fois à propos, selon les occurrences, que l'homme die son avis et se mesle des moindres choses de la maison, et la femme des plus sérieuses[190]. Le temps passé, quand on vouloit louer un homme, on le disoit bon laboureur. C'estoit aussi lors la plus grande gloire de la femme que d'estre estimée bonne mesnagère : laquelle louange, le temps n'ayant peu esteindre, est-elle encores en telle réputation, que celui qui se veut marier, après les marques de crainte de Dieu, et pudicité, par dessus toutes autres vertus, cherche en sa

---

[190] Nicolas Pasquier, dans la lettre citée à la page précédente, note 2, dit à sa fille de ne rien faire sans l'avis du mari: « C'est le moyen en obeïssant, d'apprendre à luy commander: je veux dire, que quand il recognoistra cette humble obeïssance, il ne fera plus rien que ce que vous desirez, et vous abandonnera la libre disposition de tout le mesnage. »

femme le bon mesnage, comme article nécessaire pour la félicité de sa maison. Plus grande richesse ne peut souhaitter l'homme en ce monde, après la santé, que d'avoir une femme de bien, de bon sens, bonne mesnagère. Telle conduira et instruira bien la famille, tiendra la maison remplie de tous biens, pour y vivre commodément et honorablement. Depuis la plus grande dame, jusques à la plus petite femmelette, à toutes, la vertu du mesnager reluit par dessus toute autre, comme instrument de nous conserver la vie. Une femme mesnagère entrant en une pauvre maison, l'enrichit : une despencière, ou fainéante, destruit la riche. La petite maison s'aggrandit entre les mains de ceste là : et entre celles de ceste-ci, la grande s'appétisse. Salomon fait paroistre le mari de la bonne mesnagère, entre les principaux hommes de la cité : dict que la femme vaillante est la couronne de son mari : qu'elle bastit la maison : qu'elle plante la vigne : qu'elle ne craint ni le froid, ni la gelée... que la maison et les richesses sont de l'héritage des pères, mais la prudente femme est de par l'Eternel.

« A ces belles paroles profitera nostre mère-de-famille, et se plaira en son administration, si elle désire d'estre louée et honorée de ses voisins, révérée et servie de ses enfans,... si elle prend plaisir de voir tousjours sa maison abondamment pourveue de toutes commodités, pour s'en servir au vivre ordinaire, au recueil des amis, à la nécessité des maladies, à l'advancement des enfans, aux aumosnes des pauvres. »

Olivier de Serres qui rappelle à la ménagère les récompenses de la femme forte, dit aussi, dans le chapitre d'où nous avons extrait notre première citation, quelles incomparables félicités attendent les époux qui s'unissent dans une affectueuse estime pour diriger leur maison : « Par telle correspondance la paix et la concorde se nourrissans en la maison, vos enfans en seront de tant mieux instruicts, et vous rendront tant plus humble obéissance, que plus vertueusement vous verront vivre par ensemble.

« Cela mesme vous fera aussi aimer, honorer, craindre, obéir, de vos amis, voisins, sujets, serviteurs. Et par telle marque estant vostre maison recogneue pour celle de Dieu ; Dieu y habitera, y mettant sa crainte : et la comblant de toutes sortes de bénédictions, vous fera prospérer en ce monde, comme, est promis en l'escriture[191]... »

Tel fut le ménage du baron et de la baronne de Chantal. Et le rôle de la ménagère contribua puissamment à préparer dans la noble dame la sainte que l'Église devait placer sur ses autels.

Lorsque M. de Chantai se maria, il remit le gouvernement de la maison à sa jeune compagne qui s'effrayait de cette responsabilité. Mais avec la douce autorité de l'époux chrétien, il voulut « qu'elle se résolût à porter ce fardeau, » disant, lui aussi, « que la femme sage édifie sa maison, et que celles qui méprisent ce soin, détruisent les plus riches. » Et il mit sous les yeux de la jeune femme, comme un exemple, le type de la baronne de Chantal, son héroïque mère. Saisie d'une généreuse émulation, « elle ceignit ses reins de force et fortifia son bras » pour se dévouer à la mission domestique que lui imposait son mari. « Elle mit ordre à l'ordinaire et aux gages des serviteurs et servantes, le tout avec un esprit si raisonnable que chacun était content. Elle ordonna que tous les grangers, sujets, receveurs et autres, avec lesquels on aurait à traiter, s'adresseraient immédiatement à elle pour toutes les affaires. »

« Dès le jour qu'elle prit le soin de la maison, elle s'accoutuma à se lever de grand matin, et avait déjà mis ordre au ménage, et envoyé ses gens au labeur, quand son mari se levait. De fortifiantes lectures, *la Vie des Saints, les*

---

[191] Olivier de Serres, *le Théâtre d'agriculture et Mesnage des champs*, 1er lieu, ch. vi ; 8e lieu, ch. i.

Annales de la France, rafraîchissaient son âme au milieu de tant d'occupations matérielles....

Elle ne portait habituellement que des vêtements de camelot et d'étamine ; mais l'élégance innée de la grande dame la faisait paraître plus charmante sous ces humbles habits que d'autres sous leurs tissus d'or et de soie. Lorsqu'elle avait à représenter, elle se parait de ses vêtements de noces ou de ses ajustements de jeune fille. Elle savait accueillir avec la grâce modeste de la femme chrétienne les amis de son mari qui se réunissaient chez lui pour la chasse et d'autres divertissements. Mais lorsque son mari était absent, il n'y avait pour elle ni réception, ni parure. « Les yeux à qui je dois plaire, disait-elle, sont à cent lieues d'ici ; ce serait inutilement que je m'agencerais. » Elle était pour les pauvres une servante. Pendant une famine, elle les réunissait chaque jour, leur versait du potage dans leurs écuelles, leur présentait les morceaux de pain qui s'entassaient dans les corbeilles. Alors déjà elle secourait ces malades que, dans son austère veuvage, elle devait soigner avec une héroïque charité.

Pour un délit qu'elle jugeait véniel, un paysan était-il renfermé dans l'humide prison du château, elle l'en faisait secrètement sortir le soir, lui donnait un lit, « et, le lendemain, de grand matin, pour ne pas déplaire à son mari, elle remettait le prisonnier dans la prison, et, en allant donner le bonjour à M. de Chantal, elle lui demandait si amiablement congé d'ouvrir à ces pauvres gens et les mettre en liberté, que quasi toujours elle l'obtenait. »

Elle donnait aux paysans les exemples de la piété ; elle instruisait elle-même dans la religion ses serviteurs que la prière en commun réunissait matin et soir autour de la châtelaine. Sévère pour le vice, elle était indulgente pour les fautes auxquelles les domestiques s'étaient laissé entraîner par la faiblesse et non par la volonté ; et, ici encore, sa miséricordieuse influence plaidait auprès du châtelain en faveur du coupable.

« C'est une grande marque de sa prudence et douce conduite, qu'en huit ans qu'elle a demeuré mariée, et neuf ans au monde après son veuvage, elle n'a presque point changé de serviteurs et de servantes, excepté deux qu'elle congédia pour ne les pouvoir faire amender de quelques vices auxquels ils étaient adonnés. Elle n'était point crieuse ni maussade parmi ses domestiques ; sa vertu la faisait également craindre et aimer. Bref, sa maison était le logis de la paix, de l'honneur, de la civilité et piété chrétienne, et d'une joie vraiment noble et innocente[192]. »

Sans connaître alors le grand évêque qui devait être son guide dans la sainteté, Mme de Chantal appliquait dans son ménage les conseils que saint François de Sales donnait aux femmes pour qu'elles unissent à leurs devoirs religieux, à leur apostolat, à leurs oeuvres de miséricorde, les occupations de la femme forte : « le soin de la famille, avec les oeuvres qui dépendent d'iceluy », ainsi que « l'utile diligence » qui ne permet pas à l'oisiveté de prendre la place destinée au travail[193].

Dans la vie rurale, les nobles dames veillent aux intérêts de l'exploitation agricole et n'en dédaignent pas l'humble détail. La châtelaine envoie ses serviteurs aux champs et garnit leur besace. Lorsque Sully était à la cour, sa femme vendait le blé et les autres récoltes.

A une époque postérieure, Laure de Fitz-James, marquise de Bouzolz, fille du maréchal de Berwick, n'avait jamais, dit-

---

[192] Mère de Changy. *Mémoires sur la vie et les vertus de sainte Jeanne-Françoise Frémyot de Chantal* ; comp. *Bulle du Pape* Clément XIII pour la canonisation de la bienheureuse.
[193] Saint François de Sales, *Introduction à la vie décote*. 111e partie, ch. XXXV.

on, les mains inoccupées ; et, cette grande dame ne couchait que dans les draps dont sa main patricienne avait filé la toile[194]. Les quenouilles dites *de mariage*, que l'on voit au musée dé Cluny et qui datent du XVIe siècle, rappelaient aux femmes, dans leurs riches sculptures, l'histoire de ces femmes fortes qui filaient la laine et le lin.

Deux femmes, entrées par le mariage dans la famille de La Rochefoucauld, donnèrent au XVIIe et au XVIIIe siècles l'exemple de la femme forte, de la ménagère, aussi bien à la ville qu'aux champs. C'est au XVIIe siècle, Jeanne de Schomberg, duchesse de Liancourt ; c'est, dans le siècle suivant, Augustine de Montmirail, duchesse de Doudeauville, dont l'existence se prolongea jusque dans le XIXe siècle. Dans leur conduite, dans les conseils que l'une écrivit pour sa fille, l'autre pour sa petite-fille ; dans le règlement que Mme de Liancourt traça pour elle-même, nous voyons combien important était pour les plus grandes dames le gouvernement de la maison, et par quelles fortes et douces vertus elles soutenaient leurs foyers.

Ce gouvernement domestique est vaste. La femme surveille les affaires de la maison, et elle en soumet l'ensemble à son mari, le chef respecté de la communauté. Elle vérifie les dépenses de la veille, celles de la semaine ; elle arrête le compte du mois. A l'aide de conseils éclairés, elle revoit le compte général de l'année. Lorsqu'elle l'a signé en double expédition, elle le fait placer avec les pièces justificatives dans une cassette de bois qui est déposée « au trésor des papiers ». Pour l'année suivante, elle fait un état général des dépenses, par estimation, et d'après la moyenne des trois à quatre années précédentes. Elle y fait figurer le train de la maison de ville et les dépenses de la vie rurale. Elle tient compte aussi des dépenses imprévues. La femme

---

[194] *Anne-Paule-Dominique de Noailles, marquise de Montagu.*

chrétienne payera exactement ses serviteurs, ses fournisseurs. Faire des dettes, c'est retenir injustement le bien d'autrui. La noble dame évitera le luxe des habits, des meubles, de la table. Bonne et hospitalière d'ailleurs, elle établira l'ordre dans la bienséance et dans la générosité. Elle n'oubliera pas non plus qu'il faut donner aux pauvres le superflu de son bien.

La châtelaine peut également être associée aux affaires extérieures du châtelain : le choix des officiers qui rendent la justice seigneuriale[195], le contrôle de leurs actes ; elle aussi veillera au bien des orphelins, des hôpitaux, des fabriques ; à l'entretien des ponts et des chemins sur lesquels les seigneurs sont voyers, à la conservation des communes.

Elle aide son mari dans la conduite d'un procès, et préside avec lui le conseil domestique des gens d'affaires. Dans les conseils que la duchesse de Liancourt donne à sa petite-fille, on reconnaît la noble femme qui, soucieuse avant tout du droit, fournissait à ses adversaires même le moyen de plaider contre elle, et gardait pour leurs personnes les affectueux ménagements de la charité[196].

La duchesse de Doudeauville fut plus qu'associée au gouvernement de la maison. Pendant l'émigration de M. de Doudeauville, elle s'acquitta si bien de cette administration que, de retour, le duc la lui laissa tout entière[197].

Quant aux charges officielles dont le mari est revêtu, la femme y demeurera étrangère. Mais commet-il une injustice,

---

[195] En l'absence de M. de Gondi, sa femme choisit des officiers probes pour administrer la justice dans ses terres. Chantelauze, saint Vincent de Paul et les Gondi. Paris. 1882.
[196] Mme la duchesse de Liancourt, *Règlement donné par une dame de qualité, etc.*
[197] *Vie de Mme de la Rochefoucauld, duchesse de Doudeauville.*

elle doit l'avertir en secret et avec prudence. C'est le droit, c'est le devoir de l'épouse conseillère.

En toute circonstance d'ailleurs où le mari s'écarte du devoir, l'épouse doit lui en indiquer le chemin. Mais elle prêche surtout d'exemple. Après dix-huit années d'une action lente et bienfaisante, Mme de Liancourt arrache son mari aux séductions du monde.

Si l'épouse, si la mère ont charge d'âmes, la maîtresse de la maison a aussi cette responsabilité. Comme la baronne de Chantal, elle veille aux besoins spirituels de ses serviteurs et à leurs intérêts temporels. Maîtresse attentive, elle les récompense de leurs bons services, les soigne dans leurs maladies, leur assure le pain dans leur vieillesse. La duchesse de Liancourt, cette grande dame qui, dans le monde, mesure ses égards au rang des personnes, considère dans son cour ses domestiques comme ses égaux devant Dieu, « des égaux que, dit-elle à Mlle de La Roche-Guyon, Dieu a réduits en ce monde dans l'état de servitude pour aider notre infirmité durant que vous remédiez à leur misère.... Ils doivent gagner le Ciel par cette humiliation, comme vous devez le gagner par le soin que vous prendrez de leur conduite. Dieu nous oblige donc ainsi à des devoirs mutuels les uns envers les autres. »

Un règlement était nécessaire pour que la maîtresse de la maison pût s'acquitter de la charge qui pesait sur elle, charge si lourde qu'elle rappelait à la plus grande dame la sentence de l'Eden : « Tu mangeras ton pain à la sueur de ton front. » Aussi, avant d'assumer une telle responsabilité, elle invoquait l'Esprit-Saint pour pouvoir agir avec prudence et fermeté.

En prenant le fardeau du gouvernement domestique, la noble dame voudra, non dominer sur autrui, mais obéir : obéir au mari qui, occupé par de grands emplois, ne pourrait surveiller lui-même la maison ; obéir à Dieu qui, selon la belle pensée de Mme de Liancourt, ne donne à l'homme que la garde d'un bien que celui-ci doit transmettre fidèlement à autrui. C'est le talent que Dieu lui confie et dont il lui demandera compte au jugement dernier.

Partout la maîtresse de la maison cherche la volonté de Dieu. Comme la châtelaine du moyen âge, son premier labeur est de distribuer la tâche à ses serviteurs, mais sa première pensée est d'adorer le Seigneur qui lui a donné un jour de plus pour le servir. C'est à lui qu'elle consacre toute sa journée. Avant toute action, avant tout plaisir même, elle se demande si cette action, si ce plaisir peuvent être offerts au Dieu de justice et de pureté.

Généreusement dévouée à ses amis, elle leur sacrifie son repos, son bonheur, mais sa conscience, jamais ! Le nombre de ses relations sera d'ailleurs restreint, et toujours soumis à la volonté du mari. Quant aux devoirs du monde, aux visites, elle ne leur donnera que ce qui ne se peut refuser à la plus stricte bienséance. Elle apporte dans toutes ses conversations une parole sobre, aimable, indulgente, ennemie de toute discussion opiniâtre, nourrie de bonnes lectures[198] ; une influence bienfaisante, mais toujours exercée avec prudence. Fut-elle même entourée de caractères difficiles, elle fait régner partout la paix, et pour cela elle l'a d'abord établie dans son âme en domptant ses passions, ses caprices, son humeur[199]. Quelle paix, en effet, dans une âme qui s'est rendue maîtresse d'elle-même ! Tout peut crouler, Dieu reste[200].

---

[198] Pendant que la duchesse de Liancourt est à sa toilette, elle se fait faire une bonne lecture pour que les personnes qui l'entourent alors puissent en profiter. Elle les fait parler sur cette lecture et attire leur attention sur l'enseignement qu'elles en peuvent tirer.
[199] Mme la duchesse de Liancourt, *l. c.*
[200] *Vie de Mme de la Rochefoucauld, duchesse de Doudeauville.*

La douceur est la souveraine expression de cette paix intérieure. La douceur ! c'était la vertu perpétuelle que saint François de Sales recommandait à la femme.

La femme forte, bonne ménagère, douce et sûre conseillère, se retrouvait particulièrement au sein de la magistrature. Dans ce milieu sévère où les principes sur lesquels repose l'ordre social sont chaque jour rappelés, les femmes vivent généralement selon les principes dont leurs maris sont les gardiens. Elles mènent l'existence de la matrone romaine qui file la laine et garde la maison. Un jurisconsulte d'Aix raconte que, sous le règne de Louis XIII, les magistrats « n'estoient vus qu'aux rues conduisant au palais, et ils vivoient chez eux en si grande simplicité qu'au feu de la cuisine, quand le mouton tournoit à la broche, le mari se préparoit pour le rapport d'un procès, et la femme avoit la quenouille »[201].

C'est à la robe qu'appartient par sa naissance et par son mariage Mme de Nesmond, cette jeune femme de quinze ans que sa sainte mère, Mme de Miramion, installe dans sa nouvelle famille en demandant que cette enfant soit chargée de l'administration de ses biens. La nouvelle mariée obtient ce privilège et s'en montre digne[202].

Dans la magistrature se rencontraient des types respectables et attachants. Il pouvait sans doute arriver que l'austérité fût ridicule et intolérante comme chez Mme Omer Talon, que Fléchier a peinte avec une verve si piquante et si malicieuse dans *les Grands-Jours d'Auvergne*[203]. Mais à la sévérité morale s'alliaient généralement la douceur des affections domestiques et l'amabilité des relations. Quelle

---

[201] Ch. de Ribbe, *Les Familles et la Société en France, etc.*
[202] Bonneau-Avenant, *Madame de Miramion*.
[203] M. l'abbé Fabre, *la Jeunesse de Fléchier*.

noble et sympathique figure que Mme de Pontchartrain, née Meaupou, cette femme sensée et spirituelle, étincelante de gaîté et remplie en même temps de dignité, sachant, comme aurait pu le faire une femme de vieille race, accueillir ses hôtes avec toutes les nuances de distinction que comporte leur état, présidant enfin aux réceptions officielles comme nulle femme de ministre ne savait le faire ; et avec toutes ces brillantes séductions, possédant l'active et chaleureuse bonté qui lui inspire de charitables fondations, et qui fait d'elle une amie aussi fidèle que généreuse. Chez Mme d'Aguesseau, femme du chancelier et belle-fille de la bienfaisante Mme Henri d'Aguesseau, même mélange de grâce aimable et de noble vertu que chez Mme de Pontchartrain. Et toutes deux réalisent le type de l'épouse conseillère : Saint-Simon nous dit que Pontchartrain ne se trompa jamais tant qu'il écouta les avis de sa femme. Quant à Mme d'Aguesseau, qui ne connaît le mot romain qu'elle adressa au chancelier dans la périlleuse circonstance où il allait exposer sa position, sa liberté : « Elle le conjura, en l'embrassant, d'oublier qu'il eût femme et enfants, de compter sa charge et sa fortune pour rien, et pour tout son honneur et sa conscience[204]. »

La vertu et la grâce, la force morale, la prudence, la bonté, la charité, la douceur, c'étaient là les qualités de la femme française au moyen âge. Nous voyons qu'en dépit des influences corruptrices amenées par la vie mondaine, ces qualités s'étaient conservées dans les trois siècles que nous étudions. Ajoutons-y la miséricordieuse charité avec laquelle, comme au moyen âge aussi, plus d'une femme pardonne à l'époux qui lui est infidèle : noble contraste que l'on est heureux d'opposer à la femme qui se venge de l'adultère par l'adultère !

---

[204] Saint-Simon, t. VII, ch. v, xxvi ; *Discours sur la vie et la mort de M. d'Aguesseau, conseiller d'État*, par M. d'Aguesseau chancelier de France.

« Avec le silence vous viendrez à bout de tout ; il ne faut parler de cette sorte de peine qu'à Dieu seul », disait à une épouse trahie une jeune femme qui connaissait personnellement cette douleur : c'était la sainte duchesse de Montmorency, compagne du brillant et chevaleresque Henri de Montmorency, époux à la fois tendre et volage qui, tout en gardant à sa femme sa meilleure affection, offrait à d'autres ses capricieux hommages de grand seigneur. La duchesse se taisait ; mais ses souffrances se lisaient sur son expressif visage ; son mari le remarqua : « Êtes-vous malade, mon amie ? lui demanda-t-il ; vous êtes changée !— » Il est vrai, mon visage est changé, mais mon coeur ne l'est pas », répondit la jeune femme. Le duc devina la secrète douleur que trahissaient ces paroles, et, devant les larmes qu'il faisait couler, il ne put que s'agenouiller avec émotion et promettre à sa femme une fidélité qu'il n'eut pas, hélas ! la force de lui garder. Mais dans les âmes pures, l'amour qui est plus fort que la mort, est plus fort aussi que l'offense qui le blesse. Par la puissance de son dévouement, Mme de Montmorency s'éleva au-dessus des jalousies humaines ; et l'on a même dit qu'au fond du coeur elle ne pouvait se défendre d'une indéfinissable sympathie pour les femmes qui aimaient l'objet de son unique passion[205]. Cet amour si désintéressé n'appartenait déjà plus à la terre quand la tête chérie sur laquelle il planait tomba sous la hache du bourreau. Alors cet amour monta plus haut encore ; et par un héroïque effort, Mme de Montmorency le sacrifia à Dieu. La veuve de la grande victime devint l'épouse de Jésus-Christ.

Mais voici un exemple de magnanimité conjugale qui nous paraît plus extraordinaire. Que Mme de Montmorency ait aimé avec une passion aussi généreuse le noble duc qui, par son grand coeur, par sa bravoure, par sa loyauté, soulevait, malgré ses faiblesses, une enthousiaste admiration,

---

[205] Amédée Renée, *Madame de Montmorency*.

nous comprenons ce sentiment. Mais qu'une femme d'élite, mariée à un être indigne, traître à sa patrie, déserteur, escroc même, ait encore à supporter l'abandon du misérable qui, par ce mariage, a échappé à un public déshonneur ; et que cette épouse si cruellement outragée, lui garde encore son amour, voilà un fait qui semblerait inexplicable si l'on ne savait quels trésors de miséricordieuse tendresse peut receler un coeur de femme. Cet homme se nommait le comte de Bonneval, et c'est Mlle de Biron qui s'était dévouée à lui avec toute la force d'une affection qui s'appuie sur le devoir. Lorsque son mari l'a abandonnée, elle lui écrit : « Je me suis attachée à vous en bien peu de temps, de bonne foi ; je suis sincère ; cette tendresse m'a été un sujet de beaucoup de peines, mais elles n'ont point effacé une prévention qui me fera toujours également désirer votre amitié comme la seule chose qui puisse me rendre heureuse. » Les lettres mêmes de la jeune femme demeurent sans réponse, s'il faut en juger par cette prière navrante de la noble délaissée : « Je vous prie seulement de dire une fois tous les huit jours à votre valet de chambre que vous avez une femme qui vous aime, et qui demande qu'on lui apprenne que vous êtes en bonne santé ».

Cette femme si éprouvée ne laisse pas soupçonner au monde ses amères tristesses. Elle voile les fautes de son mari, mais c'est avec fierté qu'elle salue les actions d'éclat que l'on trouve mêlées à de si honteuses turpitudes chez le comte de Bonneval, cet étrange aventurier qui, à la fin de sa vie, devait trahir son Dieu comme il avait trahi sa patrie, son foyer, et qui, renégat, soldat de Mahomet armé contre les chrétiens, devait avoir son tombeau à Constantinople[206].

Dans son délaissement, Mme la duchesse de Chartres, mère du roi Louis-Philippe, garde une touchante tendresse

---

[206] Saint-Simon, tome III, ch. xxii ; tome IX, ch. iii ; Bertin *les Mariages dans l'ancienne société française*.

au volage époux qui lui porte le coup le plus cruel qu'une femme puisse recevoir en lui enlevant la consolation d'élever ses enfants et en confiant ce soin à la rivale qu'il lui préfère. Malgré son cuisant chagrin elle ne perd cependant pas à l'extérieur cette gaieté d'enfant que conserve si naturellement la candeur de l'âme[207].

La vertu, soutien de l'épouse malheureuse, devient dans l'harmonie d'un beau ménage, le titre le plus sûr de la femme à l'attachement de son mari. Cette harmonie conjugale, nous allons le voir, se retrouve dans les siècles de corruption plus souvent qu'on ne le croit. Elle nous est déjà apparue alors que nous esquissions les devoirs et les vertus de la femme. Arrêtons-nous quelques instants devant le pur tableau de l'affection conjugale, de cette affection qui réalise si bien les conditions qu'un grand évoque de nos jours donnait aux attachements d'ici-bas : le respect dans l'amour, et l'amour dans le respect[208].

Nous avons entendu Montaigne interpréter, comme ses plus religieux contemporains, la pensée biblique en considérant la femme forte comme la fortune d'une maison. Maintenant ce philosophe à l'esprit sceptique, à la morale facile, va nous faire entendre sur le respect dû au mariage, des accents où, malgré une note railleuse, domine une religieuse gravité : « Un bon mariage,—s'il en est, ajoute-t-il avec sa malicieuse bonhomie,—refuse la compaignie et conditions de l'amour. » (Montaigne parle ici de l'amour païen) : « il tasche à représenter celles de l'amitié. » Ailleurs il est vrai, Montaigne, l'éternel douteur, croit que la femme, étant incapable d'amitié, ne saurait apporter ce sentiment dans le mariage. Mais poursuivons : « C'est une doulce

---

[207] Mme d'Oberkirch, *Mémoires*.
[208] Mgr Dupanloup, *Conférences aux femmes chrétiennes*, publiées par M. l'abbé Lagrange. Paris, 1881.

société de vie, pleine de constance, de fiance et d'un nombre infiny d'utiles et solides offices, et obligations mutuelles. » Il dit aussi fort justement qu'aucune femme unie à l'homme qu'elle aime, ne voudrait lui inspirer d'autres sentiments que cette amitié calme et dévouée. « Si elle est logée en son affection comme femme, elle y est bien plus honnorablement et seurement logée. » Pour celui-là même qui trahit sa femme, Montaigne juge qu'elle reste un être tellement sacré que si on lui demandait « à qui il aymeroit mieulx arriver une honte, ou à sa femme, ou à sa maistresse ? de qui la desfortune l'affligeroit le plus ? à qui il désire plus de grandeur ? ces demandes n'ont aulcun doubte en un mariage sain.

« Ce qu'il s'en veoid si peu de bons, est signe de son prix et de sa valeur. A le bien façonner et à le bien prendre, il n'est point de plus belle pièce en nostre société.... Tout licentieux qu'on me tient, j'ay en vérité plus sévèrement observé les loix de mariage, que je n'avoy ny promis ny esperé[209] ».

Le respect du foyer se maintenait donc toujours. L'amour d'un roi n'éblouit pas toutes les femmes et n'aveugle pas tous les maris. La femme de Jean Séguier repousse Henri IV, et à ce même roi qui demande au maréchal de Roquelaure d'amener à la cour sa belle compagne, le rusé Gascon, prétextant la pauvreté de sa famille, répond en patois : « Sire, elle n'a pas de *sabattous* (souliers)[210]. »

Au respect du mariage se joignait souvent l'amour conjugal le plus tendre. La famille biblique est l'idéal que poursuit la pieuse famille française. « J'ai regardé ma femme comme un autre moi-même, » dit Pierre Pithou dans son

---

[209] Montaigne, *Essais*, III, v.

[210] Tallemant des Réaux, *le Maréchal de Roquelaure*.

testament daté du 15 novembre 1587[211]. Et que d'exemples analogues nous trouverons dans les *livres de raison*, dans les mémoires du temps ! Quels ménages nous offrent M. et Mme de Chantal, M. et Mme de Miramion, le maréchal duc de Schomberg et sa belle et fière compagne Marie de Hautefort ; le duc de Bouillon et sa femme, Mlle de Berghes, célèbre par son courage, par sa beauté, et tendrement unie à son mari ; M. et Mme de Gondi si étroitement attachés l'un à l'autre qu'après la mort de sa femme, le veuf, incapable de recevoir aucune consolation humaine, se fait prêtre de l'Oratoire, lui, général des galères[212]. Le duc de Charost, petit-fils de Fouquet, entoure de la plus constante sollicitude sa femme qui, dit Saint-Simon, mourut « à cinquante-et-un ans, après plus de dix ans de maladie, sans avoir pu être remuée de son lit, voir aucune lumière, ouïr le moindre bruit, entendre ou dire deux mots de suite, et encore rarement, ni changer de linge plus de deux ou trois fois l'an, et toujours à l'extrême-onction après cette fatigue. Les soins et la persévérance des attentions du duc de Charost dans cet état, furent également louables et inconcevables ; et elle le sentait, car elle conserva sa tête entière jusqu'à la fin avec une patience, une vertu, une piété, qui ne se démentirent pas un instant, et qui augmentèrent toujours[213]. »

Et Saint-Simon lui-même, qui rend hommage à ce dévouement conjugal, Saint-Simon jouit avec sa femme de la plus complète félicité domestique. Elle fit « uniquement et tout entier » le bonheur de sa vie. Par son angélique douceur, par la muette puissance de ses larmes, elle sut obtenir de lui jusqu'au « sacrifice vraiment sanglant » de l'une de ces haines que son irascible époux gardait d'ordinaire à un ennemi avec une passion acharnée. Aussi a-t-il reconnu en elle le don « du

---

[211] Ch. de Ribbe, *ouvrage cité*.
[212] Chantelauze, *Saint Vincent de Paul et les Gondi*.
[213] Saint-Simon. *Mémoires*, tome VI, ch. XXIII.

plus excellent conseil » dans ce testament où, avec une émotion si touchante sous cette plume inexorable, il rappelle les « incomparables vertus » de la morte, son aimable et solide piété ; « la tendresse extrême et réciproque, la confience sans réserve, l'union intime parfaite sans lacune, » qui furent les bénédictions de Dieu sur cette alliance. Pour lui cette noble et douce créature était « la Perle unique » dont il goûtait « sans cesse l'inestimable prix », la femme forte dont la perte lui rendit « la vie à charge » et fit « le plus malheureux de tous les hommes » de celui qui, par son mariage, en avait été « le plus heureux ! » Cette union, il veut qu'elle subsiste jusque dans la tombe, et il ordonne que le cercueil de sa femme et le sien soient attachés « si ettroitement ensemble et si bien rivés, qu'il soit impossible de les séparer l'un, de l'autre sans les briser tous deux[214]. »

Quelle harmonie domestique nous trouvons aussi dans la famille de Belle-Isle ! Le maréchal qui, à quarante-cinq ans, a épousé une veuve de vingt et un ans, lui fait oublier cette différence d'âge par sa tendresse et son amabilité. Dans ses lettres si simples et si affectueuses, il nomme sa femme « son cher petit maître[215]. » Leur fils, le comte de Gisors, ce grand coeur, ce vaillant soldat, chérit la jeune femme qui l'a épousé à l'âge de treize ans et qu'il appelle familièrement *Huchette* ou *Mme de la Huche*. Avec quelle grâce caressante et grondeuse il lui écrit de l'armée au sujet d'une affaire qui concerne les rapports de l'archevêque de Paris et du Parlement et à laquelle la jeune comtesse semble avoir mêlé son beau-père, le maréchal de Belle-Isle, alors ministre : « Je suis, en vérité, fort votre serviteur, madame *de la Huche*, mais d'amitié je vous dirai à l'oreille qu'il ne vous convient pas d'aller apostiller la lettre d'un ministre, lequel, s'il prend de mes conseils, ne laissera jamais approcher à deux toises de son

---

[214] Saint-Simon, *Mémoires*, t. I, ch. XV, XI, XXVI, XLII, *Testament olographe*.
[215] Camille Rousset, *le Comte de Gisors*, 1732-1758. Paris, 1868.

bureau un petit furet qui renverseroit et farfouilleroit tous les traités de l'Europe pour chercher le projet de quelque réponse à M. l'archevêque sur un fait arrivé dans la paroisse de Saint-Étienne-du-Mont. Ah ! messieurs les ministres, méfiez-vous de toutes ces petites mères de l'Église. Nous autres particuliers pouvons vivre avec elles en essuyant le débordement de leurs *si*, de leurs *mais*, de leurs *car*, et de toute leur politique ; ce torrent-là écoulé, on retrouve en elles des femmes aimables, gentilles, et dont le temporel dédommage du spirituel ; mais vous, messieurs, gardez-vous-en... Si elles vous caressent, ces petites mères, c'est pour vous séduire, et, dans l'instant où elles vous verront enchantés d'elles, vous donner des conseils relatifs à leurs fins. Est-ce là votre portrait, ma commère ? Dites-le de bonne foi ? Je vous connois comme si je vous avois fait ; vous devriez aussi me bien connoître, *Huchette*, car il me semble que je ne vis que depuis que mon sort est attaché au vôtre et que nous ne faisons qu'un. Il n'y a que sur la guerre et les affaires de l'Église que le moi qui est à Paris et le moi qui est à Halberstadt se séparent...[216] »

L'année suivante le comte de Gisors, blessé mortellement à la bataille de Crefeld, mourait en héros chrétien. Il laissait veuve, à vingt et un ans, la jeune femme qu'il avait adorée, et qui donna à Dieu et aux pauvres l'amour dont le plus cher objet lui manquait ici-bas.

C'est dans le siècle où il était ridicule d'aimer sa femme, c'est en plein XVIIIe siècle que le comte de Gisors écrivait à sa jeune compagne la délicieuse lettre que nous venons de citer. C'est aussi, au XVIIIe siècle, que l'on revit Philémon et Baucis. Philémon était M. de Maurepas, « la légèreté en personne, » dit Mme d'Oberkirch, et pourtant le modèle des

---

[216] 21 octobre 1757. Archives du dépôt de la guerre. Lettre reproduite par M. Camille Housset, *le comte de Gisors*.

époux fidèles. La pensée de sa femme était la seule idée sérieuse qui se pût loger en sa tête, ajoute la spirituelle baronne. « Quand il a été ministre, il eût volontiers mis la politique en chansons, et une larme de Mme de Maurepas le rendait triste pendant des mois entiers... Ils sont très vieux l'un et l'autre, et certainement ils ne se survivront pas et s'en iront ensemble[217]. »

Au même temps Philémon et Baucis se retrouvaient dans un ménage plus grave, celui du maréchal prince de Beauvau et de la digne compagne qui était sa *lumière*, sa *consolation*, le *charme de sa vie*. Après s'être aimés pendant six ans, ils avaient pu s'unir, et leur tendresse n'avait cessé de croître avec les années. Dans leur beau domaine du Val, à Saint-Germain, ils avaient tenu à consacrer le souvenir du célèbre couple de la fable en plantant près d'une chaumière les deux arbres qui rappelaient la métamorphose des vieux époux. Par une nouvelle métamorphose le maréchal se voyait dans le chêne, et sa compagne dans le tilleul[218].

C'est près de cette chaumière, située dans la partie la plus élevée du parc, que Mme de Beauvau se plaçait pour attendre le cher absent qui allait revenir. Il la voyait, il pressait le pas pour la rejoindre. « Nous nous embrassions comme si nous avions été longtemps séparés, » dit la princesse, « et nous ne l'étions que depuis vingt-quatre heures. » Comment ne pas nous souvenir ici du joli mot de la princesse de Poix, fille du maréchal et belle-fille de Mme de Beauvau, cette charmante personne de dix-sept ans à qui l'on défendait de lire des romans : « Défendez-moi donc de voir mon père et ma mère. »

---

[217] Mme d'Oberkirch, *Mémoires*.
[218] *Souvenirs de la maréchale princesse de Beauvau*. publiés par Mme Standis, née de Noailles.

Dans sa modestie, Mme de Beauvau trouvait que son mari chérissait en elle l'image qu'il s'était formée d'elle. « Oui, c'est lui qui m'avait créée ; c'était telle qu'il m'avait faite qu'il me voyait ; cet effet de tendresse, il en a joui, il m'en a fait jouir jusqu'à son dernier moment. »

Il faudra les cruelles impressions de la Terreur pour faire oublier aux nobles époux le vingt-neuvième anniversaire de leur mariage. « Il s'en souvint le premier, dit la maréchale. Le lendemain, dès que je fus éveillée, il me le rappela avec une expression si douloureuse et si tendre, que je crois voir, que je crois entendre encore, et son air et ses paroles : l'impression que j'en reçus, lui fit regretter de l'avoir excitée.—Deux mois après, il n'était plus. »

Ils avaient confondu leurs vies, ils auraient voulu confondre leurs morts. Pendant cette première année de la Terreur, qui leur avait fait oublier le meilleur souvenir de leur existence, ils eurent un instant l'espoir d'exhaler ensemble l'unique souffle qui animait leurs deux vies. Le maréchal parut menacé. « Il vit que j'étais résolue à ne pas le quitter. Ah ! me dit il, ne craignez pas que je vous éloigne, je vous appellerois. Ces paroles pénétrèrent mon cœur, et de toutes les preuves d'amour que j'ai reçues de lui, c'est celle dont le souvenir m'est le plus cher[219]. »

Le bonheur de mourir ensemble leur fut refusé. Pendant treize années, celle qu'un maître a nommée : *Une Artémise au XVIIIe siècle*[220], eut la douleur de vivre « dédoublée, » de sentir « cet abandon, cette chute, pour ainsi dire, d'une âme qui, accoutumée à s'appuyer sur une autre, s'affaisse et perd

---

[219] *Souvenirs de la maréchale princesse de Beauvau*, et l'introduction de cet ouvrage, par Mme de Noailles-Standish.
[220] Cuvillier-Fleury, *Posthumes et revenants*. Paris, 1879.

son ressort en perdant son appui[221] » : peine d'autant plus irrémédiable que nulle espérance ne vient en adoucir l'amertume. Mme de Beauvau croit que son mari se survit en elle ; elle vit en sa présence, elle lui soumet tous ses actes pour savoir s'ils sont dignes de lui, elle s'applique à l'imiter pour qu'il ait en elle une digne continuation d'existence ; mais cette prolongation de la vie après la mort est la seule à laquelle elle croie. Imbue des funestes doctrines du XVIIIe siècle, elle n'a pas foi en l'âme immortelle ; elle attend, non la fusion des âmes dans le ciel, mais la réunion des cendres dans un même tombeau. « Son âme est vide de croyances religieuses, et son coeur est rebelle aux célestes espérances. Elle croit à la tombe où tout finit. Elle a la religion du sépulcre... Qu'on aimerait à voir, par instants, dans ces pages assombries par une si persévérante angoisse, et par-dessus ce champ des morts où l'infortunée ne regarde que la terre, quelque coin d'azur du côté du ciel ![222] »

Combien plus douces sont les images que nous présentent, du XVIIe au XVIIIe siècle, ces nombreux tombeaux où sont réunis des époux, grands seigneurs, bourgeois ou simples paysans ! Leurs effigies sont reproduites sur la pierre, et leurs mains qui se joignent dans l'attitude de la prière nous disent que ce n'est pas seulement dans ce froid sépulcre qu'ils ont espéré la réunion suprême[223].

Tantôt la femme est partie la première, bénissant son mari, ses enfants, et fatiguée de la route, s'est endormie dans la paix du Christ après avoir rempli sa mission. La duchesse de Liancourt, dont nous avons souvent remarqué les fortes

---

[221] *Souvenirs de la maréchale princesse de Beauvau.*
[222] Cuvillier-Fleury, *Posthumes et revenants.*
[223] Voir de nombreux exemples dans les *Inscriptions de la France* recueillies par M. de Guilhermy.

pensées, va quitter celui qui, pendant cinquante-quatre ans, a été son compagnon de route, celui qui d'abord a marché dans la voie mondaine et qu'elle a ramené dans le sentier du Seigneur. Tous deux alors, suivant un exemple que nous avons souvent constaté dans la Gaule chrétienne et pendant le moyen âge, n'ont plus voulu être que frère et soeur.

Lorsqu'elle sent approcher la mort, Mme de Liancourt, cette vaillante chrétienne, se fait porter au lieu où sa sépulture est marquée ; et avant de fermer les yeux elle dit à son mari : « Je m'en vas ; apparemment nous ne serons pas séparés longtemps ; car à l'âge où nous sommes, le survivant suivra bientôt. Je pars donc dans l'espérance de vous revoir. Ce qu'il y a de sensible dans l'amitié des chrétiens, n'est rien. Il n'y a de grand que la charité, qui demeure toujours, et qui est bien plus parfaite dans le ciel que sur la terre. C'est par elle que nous serons toujours inséparablement unis.. Et si Dieu me fait miséricorde, je le prierai qu'il nous réunisse bientôt. » Le duc fondait en larmes, ainsi qu'un prêtre qui était près de la mourante. Et elle, s'étonnant de voir pleurer l'homme de Dieu, qui, croyait-elle, devait consoler son mari, elle lui témoignait sa surprise et ajoutait : « Pour moi, grâce à Dieu, je suis en paix. Peut-on être fâchée d'aller voir Jésus-Christ ? Si l'on a quelque chose à mettre sur ma tombe, il faut que ce soit : « Je crois que mon Rédempteur est vivant, et que je le verrai en ma chair[224]. »

Dans un projet de testament dressé vers 1678, un membre de la famille Godefroy, un historiographe de France, directeur de la Chambre des comptes de Lille, recommande son âme à Dieu et lui offre un voeu touchant au sujet de la digne femme qui lui survit :

---

[224] *Règlement donné par une dame de haute qualité*, etc. Avertissement placé en tête de l'ouvrage.

« Je prie Dieu de tout mon coeur de vouloir estre sa toute puissante consolation après mon trespas, de la bénir et luy donner les forces et le courage de supporter chrestiennement nostre séparation dans l'espoir de se retrouver unis en la patrie céleste, et de la vouloir conserver encore quelque temps, s'il luy plaist, pour l'éducation et la protection des enfans provenus de nostre mariage[225]. »

En 1736, après la mort d'une femme de bien, le veuf écrit dans son Livre de raison : « Dieu veuille la recevoir dans son saint paradis ! Qu'il récompense par une éternité de gloire ses bonnes qualités et la tendresse qu'elle a eue toujours pour moy et pour mes enfans[226]. » Dix-sept ans après, l'un de ces enfants, un fils, veuf, lui également, exprime aussi dans son chagrin les espérances de la vie éternelle : « L'union tendre, sincère et inaltérable, qui avoit toujours régné entre nous, sa piété, ses vertus et l'attachement inexprimable qu'elle avoit pour moy, me la rendoient infiniment chère. Elle faisoit tout mon plaisir et toute ma consolation. Le Seigneur ne pouvoit me frapper par un endroit plus sensible. Que sa sainte volonté soit faite ! Je le prie de luy faire miséricorde et de me donner la consolation dont j'ay besoin. Qu'il me fasse la grâce de nous rejoindre l'un et l'autre dans son paradis, pour le bénir et le louer éternellement. Ainsi soit-il[227]. »

Heureux ceux qui, dans leur deuil, avaient ces perspectives sur l'infini ! C'est là qu'était la force de la veuve chrétienne, la veuve vraiment veuve, dont le type austère et touchant se conservait toujours.

---

[225] *Les savants Godefroy*. Mémoires d'une famille pendant les XVIe, XVIIe et XVIIIe siècles.
[226] Livre de raison de Jean Laugier, cité par M. de Ribbe, *les Familles et la Société française avant la Révolution*.
[227] Livre de raison de Jean-Baptiste Laugier, cité dans le même ouvrage.

Bien des femmes, pendant les trois siècles qui nous occupent, ne voulurent plus, dans leur veuvage, que servir Dieu et les pauvres. Il en est qui, dans une bien tendre jeunesse, se vouent à cette mission, comme cette comtesse de Gisors que j'ai nommée, et avant elle, comme la sainte marquise de Grignan qui, toute à la prière, à la charité, à l'étude, ne sortait que pour aller à l'église ; et se renfermait dans le logis solitaire où elle ne recevait personne, mais où une belle bibliothèque offrait à son esprit cultivé les seules distractions dont elle pût jouir[228]. Et comment ne pas rappeler ici le nom de Mme de Chantal qui, après avoir été broyée aux pieds de Dieu par son veuvage, s'éleva à l'héroïsme de la charité et au plus haut sommet de la sainteté ?

Les derniers adieux des époux, les dispositions testamentaires du mari, témoignent du respect, de la reconnaissance, de la confiante tendresse que la femme chrétienne inspirait au chef de la famille. Quelle émotion contenue, quelle gravité religieuse dans ces paroles que, sur son lit de mort, La Boétie adresse à sa femme : « Ma semblance, dit il (ainsi l'appelloit il souvent, pour quelque ancienne alliance qui estoit entre eulx), ayant esté joinct à vous du sainct noeud de mariage, qui est l'un des plus respectables et inviolables que Dieu nous ait ordonné çà bas pour l'entretien de la société humaine, je vous ay aymée, chérie et estimée autant qu'il m'a esté possible ; et suis tout asseuré que vous m'avez rendu reciproque affection, que je ne sçaurois assez recognoistre. Je vous prie de prendre de la part de mes biens ce que je vous donne, et vous en contenter, encores que je sçache bien que c'est bien peu au prix de vos mérites[229]. »

---

[228] Saint-Simon, *Mémoires*, éd. Chéruel, t. III, ch. x.
[229] *Montaigne*, Lettre I, à monseigneur de Montaigne.

C'est surtout quand le mourant laisse des enfants que ses dernières recommandations témoignent de sa vénération pour sa femme. Comme le souverain qui, en expirant, laisse le pouvoir à son successeur, le chef de famille transmet à la mère de ses enfants le gouvernement de la maison, la tutelle des mineurs, l'administration de leurs biens, l'usufruit de leur patrimoine. Suivant une coutume de Provence, il dispense la mère de famille de tout inventaire, de toute reddition de comptes[230]. Les enfants fussent-ils même majeurs, le père peut stipuler que la mère gardera l'administration du bien qu'il laisse[231]. Il fait plus : il ne se contente pas de lui donner une part d'enfant, il la nomme héritière universelle, à la charge de régler elle-même la succession paternelle selon le mérite de ses enfants. Un paysan provençal dit dans son testament, daté du 12 janvier 1664, qu'il en agit ainsi « pour donner à sa femme plus de subject de se faire porter l'honneur et le respect qu'un enfant doit porter à sa mère[232]. » Vers 1678, dans un projet de testament que j'ai déjà cité, un Godefroy institue héritière universelle « sa chère femme dont il a continuellement éprouvé la fidélité et l'affection. » En priant Dieu de la laisser encore sur la terre pour élever et protéger leurs enfants, il ajoute : « Je désire et entends qu'elle ait seule la garde et la conduite de nos dits enfans, et qu'elle soit la seule tutrice ainsy qu'elle est bonne mère ; qu'elle ait l'entière administration et disposition de tout le peu que je laisse de biens au monde, qui ne sçauroit jamais estre en meilleures mains ny sous un plus seur

---

[230] « En Provence la dispense d'inventaire est établie à l'état de coutume, et elle est à peu près sans exceptions. La mère de famille est si haut placée, que prohibition absolue est faite à tous juges, officiers de justice, gens d'affaires, de lui demander aucun compte de son administration et de lui créer la moindre difficulté. Si, malgré les intentions les plus formelles du mari, on s'avisait de la quereller, elle aura à titre de legs tout ce pour quoi elle serait recherchée. » Ch. de Ribbe, *ouvrage cité.*
[231] S'il n'y a pas de testament, des fils respectueux laissent à leur mère l'administration de leurs biens. Id., *id.*
[232] Testament d'Antoine Poutet, travailleur au lieu de Rognes (B.-du-R.). Cité par M. de Ribbe, *id.*

gouvernement. Je recommande et en charge sur toute chose selon Dieu à tous mes dits enfans d'obéir à leur bonne mère, la servir, lui déférer, la respecter et l'honorer en toutes choses, sans luy faire jamais de desplaisir ny désobéissance... ne perdant jamais la mémoire et la reconnaissance de tant de faveurs et bontés qu'ils en ont continuellement ressenti[233]. »

Et pour la femme qui avait été laborieusement associée à la vie de son mari, c'était justice qu'elle lui succédât dans le bien acquis ou conservé par une commune sollicitude. Ainsi pensait ce magistrat de Provence, testant le 15 octobre 1593. Il déclare «vouloir récompenser celle qui, depuis son mariage, a souffert en tous ses biens et adversités, s'est employée à l'augment de sa maison, et, se confiant à son intégrité et à l'amour qu'elle porte et portera à ses enfants, il entend qu'elle soit dame, maistresse, administratrice de tout son bien, ainsi qu'elle estoit de son vivant, que ses enfans la respectent, comme s'il estoit encore en vie. »

Par l'ordre, par l'activité, par l'économie, la veuve savait d'ailleurs ajouter au patrimoine de ses enfants[234]. Néanmoins, Montaigne s'effrayait du pouvoir qu'avait la veuve d'instituer l'héritier. Très peu confiant, nous le savons, dans le mérite des femmes, il ne croyait pas à la clairvoyance des mères. Mais Bodin en jugeait autrement. Il pensait que l'amour d'un père ou d'une mère est assez grand pour que la loi puisse présumer qu'ils mesureront leur pouvoir[235].

Tout en regrettant que la mère pût disposer entre ses enfants du patrimoine de son mari, Montaigne trouve juste qu'elle ait la tutelle de ses enfants. Il déclare avec raison que l'autorité maternelle est la seule suprématie que la femme

---

[233] *Les savants Godefroy*. Mémoires d'une famille, etc.
[234] Testament de Jean Duranti, Livre de raison de François Ricard. Ch. de Ribbe, *l. e.*
[235] Montaigne, *Essais*, II, VIII ; Ch. de Ribbe. *l. e.*

doive avoir sur l'homme. Cette autorité est d'ailleurs de droit divin. Le Seigneur l'a formulée dans le Décalogue : « Tes père et mère honoreras afin de vivre longuement. » Ce précepte sacré, le catéchisme de Trente le consigne à la fin du XVIe siècle.

Le sire de Pibrac le répète dans les célèbres quatrains où il a condensé le suc de la morale chrétienne et de l'honneur français, et qui servirent longtemps à l'éducation des enfants :

Dieu tout premier, puis père et mère honore.

C'est la base même de la famille patriarcale. Et saint François de Sales rappelait avec force le commandement divin en écrivant à sa mère : « Commandez librement à vos enfans, car Dieu le veut. »

Soit que la mère partage avec le père cette autorité souveraine, soit qu'il la lui laisse tout entière en mourant, les enfants, devenus même chefs de famille, s'inclinent devant cette douce et majestueuse délégation de la puissance divine. Au XVIe et au XVIIe siècles, l'autorité maternelle est généralement ferme, peut-être même plus souvent sévère que tendre. Mais au XVIIIe siècle, la sentimentalité des nouvelles doctrines pénétrera dans bien des foyers ; et l'excessive familiarité des parents avec les enfants constituera un danger plus grand encore que celui d'une sévérité outrée. Le principe de l'autorité domestique une fois sapé, la famille s'écroulera, et quand cette pierre fondamentale d'une nation vient à manquer, la nation elle-même est près de sa chute[236]. Mais pour la ressource de l'avenir, il restait encore au XVIIIe siècle bien des maisons où se conservait en même temps que

---

[236] Cuvillier-Fleury, *la Famille dans l'Éducation*. (*Études et portraits*, deuxième série, 1868)

la fermeté des principes l'affection qui les applique avec douceur.

C'était souvent sur une véritable tribu que s'exerçait l'autorité maternelle. On ne peut voir sans émotion sur les pierres funéraires des siècles que nous étudions, les époux défunts entourés de leurs nombreux enfants agenouillés autour d'eux comme pour implorer de Dieu le salut éternel des parents qui les ont mis au monde et chrétiennement élevés. Il y a là des familles de douze, treize enfants, et même plus[237]. Depuis les paysans jusqu'aux grands seigneurs, les pères et les mères aiment à paraître devant Dieu dans la sainte gloire d'une belle postérité.

C'est dans ces temps que l'on voyait la maréchale de Noailles entourée de ses cinquante-deux descendants[238]. On n'avait pas généralement alors la crainte d'augmenter les charges de la famille par le nombre des enfants. Mme de Toulongeon exprimait cependant cette crainte, et sa mère, sainte Chantal, l'en reprenait avec force et lui disait que le Seigneur, qui envoie les enfants, sait bien pourvoir à leur avenir.

Comme au moyen âge, ce que la mère chrétienne voit surtout dans ses enfants, ce sont des âmes qu'il faut préparer à la vie qui se commence sur la terre, et qui doit se continuer dans les cieux. La femme forte pouvait dire comme Mme de Gondi : « Je souhaite bien plus faire de ceux que Dieu m'a donnés, et qu'il peut me donner encore, des saints dans le ciel que des grands seigneurs sur la terre[239] ». Selon la forte pensée de la duchesse de Liancourt, ceux qui n'élèvent leurs enfants que pour la terre ne se distinguent pas des animaux.

---

[237] Guilhermy, *Inscriptions de la France*.
[238] Mme de Simiane, *Lettres*. Au marquis de Caumont. 20 février.
[239] Chantelauze, *Saint Vincent de Paul et les Gondi*.

Aussi, dès qu'une chrétienne se sent mère, elle offre à Dieu son enfant par la Vierge Marie. Lorsqu'il est né, ravie d'avoir mis au monde un chrétien, elle le bénit, elle demande au Seigneur de ne le laisser vivre que s'il doit le servir ici-bas, et tous les jours elle renouvellera cette prière, digne d'une Blanche de Castille[240].

On se croirait encore au siècle de saint Louis, quand on voit une inscription tumulaire consacrée en plein XVIIIe siècle à la femme d'un magistrat, morte à trente-quatre ans, après avoir nourri le fils premier-né « qu'elle avoit demandé à Dieu pour estre un saint prestre et un deffenseur de la vérité. »

Le veuf qui dédie cette épitaphe, y ajoute ces lignes si simples et si touchantes : « Agréez, Seigneur, l'acquiescement que fait icy le mari au voeu de cette pieuse femme et octroyez lui que l'enfant y corresponde. Qu'elle repose en paix[241] ».

Cette sollicitude qui, avant même la naissance de l'enfant, prépare en lui un défenseur de la vérité, suit la mère dans toute sa mission, quel que soit l'état auquel cet enfant puisse être destiné. La mère le guide par sa parole, plus encore par l'exemple de sa vie, cette vie qui, pour lui, « est une vive image de bien vivre[242]. » La mère ne croit pas sa mission terminée lorsque son enfant quitte le foyer paternel, ni même lorsqu'elle aura cessé de vivre. Elle donne à son fils, comme à sa fille, des conseils où elle a résumé son

---

[240] Voir les enseignements maternels de la duchesse de Liancourt et de Mme Le Guerchois, née Madeleine d'Aguesseau, et les vies de Mme de Miramion, de Mme la duchesse de Doudeauville, de Mme la marquise de Montagu.

[241] Guilhermy, *Inscriptions de la France*, t. II, DXVI, Charonne, église paroissiale de Saint-Germain, 1736.

[242] Du Vair, *Actions et Traitez oratoires*, passage cité par M. de Ribbe, *les Familles et la Société eu France, etc.*

enseignement ; elle les écrit même dans quelqu'un de ces admirables mémoires que j'ai déjà bien des fois cités.

Le jeune Bayard va s'éloigner de ses parents pour se mettre au service d'un prince. Son père l'a béni.

« La povre dame de mère estoit en une tour du chasteau qui tendrement ploroit ; car combien qu'elle feust joyeuse dont son filz estoit en voye de parvenir, amour de mère, l'admonnestoit de larmoyer. Toutesfois, après qu'on luy feust venu dire : « Madame, si vous voulez venir veoir vostre filz, il est tout à cheval, prest à partir, » la bonne gentil femme sortit par le derrière de la tour, et fist venir son filz vers elle, auquel elle dit ces parolles :

« Pierre, mon amy, vous allez au service d'ung gentil prince. D'autant que mère peult commander à son enfant, je vous commande trois choses tant que je puis ; et si vous les faictes, soyez asseuré que vous vivrez triumphamment en ce monde.

« La première, c'est que, devant toutes choses, vous aymez, craingnez et servez Dieu, sans aucunement l'offenser, s'il vous est possible ; car c'est celluy qui tous nous a créez, c'est luy qui nous faict vivre, c'est celluy qui nous saulvera ; et sans luy et sa grâce, ne sçaurions faire une seulle bonne oeuvre en ce monde. Tous les matins et tous les soirs, recommandez-vous à luy, et il vous aydera.

« La seconde, c'est que vous soyez doulx et courtois à tous gentilz-hommes, en ostant de vous tout orgueil. Soyez humble et serviable à toutes gens, ne soyez maldisant ne menteur, maintenez-vous sobrement quant au boire et au manger ; fuyez envye, car c'est ung villain vice ; ne soyez ne flatteur ne rapporteur, car telles manières de gens ne viennent pas voulentiers à grande perfection. Soyez loyal en faictz et dictz ; tenez vostre parolle ; soyez secourable à vos povres veufves et orphelins, et Dieu le vous guerdonnera.

« La tierce, que des biens que Dieu vous donnera vous soyez charitable aux povres nécessiteux ; car donner pour l'honneur de luy n'apovrit oncques homme ; et tenez tant de moy, mon enfant, que telle aulmosne que pourrez-vous faire, qui grandement vous prouffittera au corps et à l'ame.

« Velà tout ce que je vous en charge. Je croy bien que vostre père et moy ne vivrons plus guères. Dieu nous fasse la grâce à tout le moins, tant que nous serons en vie, que tousjours puissions avoyr bon rapport de vous ! »

« Alors le bon Chevallier, quelque jeune aage qu'il eust, luy respondit : « Madame ma mère, de vostre bon enseignement, tant humblement qu'il m'est possible, vous remercie ; et espère si bien l'ensuyvre que, moyennant la grâce de Celluy en la garde duquel me recommandez, en aurez contentement. »

« Alors la bonne dame tira hors de sa manche une petite boursette, en laquelle avoit seulement six escus en or et ung en monnoye, qu'elle donna à son filz, et appela ung des serviteurs de l'évesque de Grenoble, son frère, auquel elle bailla une petite malette en laquelle avoit quelque linge pour la nécessité de son filz...[243] ».

Servir Dieu, lui demander le chemin du devoir, se dévouer au prochain, défendre les faibles, secourir les pauvres, être vrai, loyal, fidèle à sa parole, bienveillant, courtois, c'est encore, au temps de Charles VIII, l'idéal de la chevalerie. Gomment s'étonner que de tels enseignements,

---

[243] *Très joyeuse, plaisante et recréative histoire du bon Chevallier sans paour et sans reproche.* (Collection de MM. Michaud et Poujoulat.)

passant par les lèvres d'une mère, aient formé le *chevalier sans peur et sans reproche*, qui certes vécut *triumphamment en ce monde* ?

Plus tard, c'est le jeune du Plessis-Mornay qui s'éloigne de sa mère pour compléter son éducation par un grand voyage. Sa mère lui donne par écrit plus que des conseils, un puissant exemple : la vie de son père, le célèbre du Plessis-Mornay, celui que l'on nommait le pape des huguenots, mais qui apporta dans l'erreur une forte conviction qu'il ne sacrifia jamais à aucun intérêt humain, L'honneur fut le signe distinctif de cette vie ; et c'est cet honneur que Mme du Plessis-Mornay propose à son fils comme un grand modèle.

« Afin encores que vous n'y ayés point faute de guide, en voicy un que je vous baille par la main, et de ma propre main, pour vous accompagner, c'est l'exemple de vostre père, que je vous adjure d'avoir tousjours devant vos yeux (pour l'imiter, duquel j'ay pris la peine de vous discourir) ce que j'ay peu connoistre de sa vie, nonobstant que nostre compagnie ait esté souvent interrompue par le malheur du temps.... Je suis maladive et ce m'est de quoy penser que Dieu ne me veille laisser long-temps en ce monde ; vous garderés cest escrit en mémoyre de moy ; venant aussy, quand Dieu le voudra, à vous faillir, je désire que vous acheviez ce que j'ay commencé à escrire du cours de nostre vie. Mais surtout, mon Filz, je croiray que vous vous souviendrez de moy quand j'oiray dire, en quelque lieu que vous aillez, que vous servez Dieu, et ensuivez vostre Père ; j'entreray contente au sépulchre, à quelque heure que Dieu m'appelle, quand je vous verray sur les erres d'avancer son honneur, en un train asseuré soit de seconder vostre Père,... soit de le faire revivre en vous, quand par sa grâce, il le vous fera survivre[244].... »

---

[244] *Mémoires* de Mme de Mornay, publiés par Mme de Witt, née Guizot.

M. et Mme du Plessis-Mornay devaient survivre à leur enfant. La mère malade, languissante, allait être précédée dans la tombe par le fils, plein de jeunesse, mais frappé à mort dans un combat.

Voici maintenant au XVIIe siècle et au XVIIIe, deux mères catholiques : la duchesse de Liancourt, que nous connaissons déjà, et Mme Le Guerchois, née Madeleine d'Aguesseau, la soeur du chancelier. L'une élève un gentilhomme de grande race, l'autre, un fils de magistrat ; et, toutes deux ont laissé des écrits qui nous font connaître la direction de leur enseignement[245].

La grande dame et la femme du magistrat édifient l'une et l'autre l'éducation de l'homme sur la forte base religieuse qui seule soutient les vertus publiques et privées. Madeleine d'Aguesseau conseille à son fils, avec la lecture quotidienne du Nouveau Testament, l'étude de la religion, mais une élude pratique d'où il puisse se former des principes « sur toutes les règles de vérités mises en conduite. »

Et la duchesse de Liancourt donne pour précepte fondamental à l'éducation de son fils la maxime suivante : « La seule règle de ce qu'on doit au monde, est ce qu'on doit à Dieu ; et la droite raison consiste à tirer de ce premier et unique devoir, l'idée de la véritable grandeur, du vrai courage, de la valeur, de l'amitié, de la fidélité, de la libéralité, de la fermeté, et de toutes les vertus dont les gens de qualité se piquent le plus. »

---

[245] Mme de Liancourt a exposé dans le règlement qu'elle écrivit pour sa petite-fille, les principes qu'une mère doit mettre en pratique dans l'éducation de son fils. Elle les avait elle-même appliqués. *Règlement donné par une dame de qualité*, etc., ouvrage cité. Voir aussi l'avertissement mis en tête de cet ouvrage. Pour Mme Le Guerchois, voir ses ouvrages publiés, comme le livre de la duchesse de Liancourt, après la mort de l'auteur et sous le voile de l'incognito: *Avis d'une mère à son fils*, 2e éd. Paris, 1743 ; *Avis d'une mère à son fils sur la sanctification des fêtes*, etc. Paris, 1747. Elle écrivit aussi pour elle-même des *Pratiques pour se disposer à la mort*.

Enseigner aux jeunes gens ce qu'ils devaient à Dieu, c'était donc leur enseigner ce qu'ils devaient à la patrie, au roi, à leurs parents, au prochain, ce qu'ils se devaient à eux-mêmes. Une telle direction mettait dans le coeur du jeune homme, les sentiments forts, généreux, raisonnables, dont Mme de Liancourt voulait qu'il se nourrît. Humble devant le Créateur, il comprend que la vraie dignité de l'homme consiste, non dans les dons extérieurs, mais dans le signe divin que lui a imprimé le christianisme. Il soumet ses passions à sa raison, et sa raison à Dieu. Il ne se glorifie même pas de sa vertu et ne voit dans les fautes d'autrui que la faiblesse humaine à laquelle, lui aussi, est sujet et dont la grâce de Dieu l'a préservé. Respectueux du pouvoir comme d'une délégation de Dieu, il garde l'indépendance de sa conscience. Ami dévoué, il sacrifie tout à l'amitié, hors cette conscience. Désintéressé, il est d'autant plus serviable. Miséricordieux, il pardonne l'offense. Il ne se bat pas en duel. Précepte bien utile dans ces temps où la mère qui apprenait la mort glorieuse de son fils tué à l'ennemi, disait au milieu de sa douleur : « La volonté de Dieu soit faicte ! Nous l'eussions peu perdre en un düel, et lors quelle consolation en eussions nous peu prendre ? » C'est le cri de Mme du Plessis-Mornay, c'est aussi le cri de sainte Chantal[246]. La mère catholique et la mère protestante s'unissent ici dans la même terreur de ces combats singuliers qui auraient enlevé à leurs enfants plus que la vie du corps, la vie de l'âme.

Mais n'y a-t-il pas à craindre que l'on n'attribue à la lâcheté le refus de se battre ? Pour éviter un tel jugement, la duchesse de Liancourt veut que, de bonne heure, on envoie le jeune homme à l'armée et qu'il déploie, devant l'ennemi, ce courage du chrétien qui, sûr de l'éternité, ne redoute pas

---

[246] Mme de Mornay, *Mémoires* ; Mère de Chaugy, *Vie de sainte Chantal*, deuxième partie, ch. XIX.

la mort. Ainsi agit-elle pour son fils, M. de la Roche-Guyon, qui fut tué en combattant comme volontaire au poste le plus périlleux. C'est ainsi que les femmes de France savaient préparer dans leurs fils un gentilhomme et un soldat.

Comme la duchesse de Liancourt, Madeleine d'Aguesseau donne à son fils un flambeau qui le guide vers le ciel en éclairant sa marche sur la terre. A la différence de Mme de Liancourt, qui élevait son fils pour le métier des armes, elle ne sait pas quelle profession choisira le sien. Sans doute elle juge bon qu'un jeune homme suive la carrière paternelle ; mais elle désire avant tout que l'on tienne compte de la vocation de son fils, cette vocation sur laquelle il priera Dieu de l'éclairer et consultera aussi ses parents. Toutefois, ce n'est pas à la vie des camps que Mme Le Guerchois le prépare, c'est à cette vie d'étude que la duchesse de Liancourt recommandait aussi à son fils et dont Madeleine d'Aguesseau trouvait l'exemple dans cette famille de magistrats qui l'avait vue grandir. Mais nous savons qu'elle donne à cette studieuse carrière la même inspiration que Mme de Liancourt insufflait à la vie plus militante de M. de la Roche Guyon : la pensée toujours présente du devoir que Dieu prescrit. Le fils de Madeleine d'Aguesseau s'instruira pour employer sa science au service de sa foi. Il offrira à Dieu l'âpreté même de son travail comme la rançon que le Seigneur a imposée à l'humanité déchue. La noble femme dit éloquemment que nous sommes « condamnés à manger avec peine le pain de l'esprit aussi bien que le pain du corps. » Mais en imposant à son fils le devoir de s'instruire, elle le prémunit contre l'enflure du faux savoir. Par suite de la déchéance de l'homme, « quelque étendue que puissent avoir nos connaissances, ce que nous ignorons est infini en comparaison de ce que nous savons. » Nos facultés viennent de Dieu, notre faiblesse est innée. Il nous faut donc parler modestement de ce que nous savons, et rapporter à Dieu nos progrès dans l'étude.

Quand son fils sera entré dans le monde, Mme Le Guerchois l'exhorte à se souvenir que ses parents sont ses meilleurs conseillers, ses amis les plus sûrs. Elle lui rappelle avec force l'honneur qu'il doit leur rendre, la confiance pleine de tendresse qu'ils doivent lui inspirer. La duchesse de Liancourt, elle aussi, voulait que le fils confiât tout à sa mère, même ses fautes.

Madeleine d'Aguesseau guide son fils dans les amitiés qu'il nouera. Elle en restreint le nombre, mais elle les veut fidèles, dévouées. Elle exhorte le jeune homme au bon choix et à la paternelle direction des domestiques. Elle lui donne des règles pour les distractions du monde, pour la causerie même. Sans doute, il y a chez Madeleine d'Aguesseau, comme chez Mme de Liancourt d'ailleurs, tout le rigorisme janséniste. Elle n'établit pas une distinction suffisante entre les plaisirs permis et ceux qui ne le sont pas. En proscrivant absolument le théâtre, elle ne fait aucune exception pour certaines oeuvres où, comme dans les tragédies de Corneille, par exemple, un jeune homme ne peut que respirer le souffle de l'honneur et de la vertu. Les limites qu'elle trace à la causerie sont aussi trop étroites. S'imposer, par pénitence, le sacrifice d'une parole spirituelle, quelque innocente qu'elle puisse être, c'est là une exagération janséniste qui ne devait pas rendre fort animés les salons où elle se produisait. Si beaucoup d'aimables esprits s'étaient imposé de semblables privations, que serait devenue la vieille causerie française, cette école d'urbanité, de grâce et de bon goût ? En lisant ces pages de Mme Le Guerchois, il semble que l'on se trouve transporté au sein d'une rigide demeure de l'ancienne magistrature, dans quelque salon glacial où de rares visiteurs laissent de temps en temps tomber quelque parole qui ne rencontre pas d'écho. Peut-être par leur solennel ennui, ces salons contribuèrent-ils à jeter dans le tourbillon mondain plus d'un jeune homme, plus d'une jeune femme qu'une vie moins comprimée eût laissé fidèles aux vieilles traditions domestiques de la robe.

Si, de même que la duchesse de Liancourt, Madeleine d'Aguesseau pense plus aux châtiments éternels qu'aux miséricordes du Seigneur, ce n'est que pour soi-même qu'elle exige la sévérité, et elle ne demande pour le prochain que la plus aimable indulgence. Pas plus que Mme de Liancourt, elle ne se plaît aux controverses religieuses qui amènent l'aigreur et non la persuasion ; et tout en faisant d'une austère piété l'inspiration de la vie, elle veut que cette piété ne s'affiche pas à l'extérieur et ne se révèle que dans les actions qui la traduisent.

En somme, c'est la digne fille de Henri d'Aguesseau, c'est la digne soeur du grand chancelier qui nous apparaît dans ces conseils. C'est une femme forte, c'est, dit l'éditeur de ses ouvrages, « une mère vraiment chrétienne... ; une mère qui, à l'exemple de Tobie, donne des avis à son fils, pour le rendre digne d'une vie meilleure que celle-ci, et veut lui laisser pour héritage des règles de conduite, comme des biens infiniment plus précieux que tous ceux qu'il pourrait trouver dans sa succession... »

Près de la duchesse de Liancourt et de Madeleine d'Aguesseau, j'aime à placer une autre mère, la spirituelle marquise de Lambert dont la vie se partage entre le XVIIe et le XVIIIe siècles. Sans doute, malgré l'élévation de sa pensée, la délicatesse de ses sentiments, son inspiration est moins haute que celle des deux mères qui viennent de nous occuper. En s'adressant à son fils, le jeune colonel de Lambert, elle le prépare plutôt à la vie du monde qu'à la vie éternelle[247], et le but qu'elle lui montre, ce n'est pas la gloire céleste, c'est la gloire humaine, mais une gloire pure, généreuse, qui, en donnant à l'homme, au soldat, un grand nom, consiste moins encore dans cette brillante renommée

---

[247] Après avoir écrit ces lignes, je vois que toi était aussi l'avis de Fénelon. Voir dans les *Oeuvres* de la marquise de Lambert la lettre de l'illustre prélat.

que dans le témoignage que sa conscience lui rendra en lui disant qu'il a fait son devoir. D'ailleurs, dans les avis qu'elle donne à son fils, aussi bien que dans les conseils non moins élevés qu'elle adresse à sa fille, elle assigne pour principe à la vie la morale évangélique. Elle trouve que, sans les vertus chrétiennes, « les vertus morales sont en danger[248]. »

Si les mères forment dans leurs fils des hommes d'honneur, elles préparent aussi dans leurs filles de vigilantes ménagères. Nobles dames et bourgeoises s'y appliquent également, la baronne de Chantal comme Mme du Laurens, la duchesse de Liancourt et la duchesse de Doudeauville comme Mme Acarie. Alors que je retraçais l'existence de la grande dame ménagère, je ne faisais que m'inspirer des conseils écrits que Mme de Liancourt donnait à sa petite-fille, et Mme de Doudeauville à sa fille. Cette aïeule, cette mère, n'avaient qu'à regarder en elles-mêmes pour reproduire dans leur postérité la femme forte de l'Écriture, cette femme forte qui, de même que l'homme d'honneur, trouve dans sa foi la lumière du devoir et l'énergie du bien.

La duchesse de Liancourt nous a montré que, dans la mission maternelle, la grand'mère remplace la mère qui n'est plus. Dans l'ancienne France, quel type auguste que celui de l'aïeule, l'aïeule joignant à l'autorité maternelle la majesté des ans ; l'aïeule qui, plus près de la tradition patriarcale, la personnifie en quelque sorte ! Quelle grande figure d'aïeule que la duchesse de Richelieu, mère du cardinal ! Veuve, elle a élevé ses cinq enfants, et lorsque meurt sa fille, Mme de Pontcourlay, elle recommence sa tâche auprès des enfants de la morte. En recevant sous son toit le cardinal, elle lui présente cette chère postérité que Richelieu, l'homme d'État inflexible, bénit en pleurant. Que l'aïeule est touchante alors, et sous quelle religieuse auréole elle nous apparaît, quand, le

---

[248] Mme de Lambert, *Avis d'une mère à son fils. Avis d'une mère à sa fille.*

soir, dans la salle du vieux château, elle réunit ses enfants, ses petits-enfants, ses serviteurs, dans la commune prière dont elle est l'interprète vénéré ![249]

La mère vit-elle encore, quel guide sûr elle trouve dans sa propre mère pour l'éducation de ses enfants et le soin de leur avenir ! Comme cette mère l'instruit par son propre exemple ! Au XVIe siècle, Mme de Laurens recommande à sa fille Jeanne de bien élever ses enfants, et de leur faire apprendre une profession. « Ayant cela et la crainte de Dieu, ils ont assez. Qu'est-ce qui manque à vos frères ? Quand je fus veufve avec tant d'enfans, je n'avois après Dieu que mes voisins et amis ; car de parens je n'en avois point icy. » Elle racontait à sa fille que ses amis lui conseillaient de mettre au couvent quelques-uns de ses dix enfants pour assurer un sort plus favorable aux autres. Mais la pieuse femme ne voulut pas de vocations forcées. C'eût été acheter trop cher son repos. Elle demanda à Dieu la force de suffire à sa tâche et se mit vaillamment à l'oeuvre. Dans sa pauvreté elle trouva moyen de faire instruire ses huit fils et de leur faire subir les épreuves du doctorat. Sa fille nous apprend à quel prix : « Vous me direz : Comment est-ce qu'elle pouvoit faire estudier et passer docteurs ses enfans, nostre père ayant laissé si peu de rentes ? Je responds qu'il avoit acquis et laissé quelques pièces (de terre) dont ma mère se secouroit. Car, quand elle vouloit faire passer docteur quelqu'un de ses enfans, ou le faire estudier, elle vendoit l'une de ces pièces, en mettoit l'argent dans une bourse, et de cela les faisoit apprendre ou graduer, sans rien emprunter[250]. »

Dieu bénit cette mère dans ses sacrifices, dans ses sollicitudes. Elle maria honorablement ses deux filles. Ses

---

[249] Bonneau-Avenant, *la Duchesse d'Aiguillon*.
[250] Manuscrit de Jeanne du Laurens, publié par M. de Ribbe: *Une Famille au XVIe siècle*.

huit fils, tous reçus docteurs, donnèrent à cette humble maison bourgeoise deux archevêques, un provincial des capucins, un avocat général qui illustra le Parlement de Provence, un avocat de mérite, trois médecins dont l'un, attitré auprès de Henri IV, acquit de la célébrité. Telle fut la couronne de cette mère.

La mère de famille a le dévouement, l'activité féconde, la foi agissante qui font d'elle une admirable éducatrice ; mais dans ce siècle où, suivant la remarque que nous avons déjà faite, les principes romains règnent dans la famille, l'affection maternelle est souvent sévère, et la force du caractère, la grandeur morale, l'autorité imposante prédominent sur la tendresse. Mais cette tendresse, pour être contenue, n'en est pas moins profonde, et comme parfois elle s'épanche ! Quelles larmes répand la mère de Bayard au moment où elle va donner ses derniers conseils à son fils qui s'éloigne du foyer ! Quel amour maternel, quel abandon plein de charme dans les lettres que Mme de Sévigné écrit à sa fille absente ! Et lorsqu'une mère a devant elle, non plus une séparation momentanée, mais l'éternelle séparation d'ici-bas, que d'amertume dans la douleur de survivre à son enfant ! Mme du Plessis-Mornay, la mère austère et ferme, ne peut longtemps proférer une parole lorsque son mari lui annonce que leur fils a été tué. Elle s'est résignée à la volonté de Dieu ; mais, dit-elle, « le surplus se peut mieux exprimer à toute personne qui a sentiment par un silence. Nous sentismes arracher noz entrailles, retrancher noz espérances, tarir noz desseins et noz désirs. Nous ne trouvions un long temps que dire l'un à l'autre, que penser en nous mesmes, parce qu'il estoit seul, après Dieu, nostre pensée ; toutes nos lignes partoient de ce centre et s'y rencontroient. Et nous voyions qu'en luy Dieu nous arrachoit tout, sans doute pour nous arracher ensemble du monde, pour ne tenir plus à rien, à quelque heure qu'il nous appelle...[251] »

Et quand Mme de Longueville, convertie, apprend dans sa retraite religieuse la mort de son fils tué au passage du Rhin, comme le désespoir de la mère fait explosion dans ce coeur que la pénitence a déjà broyé ! Mme de Sévigné nous a dépeint cette scène navrante ; et ici la spirituelle marquise n'a plus qu'un coeur de mère pour faire vibrer l'écho d'un inénarrable désespoir. « Tout ce que la plus vive douleur peut faire, et par des convulsions, et par des évanouissements, et par un silence mortel, et par des cris étouffés, et par des larmes amères, et par des élans vers le ciel, et par des plaintes tendres et pitoyables, elle a tout éprouvé... Pour moi, je lui souhaite la mort, ne comprenant pas qu'elle puisse vivre après une telle perte[252]. »

Gabrielle de Bourbon, dame de la Tremouille, avait succombé à semblable douleur. Son mari, son fils, avaient accompagné François Ier dans son expédition d'Italie. Le jeune prince fut l'une des glorieuses victimes de la bataille de Marignan. C'est dans un cercueil qu'il rentra au château de ses pères. Quelle scène que celle où l'évêque de Poitiers annonce à la pauvre mère la mort de son enfant et l'arrivée du funèbre cortège ! En vain le prélat fera-t-il appel aux sentiments héroïques, à la foi ardente de Gabrielle de Bourbon, la mère ne pourra supporter la terrible nouvelle. « Madame, dist l'evesque, j'ay reçu des lettres de Italie.—Et puis, dist-elle, comment se porte mon fils ?—Madame, dist l'evesque, je pense qu'il se porte mieulx que jamais, et qu'il est au cercle de héroïque louange et au lieu de gloire infinie.—Il est donc mort ? dist-elle.—Madame, ce n'est chose qu'on vous puisse celler, voire de la plus honneste

---

[251] *Mémoires* de Mme du Plessis-Mornay.
[252] Mme de Sévigné à Mme de Grignan, 20 juin 1672.

mort que mourut one prince ou seigneur ; c'est au lict d'honneur, en bataille permise pour juste querelle, non en fuyant, mais en bataillant, et navré de soixante deux playes, en la compaignée et au service du Roy, bien extimé de toute la gendarmerie, et en la grâce de Dieu, car luy bien confessé est decedé vray crestien[253], »

Alors commence pour Mme de la Tremouille une agonie qui dure trois ans.

Pour arracher son fils à la mort, la mère donne sa propre vie. Une belle épitaphe de la dernière année du XVIIe siècle nous montre une « femme forte » succombant à la maladie contagieuse qu'elle a gagnée en soignant son fils que la mort, plus forte que son amour, a enlevé de ses bras. Elle a rejoint son fils, et voici que sa fille, qui ne peut vivre sans elle, l'accompagne dans le tombeau. C'est à une famille de robe qu'appartient ce monument funéraire[254].

Il y eut une mère plus héroïque encore dans sa tendresse que cette femme qui mourut en soignant son enfant ; c'est Mme de Chalais accompagnant son fils jusqu'au pied de l'échafaud pour l'aider à bien mourir. Après l'avoir enfanté à la vie terrestre, elle l'enfante de nouveau, dans d'autres douleurs plus terribles, hélas ! que les premières, pour la vie qui naît de la mort, la vie sans fin. Je ne sais rien de plus grand que cette figure de mère qui apparaît à un condamné entre la terre qu'il va quitter et l'éternité qui l'attend.

Nous jetions tout à l'heure un regard ému sur ces tombes où se réunissent les époux. D'autres monuments funéraires nous montrent aussi la mère et l'enfant déposés dans le même tombeau. L'homme même qui a sacrifié au service de

---

[253] Jean Bouchet, *le Panegyrie du chevallier sans reproche*.
[254] Guilhermy, *Inscriptions de la France*, t. I, CXCIV. Paris, Saint-Séverin, 1699.

Dieu et de la charité sa vie entière et toute sa puissance d'affection, le prêtre qui a renoncé par son austère vocation aux titres d'époux et de père, n'oublie pas qu'il est fils, et dans la mort il aime à dormir son dernier sommeil sur le sein maternel qui a été son berceau. La cathédrale de Troyes contient plusieurs tombes où les chanoines sont représentés près de leurs mères. Près de Paris, à Longpont, dans l'église prieurale et paroissiale de Notre-Dame, se voit, au milieu de la nef, une tombe du XVIe siècle. Sur la pierre sont gravées deux figures : une femme simplement vêtue porte à la ceinture un grand chapelet avec la croix ; près d'elle est un prêtre. C'est le curé de Longpont et sa mère[255].

---

[255] Guilhermy, *Inscriptions de la France*, t. III, MCCCXVII.

CHAPITRE III

LA FEMME DANS LA VIE INTELLECTUELLE DE LA FRANCE

(XVIe-XVIIIe SIÈCLES)

Influence des femmes sur les arts de la Renaissance.—Leur rôle littéraire.—Marguerite d'Angoulême.—Les *Contes* de la reine de Navarre et la causerie française.—Vie de Marguerite, ses lettres et ses poésies.—La seconde Marguerite.—*Mémoires* de la troisième Marguerite. —Marie Stuart.—Gabrielle de Bourbon.—Jeanne d'Albret.—Femmes poètes du XVIe siècle, la belle Cordière, les dames des Roches, etc.—Mlle de Gournay, son influence philologique.—Les salons du XVIIe siècle.—L'hôtel de Rambouillet ; Corneille et les commensaux de la *chambre bleue*.—La duchesse d'Aiguillon, protectrice du *Cid* ; écrivains et artistes qu'elle reçoit au Petit-Luxembourg.—La marquise de Sablé et les *Maximes* de La Rochefoucauld.—Double courant féminin qui donne naissance aux *Caractères* de La Bruyère.—Les conversations d'après Mlle de Scudéry.—Relations littéraires de Fléchier avec quelques femmes distinguées.—Les protectrices et les amies de La Fontaine.—Anne d'Autriche protège les lettres et les arts.—Racine et les femmes.—Productions intellectuelles des femmes du XVIIe siècle.—Les oeuvres de Mme de la Fayette.—Les lettres de Mme de Sévigné.—Mme de Maintenon.—Mme Dacier.—Femmes peintres au XVIIe et au XVIIIe siècles.—Mme de Pompadour.—Femmes de lettres et salons littéraires au XVIIIe siècle : Mme de Tencin, la cour de Sceaux ; Mme de Staal de Launay, la marquise de Lambert.—Influence des femmes du XVIIIe siècle sur les travaux des philosophes et des savants.—Mme du Chatelet, Mlle de Lézardière.—Les salons philosophiques ; Mme Geoffrin.—Un salon du faubourg Saint-Germain : la marquise du Deffant.—Les admiratrices de Rousseau et de Voltaire.

Le mouvement qui, depuis le règne de François Ier, attire à la cour les châtelaines et leurs familles, affaiblit, disions-nous, l'action domestique de la femme, mais développe son action sociale. Nous allons étudier cette action sur les lettres, sur les arts, et même sur cette forme inimitable de l'esprit français : la causerie. Nous examinerons dans le chapitre suivant ce que fut l'influence de la femme dans un autre domaine : celui qui embrasse à la fois les événements historiques et les ouvres collectives de la charité.

En cherchant quelle fut la part de la femme dans la vie intellectuelle de la France, nous entrons tout d'abord dans cette époque brillante que l'on a si improprement nommée : la Renaissance. Les esprits impartiaux le constatent ; les lettres, les arts, les sciences, n'avaient pas à renaître, puisqu'ils vivaient toujours[256]. Il est vrai qu'au moyen âge, c'était surtout la vie de l'âme qui les animait, tandis que, sous l'influence païenne du XVIe siècle, ce fut surtout la vie matérielle qui fit ruisseler dans leurs branches une sève plus riche que bienfaisante.

L'Italie avait opéré cette transformation en initiant la France aux traditions grecques et romaines interprétées par elle. Malheureusement ce que la cour voluptueuse des Valois demandait aux écoles italiennes, ce n'était pas l'idéale pureté ou la grandeur biblique de leurs plus nobles génies, c'était le sensualisme qui dominait alors dans ces écoles, c'était aussi

---

[256] Voir M. Guizot, *Histoire de France*, t. III.

le faux goût avec lequel elles donnaient souvent à la beauté antique ce fard trompeur que produisent les civilisations raffinées.

La France cependant ne subit qu'à des degrés divers l'influence antique modifiée ou dénaturée par l'Italie. Dans cette première période de la Renaissance qu'avaient ouverte, sous Charles VIII et Louis XII, les premières guerres d'Italie, le génie français, mesuré, simple, vif et sévère à la fois, n'avait pris de l'influence nouvelle que ce qui pouvait le féconder. Et lorsque, dans la seconde période de la Renaissance, sous François Ier et ses successeurs, l'influence italienne devint prépondérante, et que, poètes, artistes, lui empruntèrent la grâce voluptueuse et maniérée de la forme, la pompe affectée de l'expression, la recherche alambiquée de la pensée, les traditions nationales se maintenaient toujours, et c'était à ces traditions, vivifiées par le génie antique pris à sa source même, que devait revenir le bon sens du pays. Heureuse si, dans cette évolution, la France eût retrouvé une part précieuse de son patrimoine, ces vieilles épopées que lui avait fait mépriser la dédaigneuse Renaissance !

Quelles que soient nos réserves, il nous faut reconnaître que si la Renaissance n'eût rien à ressusciter en France, elle imprima du moins un prodigieux mouvement aux intelligences, surtout dans le domaine de l'art et dans celui de l'érudition. Nous savons combien, dans ce dernier domaine, la femme se distingua[257]. Ajoutons ici qu'au double point de vue artistique et littéraire, elle exerça une influence considérable. Il ne s'agissait plus, comme autrefois pour la châtelaine, d'inspirer de loin en loin le trouvère, le troubadour, l'artiste. La femme se mêle activement au mouvement intellectuel dont la cour est le centre. Nous la

---

[257] Voir notre premier chapitre.

voyons encourager à la fois les traditions italiennes et les traditions françaises ; mais il nous semble qu'en général, ce sont ces dernières qu'elle a surtout favorisées. Nous le remarquerons particulièrement pour les deux arts qui ont le plus gardé à cette époque le caractère national : la sculpture qui unit alors à la puissante expression morale de l'école française la pureté des lignes grecques ; l'architecture qui marie aux ordres antiques rajeunis par l'esprit nouveau, les dentelles de pierre de ses vieilles cathédrales, ses élégantes tourelles, ses clochetons à jour.

Aux lueurs de la première Renaissance, la reine Anne avait fait exécuter par Michel Colomb l'un des plus purs et des plus nobles monuments de la sculpture française : le tombeau des ducs de Bretagne.

A Chambord, cette merveilleuse expression de l'architecture et de la sculpture françaises, la femme inspire le ciseau du statuaire : dans les cariatides du château se reconnaissent les traits de la comtesse de Chateaubriand et ceux de la duchesse d'Étampes, la duchesse d'Étampes, « la plus belle des savantes et la plus savante des belles », la duchesse d'Étampes qui tient le sceptre de la royauté artistique avant qu'il lui soit ravi par la séduisante duchesse de Valentinois, Diane de Poitiers.

A Fontainebleau, où règne l'école italienne, la duchesse d'Étampes protège dans le Primatice la peinture et l'architecture italiennes. Mais quant à la sculpture, Mme d'Étampes a compris que l'art antique ne pouvait que perdre à l'influence de l'Italie. Quand Benvenuto Cellini expose son Jupiter d'argent au milieu de toutes les statues antiques que le Primatice a groupées dans la galerie de François Ier, le roi admire avec enthousiasme l'oeuvre du sculpteur italien ; mais la belle duchesse ne souscrit pas à ce jugement. « Il semble, dit-elle, que vous soyez aveugles, et que vous ne voyiez pas ces statues antiques, ces figures de bronze. Voilà où est le vrai modèle de l'art, et non dans ces bagatelles modernes. » Mais peut-être y avait il dans les paroles de Mme d'Étampes autre chose que l'expression du goût classique ; peut-être vengeait-elle contre l'impétueux Benvenuto un rival qu'il détestait : le Primatice.

Comme la duchesse d'Étampes, la duchesse de Valentinois protège le Primatice. Elles encourageaient du moins dans ce peintre un artiste dont le goût n'était pas indigne d'influer sur ce génie français avec lequel il n'était pas sans affinité. Le Primatice avait d'ailleurs été formé à l'école d'un élève de Raphaël. Malheureusement, dans cette école, celle de Jules Romain, on avait oublié l'idéal du Sanzio pour ne se souvenir que de sa grâce puissante[258].

A Fontainebleau, dans cette galerie de Henri II où le Primatice n'ayant plus, comme dans la galerie de François Ier, à continuer l'oeuvre du Rosso, put s'abandonner librement à sa verve, tout rappelle le souvenir de Diane de Poitiers. Le chiffre de la duchesse, enlacé à celui de Henri II ; le croissant, attribut de la déesse dont elle porte le nom ; Diane chasseresse représentée de diverses manières, une fois même sous les traits de la favorite, voilà un frappant exemple de ce divorce entre le beau et le bien, divorce qui ne fut que trop fréquent à la cour des Valois.

Le chiffre enlacé de Henri II et de Diane se retrouve, non seulement dans les palais royaux, mais dans les demeures seigneuriales de ce temps. Et la ligure de la duchesse est reproduite aussi bien par l'école française que par l'école italienne. Jean Goujon et Germain Pilon la font apparaître dans leurs sculptures. Jean Cousin, sur ses vitraux, Léonard de Limoges, sur ses émaux, évoquent la souriante image.

---

[258] Comte de Laborde, *la Renaissance des arts à la cour de François Ier* ; Henri Martin, *Histoire de France*, t. VIII, etc.

La duchesse de Valentinois avait paru favoriser à Fontainebleau la peinture et l'architecture italiennes. Mais dans son château d'Anet, elle protège plus particulièrement les deux arts français : l'architecture et la sculpture. Philibert Delorme éleva cette délicieuse résidence, que décorèrent Jean Goujon et Jean Cousin. Toutefois, l'art italien se montre encore ici dans la célèbre Nymphe de Fontainebleau, due au ciseau de Benvenuto Cellini.

Issue d'une race qui avait le culte délicat des lettres et des arts, Catherine de Médicis ne protège pas seulement les artistes italiens, ses compatriotes ; mais la princesse qui goûtait Amyot et Montaigne, demeure fidèle à la tradition française pour nos deux arts nationaux. Elle fait élever les Tuileries par Philibert Delorme et par Jean Bullant, et l'hôtel de Soissons par le premier. Celui-ci raconte que la reine, douée d'un goût particulier pour l'architecture, jetait elle-même sur le papier les plans et les profils des édifices qu'elle faisait construire[259].

Catherine fit exécuter par Germain Pilon le groupe des *Trois Grâces*, pour supporter l'urne qui renfermait le coeur de Henri II. Les pieux Célestins à qui elle confia la garde de ce monument n'acceptèrent pas ce symbolisme païen, et pour eux les Trois Grâces devinrent les Trois Vertus théologales[260].

Une princesse, Française de coeur comme de naissance, Marguerite d'Angoulême, soeur de François Ier, avait, elle aussi, favorisé l'art national. Si, avec son frère, elle avait visité

---

[259] Brantôme. *Premier livre des Dames* ; Imbert de Saint-Amand, *Les Femmes de la cour des Valois*.
[260] Guilhermy, *Inscriptions de la France*, tome I, cclix-ccx-ccxi.—Françoise de Birague, marquise de Néelle, avait aussi fait exécuter par Germain Pilon, la statue de son père, le cardinal de Birague. Henry Barbet-de-Jouy, *Musée du Louvre. Description des sculptures modernes*.

les travaux du Primatice, pénétré dans l'atelier de Benvenuto Cellini, et défendu celui-ci contre celui-là ; si elle avait pensionné l'architecte Sébastien Serlio, elle avait fortement encouragé dans Clouet l'école française. Marguerite protégeait aussi notre orfèvrerie qui produisait alors ces oeuvres merveilleuses que nous admirons dans nos musées, et où le cristal de roche, les pierreries, prenant les formes les plus gracieuses, s'enchâssent dans d'admirables ciselures d'or. Le vieil art français, la tapisserie, la compte parmi ses protectrices, et même, comme les châtelaines du moyen âge, parmi ses artistes. Deux *broderesses* de Paris, Renée Serpe et Jehanne Chaudière, lui envoient leurs oeuvres, *les Enfants dans la fournaise, le Jugement de Daniel*. Elle-même prend l'aiguille, et, entourée de ses femmes, elle produit de belles tapisseries. On lui en attribue une qui avait pour sujet le *Saint sacrifice de la messe*, et que défigura avec toute la passion d'une sectaire, la fille de Marguerite, Jeanne d'Albret[261].

Mais Marguerite d'Angoulême appartient surtout à l'histoire des lettres, et, comme les femmes de la Renaissance, c'est là qu'elle a tracé le plus large sillon.

J'ai mentionné plus haut[262] la vaste instruction qu'avait reçue Marguerite. Initiée au latin, au grec, elle lisait Sophocle dans le teste hellénique, et se fit enseigner l'hébreu par le Canosse. Elle avait la passion de la science. Malheureusement elle porta cette passion jusque dans la théologie, et nous verrons que ce fut là un écueil aussi bien pour sa foi qui pencha vers la Réforme, que pour son talent littéraire qu'altéra souvent l'abus des dissertations religieuses.

---

[261] Goutte de La Ferrière-Percy, *Marguerite d'Angoulême.—Son livre de dépenses.*—(1540-1549), etc.
[262] Voir chapitre Ier.

Marguerite aide de ses conseils François Ier pour la fondation du Collège de France. C'est d'après son avis que le roi porte de quatre à douze le nombre des chaires qu'il y a établies. Elle le guide dans le choix des professeurs. Par elle, la chaire d'hébreu est donnée à son professeur le Canosse. Elle alloue une pension à l'orientaliste Postel.

Duchesse d'Alençon et de Berry, apanage qu'elle garde lorsqu'elle épouse en secondes noces le roi de Navarre, Marguerite fait fleurir l'université de Bourges. Elle y donne la chaire de grec à Amyot, l'inimitable traducteur qui fait passer dans la langue du XVIe siècle, déjà si riche, si abondante, les tours et les expressions de l'idiome hellénique. La soeur de François Ier favorise aussi la fondation de l'université de Nîmes. Aux frais de Marguerite plusieurs pensionnaires sont entretenus dans les écoles de France, d'Allemagne même.

Nous avons vu Marguerite entrer avec le roi, son frère, dans l'atelier de l'artiste. Elle accompagne aussi François Ier lorsqu'il visite, dans l'atelier de la rue Jean-de-Beauvais, Robert Estienne, le savant imprimeur qui s'applique à répandre les livres des anciens.

Si malheureusement elle ne se refuse pas à chercher dans Rabelais l'esprit gaulois jusque dans son cynisme, c'est la grâce délicate et enjouée de l'esprit français qu'elle aime dans Clément Marot, cet homme du peuple devenu son valet de chambre. Elle fait plus que d'accepter son poétique hommage, et, traitant avec lui d'égal à égal, elle lui écrit en vers. C'est qu'elle parle à chacun dans sa propre langue, au poète comme au savant, comme au diplomate, et comme aussi, par malheur, au théologien, témoin la correspondance de la princesse avec Guillaume Briçonnet.

Ne redisons pas encore les hommages reconnaissants qu'offrirent à Marguerite les esprits les plus distingués. Nous comprendrons mieux encore ces hommages quand nous aurons vu la princesse enrichir de ses propres travaux cette vie intellectuelle qu'elle honorait en la protégeant.

L'oeuvre à laquelle Marguerite a attaché son nom d'une manière impérissable, est l'*Heptaméron*, plus connu sous cet autre titre : *les Contes de la reine de Navarre*. Elle s'y est peinte elle-même, et elle y a peint son siècle. On trouve dans cette oeuvre toutes les tendances contradictoires du XVIe siècle : les souvenirs du moyen âge et les impressions de la Renaissance païenne, le sensualisme avec l'amour chaste, l'amour chevaleresque, l'amour qui s'immole au devoir ; la profondeur du sentiment avec la légèreté de l'esprit et du langage ; la raillerie qui se défie de l'attendrissement et qui sourit en essuyant une larme ; la licence gauloise des vieux fabliaux et la grâce délicate qu'une société plus corrompue, mais mieux policée, jette comme un voile sur la crudité de la pensée ; la foi naïve et profonde d'autrefois avec la libre pensée de la philosophie nouvelle et les préjugés du protestantisme, et aussi avec cette préoccupation théologique qui, familière à Marguerite, passionne facilement les conversations aux temps des luttes religieuses.

Les personnages de l'*Heptaméron*, ces seigneurs et ces belles dames que l'inondation du Gave retient dans une abbaye, ces aimables causeurs qui, chaque jour, sur le pré, se content des histoires (et souvent quelles histoires !), entendent tous les matins leur présidente, dame Oisille, leur expliquer la Bible avec une éloquence qui les touche profondément. D'après les travaux de la critique contemporaine, dame Oisille en qui l'on avait cru reconnaître Marguerite elle-même, serait sa mère, Louise de Savoie[263], non telle qu'elle était, mais telle que la voyait la piété filiale. Au commencement de la huitième journée, dame Oisille commente l'Apocalypse, « à quoy elle s'acquicta

---

[263] D'après la clef que M. Frank a donnée dans son édition de l'*Heptaméron*. 1879.

si très-bien, qu'il sembloit que le Sainct-Esperït, plein d'amour et de doulceur, parlast par sa bouche ; et, tous enflambez de ce feu, s'en allèrent ouyr la grand messe[264]... » Ils ne manquent pas, du reste, d'assister chaque matin au saint sacrifice... Et ils osent invoquer l'inspiration du Saint-Esprit pour leurs étranges récits ! Est-ce là, de la part de Marguerite, une raillerie protestante ? Ne serait-ce pas encore un signe de ces temps où le mélange si fréquent du mal et du bien produit la perversion du sens moral ? Je ne le crois pas. Si les contes de la reine de Navarre sont bien des fois licencieux, la conclusion en est souvent honnête. Comme dans ses poésies, Marguerite y joue volontiers le rôle d'un prédicateur. En faisant demander par les interprètes de sa pensée l'assistance du Saint-Esprit, elle ne se souvenait que du but qu'elle poursuivait, elle oubliait par quels périlleux sentiers elle y conduisait. Mais nous reviendrons sur cette délicate question.

D'ordinaire, ce sont les hommes qui, dans l'*Heptaméron*, narrent les anecdotes les plus scandaleuses, surtout lorsqu'elles dévoilent les ruses, la fragilité, la néfaste influence des filles d'Ève. Les femmes s'en vengent bien d'ailleurs, et dans leurs récits l'homme est généralement abaissé, la femme grandie. Ce sont des femmes, Oisille et Parlamente, c'est-à-dire, avec Louise de Savoie, Marguerite elle-même[265], qui élèvent le plus haut la gloire de leur sexe. Une jeune femme unie à un vieil époux et lui demeurant fidèle en renonçant au monde, en vivant au service de Dieu ; une autre sacrifiant sa vie à son honneur ; une troisième, secrètement mariée à l'homme qu'elle aime, et souffrant mille tourments pour lui, même quand cet homme la trahit ; une noble fille du peuple défendant sa vertu contre un grand seigneur « qu'elle aymoit plus que sa vie, mais non plus que

---

[264] *Heptaméron*, édition citée. Huictième journée. Prologue.
[265] Clef de M. Frank, *l. e.*

son honneur[266] », tels sont les tableaux où nos charmantes conteuses aiment à faire resplendir le mérite des femmes. Quant aux hommes qui figurent dans les récits féminins, ce sont très souvent des ingrats, des perfides, des hypocrites. Mais, dans le camp des hommes, et même dans le camp des dames, il y a des transfuges. De galants chevaliers sont du côté des femmes ; et une femme, faut-il le dire, passe à l'ennemi et lui livre traîtreusement les ruses de son sexe ; il est vrai qu'elle n'en est que plus digne de foi lorsqu'elle célèbre les vertus de la femme. Les plus terribles adversaires des belles causeuses, Saffredant et Simontault[267], ne sont pas eux-mêmes tout à fait incrédules au mérite des femmes. Le premier montre une jeune femme qui, mariée à un homme âgé, sacrifie à son devoir un amour partagé, et meurt de ce sacrifice. Il est vrai que le narrateur ne l'approuve guère.

Quant à Simontault, c'est lui qui dit la touchante histoire d'une héroïne de l'amour conjugal. Cette femme a suivi avec son mari le capitaine Robertval qui emmenait au Canada une colonie française. Pendant la traversée, la pauvre femme voit condamner son mari à la peine de mort pour crime de haute trahison. Par ses pleurs et par le souvenir des services qu'elle a rendus à l'équipage, elle obtient que la peine soit commuée, et que son mari et elle soient déposés dans une île que hantent seuls les fauves. Elle aide le proscrit à élever une demeure ; elle se tient à côté de lui pour éloigner à coups de pierres les bêtes sauvages, ou pour tuer les animaux dont la chair peut servir de nourriture. La pieuse femme soutient l'âme de son mari par la lecture du Nouveau Testament. Est-il malade, elle est à la fois son médecin, son confesseur. Il meurt. C'est elle qui l'enterre, et qui, à l'aide d'une

---

[266] Nouvelle XLII.

[267] D'après la clef de M. Frank, Saffredant pourrait représenter Jean de Montpezat et Simontault serait François de Bourdeille, père de Brantôme. Ennasuicte, la transfuge à laquelle j'ai fait allusion quelques lignes plus haut, serait Anne de Vivonne, fille de la sénéchale de Poitou et femme de François de Bourdeille.

arquebuse, éloigne de ces restes bien-aimés les bêtes de proie. Pendant quelques années sa vie s'écoule dans la prière. Un vaisseau la recueille, elle revient au milieu des vivants. Alors les mères la donnent pour institutrice à leurs filles. Elle leur apprend à lire, à écrire ; et à tous ceux qui l'approchent, cette grande chrétienne enseigne une autre science, celle-là même qui l'a soutenue dans son héroïque conduite : l'amour de Notre-Seigneur et la confiance en lui[268].

A la suite de chaque histoire, les personnages de l'*Heptaméron* commentent le récit qui leur a été fait. On dirait une cour d'amour du moyen-âge. Dans leurs jugements, les interlocuteurs ne démentent pas les principes, ou l'absence de principes, que nous remarquons dans leurs récits. Les hommes sont pour la plupart légers dans leurs appréciations. Hors Dagoucin[269] qui, fidèle aux traditions chevaleresques, aimerait mieux mourir que de voir la dame de ses pensées lui sacrifier son honneur ; hors Geburon, qui éprouve un sentiment analogue, les seigneurs forment d'autres voeux, et quand l'un d'eux souhaite que toutes les femmes soient peccables..., à l'exception de la sienne, Simontault est de cet avis. Ce dernier gentilhomme déclare ailleurs que la femme ne doit pas écouter sa conscience, et Saffredant s'imagine qu'elle n'a de vertu qu'autant que l'homme a de respect pour elle. Nous savons que La Rochefoucauld ne pensera pas autrement[270].

Le mariage même n'est pas toujours respecté par nos libres causeurs. Ils s'amusent fort de la vengeance conjugale qui ajoute le déshonneur d'un des deux époux au déshonneur de l'autre. Heureusement des femmes sont là

---

[268] Nouvelle LXVII.
[269] Dagoucin, serait Nicolas Dangu, et Geburon le seigneur de Burie. Clef de M. Frank.
[270] Voir plus haut, pages 125 126.

pour défendre les droits de la morale et la dignité du mariage. Mme Oisille exalte le pouvoir de l'esprit sur le corps, la nécessité de demander à toute heure l'assistance du Saint-Esprit, pour enflammer en nous cet amour divin que nous devons toujours élever au-dessus de tout, même des affections légitimes.

Parlamente, qui trouve justes les plus terribles châtiments réservés à l'épouse infidèle, Parlamente veut que le mariage, lien sacré, soit contracté d'après les conseils éclairés des parents, et que l'honneur et la vertu en soient la base. Elle résume en trois mots l'honneur de la femme : douceur, patience et chasteté. La femme doit être victorieuse d'elle-même. Pour la noble narratrice qu'il nous est particulièrement doux ici de voir identifier avec Marguerite, l'amour n'est pas ce plaisir profane que vantent trop souvent ses compagnons de voyage. C'est la recherche de la vertu dans l'être aimé, recherche que rien ne satisfait ici-bas, et qui ne trouve son but que dans l'amour divin. Plus le cœur est pur, plus il est capable d'amour. « Le cueur honneste envers Dieu et les hommes, ayme plus fort que celluy qui est vitieux, et ne crainct point que l'on voye le fonds de son intention. » Parlamente juge que la femme seule est capable de cette chaste tendresse : « L'amour de la femme, bien fondée et appuyée sur Dieu et sur honneur, est si juste, et raisonnable, que celluy qui se départ de telle amitié, doibt être estimé lasche et meschant envers Dieu et les hommes[271]. » Parlamente unit ici à la doctrine platonicienne l'inspiration qu'au moyen âge l'Évangile donna à l'amour chevaleresque.

Bien que les compagnes d'Oisille et de Parlamente n'aient pas, en général, leur élévation de pensée, leur sûreté de

---

[271] Nouvelles XIX, XXI, XL, etc.

jugement, l'une d'elles, Longarine[272], peut aussi faire de sages réflexions. Elle déclare que l'épouse dédaignée doit triompher par la patience ; mais pourquoi faut-il que ce sage conseil suive une histoire passablement légère où la narratrice a fait rire aux dépens des maris ? Ailleurs, ce que Longarine dit de la réputation est vraiment d'une honnête femme : « Quand tout le monde me diroit femme de bien, et je sçaurois seule le contraire, la louange augmenteroit ma honte et merendroit en moy-mesme plus confuse. Et aussi, quand il me blasmeroit et je sentisse mon innocence, son blasme tourneroit à mon contentement[273]. »

Dans les discussions aimables qui ont lieu entre les seigneurs et les dames, brille déjà le diamant de la causerie française. Marguerite se plaît à en faire miroiter les facettes. La galanterie est le ton obligé des hommes, même de ceux qui ne disent le plus de mal des femmes que parce qu'ils en pensent peut-être le plus de bien. La vieille courtoisie française respire dans les gracieuses et spirituelles attaques que Simontault, grondeur et charmant, dirige contre ses belles ennemies. Saffredant lui-même, qui affiche la mauvaise opinion qu'il a des femmes, avoue qu'il mourra d'un désespoir d'amour. Il est vrai qu'autour de lui on sait à quoi s'en tenir sur ce genre de trépas. Mme Oisille, malgré sa gravité, dira très bien une autre fois : « Dieu mercy ! ceste maladie ne tue que ceulx qui doyvent morir dans l'année[274]. »

Rien de plus amusant que la petite guerre que se font ces deux époux, Hircan et Parlamente, ou, pour mieux dire, Henri de Navarre[275] et Marguerite. Au fond de leurs

---

[272] Aymée Motier de la Fayette, dame de Longrai, dite la baillive de Caen. Clef de M. Frank.
[273] Nouvelle X.
[274] Nouvelle L.
[275] Clef de M. Franck, *l. c.*

malicieuses taquineries, que de tendresse encore ! Et cependant, bien que la jeune femme ne paraisse pas prendre trop au sérieux les infidélités de son mari, on voit déjà dans Ja légèreté de ce grand seigneur du XVIe siècle la cause des chagrins que le roi de Navarre fera éprouver à sa femme. Hircan est faible, il l'avoue. Il nous dit qu'il s'est « souventes fois confessé, mais non pas guères repenty », de ses profanes et changeantes amours. Il ajoute : « Le péché me desplait bien et suis marry d'offenser Dieu, mafs le plaisir me plaist tousjours. » Toutefois cet homme qui reconnaît sa fragilité, sait bien que si la créature humaine est portée au mal, elle est uniquement préservée par la grâce de « Celluy à qui l'honneur de toute victoire doibt estre renduz. » Oisille et Parlamente ne diront pas autre chose.

Ne croyons pas trop Hircan, lorsqu'il paraît traiter légèrement jusqu'à la dignité du foyer. Il est ravi de l'aimable vertu que personnifie sa compagne, et, ainsi que tous les hommes présents, même les plus cyniques en paroles, il se plaît à voir Parlamente donner pour fondement au mariage l'honneur et la vertu. Il faut en conclure que nous ne devons pas prendre trop à la lettre les maximes perverses que la reine de Navarre met sur les lèvres de quelques-uns de ces person nages. D'eux aussi l'on pourrait dire qu'ils sont des fanfarons de vices.

Il ne me reste plus qu'à regretter que la plume d'une femme aussi vertueuse que Marguerite ait retracé plus d'une conversation où la licence du langage ne traduit que trop l'immoralité de la pensée. Que d'expressions malsonnantes elle, femme, fait employer ici non seulement devant les femmes, mais par la femme même[276] ! Je ne reconnais pas ici le chaste langage des lettres et des poésies de Marguerite ; et,

---

[276] Témoin les scandaleux propos de Nomerfide (Mme de Montpezat-Corbon, suivant la conjecture de M. Frank).

en remarquant ce contraste, je me suis demandé s'il ne faudrait pas accuser les premiers éditeurs de l'*Heptaméron* d'avoir prêté à la reine de Navarre la licence de leur style. Les dernières recherches de la science bibliographique sont venues confirmer mon impression : les endroits les plus immoraux de l'*Heptaméron* sont dus à Gruget[277]. Toutefois, il existe encore à l'actif de Marguerite des pages trop nombreuses dont j'aimerais fort à lui voir disputer aussi la maternité. A la décharge de la princesse, nous avons besoin de nous rappeler qu'habituée à l'excessive liberté qui caractérise la langue du XVIe siècle, elle ne remarquait pas toujours peut-être les images qui nous choquent si vivement aujourd'hui dans ses contes.

Nous l'avons vu. Si la causerie française scintille pour la première fois dans les contes de la reine de Navarre avec sa vivacité piquante, sa grâce enjouée, courtoise, elle n'a pas encore cette réserve, cette délicatesse que les femmes lui donneront plus tard à l'hôtel de Rambouillet et que leur seule présence imposera dès lors à la bonne compagnie.

En dépit de toutes ces réserves, c'est déjà le salon français qui nous apparaît dans ce livre, « le premier ouvrage en prose qu'on puisse lire sans l'aide d'un vocabulaire, » a dit M. Nisard[278].

La poésie de Marguerite est inférieure à sa prose, ou plutôt, comme on l'a dit, c'est de la prose versifiée. Il n'en pouvait être différemment à une époque où la langue française n'était pas encore pliée au rythme poétique. Nous ne retrouvons guère dans les poèmes de Marguerite la gaieté de ses contes. Nous n'y retrouvons pas non plus, Dieu merci ! la crudité de langage et la légèreté de l'*Heptaméron*.

---

[277] M. Frank, notes de l'*Heptaméron*.
[278] D. Nisard, *Histoire de la littérature française*.

C'est bien la femme chaste et dévouée que nous voyons dans le recueil poétique qui, malgré les défauts de la versification, l'abus et le mysticisme protestant du langage théologique nous fait pénétrer dans le coeur même de Marguerite, ce coeur que remplit le plus tendre et le plus généreux amour fraternel[279]. Je retrouve encore cette admirable soeur dans la correspondance qu'elle entretint avec son frère et dans les lettres que, pendant la captivité du roi, elle écrivait aussi bien à Montmorency qu'à François Ier. C'est la prose de l'*Heptaméron* au service des sentiments les plus purs de l'âme humaine.

La tendresse fraternelle fut la vie même de Marguerite. Certes, l'amour filial y tint aussi une grande place : Louise de Savoie, malgré ses actes criminels, aimait ses deux enfants et en était aimée.

Ce m'est tel bien de sentir l'amitié
Que Dieu a mise en nostre trinité[280]

disait Marguerite. Mais lorsqu'elle parle du sentiment qui confond sa vie dans celle de son frère, alors, c'est plus que la trinité : c'est l'unité.

Ce n'est qu'ung cueur, ung vouloir, ung penser.

Suivant l'énergie passionnée de son expression, elle aurait un pied au sépulcre qu'une lettre affectueuse de son frère la

---

[279] Faut-il relever ici le soupçon qu'avait fait naître de nos jours une lettre écrite par Marguerite à François Ier captif, et dont les termes obscurs couvraient une grave négociation politique? Détournées de leur sens, les expressions de cette lettre avaient fait supposer à des érudits que Marguerite avait eu à lutter toute sa vie contre un sentiment criminel, sans toutefois y succomber. La vérité des faits est aujourd'hui rétablie, et Marguerite demeure un type sacré de la soeur.

[280] Cité par M. Frank, *Marguerite d'Angoulême*. (*Les Marguerites de la Marguerite des princesses.*)

ressusciterait. Ce frère, elle le voit beau, chevaleresque, généreux, héroïque ; elle ne connaît que ses brillantes qualités, elle ignore ses vices. Il est son roi, son maître, son père, son frère, son ami, son Christ même ! « Mes-deux Christs, » dit-elle[281].

Dans le poème intitulé : la Coche, la monotonie de ce long « débat d'amour » disparaît quand Marguerite fait surgir l'image de François Ier. L'éloge de ce frère bien-aimé éclate dans un chaleureux lyrisme.

C'est pendant la captivité de François Ier que la tendresse de Marguerite se déploie dans toute sa puissance. Ainsi, l'affection grandit par l'épreuve. Marguerite appartient ici à l'histoire, et ce n'est pas dans ce chapitre que nous devrions la suivre. Mais comment nous résigner à séparer en deux cette séduisante figure ? Et d'ailleurs, comment le pourrions-nous ? Les apparitions de Marguerite dans le domaine de l'histoire sont dues, non à l'intrigue politique, mais à l'amour fraternel, et les sentiments qui lui ont dicté cette intervention généreuse ont laissé un si vif reflet dans ses poésies et dans sa correspondance, que la Marguerite de l'histoire appartient elle-même aux lettres françaises.

C'est cette grande affection de soeur qui fait de Marguerite une ambassadrice pour obtenir, la délivrance du roi prisonnier de Charles-Quint. Sa merveilleuse intelligence, son habileté, sa finesse, son éloquente parole, tous ces dons de Dieu, elle les emploiera à la délivrance de son frère. Comme elle le dira sur la route de Madrid :

Mes larmes, mes souspirs, mes criz,

---

[281] Nouvelles lettres de la reine de Navarre, publiées par M. Génin. Paris,1842. Au roi, janvier, 1544. Comp. les Marguerites de la Marguerite des princesses, texte de l'édition de 1547, publié, par M. Frank, t. III.

Dont tant bien je sçay la pratique,
Sont mon parler et mes escritz,
Car je n'ay autre rhétorique[282].

Son dévouement fraternel lui fera braver « la mer doubleuse, » les fatigues d'un voyage d'Espagne pendant les grandes chaleurs. Mais que ne ferait-elle pas, elle qui, pour sauver son frère, jetterait au vent la cendre de ses os, elle qui, mourant pour cette cause, croirait gagner « double vie ! » Une existence inutile à son frère lui semblerait « pire que dix mille morts. » Il connaissait bien ce dévouement, ce roi captif et malade qui appelait sa Marguerite. En attendant qu'elle puisse le rejoindre, elle lui écrit des lettres remplies de foi et de tendresse. Soeur, elle le console. Chrétienne, elle le soutient et lui montre, dans l'épreuve, la source de l'espérance : plus cette épreuve grandit, plus le secours du ciel est proche.

Et durant cette pénible attente, Marguerite n'oublie pas de veiller sur le royaume de François Ier. Allégeant pour la reine mère le poids de la régence, elle s'applique surtout à lui gagner les coeurs.

Comme elle prie Dieu de bénir son voyage ! Quelle hâte d'entendre ce mot : « Partez ! » Enfin elle l'a entendu ce mot. Elle est en route. « Je ne vous diray point la joye que j'ay d'aprocher le lieu que j'ay tant désiré, écrit-elle à Montmorency, mais croyés que jamais je ne congneus que c'est d'ung frère que maintenant ; et n'eusse jamais pensé l'aimer tant[283] ! »

---

[282] Pensées de la Royne de Navarre estant dans sa litière durant la maladie du Roy. (Les Marguerites de la Marguerite des princesses, édition citée.)
[283] A mon cousin M. le maréchal de Montmorency (1525). Voir dans les *Lettres* de Marguerite d'Angoulême et dans les *Nouvelles lettres*, publiées, les unes et les autres, par M. Génin, la correspondance de la princesse à cette époque.

Dans ce voyage, que d'angoisses ! Son frère est bien malade, mourant peut-être. Le reverra-t-elle ?

Sur la route d'Espagne, sur la route poudreuse et brûlante, « elle voloit, » dit le légat du pape, le cardinal Salviati qui la rencontra. Mais elle, elle trouvait que sa litière n'avançait pas.

> Le désir du bien que j'attens
> Me donne de travail matiere ;
> Un heure me dure cent ans,
> Et me semble que ma litiere
> Ne bouge, ou retourne en arriere :
> Tant j'ay de m'avancer desir,
> O qu'elle est longue la carriere
> Où à la fin gist mon plaisir !
> Je regarde de tous costez
> Pour voir s'il arrive personne,
> Priant sans cesser, n'en doutez,
> Dieu, que santé à mon Roy donne.
> Quand nul ne voy, l'oeil j'abandonne
> A pleurer ; puis sur le papier
> Un peu de ma douleur j'ordonne :
> Voilà mon douloureux mestier.
> O qu'il sera le bienvenu
> Celuy qui frappant à ma porte,
> Dira : Le Roy est revenu
> En sa santé tresbonne et forte !
> Alors sa soeur plus mal que morte
> Courra baiser le messager
> Qui telles nouvelles apporte,
> Que son frère est hors de danger.
> Avancez vous, homme et chevaux,
> Asseurez moy, je vous supplie,
> Que nostre Roy pour ses grands maux
> A receu santé accomplie.
> Lors seray de joye remplie.

Las ! Seigneur Dieu, esveillez vous,
Et vostre oeil sa douceur desplie,
Sauvant vostre Christ et nous tous !
Sauvez, Seigneur, Royaume et Roy,
Et ceux qui vivent en sa vie !
Vous le voulez et le povez :
Aussi, mon Dieu, à vous m'adresse ;
Car le moyen vous seul sçavez
De m'oster hors de la destresse.
Changez en joye ma tristesse,
Las ! hastez vous, car plus n'en puis[284].

C'est une princesse française qui prie en même temps qu'une soeur, et, dans ce coeur généreux et tendre, la double pensée de la patrie et de la famille se joint à la foi ardente qui la vivifie : cette foi est encore la foi catholique, nous allons le voir.

Dieu, le roi, la France, voilà ce qui va donner à Marguerite d'Angoulême l'une des plus sublimes inspirations que l'histoire ait eu à enregistrer.

La princesse est auprès de son frère. Mais l'émotion de cette entrevue a mis le roi à l'agonie. Un jour vient où il ne voit plus, n'entend plus, ne parle plus. Alors Marguerite fait célébrer le saint sacrifice de la messe près du lit de l'agonisant. Un archevêque français officie ; des Français remplissent la chambre de leur roi, et sa soeur prie pour lui.

L'archevêque s'approche du mourant. Il l'adjure de porter son regard sur le Saint-Sacrement. Et le roi se réveille, il demande la communion et dit : « Dieu me guérira l'âme et le corps ». L'hostie est partagée entre le frère et la soeur.

---

[284] *Pensées de la Royne de Navarre estant dans sa litiere, durant la maladie du Roy.* Ed. citée.

Au royal captif que tuait la nostalgie, Marguerite a rendu « sa famille dans sa soeur, la France dans ses compagnons, son peuple dans cette foule agenouillée..., Dieu lui-même, Dieu consolateur dans le prêtre qui prie pour sa délivrance[285], » et, ajoutons-le, dans le Verbe incarné, dans le Rédempteur qui fait revenir des portes du tombeau. Le frère de Marguerite, le roi de France, le roi très chrétien, est revenu à la vie.

François Ier aimait à reconnaître que « sa Marguerite », « sa mignonne », l'avait sauvé et il n'ignorait pas qu'il ne pourrait la payer que par la tendresse qu'il promettait de lui garder toute sa vie.

Après avoir rendu la santé au mourant, Marguerite a encore une mission à remplir : celle de délivrer le captif. Cette mission d'amour fraternel, elle l'accomplit avec la fierté d'une princesse française. Elle s'arme d'une noble indignation pour reprocher à l'empereur de maltraiter son suzerain, de n'avoir aucune pitié d'un prince généreux et bon. Elle lui rappelle que ce n'est pas ainsi qu'il gagnera le coeur de son rival et que, le fît-il mourir par ses mauvais traitements, le roi de France laissera des fils qui vengeront leur père[286].

Marguerite impressionna Charles-Quint, et plus encore les conseillers de l'empereur. Sa grâce, sa beauté, sa douleur rendaient plus pénétrante son éloquence déjà si persuasive. Il fallut que Charles-Quint défendît au duc de l'Infantado et à son fils de parler à Marguerite. En mandant ce détail au maréchal de Montmorency, la princesse ajoutait : « Mais les

---

[285] Legouvé, *Histoire morale des femmes*.
[286] Brantôme, *Premier livre des Dames*.

dames ne me sont défendues, à quy je parleray au double[287]. »

Elle savait, en effet, leur parler « au double », témoin le succès avec lequel elle intéressa à la cause de son frère la propre sœur de Charles-Quint. En « brassant » le mariage de François Ier avec Éléonore, elle fit de l'empereur le geôlier de son beau-frère. La délivrance du roi était proche.

Mais Marguerite n'eut pas la joie de ramener elle-même son frère en France. Elle avait déjà éprouvé une poignante douleur quand elle avait dû le quitter pour se rendre auprès de Charles-Quint. Elle aurait voulu que ce calice s'éloignât d'elle, mais sa foi vaillante avait prononcé le *Fiat*. Toute une nuit après cette séparation, elle avait rêvé qu'elle tenait la main de son frère dans la sienne. Elle ne voulait plus se réveiller[288]. Son chagrin se renouvela quand, sa mission terminée, elle dut remonter seule dans cette litière où elle aurait voulu garder son cher convalescent. Elle souhaitait ardemment que son frère la rappelât ; mais toujours forte et résignée dans son affliction, elle soutenait encore le captif par de pieuses pensées et lui écrivait que le Dieu qui l'avait guéri, saurait bien le délivrer.

L'empereur croyait que Marguerite emportait un acte qui ne faisait plus de François Ier qu'un prisonnier ordinaire : l'abdication du roi. Il voulut faire arrêter la princesse. Marguerite accéléra sa marche. Franchissant les Pyrénées, elle revit la France ; mais de Montpellier elle écrivait à son frère que le travail des grandes journées d'Espagne lui était plus supportable que le repos de France[289].

---

[287] Marguerite d'Angoulême, *Lettres*. A Montmorency, novembre 1525.
[288] *Lettres*. Au roy, 20 novembre 1525.
[289] *Nouvelles lettres*. Au roy, fin de février 1526.

Ce qu'elle appelait le repos était encore l'activité du dévouement fraternel. Après le retour de François Ier, nous la voyons travailler la Guyenne pour que la noblesse de ce pays revienne sur le refus de contribuer à la rançon du roi. Marguerite est alors remariée au roi de Navarre ; elle brave les fatigues d'une grossesse pour être utile à son frère.

Elle aime son mari, elle aimera sa fille, Jeanne d'Albret ; mais ces affections seront toujours subordonnées à son attachement fraternel. Elle-même le dit : elle n'aime mari et enfant qu'autant qu'animés de son esprit, ils seront prêts comme elle à mourir pour le roi.

François Ier lui confiait volontiers de grandes affaires diplomatiques. Elle s'en chargeait pour le soulager, mais avec tant de discrétion qu'il serait difficile de préciser ce qu'a été ici son influence. Ses lettres nous la montrent parcourant la Provence, la Bretagne, la Picardie pour servir les intérêts du roi.

En rendant compte à François Ier de l'état où elle a trouvé le camp d'Avignon en 1536, Marguerite d'Angoulême laisse éclater un patriotique enthousiasme. Elle voudrait que l'empereur vînt assaillir le camp alors qu'elle y serait. Même ardeur en Guyenne l'année suivante. Si Charles-Quint menaçait le pays, Marguerite n'en partirait qu'après avoir chassé l'envahisseur[290].

Devant l'arrogance et la déloyauté de Charles-Quint, elle dit que toute femme voudrait être homme pour abaisser l'orgueil de l'empereur. Combien elle voudrait pouvoir y

---

[290] *Lettres.* Au roy, 1536 ; été de 1537.

aider, cette soeur qui, après le roi, a « plus porté que son fais de l'ennuy commua à toute créature bien née[291] ! »

En 1537, Marguerite regrette avec énergie de n'être pas au camp de son frère : « Car en tous vos affaires où femme peult servir, despuis vostre prison, vous m'avez fait cet honneur de ne m'avoir séparée de vous... » Elle souhaiterait d'être une hospitalière du camp ; elle va même plus loin. Naguère, pendant la captivité du roi, elle avait réclamé l'office de laquais auprès de sa litière. A présent elle renoncerait volontiers « le sang réal » pour servir de « chamberiere » à la lavandière du roi : « Et vous promets ma foy, Monseigneur, que sans regretter ma robe de drap d'or, j'ay grant envie en habit incongnu m'essayer à fere service à vous, Monseigneur, qui, en toutes vos tribulations, n'avez jamais tant tenu de rigueur que de séparer de vostre présence et du désiré moyen de vous fere service.

« Vostre très humble et très obéissante subjecte et mignonne

« Marguerite[292]. »

Ne pouvant suivre le roi à la guerre, elle prie pour lui, elle ordonne pour lui des prières publiques. Elle lui adresse aussi de prudents conseils.

Charles-Quint assiège Landreçies. François Ier qui fait ravitailler la ville, conduit à'Cateau-Cambrésis trente et quelques mille hommes. Marguerite s'effraye d'autant plus que, connaissant la valeur du roi chevalier, elle sait que cette bravoure l'exposera à tous les périls. « Je suis seure, écrit-elle à François Ier, que vous n'avez au camp pionnier dont le

---

[291] *Lettres.* Au roy, automne de 1536.
[292] *Nouvelles lettres.* Au roy, septembre ou octobre 1537.

corps porte plus de travail que mon esprit. » Dans une poétique épître au roi, elle nous redit ses angoisses, nous voyons ses larmes, nous entendons ses prières. Puis, lorsque l'empereur s'est éloigné, quelle ivresse ! Malade, la reine de Navarre entraîne son mari à l'église pour le *Te Deum* de la victoire.

> De tous mes maux receu au paravant
> Je n'en sens plus, car mon Roy est vivant[293].

Partout et toujours les émotions de son frère font frémir sa plume ou vibrer sa lyre. Aux heures de tristesse, François Ier aurait pu lui adresser les beaux vers qu'elle place sur les lèvres d'un prisonnier :

> Las ! sans t'ouyr bien presumer je peux
> Que toy et moy n'ayans qu'un coeur tous deux,
> Si dens mon corps l'une moitié labeure,
> L'autre moitié dedens le tien en pleure[294].

L'allégresse, comme la douleur, tout lui est commun avec son frère.

Après dix ans de mariage, la bru de François Ier, Catherine de Médicis, donne-t-elle le jour à un fils premier-né, Marguerite s'associe au bonheur de l'aïeul jeune encore, et mêle ses larmes à celles que, de loin, elle lui voit répandre.

> Un Filz ! un Filz[295] !.....

s'écrie-t-elle dans son délire.

---

[293] *Epistre III de la Royne de Navarre au Roy François, son frere.* (*Les Marguerites de la Marguerite des princesses*, éd. citée.)
[294] *Complainte pour un détenu prisonnier.* (*Id.*)
[295] *Épistre de la Royne de Navarre au Roy, etc.* (Id.)

Il se trouva une occasion où cette douce créature ne sut point pardonner : son frère était l'offensé. Qu'il est bien plus facile, en effet, de pardonner à nos ennemis personnels qu'aux ennemis de ceux qui nous sont chers !

Et c'était cette même femme qui se jetait aux pieds de son frère pour lui demander la grâce d'hommes qui l'avaient outragée !

L'influence de Marguerite sur le roi fut toujours une influence de paix et de douceur. Alors que, venu à La Rochelle pour dompter une révolte, le souverain ne sait que donner aux rebelles un coeur de père et pleurer avec eux, qui donc a mis dans son coeur cette tendresse miséricordieuse ? Sa soeur, sa soeur qui lui écrit combien elle est heureuse de sa magnanimité. Alors qu'il fait grâce à des protestants que les supplices attendaient, c'est encore Marguerite qui a intercédé pour eux. Elle-même abrite les proscrits dans son royaume de Navarre et dans son duché d'Alençon. Malheureusement elle ne se borna pas à cette intervention généreuse, et si son amour fraternel l'empêcha d'embrasser ouvertement le luthéranisme, nous avons déjà remarqué qu'elle adopta à une époque de sa vie les erreurs de ceux qu'elle défendait. Elle y était entraînée par son libre esprit, avide de nouveautés, et par l'attrait qui la poussait vers la théologie. J'ai remarqué plus haut que cette dernière passion fut un péril non seulement pour sa foi, mais pour son talent d'écrivain. Cette influence gâta souvent sa poésie, et dans sa correspondance avec Briçonnet, fit tomber dans le galimatias sa prose d'ordinaire si précise, si claire. Ses poésies mystiques, surtout *le Miroir de l'âme pécheresse*, sont d'une lecture assez fatigante. Toutefois, malgré la monotonie de la pensée et le style alambiqué de certains passages, on y sent palpiter le tendre coeur de Marguerite, avec son humilité chrétienne, son amour pour le Christ, sa confiance dans la miséricorde du bon Pasteur. On reconnaît aussi dans ces pages un esprit nourri de la Bible, et l'on y découvre par moments une heureuse inspiration des Livres saints. La grandeur infinie de Dieu, la misère de l'homme y sont quelquefois dépeintes en traits saisissants. Dans le poème intitulé : *Discord estant en l'homme par la contrariété de l'esprit et de la chair et paix par vie spirituelle*, Marguerite développe cette admirable pensée :

Noble d'Esprit, et serf suis de nature.

Comme Racine le fera plus tard, elle s'inspire de saint Paul pour représenter le combat de l'esprit contre la chair.

Je ne fais pas le bien que je veux faire ;
Et qui pis est, plustost fais le contraire :
Et de ce vient que bataille obstinée
Est dedens l'homme, et ne sera finée
Tant qu'il aura vie dessus la terre[296].

Avec toute la supériorité de son incomparable harmonie, Racine dira :

Mon Dieu, quelle guerre cruelle !
Je trouve deux hommes en moi :
L'un veut que plein d'amour pour toi
Mon cœur te soit toujours fidèle :
L'autre à tes volontés rebelle
Me révolte contre ta loi[297].

Les *Comédies* religieuses de Marguerite, intitulées : *la Nativité de Jésus-Christ, l'Adoration des Trois Roys, les Innocents, le Désert*, sont en quelque sorte les quatre actes d'un même drame sacré. On y sent une fraîcheur d'inspiration qui

---

[296] *Les Marguerites de la Marguerite des princesses*, éd. citée.
[297] « Madame, voilà deux hommes que je connais bien, » dit Louis XIV en se tournant vers Mme de Maintenon, lorsque les jeunes personnes de Saint-Cyr chantèrent devant le roi, ce cantique qui avait été composé pour elles. Louis Racine, *Mémoires*.

rappelle les vieux Noëls. Le culte que Marguerite y professe pour la sainte Vierge, contraste avec les idées luthériennes que nous retrouvons jusque dans cette partie de ses oeuvres.

Un critique a dit de Marguerite qu'elle avait dans ses poèmes le *mouvement* et le *cri*.[298] Ce mouvement, ce cri, nous les surprenons plus d'une fois dans les scènes que Marguerite fait passer sous nos yeux. La *Nativité* est remplie de pittoresque animation, de grandeur religieuse et de simplicité pastorale. Joseph et Marie cherchant un abri à Bethléem, le refus des hôteliers, l'étable sur laquelle veillent Dieu et les anges, la prière de la sainte Vierge, son ineffable émotion en mettant au monde le Verbe fait chair ; puis le colloque des bergers, le *Gloria in excelsis* que chantent les esprits célestes et auquel répond le Noël des pasteurs, les naïves offrandes que ceux-ci portent à l'Enfant-Dieu, les combats que Satan livre à leur pauvreté et dont triomphe leur foi, tout cela nous charme, nous émeut, et nous ne pouvons que regretter que l'inspiration du poète ne se soutienne pas jusqu'à la fin de ce délicieux Noël.

Je remarque dans *l'Adoration des Trois Roys* la majesté d'un début où la reine de Navarre imite heureusement Job et le Psalmiste.

L'oeuvre dramatique des *Innocents* contient aussi des beautés de détails. Quelle confiance religieuse dans ces paroles de la sainte Vierge fuyant vers l'Égypte avec le divin Enfant :

Dieu est ma force et mon courage,
Parquoy en luy me sents sy forte
Que sans travail en ce voyage
Porteray celuy qui me porte.

---

[298] Frank, *ouvrage cité*, introduction.

Dans ce poème, Marguerite a noblement fait interpréter par une des femmes d'Israël la fierté de la mère qui est l'ouvrière du « grand facteur » pour produire l'homme créé à l'image de Dieu :

> Il n'est ennuy que la femme n'oublie
> Quand elle voit que le hault Createur
> De tel honneur l'a ainsi anoblie,
> Que l'ouvrouer elle est du grand facteur,
> Dedens lequel luy de tout bien aucteur
> Forme l'enfant à sa similitude.

C'est au moment où les pieuses femmes exaltent leur maternité que leurs enfants sont massacrés dans leurs bras. Marguerite a bien rendu leur déchirante douleur. C'est encore par une heureuse idée qu'elle nous montre l'enfant d'Hérode tué avec les nouveau-nés : Hérode l'apprend alors qu'il croit triompher du nouveau roi qu'il redoutait, et sa douleur paternelle vengerait le désespoir des pauvres mères, si l'ambition satisfaite ne domptait son chagrin. Marguerite fait ensuite entendre les plaintes de Rachel. Mais que ces plaintes sont froides ! Pourquoi tant de théologie ? Ah ! que j'aime bien mieux la sublime concision de l'Évangile : « C'est Rachel pleurant ses enfants et ne voulant pas être consolée parce qu'ils ne sont plus. »

Marguerite est mieux inspirée lorsqu'elle fait retentir au paradis le choeur des *Innocents*, et lorsque dans le *Désert*, des vers remplis de fraîcheur et de grâce évoquent le groupe de la sainte Vierge servie par les anges.

> Reçoy ces fleurs, ô blanche fleur de lis[299].

---

[299] *Comédie du desert.* (*Les Marguerites, etc.*, éd. citée.)

La reine de Navarre est bien catholique dans ces hommages rendus à la Mère de Dieu. Elle l'est aussi à cette heure de suprême angoisse où, prosternée dans l'église de Bourg-la-Reine, elle implore du Seigneur la guérison de sa fille mourante et qu'elle entend une voix intérieure qui lui dit que son enfant est sauvée. Elle est catholique lorsqu'elle honore les reliques des saints, lorsqu'elle protège les filles de sainte Claire, lorsqu'elle fonde le monastère de Tusson où elle passe des retraites et où elle exerce même au choeur les fonctions d'abbesse[300]. Elle est catholique enfin lorsqu'elle reconnaît l'efficacité de la prière pour les morts. Suivons la reine de Navarre quand, sur le déclin de sa vie, et conduisant dans l'église de Pau le jeune capitaine de Bourdeille, elle l'arrête sur une pierre tombale et, lui prenant la main, lui adresse ces expressives paroles : « Mon cousin, ne sentez-vous point rien mouvoir sous vous et sous vos pieds ? »—» Non, madame. »—» Mais songez-y bien, mon cousin. »—Madame, j'y ai bien songé, mais je ne sens rien mouvoir ; car je marche sur une pierre bien ferme. » Mais la reine reprit : « Or, je vous advise que vous estes sur la tombe et le corps de la pauvre Mlle de La Roche, qui est ici dessous vous enterrée, que vous avez tant aimée ; et puis que des âmes ont du sentiment après nostre mort, il ne faut pas douter que cette honneste créature, morte de frais, ne se soit esmue aussi-tost que vous avez esté sur elle ; et si vous ne l'avez senti à cause de l'espaisseur de la tombe, ne faut douter qu'en soy ne se soit esmue et ressentie ; et d'autant que c'est un pieux office d'avoir souvenance des trespassés, et mesme de ceux que l'on a aimez, je vous prie lui donner un *Pater noster* et un, *Ave Maria*, et un *De profundis*, et l'arrousez d'eau bénite...[301] »

---

[300] Comte de la Ferrière-Percy, *Marguerite d'Angoulême.—Son livre de dépenses* ; Brantôme, *Premier livre des Dames* ; Frank, notice citée.
[301] Brantôme, *Second livre des Dames*.

Demander pour une morte les prières de l'homme qui l'avait aimée et oubliée, c'était là une de ces pensées délicates qui ne pouvaient naître que d'un coeur de femme. Mais ne nous y arrêtons pas ; remarquons seulement que la femme qui réclamait pour une trépassée le secours de la prière n'était plus une disciple de Luther, et qu'elle ne ressemblait pas non plus à cette philosophe que Brantôme nous montre ailleurs, doutant de la vie éternelle, se tenant auprès d'une mourante pour chercher avoir s'exhaler le souffle immortel. Je ne nie pas que Marguerite n'ait eu quelques fugitifs éclairs de scepticisme. Nous en retrouvons un à la fin d'un de ses rares poèmes qui aient l'allure légère de ses contes : Trop, Prou, Peu, Moins. Mais ce n'étaient là que les écarts d'une imagination à reflets multiples qui n'avait pas reçu en vain l'influence d'un siècle où l'esprit « merveilleusement ondoyant et divers » s'habituait à cette question : « Que sçay-je ? » Néanmoins, sous une forme agitée, mobile, l'âme de Marguerite était naturellement croyante, et Brantôme nous dit que la reine de Navarre réprimait ses doutes par l'humble acte de foi qui la soumettait à Dieu et à l'Église. A la mort de son frère, nous verrons que les espérances de la vie éternelle furent son unique soutien, et que la foi de sa jeunesse était devenue la consolation de ses dernières années. Mais alors même qu'elle fut catholique de coeur, elle continua d'implorer la grâce des persécutés. C'était le même sentiment de charité évangélique qui lui avait fait prendre en Navarre le titre et l'office de ministre des pauvres, et qui lui avait fait fonder ou encourager des établissements de bienfaisance. Elle crée à Paris l'hôpital des Enfants-rouges pour les orphelins ; elle fonde à Essai, dans l'ancien château de plaisance des ducs d'Alençon, une maison de filles pénitentes ; elle dote les hôpitaux d'Alençon et de Mortagne.

Toute sa vie elle mérita l'éloge funèbre que devait faire d'elle Charles de Sainte-Marthe : « Marguerite de Valois, soeur unique du roy François, estoit le soutien et appuy des bonnes lettres, et la défense, refuge et réconfort des personnes désolées[302]. »

Ce fut par cette double influence que sa tendresse donna à François Ier tout ce qu'il eut de bon en lui. Il dut particulièrement à cette influence son surnom de *Père des lettres*.

Bien que Marguerite prétendît lui être redevable de tout, hors d'amour, le roi ne mérita pas toujours cette reconnaissance. Il immola à la politique l'amour maternel de Marguerite pour Jeanne d'Albret, et fit élever loin d'elle cette fille, unique enfant qui lui restât.

Mais dans les dernières années de François Ier, quand tout se décolora autour de lui, il sentit plus que jamais le prix de cette affection qui ne s'était jamais démentie. Malade de corps, désenchanté de la vie, il appela à lui, comme autrefois dans sa captivité, sa soeur, sa meilleure amie. Il se reprit à l'existence en retrouvant l'âme de sa vie. De nouveau, le frère et la soeur s'unirent dans le culte de l'art. Ils recommencèrent les douces causeries d'autrefois. Ce fut pendant sa convalescence qu'au château de Chambord, le roi, appuyé sur le bras de Marguerite, et entendant sa soeur exalter le mérite des femmes, écrivit sur la vitre avec le diamant de sa bague :

Souvent femme varie,
Mal habil qui s'y fie !

C'était l'amant de la duchesse d'Étampes qui jugeait ainsi de la femme, ce n'était pas le frère de Marguerite. Les folles amours sont passagères ; la tendresse fraternelle demeure.

---

[302] Génin, Frank, notices citées.

Marguerite était revenue en Navarre. Elle était dans son monastère de Tusson, quand, une nuit, le roi lui apparut en rêve. Il était pâle, il l'appelait : « Ma soeur, ma soeur ! » La reine, saisie d'un douloureux pressentiment, envoie à Paris courrier sur courrier. Elle redisait alors, non plus dans la forme poétique qu'elle avait employée sur la route de Madrid, mais dans une prose que sa trivialité ne rendait que plus touchante : « Quiconque viendra à ma porte m'annoncer la guérison du roy mon frère, tel courrier, fust-il las, harassé, fangeux et mal propre, je l'iray baiser et accoller, comme le plus propre prince et gentilhomme de France ; et quand il auroit faute de lict, et n'en pourroit trouver pour se délasser, je lui donnerois le mien, et coucherois plustost sur la dure, pour telles bonnes nouvelles qu'il m'apporteroit[303]. »

Mais le messager de joie ne devait pas venir. François Ier était mort. On le cachait à Marguerite : un mot d'une folle le lui apprit. Elle tomba à genoux ; elle accepta le sacrifice..., mais elle devait en mourir.

Dès lors plus de joyeux devis : l'*Heptaméron* demeure inachevé. Marguerite ne sait plus que faire sangloter sa douleur dans ce rythme poétique qu'elle a si souvent employé autrefois. Partout ici-bas elle voit tristesses, douleurs. Son mari qui sentira après sa mort combien elle lui était chère et de bon conseil, son mari ne la rend pas heureuse. Sa fille, élevée hors de sa garde, n'a pour elle que de l'indifférence. Elle est seule.

Je n'ay plus ny Pere, ny Mere,
Ny Seur, ny Frere,
Sinon Dieu seul auquel j'espere[304].

---

[303] Brantôme, *Premier livre des Dames*.
[304] *Chansons spirituelles.* (*Les Marguerites*, etc., éd. citée.)

De la terre, elle n'a plus que des souvenirs. Amère consolation, comme l'a si bien dit le poète dont Marguerite répète le gémissement :

> Douleur n'y a qu'au temps de la misère
> Se recorder de l'heureux et prospere,
> Comme autrefoys en Dante j'ay trouvé,
> Mais le sçay mieulx pour avoir esprouvé
> Félicité et infortune austere[305].

Chrétienne alors dans toute l'acception du mot, Marguerite s'appuie sur la croix :

> Je cherche aultant la croix et la desire
> Comme aultrefoys je l'ay voulu fuir.
> Adieu, m'amye,
> Car je m'en vois
> Cercher la vie
> Dedens la croix[306].

Cette reine, qui n'a plus qu'un amour, Dieu, qu'un appui, la croix, n'a plus qu'une espérance : la mort qui la réunira à son frère. Cette mort, elle l'attend, elle l'appelle. Elle aspire à goûter « l'odeur de mort. » Elle avait peur de la mort autrefois. Mais la mort est

> ....la porte et chemin seur
> Par où il fault au créateur voler[307].

Détachée de tout ici-bas, Marguerite aspire au seul lien qui ne se rompe jamais : l'union de l'âme avec Notre-Seigneur. Elle attend les noces éternelles.

---

[305] Comte de la Ferrière-Percy, Frank, notices citées.
[306] *Chansons spirituelles*. (*Les Marguerites*, éd. citée.)
[307] Rondeau. *Chansons spirituelles*. (*La Marguerite*, etc.)

Seigneur, quand viendra le jour
Tant désiré,
Que je seray par amour
A vous tiré.
Ce jour des nopces
Seigneur,
Me tarde tant,
Que de nul bien ny honneur
Ne suis content ;
Du monde ne puys avoir
Plaisir ny bien :
Si je ne vous y puys voir,
Las ! je n'ay rien !
Essuyez des tristes yeux
Le long gémir,
Et me donnez pour le mieux
Un doux dormir[308].

Deux ans après la mort de son frère, le jour des noces éternelles arriva pour Marguerite. Elle eu eut quelque effroi, mais elle se résolut au suprême sacrifice.

Ainsi disparut de la terre la *Perle des Valois*. Vivante, les écrivains, qui l'appelaient leur Mécène, l'avaient entourée de leurs hommages, et se plaisaient à lui dédier leurs oeuvres[309].

Esprit abstraict, ravy et estatic,

dit Rabelais en dédiant à cet esprit le troisième livre de *Pantagruel*.

Mais l'éloge de Marot dut plus sourire à la protectrice du poète :

---

[308] *Chansons spirituelles.* (*Id.*)
[309] Brantôme, *Premier livre des Dames.*

Corps féminin, coeur d'homme et teste d'ange.

Érasme qui envoie à Marguerite des épîtres latines, loue en elle « prudence digne d'un philosophe, chasteté, modération, piété, force d'âme invincible, et un merveilleux mépris de toutes les vanités du monde. »

Etienne Dolet s'adresse à Marguerite comme à « la seule Minerve de France. »

« Tu seras, lui dit-il, recommandée à la postérité par les louanges de cette troupe illustre des fils de Minerve, qui se sont abrités sous ta protection au loin répandue. »

A la mort de Marguerite, l'un des plus intéressants hommages qui furent rendus à sa mémoire, arriva d'Angleterre. Trois jeunes Anglaises, trois filles des Seymour, écrivirent cent distiques latins en l'honneur de la reine de Navarre[310].

Mais de toutes les voix poétiques qui chantèrent l'illustre morte, nulle ne fut mieux inspirée que celle de Ronsard. Pour célébrer cette exquise créature au simple et gracieux parler, le poète oublia la boursoufflure ordinaire de son style, et devint naturel et touchant comme avait su l'être Marguerite.

Ronsard ne veut pas qu'on lui élève un fastueux tombeau, et, dans des accents d'une ravissante fraîcheur, il en indique un autre :

L'airain, le marbre et le cuyvre
Font tant seulement revivre

---

[310] Génin, notice citée. M. Génin a traduit aussi dans la correspondance de Marguerite les lettres d'Érasme et l'ode de Dolet.

> Ceulx qui meurent sans renom :
> Et desquelz la sepulture
> Presse sous mesme closture
> Le corps, la vie et le nom.
> Mais toi dont la renommée
> Porte d'une aile animée
> Par le monde tes valeurs,
> Mieux que ces pointes superbes
> Te plaisent les douces herbes,
> Les fontaines et les fleurs.
> Vous, pasteurs que la Garonne
> D'un demi tour environne
> Au milieu de vos prez vers,
> Faictes sa tumbe nouvelle,
> Et gravez l'herbe suz elle
> Du long cercle de ces vers :
> Icy la Royne sommeille
> Des Roynes la nonpareille
> Qui si doucement chanta,
> C'est la Royne Marguerite,
> La plus belle fleur d'eslite
> Qu'oncque l'Aurore enfanta.

Je me suis attardée à la suite de Marguerite. J'ai subi l'attraction que la séduisante princesse exerce depuis trois siècles. On l'a dit avec raison : Marguerite d'Angoulême, comme Marie Stuart, est l'une de ces rares créatures qui ont le privilège de l'éternelle jeunesse, et que, par delà les siècles, nous aimons comme si nous les avions connues. En m'étendant ainsi sur ce qui concerne la reine de Navarre, je n'ai pas oublié non plus qu'en elle s'est personnifié pour la première fois complètement l'esprit français dans sa grâce, dans sa finesse enjouée, dans sa délicate sensibilité, enfin dans ses mélancolies[311], ces mélancolies que l'on dit modernes, mais qui datent du moyen âge et de plus loin encore, et qui n'ont disparu pendant deux siècles de notre littérature que sous l'influence croissante de l'école classique. Pour une femme, ce n'est pas un mince honneur que d'avoir été le premier miroir où s'est réfléchi dans ses faces multiples l'esprit d'une nation. C'est une gloire que je ne pouvais manquer d'enregistrer à l'actif de la femme française.

Pour les lettrés délicats, l'*Heptaméron* seul doit être compté à Marguerite comme titre littéraire. Si j'écrivais une histoire de la littérature française, je ne pourrais que souscrire à ce jugement des maîtres. Mais dans une étude consacrée à la femme, on me permettra, au point de vue de la beauté morale, d'élever au-dessus de ces contes les oeuvres où Marguerite nous fait respirer, avec le parfum de sa tendresse fraternelle, ce souffle de spiritualisme qui ne se trouve que çà et là dans l'*Heptaméron*.

Les dons de l'esprit furent héréditaires dans la race des Valois. L'impulsion féconde que les femmes de cette maison donnèrent aux lettres se propagea même à l'étranger, témoin une autre Marguerite, nièce de la première, fille de François Ier, sage et savante comme la Minerve dont le nom lui fut aussi bien donné qu'à sa tante, et qui, duchesse de Savoie, attira dans sa nouvelle patrie les écrivains qu'elle avait encouragés en France. En appelant à Turin les jurisconsultes les plus éminents, elle donna à l'étude du droit une direction lumineuse, et vraiment digne de l'équitable princesse qui fut surnommée la *Mère des peuples*.

---

[311] D. Nisard. *Histoire de la littérature française* ; Imbert de Saint-Amand, *les Femme de la cour des Valois* ; Frank, notice citée.

Une troisième Marguerite, la fille de Henri II, moins pure que les deux autres, avait leurs brillantes facultés intellectuelles. Comme Marguerite d'Angoulême, elle fit des vers, et comme sa grand-tante aussi, elle dut la célébrité à une oeuvre en prose. Dans ses *Mémoires*, elle nous a laissé un modèle exquis des productions de ce genre. Elle ne s'y est pas seulement dépeinte avec cette naïveté, cette ressemblance qui donnent aux autobiographies du XVIe siècle un si puissant attrait psychologique. Mais la langue française apparaît déjà, dans cette oeuvre, non plus avec l'abondance parfois excessive de cette époque, mais avec cette précision, cette élégante sobriété qui s'unissent à la grâce et au naturel dans la prose du XVIIe siècle[312].

Ne quittons pas les femmes des Valois sans nommer une princesse étrangère de naissance à leur race, mais qui y fut alliée par le mariage et qui occupa un moment le trône de France.

Élevée dans notre pays, Marie Stuart était bien réellement une princesse française. Ce fut à cette patrie adoptive qu'elle dut la forte instruction qui lui permettait jusqu'à la composition du discours latin[313]. Ce fut la France qui lui donna la langue qu'elle écrivait et parlait avec art. Elle maniait la prose avec éloquence et mêlait ses chants lyriques à ceux des poètes qu'elle aimait : Ronsard, du Bellay. Elle chanta les regrets de son veuvage et les douleurs plus poignantes de son exil. En vain la critique discutera-t-elle l'origine de la plus célèbre de ses poésies, c'est, toujours sur les lèvres de la jeune et belle reine que la postérité aimera à placer ces strophes si touchantes et demeurées si populaires.

---

[312] Saint-Marc Girardin, *Des Mémoires au XVIe siècle*, à la suite du *Tableau de la littérature française au XVIe siècle*.
[313] Voir plus haut, chapitre premier.

Adieu, plaisant pays de France,
O ma patrie
La plus chérie.
Qui as nourri ma jeune enfance !
Adieu, France, adieu mes beaux jours !
La nef qui disjoint nos amours
N'a si de moi que la moitié :
Une part te reste, elle est tienne ;
Je la fie à ton amitié
Pour que de l'autre il te souvienne.

La France a répondu à ce voeu plein de larmes, et, dans notre pays, Marie Stuart trouvera toujours quelles qu'aient pu être ses fautes, des plaidoyers qui vengeront sa mémoire, des yeux qui pleureront ses malheurs.

La maison de Bourbon qui allait monter sur le trône avec Henri IV, comptait, elle aussi, des princesses qui donnèrent l'exemple du labeur intellectuel. Gabrielle de Bourbon, dame de la Tremouille, qui vécut à la fin du XVe siècle et au commencement du XVIe, ne regardait les lettres que comme un apostolat qui lui permettait de mieux remplir ses devoirs domestiques et d'étendre au delà du foyer l'influence de la femme chrétienne. Avec des ouvrages de piété, elle écrivit un traité intitulé : *Instruction des jeunes filles*. Sans vouloir pénétrer dans le domaine de la théologie, elle aimait les saintes Écritures, et c'est dans la Bible qu'elle puisait certainement la tendre sollicitude qu'elle avait pour les âmes, et cette cordiale charité qui, selon le témoignage de Jean Bouchet, la rendait « consolative, confortative[314] » ; cette charité qui faisait d'une princesse de Bourbon, si imposante par le grand air de sa race, la femme la plus douce et la plus accessible.

---

[314] Jean Bouchet, *le Panegyrie du chevallier sans reproche*, ch. XX. Sur Mme de La Tremouille, voir le chapitre précédent.

Les lettres eurent aussi pour adeptes la femme du premier Henri de Condé, et Jeanne d'Albret, qui entra dans la maison de Bourbon par le mariage. La fille de Marguerite d'Angoulême protégea les savants, les poètes et correspondit avec l'un de ceux-ci : Joachim du Bellay.

Dans tous les rangs de la société, au XVIe siècle, les femmes, redisons-le, partagent avec ardeur les occupations qui passionnent les intelligences. Mais, en général, elles fuient la publicité.

Les Lyonnaises se distinguent par leurs talents ; mais c'est surtout à la Renaissance païenne qu'elles appartiennent par leurs oeuvres. Elles chantent l'amour à la manière des lyriques grecs dont la langue est d'ailleurs familière à plus d'une, comme il convenait dans cette Renaissance où la poésie même était érudite. Chez la plus célèbre des muses lyonnaises, Louise Labé, la belle Cordière, poète et prosatrice, l'influence hellénique est visible, bien qu'altérée par le mauvais goût italien. On sent frémir dans ses poèmes quelque chose de la verve passionnée que possédait Sappho, la poétesse hellénique dont le surnom lui fut donné, à elle comme à tant d'autres qui le méritaient moins ! Mais quel que soit le paganisme poétique de la belle Cordière, l'ineffable tendresse que l'Évangile a mise au coeur de la femme n'est pas étouffée en elle, et donne parfois à sa lyre des accents pleins de mélancolie.

Si Louise Labé rappelle Sappho par son lyrisme, son héroïque conduite au siège de Perpignan nous fait souvenir d'une autre Grecque célèbre, Télésilla, poétesse et guerrière.

Comme les auteurs antiques, Louise Labé eut l'honneur d'avoir son glossaire ; elle l'eut même de son vivant !

Auprès de Louise Labé se rangent son amie Clémence de Bourges, Pernette du Guillet, toutes deux poètes et musiciennes comme l'avait été la belle Cordière. Pernette du Guillet chante avec l'amour la pure amitié. Ses oeuvres sont caractérisées dans leur ensemble par une noble élévation et un sentiment moral vraiment philosophique. Ne séparons pas du groupe lyonnais la fougueuse émancipatrice dont nous parlions plus haut[315], Marie de Romieu, la *Vivaraise*, qui se fit remarquer par l'animation de sa poésie.

Clémence de Bourges, Pernette du Guillet, Marie de Romieu unissaient la vertu au talent. Il en fut ainsi chez une Toulousaine, GabrielLe de Coignard. Mais à la différence des femmes poètes du Midi, elle chercha, ailleurs que dans les lettres antiques, la source de sa poésie : son inspiration fut toute chrétienne. Gabrielle de Coignard prélude déjà aux grands accents de la poésie religieuse du XVIIe siècle. La direction que cette pieuse mère éducatrice donna à son talent, la rapproche de ces femmes du Nord et du Centre qui célèbrent généralement dans leurs vers les affections domestiques, les sentiments religieux, et chez lesquelles la raison l'emporte sur la passion[316].

Dans ce dernier groupe, qui va nous arrêter quelque peu, les dames des Roches, Madeleine Neveu et sa fille, Catherine de Fradonnet, chantent, l'une l'amour maternel, l'autre l'amour filial ; elles s'inspirent et se dédient réciproquement leurs oeuvres. Poète tour à tour énergique et gracieux, Catherine écrivait mieux que sa mère, et cependant elle n'avait d'autre but que de contribuer à la gloire de cette mère adorée. Leur salon de Poitiers était, comme on l'a nommé, *une académie de vertu et de science*, qui devança l'hôtel de Rambouillet et où l'on ne séparait pas de l'expression du beau la pensée du bien. Étienne Pasquier fut le commensal de cette maison et lui consacra un poétique souvenir.

---

[315] Chapitre premier.

[316] Léon Feugère, *les Femmes poètes au XVIe siècle*.

La mère et la fille, la fille surtout, se firent remarquer par leur érudition. Livrée avec ardeur à l'étude du grec, Catherine traduit avec sa mère le poète Claudien ; et, seule, les *Vers dorés* de Pythagore. Elle cherche même à imiter Pindare.

Ainsi que sa mère, Catherine de Fradonnet défend la cause de l'instruction des femmes. Et elle avait quelque droit de le faire, cette noble fille qui, tout entière au dévouement filial, joignait les occupations du foyer aux labeurs de l'esprit. Elle s'était plu à traduire l'admirable portrait de la femme forte ; et, de même qu'Erinne, la vierge grecque, elle célébra la quenouille, la quenouille qu'elle maniait comme la plume.

Cette mère et cette fille qui s'aimaient si tendrement, vécurent de la même vie, et, comme l'avait prophétisé l'une d'elles, moururent de la même mort.

L'amour filial inspira une autre femme poète que Catherine de Fradonnet. Camille de Morel consacra son meilleur poème à la mémoire de son père. Modeste et instruite, elle écrivit, ainsi que ses deux soeurs, des vers français et latins. Toutes trois héritières du talent poétique qui distinguait leur père et leur mère, elles furent nommées *les trois perles du* XVIe *siècle*.

Avec leur mère Antoinette de Loynes, elles appartiennent à la pléiade de femmes poètes que Paris ne pouvait manquer d'avoir aussi bien que Lyon et où se confondent grandes dames et bourgeoises.

Je ne peux nommer toutes les femmes que leur mérite littéraire fit remarquer soit à la ville, soit à cette cour de France où brillèrent les plus célèbres, Marguerite d'Angoulême et sa petite-nièce. Je citerai cependant Anne de Lautier, « douée des grâces de la vertu et du savoir ; » Henriette de Nevers, princesse de Clèves, à qui pouvait s'appliquer le même éloge ; la belle et spirituelle Mme de Villeroi, qui traduisit les *Épîtres* d'Ovide ; la mère de l'avocat général Servin, Madeleine Deschamps, qui versifiait en français, écrivait en latin et en grec ; la duchesse de Retz, dont j'ai mentionné plus haut la célèbre harangue latine, et qui s'illustra plus encore par son immense érudition que par ses vers[317] ; Nicole Estienne et Modeste Dupuis, apologistes de leur sexe. La seconde prit pour thème : *Le mérite des femmes*, sujet que devait immortaliser un poète plus rapproché de nous.

Au groupe parisien appartient aussi Jacqueline de Miremont, qui défendit dans ses vers la foi catholique contre le protestantisme. En ces temps de luttes religieuses, la poésie même devenait une arme de combat que les femmes manièrent dans diverses régions de la France. Anne de Marquets, religieuse de Poissy, célébrée par Ronsard, compta avec Jacqueline de Miremont parmi les champions du catholicisme. Chez les protestants se distingua Catherine de Parthenay, l'héroïne du siège de La Rochelle, la savante grande dame qui avait entretenu avec sa mère une correspondance latine, et qui possédait assez bien le grec pour traduire un discours d'Isocrate ; mais les loisirs de l'étude ne passèrent pour elle qu'après l'éducation de ses enfants. Elle y réussit, et les filles qu'elle eut d'un Rohan sont connues par l'héroïsme de leur conduite et par la culture de leur esprit. L'une d'elle lisait la Bible en hébreu[318].

Mais, bien loin des controverses, dans la suave atmosphère du sentiment religieux qu'appuie une foi absolue, une plus douce influence était réservée à notre sexe. C'est pour diriger l'âme élevée, délicate, de la femme, que le plus aimable des saints écrivit tant de lettres exquises, parmi

---

[317] Voir plus haut, chapitre premier.

[318] Voir plus haut, chapitre premier ; L. Feugère, E. Bertin, *ouvrages cités*.

lesquelles celles qu'il adressa à Mme de Charmoisy formèrent l'*Introduction à la vie dévote*. Dans cet admirable traité, la plus haute spiritualité se mêle au sens pratique de la vie, ou plutôt c'est par cette spiritualité même que saint François de Sales donne, pour toutes les conditions de la vie, une règle de conduite plus que jamais nécessaire au milieu du chaos moral qu'avait produit le XVIe siècle[319].

Nous avons déjà indiqué le profit que les femmes pouvaient tirer de ces fortes et douces leçons qui leur apprenaient que la piété des gens mariés ne doit pas être la piété monacale des religieux, et que c'est une fausse dévotion que celle qui nous fait manquer aux devoirs de notre état. Divers sont les sentiers qui mènent à la vie éternelle ; mais sur chacun d'eux, saint François de Sales fait luire le divin rayon qui, en illuminant au-dessus de nos têtes un vaste pan du ciel, éclaire notre route sur la terre et nous permet même de cueillir les fleurs que la bonté de Dieu a semées jusqu'au milieu des rochers. Ce rayon conducteur, c'est l'amour, l'amour qui cherche Dieu dans son essence adorable et dans les âmes qu'il a créées. C'est ainsi, avec l'amour de Dieu, l'amour de la famille ; c'est l'amitié, c'est la charité. Saint François de Sales consacra un traité à l'*Amour de Dieu* ; et pour publier cette oeuvre, que de pressants appels il reçut de l'âme sainte qui, avant de se confondre au ciel avec la sienne, s'y était unie ici-bas dans le grand et religieux sentiment qui était le sujet de ce pieux ouvrage ! On a nommé sainte Chantal, sainte Chantal à qui l'évêque de Genève adressa ses plus touchantes lettres. Saint François de Sales trouva ainsi dans les femmes qu'il dirigeait, l'inspiration ou l'encouragement de ces oeuvres dont la haute et salutaire doctrine emprunte à la nature les plus ravissantes images, à la langue du XVIe siècle les tours les plus naïfs et les plus

---

[319] D. Nisard, *Histoire de la Littérature française*.

gracieux, pour faire pénétrer dans les âmes ses enseignements[320].

Dans cet ordre de la Visitation que saint François de Sales avait fondé avec Mme de Chantal ; dans la maison mère d'Annecy, la Mère de Chaugy devait écrire, sur la sainte fondatrice, des mémoires[321] qui appartiennent par leur date et par leur style au xviie siècle, mais qui ont gardé du siècle précédent la grâce vivante que saint François avait transmise à ses filles spirituelles.

Parmi les femmes qui furent en correspondance avec saint François de Sales, se trouvait Mlle de Gournay, l'émancipatrice qui, plus haut, nous a fait sourire ; Mlle de Gournay, la savante « fille d'alliance » de Montaigne, et dont la studieuse jeunesse fut le rayon qui éclaira les derniers jours du philosophe. « Je ne regarde plus qu'elle au monde, » dit celui-ci avec un attendrissement bien rare sous sa plume. « Si l'adolescence peult donner presage, cette ame sera quelque jour capable des plus belles choses, et entre aultres, de la perfection de cette très saincte amitié, où nous ne lisons point que son sexe ayt peu monter encores[322]. »

Mlle de Gournay vengea son sexe en gardant à Montaigne, au delà du tombeau, le plus tendre dévouement. Après la mort de son vieil ami, elle ne se contenta pas d'aller le pleurer avec sa femme et sa fille, et de braver pour cela les fatigues et les dangers d'un long voyage accompli en pleine guerre civile. Elle prépara avec des soins infinis une nouvelle édition des oeuvres de son maître, édition qu'elle devait faire réimprimer quarante ans après. Cette jeune fille qui, élevée par une mère ignorante dont l'unique souci était de la

---

[320] Voir les *Lettres* de saint François de Sales.
[321] Mère de Chaugy, *Mémoires cités*.
[322] Montaigne, *Essais*, II, xvii.

confiner dans les soins du ménage, avait appris sans maître, sans grammaire, la langue latine, en comparant des versions à des textes, et qui avait aussi étudié les éléments du grec ; cette jeune fille se servit d'abord de son instruction si péniblement acquise pour traduire tous les passages grecs, latins, italiens, que Montaigne avait cités ; elle en indiqua la provenance, soin que n'avait pas pris l'auteur. Enfin, elle se dévoua à la gloire de son ami, avec cette puissance d'affection qu'il lui avait naguère reconnue et qui était pour elle un besoin. Ne disait-elle pas elle-même que l'amitié est surtout nécessaire aux esprits supérieurs ?

La chaleur de son âme se répandait sur tous ses travaux. Elle y joignait un profond sentiment moral, et cherchait bien moins dans les oeuvres littéraires la perfection du style que le fond même des idées. Aussi ses auteurs préférés étaient-ils les philosophes, les moralistes, parmi lesquels cependant, par un bizarre contraste, elle avait voué une si tendre admiration à l'illustre écrivain dont le doute universel était en complet désaccord avec les fermes principes de sa « fille d'alliance. »

Les sentiments élevés et profonds de Mlle de Gournay se révèlent dans tous ses écrits, et pour elle, comme pour Mme de la Tremouille, les lettres n'étaient qu'un apostolat. Française, elle chanta dignement Jeanne d'Arc. Catholique de coeur et d'action, elle flétrit la fausse dévotion. Femme destinée à vieillir et à mourir sans avoir reçu les titres d'épouse et de mère, elle comprit l'amour maternel. C'est elle qui a dit : « L'extrême douleur et l'extrême joie du monde consistent à être mère. »

L'étude, on le voit, n'avait pas desséché son coeur. Comme la tendresse, l'enthousiasme lui était naturel. Elle s'éleva avec force contre les critiques qui ne savaient que dénigrer et jamais admirer. Par malheur son style ne fut que rarement à la hauteur de ses pensées : il est souvent alambiqué.

Mlle de Gournay avait vécu dans un temps qui fut pour la langue une époque de transition. La « fille d'alliance » de Montaigne ne marcha pas avec ce XVIIe siècle pendant lequel s'écoula la plus grande partie de sa vie[323]. Elle garda les traditions du siècle précédent. Contraire à la réforme qu'opérait Vaugelas, elle eut le tort de ne pas comprendre que l'épuration de la langue était nécessaire ; mais, en combattant pour le maintien de toutes les anciennes formes du langage, elle eut du moins le mérite de protéger et de sauver bien des mots que l'exagération habituelle aux novateurs voulait supprimer, et qui sont demeurés dans notre langue. Il est à regretter que Mlle de Gournay n'ait pas réussi à en conserver davantage. M. Sainte-Beuve a justement remarqué que l'école romantique de 1830 se servit d'arguments analogues à ceux de Mlle de Gournay, pour que la langue ne perdît aucune des richesses qu'elle avait acquises.

Les femmes du XVIe siècle avaient contribué à enrichir la langue et aussi à l'épurer. Après M. Nisard, je rappelais plus haut que l'*Heptaméron* était le premier ouvrage français que l'on pût lire sans l'aide d'un vocabulaire. Il était naturel que ce fût l'oeuvre d'une femme qui offrît pour la première fois cette langue déjà moderne, et qu'une autre femme, la troisième Marguerite, devait manier avec l'élégante brièveté qui annonce le XVIIe siècle : Vaugelas n'a point constaté en vain l'heureuse influence de la femme sur la formation de notre idiome. Cette influence s'était déjà produite au moyen âge.

Charles IX avait semblé reconnaître cette dette de la langue française, alors que, fondant une espèce d'Académie

---

[323] Née en 1565, elle mourut en 1645. Pour tout ce qui concerne Mlle de Gournay, cf. l'étude que lui a consacrée M. Feugère, à la suite de son ouvrage: *Les Femmes poètes du XVIe siècle*.

qui s'occupait de littérature aussi bien que de musique, il y admettait les femmes.

Mlle de Gournay avait une précieuse ressource pour défendre ses vues grammaticales : l'Académie française, dit-on, l'Académie, alors naissante, se réunissait quelquefois chez elle ; et il semble que, dans les séances de la docte compagnie, l'opinion de Mlle de Gournay n'était pas dédaignée[324].

On croit que cette femme distinguée parut dans le salon célèbre qui eut, lui aussi, une action sur la langue française : la *chambre bleue* de la marquise de Rambouillet.

Dans les conversations que nous offrent les *Contes de la Reine de Navarre*, nous avons pu voir, avec la charmante vivacité de l'esprit français, une galanterie qui manquait souvent de délicatesse. Les libres propos n'effrayent pas trop les gaies causeuses, et elles ne se bornent pas toujours à les écouter. Les guerres civiles qui marquent tristement la seconde moitié du XVIe siècle, et qui firent de la France un vaste camp, ajoutèrent encore à la vieille licence gauloise la grossièreté des allures soldatesques. D'ailleurs, le dérèglement du langage ne répondait que trop à celui des moeurs. Aux heures de crise nationale, ceux qui ont vécu longtemps en face de la mort suivent deux tendances bien opposées : les uns se détachent plus aisément des choses d'ici-bas pour reporter vers le ciel leurs pensées attristées, et ne s'occupent de la terre que pour soulager les malheurs que la guerre a amenés. Nous verrons dans le chapitre suivant que ces âmes furent nombreuses au XVIIe siècle. Mais pour beaucoup d'autres, il semble qu'une fois le péril passé, elles cèdent à une réaction qui les précipite dans les terrestres

---

[324] Duc de Noailles, *Histoire de Mme de Maintenon*.

plaisirs : l'amour sensuel, qui déjà dominait sous les Valois, régnait sous Henri IV.

Ce n'était pas seulement le ton d'une galanterie soldatesque qui prévalait alors, c'était aussi la rudesse du langage ordinaire. Pour nous qui avons vécu dans les temps où la guerre civile ou la guerre étrangère menaçait jusqu'à nos foyers, nous savons combien l'héroïsme des sentiments se développe alors, mais combien aussi le langage devient aisément dur et même trivial pour traduire les impressions violentes que causent l'âpreté de la lutte, l'imminence du péril, la lâcheté des uns, la barbarie des autres. Toutes nos énergies sont alors décuplées, mais nous perdons la grâce, la délicatesse, la mesure du savoir-vivre.

« La grandeur était en quelque sorte dans l'air dès le commencement du XVIIe siècle, » dit M. Cousin. « La politique du gouvernement était grande, et de grands hommes naissaient en foule pour l'accomplir dans les conseils et sur les champs de bataille. Une sève puissante parcourait la société française. Partout de grands desseins, dans les arts, dans les lettres, dans les sciences, dans la philosophie. Descartes, Poussin et Corneille s'avançaient vers leur gloire future, pleins de pensers hardis, sous le regard de Richelieu. Tout était tourné à la grandeur. Tout était rude, même un peu grossier, les esprits comme les coeurs. La force abondait ; la grâce était absente. Dans cette vigueur excessive, on ignorait ce que c'était que le bon goût. La politesse était nécessaire pour conduire le siècle à la perfection. L'hôtel de Rambouillet en tint particulièrement école.

« Il s'ouvre vers 1620, et subsiste à peu près jusqu'en 1648.... Le beau temps de l'illustre hôtel est donc sous Richelieu et dans les premières années de la régence.

Pendant une trentaine d'années, il a rendu d'incontestables services au goût national[325]. »

Il était digne d'une femme de remplir une mission qui avait à la fois pour but de spiritualiser les moeurs et d'épurer le langage. C'est l'honneur de la marquise de Rambouillet d'avoir entrepris cette tâche et d'y avoir fait concourir tous les avantages qu'elle possédait : la naissance, la fortune, une imposante beauté, un esprit cultivé, un caractère plein de noblesse. Elle fut admirablement secondée dans son oeuvre par ses filles, surtout par la plus célèbre de toutes, Julie d'Angennes, plus tard Mme de Montausier.

Alors dominaient en France deux influences étrangères qui altéraient l'originalité, toujours vivante cependant, de l'esprit national. Les reines issues des Médicis « avaient introduit parmi nous le goût de la littérature italienne. La reine Anne apporta ou plutôt fortifia celui de la littérature espagnole. L'hôtel de Rambouillet prétendit à les unir[326]. » Fille d'une noble Romaine et d'un ambassadeur de France à Rome, née dans la ville éternelle, femme d'un grand seigneur français qui avait représenté notre pays en Espagne, Mme de Rambouillet devait naturellement se plaire à combiner avec l'esprit français les deux éléments étrangers qui lui étaient familiers.

« Le genre espagnol, c'était, au début du XVIIe siècle, la haute galanterie, langoureuse et platonique, un héroïsme un peu romanesque, un courage de paladin, un vif sentiment des beautés de la nature qui faisait éclore les églogues et les idylles en vers et en prose, la passion de la musique et des sérénades aussi bien que des carrousels, des conversations élégantes comme des divertissements magnifiques. Le genre

---

[325] Cousin, *la Jeunesse de Mme de Longueville*.
[326] Cousin, *l. c.*

italien était précisément le contraire de la grandeur, ou, si l'on veut, de l'enflure espagnole, le bel esprit poussé jusqu'au raffinement, la moquerie, et un persiflage qui tendaient à tout rabaisser. Du mélange de ces deux genres sortit l'alliance ardemment poursuivie, rarement accomplie en une mesure parfaite, du grand et du familier, du grave et du plaisant, de l'enjoué et du sublime.

« A l'hôtel de Rambouillet, le héros seul n'eût pas suffi à plaire : il y fallait, aussi le galant homme, l'honnête homme, comme on l'appela déjà vers 1630, et comme on ne cessa pas de l'appeler pendant tout le XVIIe siècle ; l'honnête homme, expression nouvelle et piquante, type mystérieux qu'il est malaisé de définir, et dont le sentiment se répandit avec une rapidité inconcevable. L'honnête homme devait avoir des sentiments élevés : il devait être brave, il devait être galant, il devait être libéral, avoir de l'esprit et de belles manières, mais tout cela sans aucune ombre de pédanterie, d'une façon tout aisée et familière. Tel est l'idéal que l'hôtel de Rambouillet proposa à l'admiration publique et à l'imitation des gens qui se piquaient d'être comme il faut[327]. »

Les femmes étaient reines à l'hôtel de Rambouillet ; on les y nommait les *illustres*, les *précieuses*, nom qui alors n'avait rien que d'honorable. Elles font revivre cet amour qu'avait exalté le moyen âge, et qui n'avait jamais totalement disparu, même à la cour des Valois : l'amour pur, chevaleresque, l'amour inspirateur des grandes et valeureuses actions. Mais, au lieu de le chercher dans nos vieilles mœurs françaises, les précieuses le prennent dans les livres espagnols, qui leur offrent, avec l'héroïsme des beaux sentiments, l'enflure du faux point d'honneur. Pour elles, la plus grande gloire consiste à voir se consumer dans les flammes d'un amour platonique le plus grand nombre d'adorateurs, y eût-il même

---

[327] Cousin, *ouvrage cité*.

parmi eux un prétendant noble et loyal qui n'aspirât qu'à devenir un fidèle époux. Il ne tint pas à Mlle de Rambouillet que l'honnête Montausier ne subît ce triste sort, et si la belle Julie n'avait enfin cédé aux instances de sa mère et de ses amies, il n'eût pas suffi d'une attente de quatorze années pour obtenir sa main.

C'était la marquise de Sablé qui avait fait goûter aux précieuses la fierté castillane. « Elle avoit conçu une haute idée de la galanterie que les Espagnols avaient apprise des Maures. Elle étoit persuadée que les hommes pouvoient sans crime avoir des sentiments tendres pour les femmes ; que le désir de leur plaire les portoit aux plus grandes et aux plus belles actions, leur donnoit de l'esprit et leur inspiroit de la libéralité, et toutes sortes de vertus : mais que, d'un autre côté, les femmes, qui étoient l'ornement du monde et étoient faites pour être servies et adorées des hommes, ne dévoient souffrir que leurs respects [328]. »

Situation périlleuse cependant que celle-là ! Une noble habituée de l'hôtel de Rambouillet, la duchesse d'Aiguillon, s'en aperçut, elle qui, pour terminer l'éducation de son neveu, le duc de Richelieu, lui avait, suivant l'usage du temps, inspiré une passion platonique pour une honnête jeune femme, et avait ainsi préparé la mésalliance qui la fit tant souffrir ! Et ce n'était pas toujours le mariage qui était le plus grand écueil de ces passions d'origine idéale.

Dans cet hôtel de Rambouillet, où grands seigneurs, nobles dames, écrivains célèbres se rencontraient, les rangs étaient confondus et l'esprit seul était roi. Ne nous arrêtons pas à ces brillants causeurs qui, sans en excepter Voiture, n'ont pu transmettre à la postérité toutes ces pointes, toutes ces spirituelles saillies dont le sens est aujourd'hui perdu

---

[328] Mme de Motteville, *Mémoires*, 1611.

pour nous. Ne donnons même qu'une rapide attention à Balzac, qui, bien oublié de nos jours, eut cependant le mérite de mettre au service de la morale son éloquence artificielle, et dont les écrits présentent la forme définitive de la langue française[329].

Parmi les esprits d'élite qui reçurent l'influence de l'hôtel de Rambouillet, je ne fais que nommer à présent deux femmes célèbres que nous retrouverons tout à l'heure, Mme de Sévigné, Mme de la Fayette. Mais ne nous retirons pas de la *chambre bleue* sans y avoir salué trois hommes qui personnifient dans des sphères différentes la véritable grandeur : Corneille, Bossuet, et, entre eux, l'héroïque vainqueur de Rocroy : Condé !

Les tragédies de Corneille étaient lues à l'hôtel de Rambouillet, et certes, c'était là, de la part du poète, un hommage reconnaissant. Si son génie, si la trempe romaine de son caractère n'appartenaient qu'à lui, il respirait dans le salon de la marquise l'atmosphère des sentiments héroïques ; il y apprenait la langue ferme et vigoureuse des hommes d'État qui s'y groupaient ; ajoutons qu'il y prenait aussi le goût des pointes italiennes, des rodomontades espagnoles, et parfois d'une fausse exagération de l'honneur ; mais, somme toute, la grandeur dominait dans ce cercle d'élite, et lorsque Corneille y parlait des sacrifices de la passion au devoir, il avait devant lui des auditrices dignes de le comprendre, et même de l'inspirer.

L'influence de la marquise de Rambouillet s'étendit jusque sur l'architecture et les arts décoratifs. Jeune femme, elle avait dessiné elle-même le plan de l'hôtel qu'elle se faisait construire rue Saint-Thomas-du-Louvre. Elle y fit deux innovations qui furent adoptées par l'architecture. Pour

---

[329] D. Nisard, *Histoire de la littérature française*.

augmenter l'étendue de ses salons, elle fit placer à l'un des coins de l'hôtel l'escalier qui avait toujours figuré au milieu des constructions de ce genre ; puis, à la façade postérieure donnant sur le jardin, des fenêtres occupant toute la hauteur du rez-de-chaussée, ajoutaient de vastes perspectives de verdure aux salons où elles faisaient ruisseler à flots l'air et la lumière. En vraie fille de l'Italie, la jeune marquise avait aimé cette belle lumière jusqu'au jour où une cruelle infirmité l'obligea de se renfermer dans l'alcôve dont la ruelle devint le rendez-vous des beaux esprits. La célèbre chambre bleue de Mme de Rambouillet était elle-même chose nouvelle. Jusqu'alors le rouge et le tanné étaient les seules couleurs employées pour décorer les appartements. La belle marquise fut la première qui donna à sa chambre une tenture de velours bleu ornée d'or et d'argent. Avec les grands vases de cristal où s'épanouissaient les gerbes de fleurs, avec les portraits des personnes qu'aimait la marquise et les tablettes sur lesquelles se rangeaient ses livres, on distinguait encore chez elle des lampes d'une forme particulière qui ne nous est pas connue[330].

Mais quittons l'hôtel de Rambouillet avant sa décadence littéraire. Un jour vint où l'affectation du bel esprit, défaut qui n'avait jamais été étranger à la *chambre bleue*, domina dans le cercle de la marquise, et surtout dans les salons qui s'étaient formés sur ce modèle, salons où de fausses précieuses, exagérant jusqu'au ridicule les scrupules d'une fausse délicatesse, méritèrent la satire de Molière[331]. Mais d'autres cercles échappèrent à ce reproche. Dans sa résidence du Petit-Luxembourg que peuplaient des statues antiques, des tableaux de Léonard de Vinci, du Pérugin, de Rubens, de Dürer, la duchesse d'Aiguillon groupait avec

---

[330] Mlle de Montpensier et Mlle de Scudéry, citées par M. Cousin, *la Société française au XVIIe siècle*, d'après le Grand Cyrus.
[331] Cousin, *ouvrage cité* ; M. l'abbé Fabre, *la Jeunesse de Fléchier*.

Corneille, Saint-Evremond, Racan, et les beaux esprits qu'elle rencontrait à l'hôtel de Rambouillet, les grands artistes de l'école française, le Poussin, « le peintre de l'idée, » Le Sueur, « le peintre du sentiment, » surtout du sentiment chrétien, austère et tendre à la fois ; le Lorrain, le paysagiste idéaliste, « le peintre de la lumière. » La nièce de Richelieu avait défendu auprès de son oncle l'auteur du Cid, et le grand poète l'en remercia en lui dédiant ce chef-d'oeuvre[332]. Elle protégea aussi Molière. La ferme raison de la duchesse la prémunissait contre l'exagération de la préciosité et ne permettait pas que les défauts de l'hôtel de Rambouillet fussent contagieux dans son salon[333].

C'était encore une école de bon goût que le salon d'une autre élève de Mme de Rambouillet, cette spirituelle marquise de Sablé qui avait répandu en France la mode de la galanterie castillane[334]. Quand vint la vieillesse, Mme de Sablé, devenue janséniste, réunit, dans son salon de Port-Royal, Arnauld, Nicole, Pascal et sa soeur Mme Périer, le duc de la Rochefoucauld, Mme de la Fayette, Saint-Evremond sans doute, si c'est bien lui qui, sous un pseudonyme, dédia à Mme de Sablé ses premières études ; la duchesse de Liancourt dont j'ai cité les mémoires domestiques ; sa belle-soeur, Marie de Hautefort, maréchale de Schomberg, la duchesse d'Aiguillon, M. et Mme de Montausier, des princes du sang parmi lesquels le grand Condé. Dans ce cercle, « dans ce coin de Port-Royal, on cultivait, de préférence, la théologie, la physique elle-même et aussi la métaphysique, surtout la morale prise dans sa signification la plus étendue[335]. »

---

[332] *Le Cid.* Épître dédicatoire. A Mme la duchesse d'Aiguillon

[333] Bonneau-Avenant, *la Duchesse d'Aiguillon.*

[334] Voir plus haut.

[335] Cousin, *Madame de Sablé.*

C'était sous la forme des maximes que la morale se condensait dans ce milieu. La maîtresse de la maison en donnait l'exemple. L'abbé d'Ailly, Jacques Esprit, le jurisconsulte Domat, cédèrent à cette influence. M. Cousin a conjecturé que Pascal même avait pu écrire plusieurs de ses pensées pour le salon de Mme de Sablé. Mais ce fut assurément le cercle de la marquise qui produisit les *Maximes* de La Rochefoucauld. A l'honneur de Mme de Sablé et des femmes de sa compagnie disons que, tout en appréciant le mérite de La Rochefoucauld, elles ne se plaisaient pas à le voir considérer l'amour-propre comme le mobile de toutes les actions. Quelques-unes d'entre elles réfutèrent avec esprit et délicatesse le duc misanthrope. Mme de Sablé, malgré son indulgente affection pour son ami, ou plutôt, à cause même de cette affection, ne put entendre, sans protester, cette indigne maxime : « L'amitié la plus désintéressée n'est qu'un trafic où notre amour-propre se propose toujours quelque chose à gagner. » Elle y répondit par d'autres maximes où elle établissait le caractère de la véritable amitié avec une élévation de sentiments à laquelle ne répondait cependant pas toujours la vigueur de l'expression : « L'amitié est une espèce de vertu qui ne peut être fondée que sur l'estime des personnes que l'on aime, c'est-à-dire sur les qualités de l'âme, comme la fidélité, la générosité et la discrétion, et sur les bonnes qualités de l'esprit.—Il faut aussi que l'amitié soit réciproque, parce que dans l'amitié l'on ne peut, comme dans l'amour, aimer sans être aimé.—Les amitiés qui ne sont pas établies sur la vertu et qui ne regardent que l'intérêt et le plaisir ne méritent point le nom d'amitié. Ce n'est pas que les bienfaits et les plaisirs que l'on reçoit réciproquement des amis ne soient des suites et des effets de l'amitié ; mais ils n'en doivent jamais être la cause.—L'on ne doit pas aussi donner le nom d'amitié aux inclinations naturelles, parce qu'elles ne dépendent point de notre volonté ni de notre choix, et, quoiqu'elles rendent nos amitiés plus agréables, elles n'en doivent pas être le fondement. L'union qui n'est fondée que sur les mêmes plaisirs et les mêmes occupations ne mérite pas le nom d'amitié, parce qu'elle ne vient ordinairement que d'un certain amour-propre qui fait que nous aimons tout ce qui nous est semblable, encore que nous soyons très imparfaits, ce qui ne peut arriver dans la vraie amitié, qui ne cherche que la raison et la vertu dans les amis. C'est dans cette sorte d'amitié où l'on trouve les bienfaits réciproques, les offices reçus et rendus, et une continuelle communication et participation du bien et du mal qui dure jusqu'à la mort sans pouvoir être changée par aucun des accidents qui arrivent dans la vie, si ce n'est que l'on découvre dans la personne que l'on aime moins de vertu ou moins d'amitié, parce que l'amitié étant fondée sur ces choses-là, le fondement manquant, l'on peut manquer d'amitié.—Celui qui aime plus son ami que la raison et la justice, aimera plus en quelque autre occasion son plaisir ou son profit que son ami.—L'homme de bien ne désire jamais qu'on le défende injustement, car il ne veut point qu'on fasse pour lui ce qu'il ne voudrait pas faire lui-même[336]. »

De telles maximes ne répondent-elles pas victorieusement aux moralistes qui ont cru la femme incapable d'amitié ?

Tandis qu'à Port-Royal Mme de Sablé donnait naissance à la littérature des maximes, Mlle de Montpensier, la grande Mademoiselle, mettait à la mode les portraits. Ce double courant produisit les *Caractères* de La Bruyère.

Une femme célèbre, qui figurait à l'hôtel de Rambouillet, au Petit-Luxembourg, et qui avait elle-même des réceptions littéraires, mais plus bourgeoises, *les samedis*, Mlle de Scudéry a largement payé son tribut à la mode des portraits, en peignant dans ses immenses romans les personnages qu'elle voyait dans le monde. Elle nous a aussi donné dans ces

---

[336] Manuscrits de Conrart, cités par M. Cousin, *Madame de Sablé*. Cette femme distinguée avait aussi écrit des réflexions sur l'éducation des enfants.

volumes, le modèle des conversations qui se tenaient dans les ruelles des précieuses. Ces romans, qui semblaient ridicules lorsque l'on croyait y voir la peinture travestie des mœurs perses ou romaines, ont acquis un véritable intérêt depuis que M. Cousin a retrouvé une clef qui nous fait reconnaître dans les personnages du *Grand Cyrus* et de la *Clélie* les brillants contemporains de la féconde romancière, leurs sentiments héroïques, leur langage noble, délicat et poli. Mlle de Scudéry écrivit en outre dix volumes de *Conversations* sur des sujets de morale et qui reproduisent aussi le langage de la bonne compagnie d'alors. En recevant une partie de ces *Conversations*, Fléchier, à cette époque évêque de Lavaur, écrivait à Mlle de Scudéry : « Tout est si raisonnable, si poli, si moral, et si instructif dans ces deux volumes que vous m'avez fait l'honneur de m'envoyer, qu'il me prend quelque envie d'en distribuer dans mon diocèse, pour édifier les gens de bien et pour donner un bon modèle de morale à ceux qui la prêchent. »

Ainsi que le fait remarquer M. l'abbé Fabre, ce passage « rappelle assez exactement l'enthousiasme excessif de Mascaron » ; Mascaron qui écrivait à la célèbre romancière qu'en préparant des sermons pour la cour, il la plaçait auprès de saint Augustin et de saint Bernard. « Mais, ajoute M. l'abbé Fabre, c'est vraiment la gloire de Mlle de Scudéry, d'avoir su, dans un genre frivole et gâté par tant d'autres écrivains, développer des sentiments assez purs et des idées assez généreuses pour mériter l'approbation d'évêques également recommandables par leurs lumières et leurs vertus[337]. »

Fléchier avait connu, à Paris, Mlle de Scudéry. Il avait pu même y figurer parmi ses commensaux avec Conrart, Huet, Chapelain, Montausier, et ce noble Pellisson qu'unissait à

---

[337] M l'abbé Fabre *la Jeunesse de Fléchier.*

Mlle de Scudéry l'amitié la plus pure et la plus généreusement dévouée.

Le futur évêque de Nîmes était l'hôte assidu d'un autre salon, celui de Mme des Houlières, le poète gracieux qui en faisait les honneurs, aidée de sa charmante fille. Fléchier rencontrait dans cette maison, avec quelques habitués des *samedis*, Mascaron, le duc de La Rochefoucauld, et une élite de grands seigneurs. L'attachement que Mlle des Houlières inspira à Fléchier dicta à celui-ci des lettres où se reconnaît l'auteur des *Grands-Jours d'Auvergne*, l'auteur, mondain encore, qui, dans l'allure mesurée, élégante et souvent maniérée de sa phrase, décoche, avec une grâce infinie, les traits piquants et les malices aimables. Par le précieux qui se mêle à ses qualités si françaises, Fléchier nous fait bien voir qu'il n'avait pas impunément respiré l'atmosphère des ruelles. Une autre influence féminine lui avait fait composer son étincelant ouvrage des *Grands-Jours d'Auvergne* : il céda, en l'écrivant, au désir de Mme de Caumartin[338], cette aimable et spirituelle femme qui avait aussi décidé le cardinal de Retz à composer ses *Mémoires*.

Partout, dans le XVIIe siècle, la femme apparaît derrière les oeuvres de l'intelligence ; mais le plus souvent, ce n'est que pour les inspirer ou les encourager. Qui ne connaît la sollicitude avec laquelle de zélées protectrices, la duchesse de Bouillon, Marguerite de Lorraine, duchesse douairière d'Orléans, Mme de la Sablière, Mme Hervart, pourvurent à l'existence de l'insoucieux La Fontaine et permirent ainsi à son génie un libre essor ? Mme Montespan, Mme de Thianges protègent aussi le poète. Mais, il faut le dire, toutes les bienfaitrices de La Fontaine n'encouragent pas seulement en lui, comme Mme de la Sablière, le fabuliste qui donnait

---

[338] M. l'abbé Fabre, *De la correspondance de Fléchier avec Mme des Houlières et sa fille*, et *la Jeunesse de Fléchier*.

une conclusion souvent moralisatrice à ces petits chefs-d'oeuvre où l'esprit français se joue avec une grâce et une naïveté inimitables ; c'est l'auteur des *Contes*, l'auteur licencieux, qu'encourage à ses débuts la duchesse de Bouillon. Au déclin de sa vie, lorsque la pure influence de Mme de la Sablière avait puissamment contribué à ce que le poète renonçât à cette littérature corruptrice, une autre femme dont je ne pourrais tracer le nom qu'avec dégoût, obtint de La Fontaine qu'il revînt, aux écrits immoraux qui flattaient les vices de cette indigne créature.

La Fontaine témoignait à ses bienfaitrices toute sa reconnaissance en leur offrant l'hommage de ses ouvres. Ce n'était naturellement que des fables qu'il dédiait à Mme de la Sablière.

Élevons-nous nos regards sur le trône de France, nous y verrons encore la femme protéger les lettres, les arts. Anne d'Autriche accepte la dédicace de *Polyeucte* ; elle fait construire, d'après les dessins de Mansard, l'abbaye du Val-de-Grâce, dont Lemuet continuera l'église et élèvera le superbe dôme. La reine envoie à Rome un religieux de l'ordre des Feuillants, pour y faire dessiner les monuments les plus célèbres de l'antiquité. Puget, alors inconnu, accompagne ce religieux.

A la suite d'un rêve, Anne d'Autriche inspire à Lebrun la composition du Crucifix aux anges. Sa belle-mère, Marie de Médicis, avait aussi-encouragé la peinture. Elle avait confié à Rubens la décoration d'une galerie du Luxembourg. Mais la princesse, qui donne à l'illustre Flamand ce témoignage d'estime, n'oublie pas l'art français : le peintre Fréminet lui doit le cordon de Saint-Michel[339].

---

[339] Villot, *Notice des tableaux du musée du Louvre*.

Sur la première marche du trône de Louis XIV, Henriette d'Angleterre est proclamée l'arbitre du goût à la cour de France, par l'harmonieux Racine qui lui dédie *Andromaque*. J'ai rappelé dans un chapitre de ce livre comment Mme de Maintenon fit éclore *Esther* et *Athalie*. Mais ce fut la femme, la femme en général, qui inspira à Racine ses plus vivantes créations, ces types immortels qui ont fait de lui « le peintre des femmes. » Ce n'était plus alors la forte génération des contemporaines de Corneille qui posait devant lui ; et si, plus d'une fois, il fit voir dans ses héroïnes la beauté morale unie à cette exquise tendresse de coeur qu'il savait si bien traduire, il se plut aussi à peindre dans ses types féminins un spectacle que ne lui offrait que trop la cour de Louis XIV : la victoire de la passion sur le devoir.

Je remarquais tout à l'heure que, dans les lettres et les arts du XVIIe siècle, la femme inspire plus qu'elle ne produit. Le talent n'a cependant pas manqué alors aux femmes.

A propos des cercles littéraires, j'ai cité deux femmes de lettres distinguées : Mlle de Scudéry, Mme des Houlières. J'ai à nommer encore une grande dame pour qui la littérature fut, non une profession, mais un passe-temps, Mme de la Fayette ; et, au-dessus d'elle, la seule de toutes les femmes du XVIIe siècle qu'ait couronnée l'auréole du génie, bien qu'elle n'y prétendit pas, ou plutôt parce qu'elle n'y prétendait pas : Mme de Sévigné.

Mme de la Fayette et Mme de Sévigné reçurent toutes deux l'influence de l'hôtel de Rambouillet ; mais elles n'en conservèrent que la délicatesse de goût. Un naturel exquis les prémunit contre l'affectation de la préciosité.

Comme Mme de Motteville qui apporte dans ses souvenirs une remarquable élévation morale, comme la grande Mademoiselle, Mme de la Fayette a écrit d'intéressants mémoires historiques. Mais elle est surtout connue par ses romans. Elle excelle dans l'analyse psychologique dont Mlle de Scudéry avait donné l'exemple ; mais aux interminables romans de sa devancière, elle fait succéder des ouvrages d'imagination ayant un caractère tout nouveau : la mesure. Pour elle un ouvrage valait plus encore par ce qui n'y était pas que par ce qui y était. Elle disait : « Une période retranchée d'un ouvrage vaut un louis d'or, un mot, vingt sous. » M. Sainte-Beuve a fait ici cette remarque : « Cette parole a Loule valeur dans sa bouche, si l'on songe aux romans en dix volumes dont il fallait avant tout sortir. Proportion, sobriété, décence, moyens simples et de coeur substitués aux grandes catastrophes et aux grandes phrases, tels sont les traits de la réforme, ou, pour parler moins ambitieusement, de la retouche qu'elle fit du roman ; elle se montre bien du pur siècle de Louis XIV en cela[340]. »

La Princesse de Clèves est l'expression la plus achevée de cette méthode. Mais sous une forme nouvelle, c'est toujours l'idéal de l'hôtel de Rambouillet, l'idéal de Corneille : la passion sacrifiée au devoir. Et dans quelles conditions ! Mariée sans amour au prince de Clèves, Mlle de Chartres a inspiré, dès la veille de son mariage, au beau duc de Nemours, une vive passion qui, à son insu, a pénétré dans son propre coeur. Épouse, elle lutte de toute la force de sa vertu contre une affection coupable ; mais un jour, elle ne trouve d'autre moyen de salut que de fuir le lieu du combat, de quitter la cour. Le prince de Clèves s'y oppose. Alors a lieu dans le parc de Coulommiers, entre le mari et la femme, une suprême explication qui n'a d'autre témoin qu'un homme qui se cache et dont les deux époux ne soupçonnent pas la présence, un homme qui ne sait pas et qui ne doit pas savoir que la femme qu'il aime répond à sa tendresse.

---

[340] Sainte-Beuve, *Madame de la Fayette. (Portraits de femmes).*

Le duc de Nemours entend le prince de Clèves supplier sa femme de lui dire pourquoi elle veut se retirer du monde. Mais laissons Mme de la Fayette nous raconter elle-même la scène extraordinaire qui est demeurée célèbre.

« Ah ! madame ! s'écria M. de Clèves, votre air et vos paroles me font voir que vous avez des raisons pour souhaiter d'être seule ; je ne les sais point, et je vous conjure de me les dire. Il la pressa longtemps de les lui apprendre sans pouvoir l'y obliger ; et, après qu'elle se fut défendue d'une manière qui augmentoit toujours la curiosité de son mari, elle demeura dans un profond silence, les yeux baissés ; puis tout d'un coup, prenant la parole et le regardant : Ne me contraignez point, lui dit-elle, à vous avouer une chose que je n'ai pas la force de vous avouer, quoique j'en aie eu plusieurs fois le dessein. Songez seulement que la prudence ne veut pas qu'une femme de mon âge, et maîtresse de sa conduite, demeure exposée au milieu de la cour. Que me faites-vous envisager, madame, s'écria M. de Clèves ! je n'oserois vous le dire de peur de vous offenser. Mme de Clèves ne répondit point ; et son silence achevant de confirmer son mari dans ce qu'il avoit pensé : Vous ne me dites rien, reprit-il, et c'est me dire que je ne me trompe pas. Eh bien ! monsieur, lui répondit-elle en se jetant à ses genoux, je vais vous faire un aveu que l'on n'a jamais fait à un mari ; mais l'innocence de ma conduite et de mes intentions m'en donne la force. Il est vrai que j'ai des raisons pour m'éloigner de la cour, et que je veux éviter les périls où se trouvent quelquefois les personnes de mon âge. Je n'ai jamais donné nulle marque de foiblesse, et je ne craindrois pas d'en laisser paroître, si vous me laissiez la liberté de me retirer de la cour, ou si j'avais encore Mme de Chartres pour aider à me conduire. Quelque dangereux que soit le parti que je prends, je le prends avec joie pour me conserver digne d'être à vous. Je vous demande mille pardons si j'ai des sentiments qui vous déplaisent : du moins, je ne vous déplairai jamais par mes actions. Songez que, pour faire ce que je fais, il faut avoir plus d'amitié et plus d'estime pour un mari que l'on n'en a jamais eu : conduisez-moi, ayez pitié de moi, et aimez-moi encore, si vous pouvez.

« M. de Clèves étoit demeuré, pendant tout ce discours, la tête appuyée sur ses mains, hors de lui-même, et il n'avoit pas songé à faire relever sa femme. Quand elle eut cessé de parler, qu'il la vit à ses genoux, le visage couvert de larmes, et d'une beauté si admirable, il pensa mourir de douleur, et l'embrassant en la relevant : Ayez pitié de moi, vous-même, madame, lui dit-il, j'en suis digne, et pardonnez si dans les premiers moments d'une affliction aussi violente qu'est la mienne, je ne réponds pas comme je dois à un procédé comme le vôtre. Vous me paroissez plus digne d'estime et d'admiration que tout ce qu'il y a jamais eu de femmes au monde ; mais aussi, je me trouve le plus malheureux homme qui ait jamais existé....[341] »

M. de Clèves pressera vainement sa femme de lui faire connaître le nom de l'homme qui trouble le repos de la princesse. Elle ne le lui dira pas ; mais par les détails de la conversation, le mystérieux spectateur de cette scène a appris à la fois que son amour était partagé et que cet amour était sans espoir.

Plus tard d'injustes soupçons causeront au prince de Clèves un chagrin dont il mourra. Veuve, Mme de Clèves pourra épouser celui qu'elle aime autant qu'il l'adore. Mais elle voit en lui l'homme qui a innocemment causé la mort de son mari : elle brisera leurs deux coeurs pour offrir ce sacrifice à la mémoire de l'époux qu'elle se reproche de n'avoir pu aimer, et à qui elle gardera du moins la fidélité d'un pieux souvenir. Elle appelle à son aide le suprême appui et la suprême consolation des grandes douleurs : la religion.

---

[341] Mme de la Fayette, *la Princesse de Clèves*, troisième partie.

« Sa vie, qui fut assez courte, laissa des exemples de vertu inimitables. »

Mme de Clèves n'est-elle pas digne de figurer à côté de la Pauline de Corneille dans la galerie des héroïnes du devoir ?

Comme pour montrer dans quel abîme peuvent tomber les femmes qui n'ont pas eu la vaillance de Mme de Clèves pour combattre la passion, Mme de la Fayette a écrit, deux autres romans : *la Princesse de Montpensier* et *la Comtesse de Tende*. Mme de Montpensier, coupable d'intention, Mme de Tende, coupable de fait, endurent avec le mépris d'elles-mêmes le châtiment de leurs fautes ; et si la seconde avait eu le courage de faire à son mari un aveu semblable à celui de la princesse de Clèves, la malheureuse femme se serait épargné la honte d'un aveu autrement terrible : celui qui suit la chute.

En dessinant de tels tableaux, Mme de la Fayette offrait d'utiles leçons à des contemporaines qui en avaient souvent besoin. Mais elle le fit simplement, sans vouloir donner elle-même une conclusion morale à ses récits, et laissant ce soin aux poignantes situations qu'elle évoquait. Il appartenait à une femme d'avertir ainsi ses sœurs des catastrophes qu'entraîne la passion triomphante et débordante, et d'opposer ces catastrophes aux généreux sacrifices qu'exige l'accomplissement du plus austère devoir.

Mme de la Fayette exerça donc une influence littéraire et une action moralisatrice, ou, pour mieux dire, elle fit servir la première à la seconde. C'était là un but que devait naturellement poursuivre la noble femme qui mérita que La Rochefoucauld dit d'elle qu'elle était *vraie*. Elle fut vraie, en effet, aussi bien dans ses délicates peintures du coeur humain que dans les actions de sa vie privée. La Rochefoucauld avait pu juger de la sincérité de ses affections, et, pendant plus de vingt-cinq ans, l'amitié de Mme de la Fayette fut pour le coeur blessé du misanthrope, un refuge où il trouvait tout ce qu'il pouvait goûter encore de paix et de bonheur.

Les deux amis s'aidaient de leurs conseils ; Mme de la Fayette perfectionna le style du noble duc qui, sans cette influence, aurait eu peut-être la phrase incorrecte, bien que superbe, d'un Saint-Simon. Avec cette charmante modestie qui sied à la femme, Mme de la Fayette ne convenait que de la dette intellectuelle qu'elle avait elle-même contractée à l'égard de son ami, et ne se reconnaissait sur lui qu'une influence morale : « M. de la Rochefoucauld m'a donné de l'esprit, disait-elle, mais j'ai réformé son coeur. » Était-elle bien sûre de cette dernière assertion ? Pour nous en convaincre nous-mêmes, il aurait fallu que l'auteur des *Maximes* modifiât son système, et c'est ce que le duc ne fit pas. Il est néanmoins touchant que le tendre coeur de Mme de la Fayette se soit uni à cet esprit amer, comme pour le persuader par un vivant commentaire que la vraie définition de l'amitié se trouvait plutôt dans les maximes de Mme de Sablé que dans les siennes.

Mais les limites de cet ouvrage ne me permettent pas de m'arrêter aux talents secondaires, quelque, remarquables qu'ils soient. Il me faut marcher rapidement et ne faire halte que devant les talents supérieurs qui ont exercé une influence marquée sur notre littérature. C'est à ce titre que Marguerite d'Angoulême m'a si longtemps retenue devant son attachante physionomie ; c'est à ce titre encore que Mme de Sévigné me fera ralentir ma course. Toutes deux personnifient l'esprit français dans sa grâce la plus aimable, la plus sympathique, et, en même temps, elles sont restées délicieusement femmes. Elles se sont données tout entières aux affections du foyer. Marguerite a été la plus dévouée des soeurs, Mme de Sévigné la plus passionnée des mères. Elles ont, l'une et l'autre, exagéré l'expression des sentiments les plus légitimes. On l'a dit et redit : Mme de Sévigné a trop souvent fait parler à la tendresse maternelle un langage d'amant. Si Marguerite d'Angoulême voyait dans son frère, dans François Ier, le Christ de Dieu, Mme de Sévigné n'est pas bien loin de cette idolâtrie en ce qui concerne sa fille, Mme de Grignan. L'amour maternel est pour son esprit « cette pensée habituelle » que l'amour de Dieu est pour les âmes pieuses. Mme de Sévigné méritera que le grand Arnauld l'appelle « une jolie païenne ».

Comme l'amour fraternel pour Marguerite, l'amour maternel est la vie de Mme de Sévigné : « Ma fille, aimez-moi donc toujours : c'est ma vie, c'est mon âme que votre amitié. »—» La tendresse que j'ai pour vous, ma chère bonne, me semble mêlée avec mon sang, et confondue dans la moelle de mes os ; elle est devenue moi-même. »—» Adieu, ma fille, adieu, la chère tendresse de mon coeur. »—» Adieu, ma chère enfant, l'unique passion de mon coeur, le plaisir et la douleur de ma vie. »—» Aimez mes tendresses, aimez mes faiblesses ; pour moi, je m'en accommode fort bien. Je les aime bien mieux que des sentiments de Sénèque et d'Épictète. Je suis douce, tendre, ma chère enfant, jusques à la folie ; vous m'êtes toutes choses, je ne connais que vous[342]. »

Il y a là, sans doute, quelque chose de trop. Marguerite d'Angoulême est plus dans la nature lorsqu'elle prodigue à son frère les témoignages d'une adoration passionnée, parce que François Ier étant à la fois pour elle roi, père et frère, elle n'abaisse pas sa dignité en se courbant devant celui qui, pour elle, a la double délégation de l'autorité royale et de l'autorité domestique. Mais en se mettant pour ainsi dire aux pieds de sa fille, Mme de Sévigné sacrifie trop son droit maternel, et au temps où la place de la mère était si élevée

---

[342] Mme de Sévigné, *Lettres*. A Mme de Grignan, 9 février, 18 et 31 mai 1671 ; 8 janvier 1674, 8 novembre 1680.

dans les foyers chrétiens, certaines expressions de l'aimable épistolière nous choquent comme de fausses notes.

De là à conclure que Mme de Sévigné n'était pas sincère dans l'expression de son attachement maternel, il y a loin ; et ceux qui lui adressent ce reproche ne le lui feraient pas, s'ils avaient attentivement recueilli dans ses lettres tant de passages où le coeur d'une mère déborde avec une naturelle effusion.

Et, d'ailleurs, ne soyons pas trop sévères pour cette passion maternelle à laquelle nous sommes redevables de tant de pages ravissantes. Souvent séparée de Mme de Grignan, Mme de Sévigné, de même qu'elle ne peut converser qu'avec les personnes à qui elle parle de sa fille, ne retrouve qu'en lui écrivant la pleine liberté de son aimable esprit. Pour les autres, sa plume lui pèse et « laboure » ; mais, pour sa fille, cette plume trotte « la bride sur le cou » et l'on sent bien la vérité de cette phrase si connue : « Je vous donne avec plaisir le dessus de tous les paniers, c'est-à-dire la fleur de mon esprit, de ma tête, de mes yeux, de ma plume, de mon écritoire, et puis le reste va comme il peut[343]. »

Dans ses lettres, Mme de Sévigné est le plus fidèle miroir de son époque ; miroir brillant dont le grand siècle avait lui-même d'ailleurs poli la glace et taillé les facettes, mais qui devait une grande partie de son éclat à sa propre nature.

Mme de Sévigné avait, en effet, la radieuse imagination des gens qui sont nés pour le bonheur ; et Mme de la Fayette avait raison de lui dire dans le portrait qu'elle traça d'elle :

---

[343] 1er décembre 1675.

« La joie est l'état véritable de votre âme, et le chagrin vous est plus contraire qu'à personne du monde[344]. »

Cependant Mme de Sévigné put d'autant moins éviter le chagrin que l'unique objet en qui s'était concentrée toute sa puissance d'affection, devint pour cette femme « naturellement tendre et passionnée[345] » une cause presque continuelle de douleur. Souvent éloignée de Paris, souvent malade et d'humeur inégale, Mme de Grignan faisait souffrir sa mère tantôt par son absence, tantôt, malgré sa filiale affection, par sa présence même. Mais quand le caractère est gai, la tristesse peut bien déposer son amertume dans le coeur, le sourire garde si naturellement son pli qu'il rayonne encore au milieu des larmes. Aussi, bien que le souffle de la douleur vînt parfois ternir le miroir enchanté dont je parlais tout à l'heure, l'ombre disparaissait, et dans le miroir apparaissait avec un merveilleux relief tout ce qui venait s'y réfléchir.

Avec l'imagination qui reproduit les tableaux qui s'y sont fixés, Mme de Sévigné avait le goût éclairé qui les choisit. Elle avait aussi la vivacité et la mobilité d'impression qui faisaient d'elle l'écho de tous les bruits du monde, écho tour à à tour joyeux ou attendri, grave ou léger. Avec elle nous devenons ses contemporains. Voici les fêtes que remplit le majestueux éclat du Roi-Soleil, les batailles qui vont répandre au loin la gloire de son nom ; voici les petites intrigues et les grands événements, les aventures galantes de la cour, et, devant le règne officiel des favorites, la foudroyante éloquence de l'orateur sacré qui tonne contre l'adultère ; les spirituels caquets du monde et les grandes leçons de l'histoire ; les mariages souvent basés sur l'intérêt, mais

---

[344] *Portrait de la marquise de Sévigné*, par Mme la comtesse de la Fayette, sous le nom d'un inconnu.
[345] *Id.*

parfois illuminés d'un rayon d'amour ; les morts des grands capitaines, « ce canon chargé de toute éternité » qui enlève Turenne au-milieu des cris et des pleurs de ses soldats ivres de vengeance, et qui conduit le cercueil du héros dans la royale nécropole de Saint-Denis, au milieu d'une pompe funèbre transformée en pompe triomphale par les populations éperdues et pleurant le suprême espoir de la France ; puis c'est le grand Coudé montrant, à l'heure de sa mort, à l'heure des derniers combats, le calme, la sérénité que l'on admirait en lui aux jours de bataille...

L'imagination de Mme de Sévigné est si riche de son propre fonds que pour s'animer elle n'a pas besoin du mouvement de Paris ou de Versailles. Les habitudes de la province, la retraite même dans une austère campagne ne l'assombrissent pas. C'est avec entrain que Mme de Sévigné nous décrit les États de Bretagne avec leurs plaisirs assurément moins délicats que bruyants, et ces interminables repas qui lui font désirer de mourir de faim et de se taire. En avant, les paysans bretons avec leurs costumes pittoresques et leurs âmes « plus droites que des lignes, aimant la vertu comme naturellement les chevaux trottent[346] ! » Avec quel charme rustique Mme de Sévigné nous dépeint la fenaison ! A Vichy, elle nous fera rire avec elle de la bourrée d'Auvergne ; une autre fois, elle nous fera frissonner du spectacle que présente une forge avec les « démons » qui s'agitent dans cet enfer, « tous fondus de sueur, avec des visages pâles, des yeux farouches, des moustaches brutes, des cheveux longs et noirs[347]. » En voyage, tout l'occupe, tout l'amuse, la nuit passée sur la paille, le carrosse qui verse. Mais elle se plaît surtout aux beaux aspects de la route, car elle aime la nature ; elle l'aime du moins à la manière de nos trouvères du moyen âge qui, d'accord en cela avec Homère,

---

[346] 21 juin 1680.
[347] Gien, 1er octobre 1677.

n'indiquent que d'un trait rapide et gracieux le paysage qui les enchante[348]. La nature plaît à Mme de Sévigné dans ses aspects les plus variés, les plus opposés même. Aux Rochers, la sombre « horreur » de sa chère forêt la fait rêver. Elle regrette seulement d'y entendre, le soir, le hibou au lieu de « la feuille qui chante », cette feuille dont la mélodie ne devait pas lui manquer à Livry, alors que dans ce riant séjour où elle trouvait « tout le triomphe du mois de mai » elle disait : « Le rossignol, le coucou, la fauvette, ont ouvert le printemps dans nos forêts[349] ». C'est encore à Livry que Mme de Sévigné regardait le brocart d'or des feuilles d'automne avec un oeil d'artiste qui le trouvait plus beau encore que le vert naissant.

Jusqu'aux jours de pluie à la campagne, tout est bon à ce charmant et solide esprit. N'est-ce pas alors le moment d'aller chercher sur les tablettes de son petit cabinet les livres substantiels dont elle se nourrit ? Que de fois elle nous initie aux lectures que lui donnent, parmi les auteurs anciens, Virgile, Tacite, Lucien, Plutarque, Josèphe, les Pères de l'Église ; puis des écrivains modernes : Montaigne, Pascal, Nicole, Malebranche, Bossuet, Bourdaloue qu'elle nomme « le grand Pan », Fléchier, Mascaron, les historiens de l'Église et de la France ; Corneille enfin, Corneille à qui elle restera fidèle toute sa vie et qu'elle élèvera au-dessus de Racine : « Vive donc notre vieil ami Corneille ! Pardonnons-lui de méchants vers en faveur des divines et sublimes beautés qui nous transportent ; ce sont des traits de maître qui sont inimitables[350]. »

Mme de Sévigné goûtait naturellement La Fontaine : leurs esprits étaient de même race, c'est-à-dire de la vieille trempe

---

[348] M. Léon Gautier, *les Épopées françaises*.
[349] 29 avril 1671, 26 juin 1680.
[350] 16 mars 1672.

française. Malheureusement l'enjouée marquise ne s'en tint pas aux fables du poète. Elle ne raya pas plus de ses lectures françaises les Contes de La Fontaine qu'elle n'avait excepté de ses lectures italiennes les Contes de Boccace. J'aime mieux rappeler ici l'attrait qu'avait pour elle Le Tasse.

Mme de Sévigné avait conservé, au milieu même de ses plus solides occupations intellectuelles, la passion des romans de cape et d'épée. Son goût se moquait du style de ces ouvrages ; mais son imagination se laissait prendre « à la glu » des aventures héroïques et des beaux sentiments.

De l'hôtel de Rambouillet, elle avait gardé, avec ce faible, une insurmontable aversion pour les compagnies ennuyeuses. Elle excellait à s'en défaire, et appelait cela : écumer son pot. On se souvient de cette lunette d'approche qui, par l'un de ses bouts, faisait voir les gens à deux lieues de soi, et qu'elle dirigeait si volontiers dans ce sens pour regarder une compagnie déplaisante où figurait Mlle du Plessis. En ce qui concerne cette pauvre fille qui, malgré ses ridicules, avait de bons sentiments, on ne peut s'empêcher de trouver Mme de Sévigné bien cruelle dans les railleries dont elle l'accable. La charité est plus d'une fois absente, d'ailleurs, de ses lettres trop spirituelles pour n'être pas quelquefois méchantes. Malgré les conseils de modération qu'elle donne à sa fille, on peut l'accuser aussi d'avoir trop vivement épousé les querelles des Grignan. Elle mérita bien qu'un jour son confesseur lui refusât l'absolution pour avoir gardé trop de rancune à l'évêque de Marseille. Mais ces colères ne furent dans sa vie que de passagers accidents. La bonté, le dévouement, voilà ce qui y domine. Les chagrins d'autrui la trouvaient profondément sensible. Elle a retracé avec une naturelle et communicative émotion les déchirements des pertes domestiques : Mme de Longueville pleurant son fils, Mlle de la Trousse se jetant sur le corps de sa vieille mère qui vient d'expirer ; Mme de Dreux, avide de revoir sa mère en sortant de prison, et apprenant avec un poignant désespoir que le chagrin de sa captivité a tué cette mère chérie. Mme de la Fayette voit-elle mourir son vieil ami, le duc de la Rochefoucauld : « Rien ne pouvait être comparé à la confiance et aux charmes de leur amitié, » dit Mme de Sévigné... « Tout se consolera, hormis elle[351]. »

Ce mot révèle une âme qui connaissait l'amitié. Mme de Sévigné fut, on le sait, une amie dévouée jusqu'au sacrifice. Elle n'hésita pas à se compromettre pour de chers proscrits. Avec quelle ardente sollicitude elle suit le procès de Fouquet, le « cher malheureux ! » Jamais elle ne fera une cour plus empressée à M. de Pomponne et à sa famille que dans la disgrâce de ce ministre, et avec quelle délicatesse ! « Je leur rends des soins si naturellement, que je me retiens, de peur que le vrai n'ait l'air d'une affectation et d'une fausse générosité : ils sont contents de moi[352]. »

Dans ce noble coeur vit aussi la passion pour la gloire de la France. Quelle patriotique fierté dans le récit de l'entrevue de Louis XIV avec l'ambassadeur de Hollande ! « Le roi prit la parole, et dit avec une majesté et une grâce merveilleuse, qu'il savait qu'on excitait ses ennemis contre lui ; qu'il avait cru qu'il était de sa prudence de ne se pas laisser surprendre, et que c'est ce qui l'avait obligé à se rendre si puissant sur la mer et sur la terre, afin d'être en état de se défendre ; qu'il lui restait encore quelques ordres à donner, et qu'au printemps il ferait ce qu'il trouverait le plus avantageux pour sa gloire, et pour le bien de son État ; et fit comprendre ensuite à l'ambassadeur, par un signe de tête, qu'il ne voulait point de réplique[353]. »

---

[351] 17 et 26 mars 1680.
[352] 29 novembre 1679.
[353] 5 janvier 1672.

Ce signe de tête nous fait rêver au Jupiter olympien d'Homère. Où est le temps où la France avait le droit et le pouvoir de manifester ainsi sa volonté à l'Europe ?

Mme de Sévigné aime aussi la France dans ses soldats. Avec quel vif plaisir elle dit après le passage du Rhin : « Les Français sont jolis assurément : il faut que tout leur cède pour les actions d'éclat et de témérité ; enfin il n'y a plus de rivière présentement qui serve de défense contre leur excessive valeur[354]. »

Enfin, à la mort de Turenne, quelle patriotique douleur ! Nous en avons déjà entendu l'écho.

C'est ici le lieu d'aborder une question délicate. On a accusé Mme de Sévigné d'avoir traité avec une cruelle légèreté ce qu'il y a de plus poignant pour le sentiment national : la guerre civile et les terribles répressions qu'elle entraîne. C'est à l'occasion des troubles de Bretagne que Mme de Sévigné a encouru ce grave reproche. Il me paraît utile de bien pénétrer ici la pensée de la marquise.

Sans doute, dans plus d'un endroit de ses lettres, Mme de Sévigné s'exprime avec une étrange désinvolture sur les exécutions qui remplissaient d'horreur la Bretagne. Mais il ne faut pas oublier que, liée avec le gouverneur de Bretagne, et écrivant à Mme de Grignan, femme du lieutenant général du roi en Provence, elle est obligée à une grande circonspection de langage. S'exprimer autrement, alors qu'une lettre pouvait être décachetée en route, n'était-ce pas faire perdre à son fils l'appui de M. de Chaulnes, n'était-ce pas aussi compromettre aux yeux du roi la chère correspondante à qui elle aurait confié les sentiments de réprobation que soulevaient dans son cœur des ordres iniques ? Ces sentiments ne se font-ils

---

[354] 3 juillet 1672.

pas jour çà et là ? Je ne sais si je m'abuse ; mais sous l'apparente légèreté avec laquelle Mme de Sévigné parle des malheurs de la Bretagne, je crois voir non de l'indifférence, mais une ironie amère. Les véritables sentiments de la marquise paraissent se trahir plus d'une fois : « Je prends part à la tristesse et à la désolation de toute la province... Me voilà bien Bretonne, comme vous voyez ; mais vous comprenez bien que cela tient à l'air que l'on respire, *et aussi à quelque chose de plus* ; car, de l'un à l'autre, toute la province est affligée.[355] »

Quelles réflexions seraient plus éloquentes que ce tableau : « Voulez-vous savoir des nouvelles de Rennes ? Il y a présentement cinq mille hommes, car il en est encore venu de Nantes. On a fait une taxe de cent mille écus sur les bourgeois ; et si on ne trouve point cette somme dans vingt-quatre heures, elle sera doublée, et exigible par des soldats. On a chassé et banni toute une grande rue, et défendu de les recueillir sur peine de la vie ; de sorte qu'on voyait tous ces misérables, femmes accouchées, vieillards, enfants, errer en pleurs au sortir de cette ville, sans savoir où aller, sans avoir de nourriture ; ni de quoi se coucher. Avant-hier on roua un violon qui avait commencé la danse et la pillerie du papier timbré ; il a été écartelé après sa mort, et ses quatre quartiers exposés aux quatre coins de la ville... On a pris soixante bourgeois ; on commence demain à pendre. » Malheureusement, pour faire passer ces paroles où frémit une indignation contenue, Mme de Sévigné ajoute des lignes qui lui sont peut-être inspirées aussi par la crainte des insultes auxquelles serait exposée sa fille si la Provence se révoltait comme la Bretagne.

« Cette province est d'un bel exemple pour les autres, et surtout de respecter les gouverneurs et les gouvernantes, de

---

[355] 20 octobre 1675.

ne leur point dire d'injures, et de ne point jeter de pierres dans leur jardin[356]. » Telles étaient, en effet, les avanies qu'avaient eu à souffrir le duc et la duchesse de Chaulnes. Mais ne semble-t-il pas que le ton qu'emploie Mme de Sévigné dénote qu'elle trouve la rigueur du châtiment bien disproportionnée à la gravité de l'offense ? Ne dit-elle pas plus tard : « Rennes est une ville comme déserte ; les punitions et les taxes ont été cruelles[357] ? » Ailleurs encore, elle dira les atrocités de la répression. Je reconnais cependant que je voudrais une moins prudente réserve et une plus vigoureuse indignation dans la petite-fille de sainte Chantal, dans la femme qui tentait d'arracher un galérien à ce supplice qu'elle se représentait sous de si vives couleurs. Il est vrai que, même en demandant la grâce d'un forçat, la marquise dissimule un sourire ; il est vrai aussi que la description du bagne frappe plus son imagination que son coeur, et qu'elle se promet un plaisir d'artiste à voir un tel spectacle : « Cette nouveauté, à quoi rien ne ressemble, touche ma curiosité ; je serai fort aise de voir cette sorte d'enfer. Comment ! des hommes gémir jour et nuit sous la pesanteur de leurs chaînes ? » Elle exprime par un vers italien l'étrange attrait qu'aurait pour elle ce tableau :

« E' di mezzo l'orrore esce il diletto[358]. »

Et du milieu de l'horreur naît le plaisir.

Ne nous pressons pas trop de conclure que Mme de Sévigné était insensible aux généreuses émotions de la charité chrétienne. Peut-être les vertus dont on parle le plus ne sont-elles pas toujours celles que l'on pratique le mieux.

---

[356] 30 octobre 1675.
[357] 13 novembre 1675.
[358] 13 mai 1671.

Il m'est plus difficile d'excuser la légèreté avec laquelle Mme de Sévigné rapporte certaines anecdotes ou juge certaines situations. Nous n'aimons pas à l'entendre raconter à sa fille de scandaleuses aventures. Nous ne lui pardonnons pas surtout de dire à cette même fille qu'elle conseillerait à une femme trahie de jouer *quitte à quitte* avec son mari. C'étaient là de ces propos mondains auxquels elle ne réfléchissait sans doute pas, elle qui, dans la même situation, était demeurée fidèle au devoir.

Dans d'autres circonstances, Mme de Sévigné fait preuve d'un jugement plus sain. Cette femme qui semble tout au présent a compris le néant de ce qui passe. Mais elle ne veut de la philosophie qu'autant que celle-ci est chrétienne. Bien que des impressions jansénistes viennent se mêler à sa foi, cette foi reste humble et soumise. La petite-fille de sainte Chantal voit en tout les desseins de la Providence ; elle s'abandonne avec une confiante sérénité à la souveraine puissance qui nous guide. Lorsqu'un fils est né à Mme de Grignan, elle dit, à celle-ci avec l'accent d'une mère chrétienne : « Ma fille, vous l'aimez follement ; mais donnez-le bien à Dieu, afin qu'il vous le conserve... Donnez-le à Dieu, si vous voulez qu'il vous le donne[359]. » Elle a beau ajouter à ce conseil une note rieuse, elle sait bien qu'une chose seule est nécessaire : la direction de la vie vers le salut éternel.

Et cependant avec quelle confusion elle s'accuse de se laisser détourner de cette pensée !

C'est encore une forte chrétienne qui a écrit à M. de Coulanges cette superbe lettre sur la mort de Louvois et sur le conclave :

---

[359] 13 décembre 1671.

« Je suis tellement éperdue de la nouvelle de la mort très subite de M. de Louvois, que je ne sais par où commencer pour vous en parler. Le voilà donc mort, ce grand ministre, cet homme si considérable, qui tenait une si grande place ; dont le *moi*, comme dit M. Nicole, était si étendu ; qui était le centre de tant de choses : que d'affaires, que de desseins, que de projets, que de secrets, que d'intérêts à démêler, que de guerres commencées, que d'intrigues, que de beaux coups d'échecs à faire et à conduire ! Ah, mon Dieu ! donnez-moi un peu de temps ; je voudrais bien donner un échec au duc de Savoie, un mat au prince d'Orange ; non, non, vous n'aurez pas un seul, un seul moment... » Sous une forme familière, n'est-ce pas ici la haute inspiration de Bossuet ?

« Quant aux grands objets qui doivent porter à Dieu, poursuit Mme de Sévigné, vous vous trouvez embarrassé dans votre religion sur ce qui se passe à Rome et au conclave ; mon pauvre cousin, vous vous méprenez. J'ai ouï dire qu'un homme d'un très bon esprit tira une conséquence toute contraire au sujet de ce qu'il voyait dans cette grande ville : il en conclut qu'il fallait que la religion chrétienne fût toute sainte et toute miraculeuse de subsister ainsi par elle-même au milieu de tant de désordres et de profanations ; faites donc comme lui, tirez les mêmes conséquences, et songez que cette même ville a été autrefois baignée du sang d'un nombre infini de martyrs ; qu'aux premiers siècles toutes les intrigues du conclave se terminaient à choisir entre les prêtres celui qui paraissait avoir le plus de zèle et de force pour soutenir le martyre ; qu'il y eut trente-sept papes qui le souffrirent l'un après l'autre, sans que la certitude de cette fin leur fît fuir ni refuser une place où la mort était attachée, et quelle mort ! Vous n'avez qu'à lire cette histoire, pour vous persuader qu'une religion subsistante par un miracle continuel, et dans son établissement et dans sa durée, ne peut être une imagination des hommes... Lisez saint Augustin dans sa *Vérité de la Religion*... Ramassez donc toutes ces idées, et ne jugez pas si légèrement ; croyez que, quelque manège qu'il y ait dans le conclave, c'est toujours le Saint-Esprit qui fait le pape ; Dieu fait tout, il est le maître de tout, et voici comme nous devrions penser : j'ai lu ceci en bon lieu : *Quel mal peut-il arriver à une personne qui sait que Dieu fait tout, et qui aime tout ce que Dieu fait ?* Voilà sur quoi je vous laisse, mon cher cousin[360]. »

Cette chrétienne qui savait si bien juger du néant des choses humaines, et qui croyait avec une si ferme confiance que rien de mal ne peut arriver à la créature qui voit en tout la volonté d'un Dieu paternel, cette chrétienne avait cependant redouté la mort : « Je trouve la mort si terrible, écrivait-elle, que je hais plus la vie parce qu'elle m'y mène que par les épines dont elle est semée[361]. » Mais les solides lectures dont Mme de Sévigné se nourrissait, les enseignements religieux qu'elle s'appliquait de plus en plus affermirent son âme, et elle mourut avec le courage chrétien. Elle acheva sa vie auprès de ce qu'elle avait de plus cher au monde : cette fille bien-aimée qui fut l'occasion de sa gloire littéraire.

Ce n'est pas sans tristesse que nous voyons disparaître la noble et charmante femme. En nous initiant à ses sentiments, à ses occupations, elle nous fait vivre de sa propre vie, et lorsqu'elle nous quitte, il nous semble qu'elle emporte quelque chose de notre propre vie.

Si une exquise civilisation a seule pu produire Mme de Sévigné, l'illustre épistolière a bien rendu à la société ce qu'elle lui devait. C'est sur les femmes principalement qu'elle a exercé une grande influence. Sans doute, elle ne pouvait leur léguer ce génie naturel qui donne à ses lettres le trait profond et juste de la pensée, la grâce piquante et le tour

---

[360] 26 juillet 1691.
[361] 16 mars 1672.

inimitable de l'expression. Mais elles ont appris de ce merveilleux modèle que le secret de l'art épistolaire est de laisser parler avec naturel et simplicité un cœur aimant, un esprit solidement et délicatement cultivé.

Avec moins d'abandon, Mme de Maintenon donne aux femmes un enseignement analogue. Nous l'avons vu dans le chapitre où l'éducation de Saint-Cyr nous a longuement occupée. La solidité est plus apparente dans les lettres de Mme de Maintenon que dans celles de Mme de Sévigné. Aussi l'esprit pratique de Napoléon Ier accordait-il aux premières la préférence qu'une viande substantielle lui paraissait devoir mériter sur « un plat d'oeufs à la neige. » J'avoue humblement que malgré ma sympathique admiration pour la fondatrice de Saint-Cyr, et en dépit même des réserves que j'ai faites en parlant de Mme de Sévigné, celle-ci a toute ma prédilection, et que je ne sais me dérober à ce charme fascinateur qu'elle exerce comme Marguerite d'Angoulême : la vivacité de l'esprit français unie à la sensibilité d'un coeur de femme.

Au point de vue littéraire, c'est faire une lourde chute que de quitter le style gracieux, ailé de Mme de Sévigné, pour la prose massive de Mme Dacier. Le nom de cette dernière ne saurait cependant être omis dans un chapitre consacré à l'influence intellectuelle de la femme. Par ses publications et ses traductions d'auteurs anciens, elle a rendu de réels services aux lettres françaises. Quels que soient les défauts de son style, son manque de goût, la fausse élégance qu'elle prête parfois à Homère, ou l'allure bourgeoise par laquelle elle traduit l'inimitable naïveté du poète, quelle que soit aussi la violence de la polémique qu'elle soutint pour le défendre, elle contribua puissamment à remettre en honneur les antiques modèles du beau, et sa version de l'*Iliade* et de l'*Odyssée*, la meilleure qui eût paru jusqu'alors, est demeurée populaire. Malheureusement elle voulut se montrer trop virile, et en pareil cas, la femme perd sa grâce native sans acquérir la force de l'homme[362].

Les femmes du XVIIe siècle laissèrent leur empreinte non seulement sur les lettres, mais aussi sur les arts. Nous avons dit la protection éclairée qu'au XVIIe siècle de grandes dames, des princesses, des reines, accordèrent à la peinture, à la sculpture, à l'architecture, aux arts industriels. Des femmes, appartenant pour la plupart aux familles de peintres éminents, honorèrent par leurs propres travaux les noms qu'elles portaient. Telles furent Mme Restout, née Madeleine Jouvenet, soeur et élève de Jean Jouvenet, et les deux soeurs des frères Boulogne, Geneviève et Madeleine qui, toutes deux, furent reçues à l'Académie royale de peinture et de sculpture. C'est un fait touchant que celui de ces soeurs s'unissant à leurs frères dans le culte de l'art.

Au XVIIIe siècle, plusieurs femmes appartinrent aussi à l'Académie de peinture et de sculpture. L'une d'elles était la femme et l'élève d'un peintre renommé, Vien[363]. Une autre est demeurée célèbre par ses portraits ; c'est Mme Vigée-Lebrun.

La marquise de Pompadour se fit remarquer comme graveur. Protectrice des arts, elle encouragea naturellement le voluptueux pinceau de Boucher. Il y a loin de cette influence à celle de la duchesse d'Aiguillon protégeant le noble et religieux génie des Le Sueur et des Poussin. C'est toute la différence du XVIIe siècle au XVIIIe.

Avec l'art, nous sommes entrée dans le XVIIIe siècle. C'est par les salons que se font désormais les renommées

---

[362] Egger, *Mémoires de littérature ancienne* ; M. l'abbé Fabre, *la Jeunesse de Fléchier* les lettres inédites de Mme Dacier, publiées dans l'appendice de cet ouvrage.
[363] Villot, *Notice des tableaux du Louvre*. École française.

littéraires, et plusieurs des femmes qui président à ces cercles y brillent par leur mérite personnel. Toute déconsidérée qu'elle fût, Mme de Tencin réunissait autour d'elle des hommes d'esprit et de talent qu'elle appelait irrévérencieusement *ses bêtes* : c'était Montesquieu, Fontenelle.

Chose étrange, Mme de Tencin, l'une des femmes qui concoururent le plus effrontément à la corruption de la Régence, a laissé des romans où ses moeurs sont bien loin de se refléter. Le libertinage de sa vie contraste avec les sentiments ingénus et délicats qui respirent dans son chef-d'oeuvre : *les Mémoires du comte de Comminges*, « le plus beau titre littéraire des femmes dans le XVIIIe siècle », a dit M. Villemain[364].

Les assises du bel esprit se tenaient aussi à Sceaux, chez la duchesse du Maine. A sa cour apparaissaient Voltaire, Fontenelle, Chaulieu, La Motte, puis des femmes distinguées qui devaient avoir un nom ou une influence littéraire, Mlle de Launay et deux grandes dames qui tinrent des salons renommés : la marquise de Lambert, la marquise du Deffand.

Les *Mémoires* de Mlle de Launay, a dit M. Villemain, « sont curieux à plus d'un titre, et surtout parce qu'ils marquent une époque de la langue et du goût, un certain art de simplicité mêlée de finesse, d'élégance discrète et de bienséance ingénieuse. C'était le ton de la cour de Sceaux. C'était le style net et fin qui plaît dans La Motte, auquel Fontenelle ajouta de nouvelles grâces, que Mairan, Mme de Lambert, Maupertuis employèrent avec goût, que Montesquieu mêla parfois à son génie, et dont quelques nuances se retrouvent dans la concision piquante de Duclos et dans la subtilité

---

[364] M. Villemain, *Tableau de la littérature au XVIIIe siècle*. Onzième leçon.

prétentieuse de Marivaux. Sous la plume de Mlle de Launay, ce style est à son point de perfection, poli, enjoué, facile, et parfois, lorsque son cour est engagé dans ce qu'elle raconte, vif et coloré, en dépit de la modestie de l'expression[365]. »

Malheureusement le souffle des plus amères déceptions avait desséché le cour de Mlle de Launay, sans que ce pauvre coeur pût se retremper à la source de ces consolations religieuses qu'elle était loin pourtant de méconnaître. Ses *Mémoires* ne laissent dans l'âme du lecteur qu'une sensation de vide et de découragement.

Bien différente est l'impression que produisent les écrits de la marquise de Lambert à qui M. Villemain reconnaît un style de même race que celui de Mlle de Launay. On sent que, disciple de Fénelon, elle a passé une partie de sa vie dans le XVIIe siècle, et la pensée chrétienne donne à ses écrits l'élévation morale et la douce chaleur du sentiment.

Moraliste aimable, elle n'avait écrit que pour ses enfants, et ce fut malgré elle que ses oeuvres furent livrées à la publicité. Ne nous en plaignons pas, nous qui avons respiré dans ces pages exquises les plus généreux sentiments d'honneur chevaleresque, de pureté morale, de tendresse contenue. J'ai cité plus haut les *Avis* que Mme de Lambert donna à son fils et à sa fille[366]. Comme Cicéron, elle écrivit un traité sur l'*Amitié*, un autre sur la *Vieillesse*[367]. Si les limites de mon ouvrage me le permettaient, je citerais plus d'une page du traité de l'*Amitié*. Peut-être même ces pages qui expriment sous une forme plus délicate et plus châtiée, des pensées analogues à celles que j'ai empruntées à Mme de Sablé, auraient-elles plus mérité que les maximes de cette

---

[365] Villemain, *l. c.*

[366] Voir notre chapitre II.

[367] On lui doit aussi des *Réflexions sur les femmes* et d'autres opuscules.

dernière une citation spéciale dans mon étude. Mais en accordant cette place aux réflexions de Mme de Sablé, je ne pouvais oublier qu'elle a en quelque sorte créé la littérature des *Maximes*.

Le marquis d'Argenson a rendu un digne hommage à Mme de Lambert, à son caractère, à l'influence qu'elle exerça et qui fit de son salon le seuil de l'Académie française[368].

Ce salon était encore un héritage du XVIIe siècle par les goûts littéraires de la marquise, par ses croyances religieuses, et même par le *précieux* dont elle aurait gardé quelque reste s'il faut en croire, non ses écrits parfaitement naturels, mais le témoignage de son ami le marquis d'Argenson.

Les salons qui devaient succéder à ce cercle ont un autre caractère et sont bien du XVIIIe siècle.

Foncièrement ignorantes de tout, les femmes du XVIIIe siècle parlent de tout, raisonnent ou déraisonnent sur tout, mais toujours avec cette grâce piquante qui distingue la conversation du XVIIIe siècle. Ce qui domine alors, c'est le trait d'esprit, c'est le brillant, vrai ou faux, peu importe, pourvu que le stras miroite. Au milieu de tout ce clinquant et de tout ce cliquetis de paroles, le marquis d'Argenson regrettait la causerie grave et noble de l'hôtel de Rambouillet, cette causerie dont le salon de Mme de Lambert lui apportait sans doute un dernier écho.

Cependant, quelle que soit sa nouvelle allure, rapide et brillante, la causerie a plus que jamais les caractères distinctifs de l'esprit français, la clarté, la précision. Et les salons qui seuls, comme je le rappelais plus haut, donnent la célébrité aux oeuvres de l'intelligence, les salons demandent

---

[368] Marquis d'Argenson, *Mémoires*.

au savant, comme au littérateur, que dans ses écrits même il parle leur langue. Dépouillant l'appareil doctrinal, la science se fait aimable pour se présenter aux belles dames.

« Point de livre alors, dit M. Taine, qui ne soit écrit pour des gens du monde et même pour des femmes du monde. Dans les entretiens de Fontenelle sur *la Pluralité des mondes*, le personnage central est une marquise. » Voltaire, qui a dédié *Alzire* à Mme du Chatelet, écrit pour elle *la Métaphysique* et *l'Essai sur les moeurs*. C'est pour Mme d'Épinay que Rousseau compose *l'Émile*.

« Condillac écrit *le Traité des sensations*, d'après les idées de Mlle Ferrand, et donne aux jeunes filles des conseils sur la manière de lire sa *Logique*. Baudeau adresse et explique à une dame son *Tableau économique*. Le plus profond des écrits de Diderot est une conversation de Mlle de l'Espinasse avec d'Alembert et Bordeu. Au milieu de son *Esprit des lois*, Montesquieu avait placé une invocation aux Muses. Presque tous les ouvrages sortent d'un salon, et c'est toujours un salon qui, avant le public, en a les prémices[369]. »

Les femmes trouveront-elles, dans le courant scientifique qui les enveloppe, l'instruction que ne leur a pas donnée leur première éducation ? Non ; les connaissances qu'elles acquièrent dans le commerce superficiel du monde, et qui manquent de base, ces connaissances faussent plus leur jugement qu'elles ne le fortifient. Les femmes n'auront guère ajouté que la pédanterie à l'ignorance. Nous trouverons cependant des exceptions. L'une nous sera donnée par le monde des salons, dans la personne de Mme du Chatelet, qui écrit *les Institutions de physique*, *l'Analyse de la philosophie de Leibnitz*, et qui traduit *les Principes de Newton*. Nous rencontrerons encore un autre exemple de vaillant labeur

---

[369] Taine, *les Origines de la France contemporaine. L'ancien régime.*

intellectuel, bien loin des salons parisiens, au fond d'une province, dans ce château vendéen où une jeune fille, Mlle de Lézardière, s'imposait une tâche écrasante : *la Théorie des lois politiques de la monarchie française*. M. Augustin Thierry lui a reproché d'avoir nié l'influence romaine dans la monarchie franke et d'avoir groupé d'après les besoins de sa thèse, les vieux monuments législatifs qu'elle cite ; mais il ne peut s'empêcher d'admirer dans l'oeuvre de Mlle de Lézardière, l'enchaînement des idées, le soin avec lequel les documents les plus arides ont été compulsés, la sagacité que l'auteur apporte souvent pour traiter des questions ardues. M. Augustin Thierry avoue que si la Révolution n'avait pas entravé la publication de ce livre, il eût pu faire secte[370].

Les femmes du XVIIIe siècle embrassent avec ardeur les principes de la philosophie nouvelle, triste philosophie qui, en sapant toutes les croyances, allait amener l'effondrement social de notre pays. Les femmes rivalisent avec les hommes pour monter à l'assaut des vérités religieuses. Elles font gloire de leur athéisme. L'une traite Voltaire de bigot parce qu'il est déiste[371].

Mme Geoffrin, femme peu instruite, mais « riche vaniteuse[372], » donne de célèbres soupers philosophiques grâce auxquels elle devient pendant quarante ans « une manière de dictateur de l'esprit, des talents, du mérite et de la bonne compagnie[373]. » Les encyclopédistes qui se réunissent chez elle, se retrouvent aussi chez Mlle de l'Espinasse, cette brillante transfuge du salon de Mme du Deffand.

---

[370] Augustin Thierry, *Considérations sur l'histoire de France*.

[371] Caro, *la Fin du XVIIIe siècle*.

[372] Cuvillier-Fleury, *Une reine de Saba de la rue Saint-Honoré*. (*Posthumes et revenants*.)

[373] Témoignage d'un annotateur de Montesquieu, cité dans l'ouvrage ci-dessus.

En dépit de sa liaison avec Voltaire, la marquise du Deffand a de l'antipathie pour les philosophes ; mais elle n'a pas respiré en vain le souffle d'incrédulité qui émane de leurs doctrines. Elle voudrait croire, elle ne le peut. Aussi, bien que son salon du couvent de Saint-Joseph[374] fût l'un des plus aristocratiques et des plus spirituels de Paris, bien que, vieille et aveugle, elle fit de sa vie une fête perpétuelle, l'ennui est au fond de son âme, ennui mortel, incurable, que laissent à leur place les croyances disparues. Elle le caractérisait, cet ennui, par l'un de ces traits profonds qui distinguent sa correspondance : « La société présente est un commerce d'ennui ; on le donne, on le reçoit, ainsi se passe la vie[375]. » Elle écrivait cela à la duchesse de Choiseul, l'amie et la protectrice de l'abbé Barthélemy, la femme ravissante que nous avaient fait connaître les témoignages enthousiastes de ses contemporains, et que nous révèlent mieux encore ses lettres remplies de vivacité et de charme sympathique. Elle aussi, cependant, la noble et généreuse femme, elle cherchait ailleurs que dans le christianisme le principe de sa tendre charité. Tout en détestant Rousseau, elle n'avait d'autre religion que la profession de foi du vicaire savoyard[376].

Rousseau, qui avait soulevé parmi les femmes un ardent enthousiasme, dut perdre plus d'une admiratrice par ses *Confessions*. Plus d'une, en effet, devait partager le sentiment de la comtesse de Boufflers écrivant à Gustave III : « Je charge, quoiqu'avec répugnance, le baron de Cederhielm de vous porter un livre qui vient de paraître : ce sont les infâmes mémoires de Rousseau, intitulés *Confessions*. Il me paraît que ce peut être celles d'un valet de basse-cour, au-

---

[374] Actuellement le ministère de la guerre. Marquis de Saint-Aulaire, *Correspondance complète de Mme du Deffand*, 1877.
[375] Lettre du 31 août 1772.
[376] Marquis de Saint-Aulaire, notice précédant la correspondance de Mme du Deffand.

dessous même de cet état, maussade en tout point, lunatique et vicieux de la manière la plus dégoûtante. Je ne reviens pas du culte que je lui ai rendu (car c'en était un) ; je ne me consolerai pas qu'il en ait coûté la vie à l'illustre David Hume, qui, pour me complaire, se chargea de conduire en Angleterre cet animal immonde[377]. »

Plût à Dieu que toutes les femmes eussent partagé ici l'indignation de Mme de Boufflers et que les *Confessions* de Rousseau n'eussent point enfanté les *Mémoires particuliers* de Mme Roland ! Contraste bizarre ! La légère comtesse de Boufflers s'indigne du cynisme des *Confessions*, et l'honnête Mme Roland imite ce cynisme dans ses *Mémoires*, ces *Mémoires* où l'enthousiasme qui porte à faux, l'esprit d'utopie, la déclamation, la pose théâtrale, sont bien aussi de l'école de Rousseau, et font regretter que Mme Roland ne se soit pas plus souvent montrée elle-même dans les fraîches et douces inspirations qui échappent parfois de son cour et de sa plume.

L'influence de Rousseau avait été immense sur les femmes. Il avait fait succéder à l'esprit de sarcasme et de dénigrement la sensiblerie et l'enthousiasme. Nous avons vu la sensiblerie à l'oeuvre dans l'éducation des jeunes filles. Elle se traduit jusque dans la parure et produit la robe *à la Jean-Jacques Rousseau*, le pouf *au sentiment*. Elle préside à toutes les actions de la vie et a particulièrement son emploi dans les salons littéraires. En écoutant Trissotin, les fausses précieuses du XVIIe siècle disaient qu'elles se pâmaient d'aise ; les femmes sentimentales du XVIIIe siècle font mieux que de le dire en entendant un auteur lire sa pièce : elles se pâment réellement. Les sanglots, les syncopes, tels sont leurs applaudissements.

---

[377] La comtesse de Boufflers à Gustave III. Lettre du 1er mai 1782, reproduite d'après les papiers d'Upsal, par M. Geffroy, *Gustave III et la cour de France*, Appendice.

En mettant à la mode l'enthousiasme et les larmes d'admiration, Rousseau préparait, sans qu'il s'en doutât, le triomphe de Voltaire : « Il est d'usage, surtout pour les jeunes femmes, de s'émouvoir, de pâlir, de s'attendrir, et même en général de se trouver mal en apercevant M. de Voltaire ; on se précipite dans ses bras, on balbutie, on pleure, on est dans un trouble qui ressemble à l'amour le plus passionné. » Faut-il rappeler ici qu'au retour de Voltaire, des femmes françaises participèrent à l'ovation indescriptible qui lui fut faite et où vibra ce cri antinational : « Vive l'auteur de *la Pucelle* ! »[378]

N'enveloppons pas toutefois dans la même réprobation tous les élans d'enthousiasme qui se produisirent dans les dernières années de l'ancien régime. Il y eut alors au sein de la vieille noblesse française de généreux tressaillements. Longtemps comprimés par le scepticisme, les bons instincts de la nature humaine cherchaient à réagir. Les théories humanitaires circulaient. Des femmes s'en firent les éloquents interprètes et les propagèrent à l'étranger, comme nous le verrons dans le chapitre suivant.

Si tant de nobles élans devaient demeurer stériles, c'est qu'en général ils ne cherchaient pas dans l'Évangile l'inspiration et la règle. En vain croit-on travailler au bonheur des peuples quand on y travaille sans Dieu ou contre Dieu : « Si le Seigneur ne bâtit lui-même la maison, c'est en vain que travaillent ceux qui la bâtissent. »

Toutes les belles théories philanthropiques du XVIIIe siècle allaient aboutir aux pages sanglantes de la Terreur.

La pensée religieuse, sinon toujours la foi, vivait cependant encore dans quelques-uns de ces cœurs qui

---

[378] Témoignages recueillis par M. Taine, *ouvrage cité*.

battaient pour la liberté. Je me plais à nommer ici une femme qui rappela dans ses oeuvres immortelles, que l'homme ne peut se passer de Dieu et du culte qu'il doit lui rendre. Née protestante, mais catholique d'instinct, les religieuses traditions que l'on gardait dans sa famille, prémunirent Mme de Staël contre les dangereuses doctrines qu'elle rencontrait chez les hôtes que réunissait le célèbre salon de sa mère, la pieuse et charitable Mme Necker. Si, comme les femmes de son temps, Mme de Staël admira Rousseau, du moins le déisme du Vicaire savoyard ne lui suffisait pas ; et bien que son ardente imagination s'élançât au delà des limites que le dogme prescrit, son coeur aimant et souffrant sentait le besoin de la foi qui soutient et console.

Fervente disciple d'un père qu'elle adorait, elle aima, comme Necker, la liberté telle qu'elle crut la voir apparaître à l'ouverture des États généraux[379]. Lorsque cette liberté fut devenue la plus odieuse des tyrannies, Mme de Staël, dans un magnifique élan, prit la défense de la reine qui allait consommer son martyre sur l'échafaud.

Malgré de cruelles déceptions, la liberté fut toujours, pour Mme de Staël, l'âme de son génie, merveilleux génie qui excella dans l'observation de la vie sociale[380]. Cette liberté, Mme de Staël la voulait, non seulement pour les peuples, mais pour les lettres. La littérature française lui paraissait alors emprisonnée dans le cercle d'une tradition qui devenait de plus en plus étroite. Elle lui ouvrit les larges horizons des littératures germaniques pour que le génie national pût leur demander ce qui s'appropriait le mieux à son essence.

---

[379] Mme de Staël à Gustave III, lettre du 11 novembre 1791, reproduite par M. Geffroy d'après les papiers d'Upsal. *Gustave IIIe et la cour de France.*
[380] Villemain, *Tableau de la littérature au XVIIIe siècle.*

Ici Mme de Staël n'appartient plus au XVIIIe siècle. Mais je n'ai pas voulu quitter cette époque sans y saluer dans l'aurore de son génie la plus grande des femmes qui ont tenu en France le sceptre de l'intelligence.

CHAPITRE IV

LA FEMME DANS LA VIE PUBLIQUE DE NOTRE PAYS

Quelle a été l'influence des femmes dans l'histoire des temps modernes.—Entre le moyen âge et la Renaissance : Jeanne Hachette et les femmes de Beauvais ; Anne de France, dame de Beaujeu ; Anne de Bretagne.—XVIe-XVIIe siècles : Louise de Savoie et Marguerite d'Angoulême. Les favorites des Valois. Catherine de Médicis. Elisabeth d'Autriche. Anne d'Este, duchesse de Guise. La duchesse de Montpensier. La femme de Coligny. Jeanne d'Albret. Caractère violent des femmes du XVIe siècle. Une tradition du moyen âge. Les vaillantes femmes. Marie de Médicis. Anne d'Autriche. Rôle des femmes pendant la Fronde. Les collaboratrices de saint Vincent de Paul. Mme de Maintenon. Mme de Prie, Mme de Pompadour, Mme du Barry. Les conseillères de Gustave III. La mère de Louis XVI. Marie-Antoinette. Les martyres et les héroïnes de la Révolution. Les femmes politiques de la Révolution : Mme Roland, Charlotte Corday, Olympe de Gouges. Les mégères. Les *flagelleuses*. Leurs clubs. Les tricoteuses ; les sans-culottes. Les *Furies de la guillotine*. La Mère Duchesne, Reine Audu, Rose Lacombe. Théroigne de Méricourt.

S ouvent heureuse dans les oeuvres de l'intelligence, quelle a été l'influence de la femme française dans le domaine des événements de l'histoire ?

Depuis le XVIe siècle, il faut le dire, cette influence a été généralement néfaste. Il n'en avait pas été ainsi au moyen âge. Lorsque les femmes intervenaient à cette époque dans les scènes de l'histoire, c'était parfois, il est vrai, pour le malheur du pays, mais c'était le plus souvent pour sa gloire. Sainte Clotilde, sainte Bathilde, Blanche de Castille, Jeanne d'Arc comptent parmi les bienfaiteurs de la France. Les trois premières lui ont donné la royauté chrétienne, et l'une de celles-ci a contribué à son unité nationale ; la quatrième l'a miraculeusement délivrée de l'étranger. Mais ce qui a fait leur force, c'est une grande inspiration, de foi patriotique et religieuse, c'est pour les unes le profond sentiment d'une mission maternelle, c'est pour Jeanne d'Arc l'appel direct du ciel. Ces femmes ont agi dans la mesure des attributions réservées à leur sexe, et, dans ces attributions, je ne comprends pas seulement les vertus domestiques de la femme et les vertus morales qui lui sont communes avec l'homme, je mets au premier rang les vertus patriotiques, je n'ai pas dit les talents politiques. Et cependant ces talents n'ont pas manqué à Blanche de Castille ; mais placée dans la situation exceptionnelle de régente, elle se servait de son habileté dans les affaires publiques pour laisser à son fils un pouvoir fort et respecté. Elle fut une grande reine, parce qu'elle fut une grande mère.

Mais ce qui, dans les conditions ordinaires, rend funeste l'intrusion politique de la femme, c'est que, créature essentiellement impressionnable, elle fait souvent servir son pouvoir à ses ambitions, ou bien à ses sentiments de tendresse et de haine. Plus absorbée que l'homme par les affections du foyer, ces affections, en devenant exclusives, l'aveuglent facilement, et elle leur sacrifie d'instinct les intérêts du pays. Si elle paraît favoriser ceux-ci, c'est qu'ils se seront accordés avec ses sentiments personnels. D'ailleurs, et nous l'en félicitons, elle est rarement douée des facultés de l'homme d'État. Ce n'est pas pour cette mission que la Providence l'a créée. Sans doute, lorsqu'une sage et forte éducation l'a habituée à faire dominer en elle la voix de la conscience, elle peut, nous le redirons plus tard avec M. de

Tocqueville, inspirer utilement à son foyer l'homme d'État, non en lui conseillant des combinaisons politiques, mais en le fortifiant dans le culte du devoir. Touche-t-elle directement aux affaires publiques, elle risque de remplacer par l'esprit d'intrigue les qualités politiques qui lui manquent.

Donc, la passion personnelle pour guide, l'intrigue pour moyen, c'est le caractère dominant de l'influence politique exercée par la femme. On en vit quelques exemples au moyen âge, mais ils devinrent fréquents dès ce XVIe siècle où s'affaiblissent les principes élevés auxquels avaient obéi des princesses chrétiennes ; ce XVIe siècle qui, en faisant naître la cour de France, fortifiera l'esprit d'intrigue.

Dans la période intermédiaire qui suit le moyen âge et qui précède la Renaissance, nous retrouverons encore cependant une imitatrice de Jeanne d'Arc, Jeanne Hachette ; une héritière de Blanche de Castille, Anne de France, dame de Beaujeu.

C'est à l'heure du péril national que Jeanne Hachette et ses vaillantes compagnes s'arrachent à l'ombre du foyer pour défendre leur ville menacée. Comme Jeanne d'Arc, elles ne séparent pas du patriotisme la foi qui le vivifie. Quand, pour repousser Charles le Téméraire, elles marchent au rempart, elles ont pour enseigne la châsse de sainte Angadresme, patronne de leur ville. Les unes apportent des munitions aux défenseurs du rempart ; d'autres font pleuvoir sur les ennemis des flots bouillants d'huile et d'eau, ou les écrasent sous les grosses pierres qu'elles font rouler sur leurs têtes. Les assaillants ont commencé à gravir le rempart ; un porte-étendard plante déjà la bannière de Bourgogne sur la muraille ; il la tient encore, mais Jeanne Hachette la lui arrache.

L'ennemi fut repoussé. Parmi les récompenses que Louis XI donne aux habitants de Beauvais, de nobles privilèges sont accordés aux femmes. Le roi les dispense des lois somptuaires. Elles ont le pas sur les hommes à la procession annuelle que Louis XI institue en l'honneur de sainte Angadresme ; elles forment comme une garde d'honneur autour de la châsse qui a été leur force et leur point de ralliement pour sauver leur cité. J'ai nommé, dans Anne de France, une héritière des grandes pensées de Blanche de Castille. Tutrice de son frère Charles VIII, elle accomplit, comme soeur, une mission politique analogue à celle que Blanche avait remplie comme mère. Ainsi que la souveraine du XIIIe siècle, elle poursuit avec une prudente fermeté l'oeuvre de l'unité française. Elle a les qualités politiques de Louis XI sans en avoir la cruauté ; et, par sa générosité, par sa munificence, elle rend au pouvoir royal l'éclat que lui avait enlevé la mesquinerie de son père[381].

Cette jeune femme de vingt-deux ans avait, dit un historien, « la ténacité, la dissimulation et la volonté de fer du feu roi ; aussi disait-il d'elle, avec sa causticité accoutumée, que c'était « la moins folle femme du monde, car, de femme sage, il n'y en a point. » « Elle prouva qu'il y en avait une ; car elle poursuivit, avec une sagacité et une énergie admirables, tout ce qu'il y avait eu de national dans les plans de Louis XI. » « Elle eût été digne du trône par sa prudence et son courage, si la nature ne lui eût refusé le sexe auquel est dévolu l'empire. » « Ce jugement d'un contemporain est celui de la postérité[382]. »

Anne de France mérite cet hommage comme tutrice de Charles VIII, mais nous verrons un peu plus tard que la belle-mère du connétable de Bourbon n'en sera plus digne. Quel que soit le génie politique dont la nature ait exceptionnellement doué une femme, quelle que soit la force

---

[381] Brantôme, *Premier livre des Dames.* Anne de France.
[382] Henri Martin, *Histoire de France*, tome VII.

d'âme avec laquelle elle se possède, il est bien rare qu'à certain moment la passion ne vienne obscurcir en elle la notion du sens patriotique. Mais nous ne sommes pas encore arrivés à cette dernière apparition de madame de Beaujeu dans l'histoire.

Aux États généraux qu'Anne de France consent à réunir, les paysans libres sont appelés pour la première fois ; et, tout en fortifiant le Tiers-État, la princesse continue à défendre le pouvoir royal contre les envahissements de la féodalité. Elle résiste victorieusement à la nouvelle ligue du Bien public que dirige contre elle le duc d'Orléans. Comme nous venons de le rappeler, l'unité de la France la compte, elle aussi, parmi ses fondateurs. Cette unité lui doit encore une force considérable : la réunion de la Bretagne à la France, « le plus grand acte qui restât encore à accomplir pour la victoire définitive et la constitution territoriale de la nationalité française[383]. »

Anne prépare peu à peu son frère à prendre le pouvoir, et quand ce moment est venu, elle se retire ; elle se livre, dans sa retraite, à ses devoirs domestiques. Elle ne garde plus que le droit de conseiller discrètement son frère. Si Charles VIII l'avait écoutée, il n'aurait pas entraîné la France dans ces guerres d'Italie qui furent si préjudiciables au pays.

Pourquoi faut-il qu'Anne de France ait terni, sa pure gloire quand, à ses derniers moments, les injustices dont François Ier accablait le mari de sa fille, le connétable de Bourbon, lui firent perdre le sentiment français, et qu'elle recommanda à son gendre de s'allier à la maison d'Autriche ! Tout viril que fût son caractère, elle était demeurée femme pour subordonner aux intérêts de sa maison son influence politique. Soeur et tutrice de Charles VIII, elle sert la France.

---

[383] Guizot, *Histoire de France*, tome II.

Belle-mère du connétable de Bourbon, elle la trahit. Mais n'oublions pas que ce fut à l'heure des défaillances de la mort. N'oublions pas non plus que lorsqu'elle était au pouvoir, elle suivit une politique vraiment nationale, quelle qu'en fût l'inspiration : Si l'on excepte Anne d'Autriche, elle est la seule qui ait droit à cet éloge entre toutes les princesses qui, depuis le xve siècle, ont exercé une influence sur les destinées de notre pays. C'est qu'elle était la seule aussi qui fût fille de France.

L'une des causes qui, en effet, rendirent le plus désastreuse l'intervention politique des reines, c'est que, nées dans des cours étrangères, elles apportaient généralement sur le trône de France l'amour de leur pays natal. Une contemporaine de Madame de Beaujeu en donna le triste exemple. C'est en mariant Charles VIII à l'héritière de la Bretagne qu'Anne de France avait réuni cette belle province à notre patrie ; et peu s'en fallut que la reine, Bretonne avant d'être Française, n'enlevât à notre pays le don qu'elle lui avait apporté. A peine Charles VIII est-il mort, qu'Anne de Bretagne se retire dans son duché. Cependant un traité l'oblige à ne se remarier qu'à un roi de France ou à l'héritier présomptif de celui-ci. Louis XII lui demande sa main, et elle la lui accorde. Mais le roi lui abandonne la jouissance de son bien et de son duché, et toujours la duchesse de Bretagne l'emporte sur la reine de France[384].

De son mariage avec Louis XII, Anne de Bretagne n'a que deux filles. La seconde, Claude de Francs, héritière du duché de Bretagne, doit épouser l'héritier du trône, François d'Angoulême. Mais la reine déteste Louise de Savoie, mère de ce prince, et plutôt que de voir passer la Bretagne entre les mains du fils de son ennemie, elle presse Louis XII de fiancer la princesse Claude à Charles d'Autriche, le futur

---

[384] Voir les histoires de France de MM. Henri Martin, Trognon.

Charles-Quint : mariage désastreux qui démembrait la France. Le comté de Blois, le Milanais, Gênes, Asti, furent joints plus tard à la dot de la fiancée ; et si le roi mourait sans héritier mâle, le duché de Bourgogne devait passer, avec la princesse Claude, à la maison d'Autriche ! Voilà ce qu'Anne de Bretagne avait arraché à l'âme si française de Louis XII ! Mais à quel prix ! Les regrets, les remords accablent le roi. Il tombe malade. Le cardinal d'Amboise, les autres conseillers du prince, lui rappellent ses devoirs de roi. Alors Anne ne résiste plus. Louis XII stipule dans son testament que lorsque sa fille Claude sera en âge d'être mariée, elle épousera François-d'Angoulême. Mais tant que la reine vécut, ce mariage n'eut pas lieu.

Une précédente maladie de Louis XII avait fait prévoir à la reine un second veuvage. Sa première pensée fut de se retirer en Bretagne après la mort du roi et d'y emmener sa fille Claude pour la soustraire aux partisans de François d'Angoulême. Elle se hâta d'envoyer ses bagages à Nantes par la Loire. Le gouverneur de François d'Angoulême, le maréchal de Gié, les fit saisir entre Saumur et Nantes. Le roi se rétablit, et la reine, qui gardait sur lui son influence, se souvint de l'injure du maréchal. Il ne lui suffit pas de le faire chasser de la cour. Elle veut le déshonorer. Elle suscite contre lui des témoins qui l'accusent de concussion et d'autres crimes encore. Ce n'est pas la mort du maréchal qu'elle poursuit. Non, la mort serait pour lui la délivrance, et ce que la reine lui prépare, c'est la lente agonie du vieillard qui a été heureux, justement honoré et qui, dépouillé de ses emplois, traînera une existence misérable : « la mort ne luy dureroit qu'un jour, voire qu'une heure, et ses langueurs qu'il auroit le feroient mourir tous les jours.

« Voylà la vengeance de ceste brave reyne, » ajoute Brantôme[385].

Anne de Bretagne était-elle donc un monstre ? Non, dans sa vie privée, elle était généreuse, charitable. Elle aimait ses serviteurs et faisait du bien à ceux du roi. Vertueuse et digne, elle faisait régner les bonnes mœurs dans cette cour où, la première, elle attira les femmes et les jeunes filles. Louis XII était fier de lui envoyer les ambassadeurs qu'elle recevait avec sa grâce royale et son éloquente parole. Elle protégea les lettres, les arts[386].

Mais au milieu de toutes ces qualités, Anne de Bretagne était impérieuse et ne souffrait pas la contradiction ; elle était passionnée dans ses ressentiments et elle y apportait la ténacité de la vieille race bretonne. Lorsqu'une femme, belle, séduisante, aimée, a au service de ses haines une influence politique, que devient pour elle l'intérêt de ce pays au milieu duquel d'ailleurs elle se considère comme une étrangère !

L'ennemie d'Anne de Bretagne, Louise de Savoie, anima aussi de ses passions ses actes politiques. Lorsque, pour la cause de François d'Angoulême, le maréchal de Gié a encouru l'inimitié de la reine, Louise de Savoie compte parmi les faux témoins qui accusent le fidèle soutien de son fils : C'est qu'au prix de cette lâcheté elle conquiert la faveur de la reine. C'est pour son fils, sans doute, qu'elle boit cette honte, car cette femme profondément corrompue a un grand amour au coeur, et c'est avec la plus vive exaltation que, dans son journal, elle nomme son fils « mon roi, mon seigneur, mon César et mon Dieu[387]. » Mais cet amour, ce n'est que l'instinct qui se fait entendre au coeur même des

---

[385] Brantôme, *l.c.*
[386] Voir le chapitre précédent.
[387] *Journal de Louise de Savoie*, date du 25 *de janvier* 1501.

fauves ; ce n'est pas l'amour intellectuel que connaît la mère chrétienne et qui fait d'elle la mère éducatrice par excellence. Au lieu d'élever vers le bien l'âme de son fils, Louise de Savoie la pervertit.

Elle se sert tantôt de son influence sur François Ier, tantôt de son pouvoir de régente, pour faire triompher ses vives tendresses ou ses implacables ressentiments. Du duc de Bourbon qu'elle aime, elle fait un connétable de France ; et du nouveau connétable qui dédaigne son amour, elle fait un persécuté qui devient un traître à la patrie.

Pour perdre Lautrec, gouverneur du Milanais, elle s'empare des deniers que lui envoyait le surintendant Semblançay ; et elle laisse ainsi échapper à la France le duché de Milan. Et comme Semblançay déclare que c'est la reine mère qui a pris cette somme, Louise de Savoie poursuit de sa haine le surintendant. Cinq années après, François Ier sacrifie à sa mère le noble vieillard qu'il appelait son père et qui a administré les finances sous les deux règnes précédents et sous le sien. Il laisse Louise de Savoie ourdir avec son digne complice, le chancelier Duprat, le procès qui se terminera par un sinistre spectacle : le vieux surintendant pendu au gibet de Montfaucon !

A un moment de sa vie pourtant, Louise de Savoie eut, à l'intérieur et à l'extérieur[388], une politique utile à la France : c'est que, régente alors pendant la captivité de François Ier, son devoir se trouva d'accord avec son amour maternel. Pour délivrer son fils, c'est avec une haute habileté diplomatique qu'elle détache l'Angleterre de l'alliance de Charles-Quint. Nous savons avec quel sublime dévouement la fille de Louise, Marguerite d'Angoulême, travailla, de son côté, au salut du royal et bien-aimé captif. La mission qu'elle

---

[388] M. Mignet, *Rivalité de François Ier et de Charles-Quint.*

remplit en Espagne, ainsi que ses autres apparitions si discrètes dans le domaine de l'histoire, furent, comme nous le disions, les effets du sentiment unique qui fit de sa vie un long acte d'amour fraternel. Mais dans cette âme généreuse et vraiment française, cette tendresse, tout exclusive qu'elle fut, ne l'aveugla jamais sur les besoins du pays, et Marguerite ne la fit servir qu'au bonheur et à la gloire de la France, à la pacification des esprits, au soulagement de toutes les infortunes[389].

Si, pour délivrer François Ier, Louise de Savoie avait dignement concouru avec sa fille au relèvement de la France, le dernier traité auquel la reine mère mit la main, fut une honte pour notre pays : c'était le traité de Cambrai qui, préparé par Louise de Savoie et par Marguerite d'Autriche, fut nommé *la paix des Dames*, et qui, abaissant la France aux pieds de Charles-Quint, infligeait à notre patrie la plus cruelle des humiliations : le sacrifice de tous ses alliés « à l'ambition et à la vengeance impériales[390]. »

Nommerons-nous maintenant les favorites des Valois ? Triste influence que celle qu'eurent dans nos annales ces dangereuses sirènes ! C'est pour plaire à Mme de Chateaubriand que François Ier a donné à Lautrec, frère de celle-ci, le gouvernement du Milanais ; et l'incapacité de ce général s'est jointe à la trahison de la reine mère pour faire perdre cette conquête à la France. La duchesse d'Étampes sous François Ier, Diane de Poitiers sous Henri II, remplissent de leurs créatures les hautes charges du royaume. S'il n'est pas prouvé que Mme d'Étampes ait trahi la France pour Charles-Quint, il est malheureusement vrai que Diane de Poitiers décida Henri II à conclure le traité de Cateau-Cambrésis qui, après des combats où notre pays avait

---

[389] Voir le chapitre précédent.
[390] A. Trognon, *Histoire de France*, t. III.

dignement répondu à son antique renommée, lui imposa des conditions aussi humiliantes que s'il avait été vaincu. C'est que la paix est nécessaire à Diane : les Guises, ses créatures, s'élèvent trop haut à son gré ; et pour contrebalancer leur pouvoir, elle a besoin de voir revenir à la cour Montmorency et Saint-André, prisonniers en Espagne.

Détournons nos regards de ces femmes que de royales faiblesses rendent souveraines. Levons les yeux jusque sur le trône, et voyons surgir la figure énigmatique et terrible de Catherine de Médicis.

Elle ne semble pas née pour le crime, cette femme qui se montre d'abord la tendre belle-fille de François Ier, la patiente épouse d'un prince qui est l'esclave d'une vieille femme, puis l'inconsolable veuve de ce mari infidèle, la mère qui se dévoue à ses enfants avec d'autant plus d'amour que l'espérance de la maternité lui a été longtemps refusée.

On a dit d'elle que si elle n'avait pas eu à subir la redoutable épreuve du pouvoir, elle aurait pu ne laisser après elle que le parfum des vertus domestiques[391].

Avant la mort de Henri II, Catherine n'était qu'en de rares circonstances sortie de sa retraite pour exercer une action publique. Le roi, son mari, partant pour l'expédition d'Allemagne, l'avait nommée régente, mais en restreignant son pouvoir. Plus tard, après que le désastre de Saint-Quentin fait redouter que l'ennemi n'entre dans Paris, la reine a, en l'absence de son mari, un mouvement d'une noble spontanéité. Elle se rend à l'Hôtel de Ville, ou au Parlement d'après une autre version. Les cardinaux, les princes, les princesses la suivent. Avec une persuasive éloquence, elle demande un subside de trois cent mille livres

---

[391] Imbert de Saint-Amand, *les Femmes de la cour des Valois*.

qui permette au roi de soutenir la guerre. Elle l'obtient, et sa reconnaissance se traduit en paroles d'une exquise douceur[392]. Par cette intervention que lui dictent le péril du pays et les plus purs sentiments domestiques, Catherine est vraiment dans ses attributions de femme et de reine. Aux premiers temps de son veuvage, la reine mère s'ensevelit dans son deuil. Le moment n'est pas venu pour elle de prendre le pouvoir. La belle et intéressante Marie Stuart, adorée de son jeune époux, le gouverne avec ses oncles de Guise. Catherine de Médicis attend.

François II meurt. Son jeune frère Charles IX lui succède. La reine mère est régente. Heure fatale que celle où Catherine prend le pouvoir ! Il ne s'agit plus ici de céder à un magnanime mouvement pour demander au cour de la France le secours qui permettra de repousser l'étranger. C'est une autre guerre, une guerre fratricide qui va déchirer le sein de la France. Les luttes religieuses qui grondent sourdement vont faire explosion, soulevant les passions populaires et ravivant dans l'aristocratie les révoltes féodales. Pour diriger l'État dans ces graves conjonctures, îe gouvernement n'est représenté que par une femme douée d'une merveilleuse habileté, habituée par l'épreuve à une longue dissimulation, mais qui, dépourvue de principes supérieurs, ne se laisse guider que par les impressions de la peur, par l'intérêt de sa famille, et enfin par l'amour du pouvoir, ce sentiment qui dominera chez elle avec d'autant plus de force qu'il a été plus longtemps comprimé dans une âme orgueilleuse. Déjà, sous François II, quelque réservée que fût son attitude, elle avait, dans une lettre adressée à son gendre Philippe II, laissé entrevoir son caractère altier. Ce qui la rendait hostile à la convocation des États généraux, c'était la pensée que, par leurs réformes, ils la réduiraient « à la condition d'une

---

[392] Brantôme, *Premier livre des Dames*, Catherine de Médicis ; les histoires de France de MM. Guizot et Henri Martin.

chambrière. » A ce moment déjà, la vanité égoïste l'emportait chez elle sur toute pensée patriotique. Pendant la minorité de Charles IX, l'intérêt de l'État et celui de sa famille s'accordant, Catherine exerce sur les partis une action modératrice, peu ferme malheureusement, mais qui s'unit à la généreuse tolérance du chancelier de l'Hôpital, le noble magistrat qui, sous François II déjà, a dû à la reine mère son élévation.

Si, par une politique incertaine, indécise, la reine se sert tour à tour de chaque parti pour contenir l'autre, c'est que tous deux lui paraissent redoutables. La neutralité lui est d'autant plus facile que la religion n'est pour elle qu'un moyen politique. On connaît le mot qu'elle prononça quand les premières nouvelles de la bataille de Jarnac lui firent croire au triomphe des protestants : « Eh bien ! nous prierons Dieu en français. »

Après avoir conclu le traité d'Amboise qui mécontente également catholiques et huguenots, Catherine suit une politique généreuse que ses intérêts lui commandent. Elle unit les deux partis dans une pensée patriotique et donne à leur belliqueuse ardeur un but vraiment français : la recouvrance du Havre que leurs querelles ont livré à l'Anglais. La reine elle-même conduit l'armée. Avec la grâce et la dextérité qui font d'elle une admirable écuyère, elle monte à cheval « s'exposant aux harquebusades et canonnades comme un de ses capitaines, voyant faire tousjours la batterie, disant qu'elle ne seroit jamais à son ayse qu'elle n'eust pris ceste ville et chassé ces Anglois de France, haussant plus que poison ceux qui la leur avoyent vendue. Aussy fit elle tant qu'enfin elle la rendit françoise[393] »

---

[393] Brantôme, *l. c.* Catherine déploya le même courage devant Rouen assiégé. Id., *id.*

C'est encore une sage mesure que prend Catherine lorsque, exerçant à la majorité de son fils une autorité plus grande que jamais, elle fait voyager le jeune roi pendant deux années dans les provinces, surtout dans celles qu'enflamme le plus l'ardeur des luîtes religieuses. Catholiques et huguenots se pressent aux fêtes du voyage, ces fêtes où se déploient tous les enchantements d'une cour brillante. Mais Catherine a déjà commencé à employer pour soutenir sa cause une force peu avouable : l'*escadron volant* de ses cinquante filles d'honneur qui déploient toutes leurs séductions pour attirer à la reine les personnages les plus influents des deux causes.

De ce voyage entrepris dans un but élevé, résulte pour Catherine une politique nouvelle. Elle a constaté l'infériorité numérique du parti huguenot : c'est assez pour qu'elle n'ait plus à le ménager. Lorsque, sur la Bidassoa, le duc d'Albe lui a donné de sanguinaires conseils, la reine était préparée à les recevoir.

Catherine de Médicis apportera dans la violence la même dissimulation, les mêmes atermoiements que dans la modération. C'est dans l'ombre qu'elle dirigera ses premiers coups, non sans tenter encore des démarches pour la paix. Jetant enfin le masque, elle fait renvoyer L'Hôpital, elle défend sous peine de mort l'exercice du culte protestant. Mais son habileté est mise en défaut, et la France catholique n'est pas prête pour la lutte. Seuls, les protestants sont sous les armes.

Dans la lutte qui s'engage, la reine mère n'a en vue ni la défense de la religion, ni même l'intérêt du roi. Ce qu'elle cherche dans cette guerre, c'est le moyen de faire briller le duc d'Anjou, son fils préféré. Elle avance et recule tour à tour. Après avoir fait confisquer les biens de Coligny, après avoir mis à prix la tête de l'amiral, elle accueille ses propositions de paix lorsqu'il marche sur Paris. Le traité de Saint-Germain est signé.

Catherine se souvient-elle toujours de l'avis que lui avait naguère donné le duc d'Albe : « Un bon saumon vaut mieux que cent grenouilles ? » Est-ce pour mieux prendre Coligny dans ses filets qu'elle s'est rapprochée de lui ? Il semble difficile de prononcer en pareille matière : rien ne ressemble plus à la fausseté que cette indécision qui fait passer d'une résolution à une autre. Quoi qu'il en soit, c'est bien à cette période de la vie de la reine que peut s'appliquer ce mot de Charles IX à Coligny : « C'est la plus grande brouillonne de la terre. »

L'ascendant que l'amiral prend sur le roi devient pour lui une sentence de mort. La reine mère ne souffrira pas qu'une influence étrangère lui enlève sa domination. Catherine tente de faire assassiner Coligny. L'amiral n'est que blessé et cet événement redouble la filiale vénération que le roi lui témoigne. Les Guises seuls sont accusés de cette tentative de meurtre ; mais si la grande victime guérit, la reine se sent perdue.

C'est alors qu'avec son complice, Henri d'Anjou, elle ourdit la trame de la Saint-Barthélemy. Avec quel art perfide elle cherche à surprendre le consentement du roi ! Elle connaît ce caractère faible, violent, orgueilleux. Elle montre à Charles IX l'amiral armant contre lui les huguenots ; elle lui rappelle qu'une fois, dans son enfance, lui, le roi, a dû fuir devant ces « sujets révoltés. » Enfin, elle frappe le dernier coup : elle nomme à son fils les véritables assassins de l'amiral : « Les huguenots demandent vengeance sur les Guises. Eh bien ! vous ne pouvez sacrifier les Guises ; car ils se disculperont en accusant votre mère et votre frère !... et ils nous accuseront à juste titre.... C'est nous qui avons frappé l'amiral pour sauver le roi ! Il faut que le roi achève l'oeuvre, ou lui et nous sommes perdus !... »

D'abord ivre de fureur, Charles tombe dans un profond accablement. Cependant il résiste toujours : « Mais mon honneur !... mais mes amis ! l'amiral ! » Ces mots entrecoupés trahissaient les angoisses du malheureux prince. Et Catherine poursuivait son oeuvre infernale. Après avoir demandé à son fils la permission de se séparer de lui, elle lui jette cette insultante parole : « Sire, est-ce par peur des huguenots que vous refusez ? » Sous cet outrage le roi bondit : « Par la mort Dieu, puisque vous trouvez bon qu'on tue l'amiral, je le veux ; mais aussi tous les huguenots de France, afin qu'il n'en demeure pas un qui puisse me le reprocher après. Par la mort Dieu, donnez-y ordre promptement[394]. »

Ces mots, prononcés dans le délire de la fureur, sont l'arrêt de mort des protestants qui s'endorment dans la fausse sécurité que leur inspire le mariage du roi de Navarre avec la soeur de Charles IX. La jeune mariée ignore les sinistres projets qui auront leur dénouement le lendemain. Catherine sacrifie maintenant jusqu'à sa fille à son ambition ! Malgré les larmes de la duchesse de Lorraine, soeur de Marguerite, elle envoie la jeune femme auprès de son mari afin d'éloigner tout soupçon. Elle l'expose ainsi aux représailles des huguenots[395] ; mais que lui importe ! Voilà ce que la politique a fait de cette mère autrefois si pleine de sollicitude pour ses enfants !

C'est la nuit. Bientôt la cloche du Palais va annoncer les sanglantes matines de Paris. Le roi et ses deux conseillers, Catherine et le duc d'Anjou, sont au portail du Louvre, vers Saint-Germain-l'Auxerrois. Ils vont assister au prélude de l'horrible tragédie dont ils sont les auteurs. Suivant une version, Charles IX se serait senti faiblir, et alors la reine

---

[394] Henri Martin, *Histoire de France*, t. IX.
[395] Marguerite de Valois, *Mémoires*.

mère, pour prévenir un contre-ordre, aurait avancé le signal et fait sonner la grosse cloche de Saint-Germain-l'Auxerrois. D'après le duc d'Anjou, une autre scène aurait eu lieu. En entendant un coup de feu tiré dans la nuit, les trois complices, pris d'épouvante, auraient mesuré les effroyables proportions de leur crime, et tous trois auraient donné un contre-ordre, venu trop tard : la boucherie avait commencé[396]. Si le récit du duc d'Anjou est exact, il concorde bien avec le caractère vacillant de la reine mère.

Tandis que Catherine, entraînant le roi à une fenêtre, le repaissait de la vue du sang, une douce et pure jeune femme dormait dans son appartement du Louvre : c'était la reine de France, Élisabeth d'Autriche. Elle ignorait tout, et lorsqu'à son réveil elle apprit ce qui se passait : « Helas ! dit-elle soudain, le roy, mon mary, le sçait-il ?—Ouy, Madame, répondit-on, c'est luy-mesmes qui le fait faire.—O mon Dieu ! s'escria-t-elle, qu'est cecy ? et quels conseillers sont ceux-là qui luy ont donné tel advis ? Mon Dieu ! je te supplie et te requiers de luy vouloir pardonner : car, si tu n'en as pitié, j'ay grande peur que ceste offense luy soit mal pardonnable. » Et soudain demanda ses heures et se mit en oraison, et à prier Dieu la larme à l'oeil[397]. »

Cette pieuse jeune femme qui supplie le Christ d'être miséricordieux aux bourreaux, voilà le seul spectacle qui nous repose de tant d'horreurs. Avec Élisabeth d'Autriche, nous entendons l'unique protestation qui, dans ce palais souillé, fasse vibrer la voix de l'Évangile. Grâce à Dieu, cette protestation était due à une femme, à une femme restée femme, et que nous aimons à opposer à la femme politique qui imprimait sur la race des Valois la tache sanglante que

---

[396] Henri Martin, *l. c.*

[397] D. Brantôme, *Second livre des Dames*, passage transposé au *Premier livre* par quelques éditeurs.

rien ne saurait effacer de l'histoire, mais que les pleurs et les prières d'Élisabeth essayaient d'effacer devant Dieu.

Catherine de Médicis a sacrifié la paix de l'État, le sang des Français, à sa peur, à son égoïsme, enfin à sa préférence maternelle pour le duc d'Anjou. Devenu roi, c'est, par un juste retour de la Providence, ce fils même qui la châtiera. Elle l'a reproduit à son image, elle lui a donné son égoïsme, sa dissimulation ; il retournera contre elle les vices qu'elle lui a inculqués[398]. Il l'éloignera de ses conseils. Elle le verra déshonorer la royauté par sa lâche attitude ; cette royauté que Charles IX a fait nager dans le sang, Henri III la plongera dans la boue. Catherine de Médicis est réduite à reporter ses dernières espérances sur la Ligue que dirigent les mortels ennemis de ce fils tant aimé naguère. Mais avec la Ligue, elle a une lointaine perspective de domination. La duchesse de Lorraine est sa fille, et si un fils de cette princesse succède à Henri III, l'aïeule pourra encore gouverner. Dans la tumultueuse journée des Barricades, c'est Catherine qui négocie la paix avec le duc du Guise : dernière consolation qui reste à son amour-propre tant humilié d'ailleurs ! Mais bientôt Henri III fait assassiner les Guises ; et le cardinal de Bourbon, fait prisonnier, jette à la face de Catherine la responsabilité de tous ces malheurs. Bouleversée, la vieille reine meurt de saisissement.

Suivant la remarque d'un historien moderne, Catherine de Médicis, quand ses intérêts ne s'y opposaient pas, avait voulu poursuivre un double but qu'il ne lui fut pas donné d'atteindre : l'abaissement de la maison d'Autriche, l'abaissement de la féodalité. Mais en poursuivant ce but par

---

[398] A. Trognon, *Histoire de France*, tome III.

des moyens bas et perfides, en le subordonnant surtout à ses passions, à son égoïsme, elle le manqua[399].

Qu'est-ce que Catherine de Médicis a donné à la France ? Deux assassins,—c'étaient ses fils,—et la Saint-Barthélemi,—c'était son oeuvre. Que de crimes lui eussent été épargnés, que de deuils et de hontes eussent été épargnés à la France si elle n'avait jamais eu entre les mains l'arme du pouvoir !

Au XVIe siècle, la violence est le caractère dominant de l'influence qu'exercent les femmes. Cette violence ne fût-elle pas dans leur caractère, elle y est mise par les luttes auxquelles elles sont mêlées. En voici une, douce et généreuse entre toutes : Anne d'Este, femme du duc François de Guise. Après la conspiration d'Amboise, elle n'a pu supporter l'horrible spectacle auquel la cour se délecte : le supplice des conspirés. Elle s'éloigne en sanglotant, et comme la reine mère lui demande pourquoi elle se livre à une telle douleur : « J'en ay, respondict-elle, toutes les occasions du monde. Car je viens de voir la plus piteuse tragédie et estrange cruauté à l'effusion du sang innocent, et des bons subjects du roy que je ne doubte point qu'en bref un grand malheur ne tombe sur nostre maison, et que Dieu ne nous extermine de tout pour les cruautés et inhumanités qui s'exercent[400]. » C'est une fervente catholique qui pleure sur les huguenots persécutés ; c'est une épouse, une mère qui redoute le châtiment que la Providence fait tomber sur les persécuteurs ; et c'est peut-être aussi une fille qui se souvient de sa mère : la duchesse de Guise était née d'une protestante : Renée de France, duchesse de Ferrare.

---

[399] Henri Martin, *Histoire de France*, tome IX.
[400] Regnier de la Planche, *Histoire de l'Estat de France*.

Lorsque le duc François prépare des mesures rigoureuses contre Orléans, la généreuse duchesse va vers lui pour le fléchir. Mais en allant la voir dans un château situé près du camp, le duc est frappé par un assassin. Il est transporté auprès de sa femme. A cet aspect, l'épouse a un cri de vindicative douleur. François de Guise lui rappelle qu'à Dieu seul appartient la vengeance, et, dans son admirable mort de héros chrétien, il n'a que des paroles de miséricorde et de paix. Mais la duchesse, elle, ne pardonne pas. Ce n'est plus la femme magnanime qui détourne ses regards d'une sanglante exécution et qui intercède pour des vaincus. Non, c'est une épouse tout entière à la vengeance de son mari. Le supplice de l'assassin ne lui suffit pas : derrière Poltrot de Méré, elle voit Coligny, qui n'a pas fait commettre le crime cependant, mais qui en connaissait le projet et n'en a pas empêché l'exécution. Même remariée au duc de Nemours, la duchesse de Guise poursuit la vengeance de son premier mari. Elle est la complice de la reine mère pour la tentative d'assassinat qui précède la Saint-Barthélemi. Un de ses fils juge que de sa propre main elle tuerait l'amiral !

Elle apporte dans sa tendresse maternelle toute la passion de son âme. Elle anime Henri de Guise, son fils, dans l'oeuvre qu'il poursuit : la formation de la Ligue. Quand les Guises sont assassinés, elle est prisonnière, et cependant elle jette à Henri III toutes les malédictions qu'une mère peut fulminer contre les meurtriers de ses fils. Rendue à la liberté pour être une messagère de paix auprès des chefs de la Ligue, elle leur transmet les propositions dont elle est chargée, mais lorsque son fils, le duc de Mayenne, lui demande si elle lui conseille de les accepter, elle l'exhorte à ne prendre conseil que de son coeur et de sa conscience. Il la comprend[401] !

---

[401] Brantôme, *Second livre des Dames.*

Et sa fille, la duchesse de Montpensier, l'âme de la Ligue ! Elle s'est vantée de porter à la ceinture les ciseaux qui devaient donner à Henri III, successivement roi de Pologne et roi de France, une troisième couronne ! Quand ses frères ont été assassinés, elle fait plus. C'est elle qui arme le bras de Jacques Clément. Et sa mère et elle, parcourant dans leur carrosse les rues de Paris, annoncent elles-mêmes au peuple la bonne nouvelle : l'assassinat du roi. La duchesse de Montpensier a donné auparavant un chef à cette Ligue qu'avait exaltée le spectacle de sa douleur fraternelle. C'est elle qui a cherché à Dijon Mayenne, son frère, et elle l'a conduit à Paris en triomphe. S'il l'avait écoutée, il aurait saisi la couronne de France.

Même farouche énergie chez les femmes des huguenots. Elles ne savent pas seulement mourir avec héroïsme, elles animent à la lutte les combattants. Qui décide Coligny à vaincre l'horreur que lui inspire la guerre civile ? Une femme, une femme d'un grand coeur cependant, mais qu'anime l'ardent esprit des sectaires. Une nuit l'amiral est réveillé par les sanglots de sa compagne, Charlotte de Laval : « Je tremble de peur que telle prudence soit des enfans du siècle, et qu'estre tant sage pour les hommes ne soit pas estre sage à Dieu qui vous a donné la science de capitaine : pouvez-vous en conscience en refuser l'usage à ses enfans ?... L'espee de chevalier que vous portez est-elle pour opprimer les affligez ou pour les arracher des ongles des tyrans ?... Monsieur, j'ai sur le coeur tant de sang versé des nostres ; ce sang et vostre femme crient au ciel vers Dieu... contre vous, que vous serez meurtrier de ceux que vous n'empeschez point d'estre meurtris. »—» Mettez la main sur vostre sein, répondit l'amiral, sondez à bon escient vostre constance, si elle pourra digerer les desroutes generalles, les opprobres de vos ennemis et ceux de vos partisans, les reproches que font ordinairement les peuples quands ils jugent les causes par les mauvais succez, les trahisons des vostres, la fuitte, l'exil en païs estrange... ; vostre honte, vostre nudité, vostre faim, et, ce qui est plus dur, celle de vos enfans : tastez encores si vous pouvez supporter vostre mort par un bourreau, après avoir veu vostre mari trainé et exposé à l'ignominie du vulgaire : Et pour fin vos enfans infames vallets de vos ennemis... Je vous donne trois semaines pour vous esprouver ; et quand vous serez à bon escient fortifiée contre tels accidens, je m'en irai périr avec vous et avec nos amis. »—L'Admiralle repliqua, Ces trois semaines sont achevées, vous ne serez jamais vaincu par la vertu de vos ennemis, usez de la vostre ; et ne mettez point sur vostre teste les morts de trois semaines : Je vous somme au nom de Dieu de ne nous frauder plus, ou je serai tesmoin contre vous en son jugement[402]. »

Certes, Charlotte de Laval soutenait une funeste cause ; mais comment ne pas admirer la scène superbe que nous a fait connaître d'Aubigné !

Dans le parti huguenot encore, la reine de Navarre, Jeanne d'Albret, fille de Marguerite d'Angoulême et femme d'Antoine de Bourbon ; Élisabeth de Roye, mariée au prince de Condé, encouragent leurs époux à embrasser ouvertement et activement le protestantisme[403]. Lorsque Antoine de Bourbon revient au catholicisme et qu'il veut contraindre sa femme à suivre son exemple, elle résiste. Il l'éloigne de lui et lui prend son fils pour le faire élever dans la religion catholique ; mais, avant de partir, Jeanne adjure l'enfant de ne point aller à la messe, le menaçant de le renoncer pour son fils s'il lui désobéit. Dans les seigneuries des Pyrénées qui lui restent soumises, elle prête son appui aux protestants de la Guyenne. Bientôt elle devient veuve. Sa foi intolérante éclate avec violence, elle interdit l'exercice du

---

[402] D'Aubigné, *Histoires*, t. I, livre III, ch. II.

[403] Duc d'Aumale, *Histoire des princes de Condé*, tome I.

culte catholique dans son royaume de Navarre, elle chasse les prêtres.

Son fils, Henri de Navarre, n'a pas quinze ans et déjà elle l'arme de sa main, elle le conduit à La Rochelle auprès du prince de Condé. Elle-même soutient énergiquement la lutte.

Après l'assassinat du prince de Condé, Jeanne se montre dans une plus touchante attitude. Elle amène devant les huguenots réunis à Tonnai-Charente, son fils et son neveu, le fils de la victime ; et les présente à cette armée comme les vengeurs de Condé. La harangue qu'elle leur adresse joint à une énergie virile la séduction qu'exercent les larmes d'une femme. Son fils jure d'être fidèle à la cause proscrite, et le serment du jeune prince est répété par les voix enthousiastes des soldats. Henri est proclamé chef de l'armée, et Jeanne consacre ce souvenir par une médaille d'or portant la double effigie de la mère et du fils. « *Pax certa, victoria integra, mors honesta.* » Paix assurée, victoire entière, mort honorable, disait la légende : noble devise que, plus tard, devait rappeler à son fils une autre mère, l'une des héroïnes que la maison de Rohan donna au siège de La Rochelle. Cette devise était digne de cette fière Jeanne d'Albret qui, alors que le mariage de son fils avec la soeur du roi de France était négocié, déclarait éloquemment qu'elle sacrifierait sa vie à l'État, mais non pas l'âme de son fils à la grandeur de sa maison. Elle se trompait dans la croyance à laquelle elle se dévouait, mais dans ce siècle où tant de passions égoïstes étaient en jeu, elle obéissait du moins à ce principe qui met au-dessus de toutes les ambitions humaines les intérêts de l'âme immortelle. En déplorant les erreurs de Jeanne d'Albret, n'oublions pas que nous devons Henri IV à une mère qui lui apprit à devenir un grand homme en le nourrissant de la lecture de Plutarque ; redisons, avec d'Aubigné, qu'elle n'avait « de femme que le sexe, l'ame entière aux choses viriles, l'esprit puissant aux grands affaires, le coeur invincible aux adversitez[404], » et ajoutons cependant qu'avec Charlotte de Laval et Élisabeth de Roye, elle n'apparut dans la vie politique de la France que pour attiser le feu de la guerre civile.

Ce n'était pas seulement dans les luttes religieuses que la violence se rencontrait chez les femmes. Cette violence se respirait dans l'air. A une époque où les combats singuliers devenaient une plaie pour la France, on vit la veuve d'un gentilhomme tué en duel, poursuivre avec une implacable persévérance la mort du meurtrier. Celui-ci est traîné au supplice, et, à ce moment même, la grâce royale le sauve. Alors la veuve va se jeter aux pieds du roi, et, lui présentant son petit enfant : « Sire, dit-elle, au moins puis que vous avez donné la grâce au meurtrier du père de cet enfant, je vous supplie de la luy donner dès cette heure, pour quand il sera grand, il aura eu sa revenche et tué ce malheureux. » « Du depuis, à ce que j'ay ouy dire, la mere tous les matins venoit esveiller son enfant ; et, en lui monstrant la chemise sanglante qu'avoit son père lorsqu'il fut tué, et luy disoit par trois fois : « Advise-la bien : et souviens-toi bien, quand tu seras grand, de venger cecy : autrement je te deshérite. »— » Quelle animosité ! » s'écrie Brantôme. Mais pourquoi s'en étonnait-il ? Ne voyait-il pas ses contemporaines se jouer de la vie des hommes, fût-ce même pour satisfaire un caprice insensé ? L'une, en passant devant la Seine, laisse tomber son mouchoir à l'eau et le fait chercher par M. de Genlis « qui ne sçavoit nager que comme une pierre. » Une autre jette son gant au milieu des lions que François Ier fait combattre devant la cour, et elle prie le vaillant M. de Lorges de le lui rapporter. Celui-ci y va bravement, mais si la dame de ses pensées a éprouvé son courage, elle a, du même coup, perdu son affection, s'il faut en croire la tradition suivant laquelle il lui aurait jeté son gant au visage. Brantôme dit

---

[404] D'Aubigné, *Histoires*, tome II, livre I, ch. II.

avec raison que ces femmes eussent mieux fait de se servir de leur pouvoir pour envoyer leurs chevaliers sur un glorieux champ de bataille. Ainsi fit Mlle de Piennes, l'une des filles d'honneur de la reine. Pendant que Catherine de Médicis encourage de sa présence les opérations du siège de Rouen, Mlle de Piennes donne son écharpe à M. de Gergeay. Il se fait tuer en la portant. A la bataille de Dreux, M. des Bordes, envoyé à un poste périlleux, dit en y allant : « Ha ! je m'en vais combattre vaillamment pour l'amour de ma maistresse, ou mourir glorieusement. » « A ce il ne faillit, car, ayant percé les six premiers rangs, mourut au septiesme... »

Un autre gentilhomme déclarait qu'il se battait bien moins pour le service du roi ou par ambition « que pour la seule gloire de complaire à sa dame. »

Ce sont là de ces traits que nous a souvent offerts le moyen âge et que nous aimons à retrouver dans cette cour païenne des Valois qui n'avait guère de chevaleresque que ses brillants dehors. Ainsi que le juge Brantôme, les belles et honnêtes femmes aiment les hommes vaillants, qui, seuls, peuvent les défendre, et les hommes braves aiment, eux aussi, les femmes courageuses qui n'ont jamais manqué au pays de Jeanne d'Arc et de Jeanne Hachette. Même à cette époque d'affaissement moral, la France continuait à enfanter des héroïnes. Les femmes faisaient « les actes d'un homme,... montoient à cheval,... portoient le pistolet à l'arçon de la selle, et le tiroient, et faisoient la guerre comme un homme. » Si le triste champ de bataille des guerres religieuses fut témoin de ce courage guerrier, la lutte contre l'étranger lui donna un plus digne emploi. Les femmes de Saint-Riquier et celles de Péronne imitent glorieusement Jeanne Hachette et ses compagnes. Mme de Balagny concourt vaillamment à la défense de Cambray et meurt de chagrin quand elle voit tomber au pouvoir de Charles-Quint la ville qu'elle regarde comme sa principauté. Suivant une autre version, elle se serait tuée : le suicide ternirait alors la mort de cette héroïne.

En expirant, elle disait à son mari : « Apprens donc de moy à bien mourir et ne survivre ton malheur et ta dérision. »— » C'est un grand cas, dit Brantôme, quand une femme nous apprend à vivre et mourir[405]. »

Le règne réparateur de Henri IV ferme les plaies des guerres civiles et rend la France prospère à l'intérieur, respectée à l'extérieur. Mais ce grand prince est assassiné, et la régence du royaume est confiée à une femme qui, par l'étroitesse de ses idées, le peu d'élévation de son âme, la faiblesse et la violence de son caractère, est indigne de soutenir l'héritage politique de Henri IV, et qui remplacera la fermeté absente par l'entêtement d'un esprit aveuglé.

Au moment où Marie de Médicis devient veuve, un terrible soupçon pèse sur elle : on ne la croit pas étrangère à l'assassinat du roi. Elle pleure son mari cependant ; mais, avant tout, elle cherche à assurer son pouvoir de régente, et, pour y parvenir, elle relève la féodalité que domptait Henri IV, elle comble d'honneurs et d'argent les grands du royaume et leur livre le trésor royal que la sage administration de Sully avait enrichi. Par ses prodigalités, la régente contiendra-t-elle au moins les grands seigneurs ? Non, elle les exaspère par la faveur exorbitante qu'elle a accordée à un aventurier italien marié à sa femme de chambre. Complètement étranger au métier des armes, cet aventurier, Concini, le nouveau marquis d'Ancre, est maréchal de France. Cette femme de chambre, Léonora Galigaï, trafique honteusement de tous les emplois. Par trois fois les princes se révoltent, et si, la seconde fois, la reine trouve assez d'énergie pour marcher avec le jeune roi à la rencontre des rebelles, ceux-ci ont trouvé dans la première de leur révolte et trouveront encore dans la troisième, les titres les plus puissants pour obtenir de nouvelles faveurs.

---

[405] Brantôme, *Second livre des Dames*.

Marie de Médicis détruit aussi bien à l'extérieur qu'à l'intérieur, l'oeuvre de Henri IV, et ses sympathies sont, acquises à cette maison d'Autriche dont le feu roi a poursuivi l'abaissement.

Louis XIII fait assassiner Concini. La maréchale d'Ancre est exécutée ; Marie de Médicis, éloignée de la cour. Luynes, le favori du roi, a remplacé Concini. Cette fois encore, les princes se révoltent ; mais, cette fois, la reine est leur appui, et elle va plonger le pays dans la guerre civile. Après une escarmouche, la paix se rétablit. La mère et le fils se réconcilient.

Le duc de Luynes meurt. Marie de Médicis reprend quelque influence, et ce n'est pas tout d'abord pour le malheur du pays. Elle ramène au pouvoir l'évêque de Luçon, Richelieu, qu'avant sa disgrâce elle avait fait nommer secrétaire d'État et qui l'a suivie dans sa retraite. Tant que son protégé ne lui porte pas ombrage, elle s'associe à la politique vraiment nationale de Richelieu, et sacrifie au ministre jusqu'à ses sympathies espagnoles. Mais bientôt l'irascible princesse regrette la toute-puissance de Richelieu et se plaint de son ingratitude. Assez influente alors pour que le roi, avant de partir pour l'expédition d'Italie, lui confie la régence des provinces situées au nord de la Loire, elle n'a pu réussir cependant à empêcher une guerre qui lui est pénible. Plus tard, elle voudra la paix à tout prix avec la maison d'Autriche. Mais l'influence de Richelieu l'emporte heureusement pour que cette paix soit faite à l'honneur de la France.

Contre le ministre, Marie de Médicis a trouvé une alliée dans sa belle-fille Anne d'Autriche. Au retour de la guerre d'Italie, Louis XIII, dangereusement malade, est entouré des tendres soins de sa mère et de sa femme : toutes deux profitent de la reconnaissance du roi pour perdre le cardinal. Marie de Médicis touche à son triomphe, et quand, revenue à Paris, elle reçoit dans son palais du Luxembourg la visite de Louis XIII, elle tente un dernier assaut. Tout à coup elle voit apparaître à la porte de sa chambre la robe rouge du cardinal. Sa colère éclate plus violente que jamais. Marie de Médicis somme le roi de choisir entre la reine, sa mère, et le cardinal : le ministre, l'homme de vieille race, qu'elle ose nommer un valet.

Le lendemain, la reine mère a reçu les premiers gages de la faveur du roi : le maréchal de Marillac, son protégé, est nommé au commandement de l'armée d'Italie. Le chancelier de Marillac, le successeur que Marie de Médicis veut donner à Richelieu, reçoit, lui seul, l'ordre de suivre à Versailles le roi qui s'y rend. La foule des courtisans se porte au Luxembourg.

Mais le soir, on apprend que le cardinal a ressaisi son influence sur Louis XIII, et les courtisans abandonnent le Luxembourg pour le Louvre. C'est la fameuse journée des Dupes.

Toute à sa vengeance, la reine mère intrigue même avec l'ambassadeur d'Espagne. Exilée à Moulins, elle se réfugie dans les Pays-Bas. Elle y est rejointe par son fils préféré, Gaston d'Orléans, bien digne d'elle par l'esprit d'intrigue, de révolte, mais bien plus coupable qu'elle. Malgré ses graves défauts, Marie de Médicis n'eut pas, du moins, comme Gaston, la lâcheté de livrer ses amis à Richelieu. Mise en demeure de le faire, elle ne voulut pas acheter à ce prix la cessation de son exil. Elle eut d'ailleurs des amis qui répondirent à sa fidélité par un dévouement qu'ils payèrent de leur existence : le maréchal de Marillac, le duc de Montmorency.

Richelieu qui faisait remonter jusqu'à l'exilée la responsabilité des complots ourdis contre sa vie, Richelieu fut inflexible pour elle. Une humble démarche qu'elle fit auprès du roi, et même auprès du ministre, pour rentrer en France, ne fut pas plus accueillie que les interventions diplomatiques qu'elle mit en mouvement. Elle mourut dans l'exil, dans la pauvreté, mais, à ce moment suprême, elle voyait de plus haut les choses de ce monde. Ce n'est plus une ambitieuse qui s'agite dans les intrigues politiques, dans les passions mesquines qui ont troublé la France : c'est une femme chrétienne qui meurt dans d'humbles sentiments et qui pardonne à Richelieu même[406].

Pendant la vie de Louis XIII, Anne d'Autriche a été, comme sa belle-mère, associée à plus d'un complot tramé contre Richelieu. Elle a même trahi la France pour renverser le cardinal. Et cependant, lorsque, après la mort de Louis XIII, elle est devenue régente, elle s'arrête, dit-on, devant le beau portrait de Richelieu par Philippe de Champaigne, et prononce ces paroles : « Si cet homme vivait, il serait aujourd'hui plus puissant que jamais ! »

Et lorsque les anciens amis d'Anne d'Autriche, ceux qui ont souffert pour elle la prison, l'exil, reviennent et croient triompher avec elle, la régente les écarte, et c'est au continuateur de Richelieu qu'elle accorde sa confiance.

Est-ce seulement parce qu'en prenant le pouvoir, la reine a compris que de graves responsabilités s'imposaient à elle, et qu'elle se devait avant tout, sinon à cette France qu'elle avait trahie, au moins à ce jeune roi, à ce fils bien-aimé dont il lui fallait conserver l'héritage ? Je crois que l'amour maternel put avoir cette influence sur Anne d'Autriche, mais je crois aussi que si Mazarin n'avait pas été là pour la guider avec toute la puissance que donne une affection partagée, Anne d'Autriche aurait été exposée à n'avoir d'autre histoire que celle d'une Marie de Médicis.

---

[406] Trognon, *Histoire de France*, t. IV.

Tout en reconnaissant que pour la gloire de la France, Anne d'Autriche fit sagement de suivre les inspirations de Mazarin, il est permis de regretter la dureté avec laquelle elle sacrifia à ce ministre quelques-uns des amis qui s'étaient dévoués à elle dans sa disgrâce. Il est vrai que pour dédommager plusieurs d'entre eux des emplois qu'elle leur refusait, elle leur prodigua des largesses dont le Trésor faisait malheureusement les frais. On pourrait encore dire pour atténuer l'ingratitude de la régente, que la haine persévérante que ses anciens amis gardaient à Mazarin, ne pouvait qu'irriter sa royale amie. Mais le manque de reconnaissance n'était pas pour Anne d'Autriche un défaut de fraîche date. A moins qu'une grande passion n'occupât son coeur, l'égoïsme y dominait facilement. A l'époque où elle était persécutée, elle ne recula pas plus pour se sauver elle-même, devant l'abandon de ceux qui exposaient leur vie pour la défendre, qu'elle ne recula devant le sacrilège en faisant un faux serment sur l'Eucharistie. Il y avait dans son caractère un bizarre mélange de grandeur et de bassesse, d'ingratitude et de dévouement.

Mazarin ne connut que ce dévouement qui ne cessa de s'élever à la hauteur de l'épreuve. La reine lui en donna un premier témoignage quand il vit son existence menacée par le complot de Beaufort : ce fut à ce moment que la régente se déclara pour son ministre en danger.

En s'associant à la sage politique de Mazarin, Anne d'Autriche contribua puissamment à la grandeur de notre pays. « La France, dit M. Cousin, ne compte pas dans son histoire d'années plus glorieuses que les premières années de la régence d'Anne d'Autriche et du gouvernement de Mazarin, tranquille au dedans par la défaite du parti des Importants, triomphante sur tous les champs de bataille, de 1643 à 1648, depuis la victoire de Rocroy jusqu'à celle de

Lens, liées entre elles par tant d'autres victoires et couronnées par le traité de Westphalie[407] ». Comment rappeler aujourd'hui sans une profonde tristesse que c'est à la régence d'Anne d'Autriche que nous devons le traité qui donna l'Alsace à la France !

A ces belles et radieuses années de la Régence succèdent des temps de trouble. Après les généreuses émotions de la guerre extérieure, voici les intrigues et les luttes civiles de la Fronde.

Au début de la guerre civile, la figure d'Anne d'Autriche prend un relief extraordinaire. Dans ses qualités comme dans ses défauts apparaît une énergique personnalité. La vivacité du sentiment, toujours quelque peu compromettante pour l'administration politique des femmes, peut, aux heures de crise où les mesures ordinaires ne suffisent pas, leur inspirer les fières attitudes, les résolutions héroïques qui les font triompher dans la lutte. Ce n'est pas à l'art de la politique qu'est due cette gloire, c'est à l'inspiration du coeur, et c'est pourquoi les femmes apparaissent généralement si grandes dans les périls publics ou privés. Anne d'Autriche eut dans la Fronde une âme vraiment royale. Cette princesse, naguère si humble et si humiliée devant Richelieu, est maintenant une vraie fille des rois d'Espagne « bien digne de ses grands aïeux », c'est une reine à qui « le sang de Charles-Quint » donne « de la hauteur[408] », et qui, suivant l'expression de Mazarin, est « vaillante comme un soldat qui ne connaît pas le danger ».

Toutefois, dans cette généreuse attitude même, elle se laisse emporter par la passion au delà de la mesure ; et si l'on a pu dire qu'elle seule montra alors de la noblesse et du

---

[407] Cousin, *la Jeunesse de Mme de Longueville*.
[408] Mme de Motteville, *Mémoires*.

courage, on doit ajouter que ses emportements irritèrent la révolte.

Profondément imbue du principe du pouvoir absolu, Anne d'Autriche ne souffre pas que, dans des questions de finance qui, à vrai dire, ne regardent pas le Parlement, l'autorité royale soit limitée et contrôlée par des gens de robe, « cette canaille », a-t-elle dit avec cette violence de langage que nous retrouverons plus d'une fois sur ses lèvres. L'orgueil de la reine paraît l'emporter jusque sur l'amitié qu'elle a vouée à Mazarin : elle semble rebelle aux conseils du prudent ministre, et va même jusqu'à flétrir du nom de lâcheté cet esprit de conciliation. Mais ne nous y méprenons pas. N'est-ce pas la discrète Mme de Motteville qui nous dit que le cardinal encourageait secrètement l'ardeur de la reine pour mieux faire ressortir sa propre modération[409] ? Ici encore Anne d'Autriche était d'intelligence avec lui. C'était pour lui qu'elle s'exposait. Si l'allégation de Mme de Motteville est vraie, il faut convenir que les sentiments de Mazarin ne répondaient guère, en cette circonstance, à la générosité de la reine, et que la fable de *Bertrand et Raton* eut ici une application anticipée qui faisait plus d'honneur à la princesse qu'à son ministre.

La nouvelle de la victoire de Lens a encore exalté l'orgueil d'Anne d'Autriche. Elle mène son fils à Notre-Dame pour le *Te Deum* célébré devant soixante-treize drapeaux ennemis déposés devant l'autel. Le régiment des gardes forme la haie sur le passage du cortège royal et a reçu l'ordre de demeurer sous les armes. Après avoir demandé à Dieu de bénir les projets qu'elle médite, la reine sort de la cathédrale et dit tout

---

[409] Mme de Motteville, *Mémoires*, 1648.

bas au lieutenant de ses gardes : « Allez, et Dieu veuille vous assister[410] ».

L'entreprise commandée par la régente, est l'exil de trois magistrats, l'arrestation du conseiller Broussel et de deux présidents du Parlement.

Anne d'Autriche est de retour au Palais-Royal. Elle y apprend que Paris se soulève pour réclamer la délivrance du populaire Broussel.

A pied, à travers la foule mugissante, un évêque, avec son rochet et son camail, se fraye un passage jusqu'à la résidence royale : c'est Paul de Gondi, le coadjuteur de Paris, le futur cardinal de Retz. Anne comprend qu'il désire la voir céder au mouvement insurrectionnel qu'elle le soupçonne d'avoir encouragé, et la colère de la souveraine lui fait oublier sa dignité : « Vous voudriez que je rendisse la liberté à Broussel ! Je l'étranglerais plutôt avec ces deux mains, et ceux qui... » Et ces mains royales menaçaient le coadjuteur. Il était temps que le cardinal ministre intervînt !

Chargé par Mazarin de négocier la paix moyennant la délivrance de Broussel, le coadjuteur a réussi à calmer l'émeute. Mais quand il revient au palais pour annoncer à la régente le succès de sa mission, et la prie de souscrire aux promesses de Mazarin ; quand le maréchal de la Meilleraye, qui l'a accompagné, atteste le grand service que le coadjuteur a rendu à la reine, Anne d'Autriche n'a d'autre parole de reconnaissance que cette moqueuse recommandation : « Allez vous reposer, monsieur, vous avez bien travaillé ! » Ce fut une faute, une grande faute. Jusque-là, bien que Gondi n'eût guère d'autre vocation que celle du conspirateur, il était demeuré fidèle à la reine. Mais déjà

---

[410] Id., *Id.*

blessé par la mordante ironie de la princesse, il apprend qu'un coup d'État se trame pour le lendemain et le menace des premiers. Anne d'Autriche a fait d'un de ses amis un puissant conspirateur.

Elle peut le comprendre, le lendemain, devant les douze cents barricades qui obstruent les rues de Paris. Au bruit de la mousqueterie, le Parlement en corps, précédé de ses huissiers, se dirige vers le Palais-Royal pour réclamer ceux de ses membres qui lui ont été enlevés. « Vive le Parlement ! vive Broussel ! » crie le peuple qui ouvre les barricades aux magistrats.

Tout tremble à la cour, excepté la reine qui, superbe de courroux, tient tête à l'orage et répond avec hauteur à la harangue du premier président.

Elle cède enfin à la pression qu'exercent sur elle Mazarin, le chancelier Séguier et l'admirable président Molé. Elle veut bien remettre Broussel en liberté si le Parlement consent à reprendre ses séances.

Le Parlement quitte la reine pour se rendre au Palais-de-Justice. Mais il est arrêté dans sa marche par les insurgés qui ne se contentent pas des promesses de la régente. Ce qu'ils veulent, c'est Broussel lui-même. Devant les furieuses menaces qui ont succédé à une ovation enthousiaste, des magistrats s'enfuient. Molé ramène au Palais-Royal ceux qui ne l'ont pas abandonné et qui forment le plus grand nombre. Il expose à la reine les dangers qui la menacent et qui planent jusque sur la tête de son fils. Le courage d'Anne d'Autriche croît avec le péril. Elle se refuse à abaisser devant l'insolence du peuple la majesté royale.

Alors, dans le cercle de la reine, une parole s'éleva pour l'avertir des dangers que son opiniâtreté faisait courir au trône : cette voix était celle d'une grande victime des révolutions, Henriette-Marie, cette fille de Henri IV qui allait être bientôt la veuve du roi d'Angleterre, Charles Ier ! Elle dit à la reine de France que la révolution d'Angleterre avait ainsi commencé. Anne d'Autriche était mère : elle comprit la leçon. « Que messieurs du Parlement voient donc ce qu'il y a à faire pour la sûreté de l'État », dit-elle avec une morne résignation. Et elle ordonna la délivrance des magistrats prisonniers, le rappel de ceux qu'elle avait exilés.

Malgré ces concessions, l'énergie de la princesse ne fléchissait pas. Pendant l'orageuse soirée du lendemain, alors que tous ceux qui l'entourent sont en proie à la terreur, elle reste calme, héroïque ; et à sa fierté de race se joint un sentiment plus touchant. Mère et chrétienne, elle espère dans le Dieu qui bénit les petits enfants : « Ne craignez point, dit-elle, Dieu n'abandonnera pas l'innocence du roi ; il faut se confier à lui[411] ».

Bientôt, à Saint-Germain, une humiliation suprême lui est imposée. Elle a cru, mais en vain, pouvoir s'appuyer sur l'épée de Condé. Alors, avec des larmes d'indignation, elle signe un acte qui consacre les décisions du Parlement et qu'elle appelle « l'assassinat de la royauté ».

L'agitation, un moment calmée, se produit encore. Cette fois la régente a obtenu l'appui de Condé. Elle s'est de nouveau rendue à Saint-Germain, et de là, elle envoie au Parlement l'ordre de se retirer à Montargis. Condé assiège Paris.

Maintenant, le cardinal s'associe ouvertement à l'inflexible résistance de la reine. Anne d'Autriche sort victorieuse de l'épreuve, et quand, après la paix de Rueil, nous la voyons rentrer dans Paris, Mazarin, si impopulaire

---

[411] Mme de Motteville, *Mémoires*, 1648.

jusque-là, Mazarin est auprès d'elle et partage l'accueil sympathique qu'elle reçoit. C'était là un de ces brusques revirements dont le peuple de Paris a donné tant d'exemples. On en vit un nouveau témoignage le jour où la régente se rendit à Notre-Dame. Les harengères, « qui avoient tant crié contre elle », se jetaient sur elle dans des transports d'amour et de repentir ; elles touchaient sa robe et furent près de l'arracher de son carrosse[412].

Condé, l'ennemi de Mazarin, s'aliène la régente par sa hauteur. Elle se réconcilie avec le coadjuteur, et, forte de son alliance avec la vieille Fronde, elle fait arrêter Condé, son frère de Conti, le duc de Longueville, son beau-frère. Alors naît une nouvelle Fronde : la révolte suscitée par les partisans des princes. Anne d'Autriche demeure intrépide, elle accompagne le jeune roi et Mazarin à Bordeaux qui a pris le parti des rebelles. Mais la paix que lui imposent ses nouveaux alliés froisse son orgueil ; elle aussi, employant une expression de Catherine de Médicis, elle dit qu'elle a été traitée en chambrière. Elle se sépare des anciens frondeurs.

Le Parlement réclame la liberté des princes et l'obtient. Il réclame aussi l'exil de Mazarin, et si la reine y consent, c'est que le cardinal veut lui-même s'éloigner ; mais elle s'apprête à quitter furtivement Paris avec le roi. La trahison déjoue ce projet. Le coadjuteur fait battre dans Paris le tambour d'alarme. Le peuple envahit le Palais-Royal. Anne d'Autriche montre aux insurgés le jeune roi endormi dans son lit. A ce doux aspect, les hommes qui avaient envahi cette chambre avec des sentiments de fureur, n'ont que des paroles de paix et de bénédiction. Le danger avait été grand : la reine mère n'avait eu que le temps de faire recoucher le petit prince qui allait monter à cheval.

---

[412] Mme de Motteville, *Mémoires*, 1649.

Mazarin exilé garde sur la régente un pouvoir absolu. C'est toujours lui qui gouverne par elle.

Condé prend les armes contre le gouvernement. La reine mère entre vaillamment en campagne, marche sur Mme de Longueville, la chasse de Bourges et se dirige sur Poitiers. Mazarin rejoint Anne d'Autriche. Il est témoin de son attitude après la déroute de Bléneau : la régente, pleine de sang-froid et d'énergie au milieu de la cour éperdue, n'interrompt pas même la toilette qu'elle avait commencée avant la désastreuse nouvelle.

Pendant le combat du faubourg Saint-Antoine, sous Paris, Anne d'Autriche est vraiment dans son rôle de femme. Tandis que le canon gronde, elle est agenouillée devant le Saint-Sacrement, chez les Carmélites de Saint-Denis. Elle ne quitte l'autel que pour recevoir les courriers qui lui apportent des nouvelles du combat, et la reine de France a des larmes pour tous ceux qui sont tombés, amis ou ennemis.[413]

Anne devait voir Mazarin s'éloigner une seconde fois ; mais cet exil n'était pas de longue durée et n'était destiné qu'à hâter la conclusion de la paix. Condé, le duc d'Orléans, son allié, demandèrent à envoyer leurs députés au roi. Mais la régente refusa avec hauteur, « s'étonnant qu'ils osassent prétendre quelque chose avant d'avoir posé les armes, renoncé à toute association criminelle et fait retirer les étrangers ; » les étrangers dont le vainqueur de Rocroy avait accepté la criminelle alliance !

En 1653, la Fronde était vaincue. L'autorité royale triomphait. En dépit de quelques imprudences, Anne d'Autriche avait, nous l'avons rappelé, joué le rôle le plus noble dans cette guerre civile. A la paix, elle rentre dans

---

[413] Mme de Motteville, *Mémoires*, 1652.

l'ombre. Son fils est majeur. Mazarin exerce hautement le pouvoir jusqu'à sa mort, événement après lequel Louis XIV gouverne par lui-même[414].

La petite-fille de Charles-Quint avait fidèlement servi la politique anti-espagnole de Henri IV et de Richelieu. Elle avait achevé, à l'intérieur du pays, l'oeuvre de ces deux grands génies : la victoire de la royauté sur la féodalité. Mais nous savons que ce fut Mazarin qui la dirigea dans l'exercice du pouvoir, et que les qualités personnelles qu'elle déploya dans sa régence étaient non des qualités politiques, mais des qualités morales : le courage qui brave le danger, la foi qui soutient dans le péril, l'amour maternel, et cette tendresse dévouée, généreuse, qu'Anne d'Autriche n'apporta, il est vrai, que dans une seule amitié.

Elle eut dans l'âme plus de hauteur que de véritable grandeur. Cette hauteur avait pour origine la fierté du sang, et préparait Anne d'Autriche à représenter dignement ce pouvoir absolu qui était encore nécessaire à la France pour dompter la féodalité. La reine mère en légua la tradition à son fils, et quand Louis XIV disait : « L'État c'est moi, » il était bien réellement le fils d'Anne d'Autriche.

Le jeune roi dut aussi à sa mère ces traditions de courtoisie chevaleresque qui contribuèrent à l'éclat de son règne. Ce n'est pas la moindre gloire d'Anne d'Autriche que d'avoir donné à la France un Louis XIV.

L'exemple de cette princesse a démontré, une fois de plus, que la femme a besoin d'être elle-même dirigée lorsqu'elle tient les rênes du gouvernement. Les contemporaines d'Anne d'Autriche furent une vivante leçon de ce que devient la femme lorsque, dans les choses de la

---

[414] Trognon, *Histoire de France*

politique, elle est, ou mal conseillée, ou livrée à ses propres impressions. Nulle des conspiratrices de la cabale des Importants ou des luttes de la Fronde n'est conduite par la raison d'État. L'amour, l'amitié, la haine, tels furent les mobiles qui entraînèrent ces femmes à fomenter la guerre civile, à trahir même leur pays pour l'étranger. Pour rendre cette trahison moins odieuse, elles n'avaient pas, comme certaines reines, l'excuse d'être elles-mêmes étrangères de naissance. Le plus pur sang de France coulait dans leurs veines.

Entre toutes les femmes qui apparaissent dans les troubles de la régence, une seule attire notre sympathie : c'est cette noble et touchante princesse de Condé, qui ne se mêle courageusement à la lutte que pour servir la cause d'un cher prisonnier ; l'époux qui l'a dédaignée !

Quant aux autres femmes de la Fronde, malgré les talents qu'elles ont déployés, je ne peux voir en elles que des aventurières. Si le long repentir de la duchesse de Longueville nous fait oublier que, jetée dans la Fronde par son amour pour La Rochefoucauld, elle y entraîna jusqu'à un Condé, jusqu'à un Turenne, comment accorder une semblable indulgence à une duchesse de Chevreuse ? Je me sépare ici, à regret, de l'illustre écrivain aux yeux duquel est apparue comme une héroïne et un grand politique, la femme audacieuse qui, pour nous, n'est que la pire des intrigantes : celle qui met la politique au service de ses volages amours.

Ce n'est ni l'amour ni l'intrigue politique qui jettent Mlle de Montpensier dans les luttes civiles : c'est le désir, romanesque de jouer à l'héroïne. C'est ainsi que, s'introduisant seule par la brèche dans Orléans, elle conquiert la ville par cet acte de bravoure. C'est ainsi que, dans le combat du faubourg Saint-Antoine, elle tirera le canon de la Bastille.

Une brillante étrangère, la princesse palatine, Anne de Gonzague, nous apparaît dans ces guerres civiles, non à travers la fumée des combats, mais dans les mystérieux arcanes de la diplomatie. Pour délivrer Condé, c'est elle qui a réuni la nouvelle Fronde à l'ancienne. Condé libre, elle lui a donné des conseils de modération : c'est qu'alors Mazarin l'a regagnée. Depuis, elle demeure fidèle au cardinal et sert même par son intervention diplomatique les intérêts de la France. Mais, en réunissant les deux Frondes, elle avait contribué à fomenter les troubles, à amener cette nuit d'émeute pendant laquelle Anne d'Autriche montra aux Frondeurs son fils endormi et à la suite de laquelle Mathieu Molé prononçait, avec douleur, cette parole : « M. le Prince est en liberté, et le roi, le roi notre maître, est prisonnier ! »

Mais il me tarde de quitter les femmes de la Fronde. Quelques-unes, d'ailleurs, ont déjà été peintes par la main d'un maître. Et, à ces aventurières, ou à ces intrigantes qui, en semant la guerre civile, ont contribué aux misères du peuple, je vais opposer les femmes qui se sont généreusement dévouées à soulager ces mêmes misères.

Dès 1635, la guerre avec la maison d'Autriche avait fait connaître à la Lorraine les fléaux que la Fronde ramena surtout pour la Champagne et la Picardie. Rien de plus effroyable que le tableau, que les contemporains nous ont tracé de la misère qui désola ces trois provinces. On vit alors ce que c'était que ces guerres « soit civiles, soit étrangères où, disait Fléchier, le soldat recueille ce que le laboureur avait semé... » Et l'orateur sacré ajoutait : « Souvenez-vous de ces années stériles, où, selon le langage du prophète, le ciel fut d'airain et la terre de fer[415]. »

---

[415] Fléchier, *Oraison funèbre de madame Marie-Magdeleine de Wignerod, duchesse d'Aiguillon*.

La dysenterie, la gale, la peste se joignent à la guerre et à la famine. Fuyant leurs demeures occupées par la soldatesque étrangère, les paysans meurent dans les bois ou sur les grands chemins, ou bien, rentrant dans leurs villages après le départ de l'ennemi, ils retrouvent leurs demeures pillées, brûlées, leurs champs dévastés. Abattus par la maladie, dépouillés jusqu'à la chemise, ils n'ont d'autre lit que la terre, d'autre matelas que de la paille pourrie et n'osent, dans leur état de nudité, se soulever de cette horrible couche. Leur nourriture, c'est l'herbe, ce sont les racines des champs, c'est l'écorce des arbres ; les lézards, la terre même, tout leur est bon. S'il leur reste quelques haillons, ils les lacèrent pour les avaler ; et, à défaut de ces étranges aliments, ils se rongent les bras et les mains « et meurent dans ce désespoir. » D'autres disputent aux loups les restes d'une hideuse curée : les débris pourris des chiens et des chevaux ; ou bien, eux-mêmes seront, fût-ce avant qu'ils n'expirent, la pâture des bêtes de proie.

Vivants et morts gisent pêle-mêle. L'enfant qui a survécu, est demeuré sur la mère qui est morte, bien certainement en lui donnant sa dernière bouchée de nourriture.

En Lorraine, à Saint-Mihiel, dit un missionnaire, « il y en a plus de cent qui semblent des squelettes couverts de peau, et si affreux que, si Notre-Seigneur ne me fortifiait je ne les oserais regarder ; ils ont la peau comme du marbre basané, et tellement retirée que les dents leur paraissent toutes sèches et découvertes, et les yeux et le visage tout refrognés. Enfin, c'est la chose la plus épouvantable qui se puisse jamais voir. »

Toutes les classes participent à cette misère. Le noble compte parmi les pauvres honteux. Le curé s'attelle à une charrue pour remplacer le cheval qui manque. L'homme qui ne peut se plier à la honte de mendier son pain est trouvé mort sur sa couche pour n'avoir pas osé « demander sa vie ! »

Les orphelins sont abandonnés ; les jeunes filles, exposées à quelque chose de plus terrible que la mort, le déshonneur. Les unes sont près de succomber à l'effroyable tentation ; d'autres se cachent dans des cavernes pour fuir la brutalité des soldats. Les églises sont pillées, les prêtres persécutés, dépouillés.

En Lorraine, les soldats eux-mêmes, pressés par la faim et la maladie, sont couchés le long des routes et sur les grands chemins, sans assistance religieuse, « sans consolation humaine[416]. »

Pendant la Fronde, des masses d'émigrants arrivent à Paris et ajoutent le fardeau de leur misère au poids des calamités qui écrasent la ville.

Tels furent les désastres dans lesquels la guerre étrangère et la guerre civile plongèrent quelques parties de la France. Mais, au milieu de toutes ces calamités, une armée se lève, l'armée de la charité ! Saint Vincent de Paul la commande, et les femmes marchent à l'avant-garde.

Les dames de la Charité de Paris donnent leur or, elles quêtent pour les provinces désolées. Saint Vincent de Paul et ses collaboratrices recueillent près d'un million six cent mille livres qui sont distribuées dans la Lorraine et jusque dans l'Artois ravagé par la guerre. Pendant les malheurs amenés par la Fronde, ces nobles femmes envoient à la Champagne

---

[416] Lettres des prêtres de la Mission, recueillies dans la *Vie de saint Vincent de Paul*, par le lazariste qui s'abrita sous le nom d'Abelly. Sur l'origine de cet ouvrage, voir le livre récent de M. Chantelauze, *Saint Vincent de Paul et les Gondi*.

et à la Picardie plus de seize mille livres par mois[417]. L'imminence du danger provoquait les plus grands sacrifices, et les généreuses femmes qui avaient eu à souffrir personnellement de la ruine générale, calculaient, non leurs ressources, mais les misères qu'il fallait soulager. Leur présidente, la duchesse d'Aiguillon, qui, avec Mlle de Lamoignon et Mme de Hersé, la protectrice spéciale des pauvres soldats, a recueilli des sommes immenses pour les victimes de la guerre, la duchesse d'Aiguillon vend jusqu'à une partie de son argenterie. Mme de Miramion vend son collier de perles pour nourrir les pauvres de Paris. Elle leur fait distribuer plus de deux mille potages par jour. Charité bien digne de la sainte femme qui, à Paris encore, fera subsister les pauvres pendant les plus rigoureux hivers et à qui l'on devra, en 1682, l'origine des fourneaux économiques[418].

Le 11 février 1649, M. Vincent éloigné de Paris, écrivait aux Dames de la Charité, dans une lettre récemment publiée : « De vérité il semble que les misères particulières vous dispensent du soin des publiques, et que nous aurions un bon prétexte, devant les hommes, pour nous retirer de ce soin ; mais certes, mesdames, je ne sais pas comment il en irait devant Dieu, lequel nous pourrait dire ce que saint Paul disait aux Corinthiens... « Avez-vous encore résisté jusqu'au sang ? » ou pour le moins avez-vous encore vendu une partie des joyaux que vous avez ? Que dis-je ? Mesdames, je sais qu'il y en a plusieurs d'entre vous (et je crois le même de tant que vous êtes) qui avez fait des charités, lesquelles seraient

---

[417] *Vie de saint Vincent de Paul*, citée plus haut ; *Lettres* de saint Vincent de Paul, publiées par les prêtres de la Mission, 1882. 333. Lettre à M. Martin, supérieur à Turin, 20 juillet 1656.
[418] Bonneau-Avenant, *Mme de Miramion*, et *la Duchesse d'Aiguillon*.

trouvées très grandes, non seulement en des personnes de votre condition, mais encore en des reines[419]. »

En d'autres circonstances encore, les femmes se privent de leurs joyaux. Anne d'Autriche qui a appelé saint Vincent de Paul dans ses conseils, Marie-Anne Martinozzi, princesse de Conti, donnent de tels exemples.

Pour les provinces désolées, cet or, ces perles se convertissaient en pain, en vêtements, en médicaments, en outils même[420]. En soulageant les misères de l'heure actuelle, on prévoyait l'avenir. On donnait aux laboureurs du grain, des haches, des serpes, des faucilles ; aux paysannes, du chanvre, des rouets. On recueillait les orphelins, on leur enseignait un état. Les jeunes filles étaient préservées du déshonneur dans les pieux abris qui s'ouvraient à elles. Les pauvres honteux recevaient, avec des secours, les hommages de respect qui leur rendaient moins amer le pain de l'aumône. Les églises et leurs pasteurs étaient secourus.

Les femmes dont nous énumérons les bienfaits et qui composaient ce qu'on appelait l'Assemblée générale des Dames de la Charité, formaient comme un conseil supérieur chargé de recueillir, de centraliser et de répartir les dons de la charité. Ce n'était cependant pas dans ce but que l'Assemblée générale avait été instituée.

Au début de sa carrière, quand saint Vincent de Paul évangélisait les campagnes par ces missions dont sa première collaboratrice, Mme de Gondi, avait inspiré la fondation, il avait établi dans les campagnes des confréries de la Charité, composées de femmes qui allaient assister spirituellement et corporellement les pauvres malades. L'oeuvre se propagea,

---

[419] Saint Vincent de Paul, *Lettres*, 135.
[420] Les maisons des Dames de la Charité étaient devenues d'immenses magasins.

et de 1629 à 1631, s'établit dans presque toutes les paroisses de Paris et des faubourgs. La mission de ces confréries était toute paroissiale.

Une femme de bien, la présidente Goussault, eut la pensée de créer une compagnie de dames qui aurait spécialement le soin des malades de l'Hôtel-Dieu. Elle soumit le projet de cette création à M. Vincent qui l'agréa. Les plus grandes dames de France se firent gloire d'appartenir à cette association. Ceignant un tablier, les nobles infirmières allaient porter aux femmes malades des secours, des consolations, des enseignements, et leur donnaient avec affection le nom de soeurs.

Ce fut ainsi que se constitua l'Assemblée générale des dames de la Charité. Plus tard elle agrandit sa mission. Nous l'avons vue se charger de l'assistance des provinces désolées que ses bienfaits sauvèrent. A l'assemblée générale et extraordinaire qui se tint au Petit-Luxembourg, chez la duchesse d'Aiguillon, le 11 juillet 1657, saint Vincent de Paul rendit un éclatant hommage à ses dévouées collaboratrices : « C'est une chose presque sans exemple, dit-il, que des dames s'assemblent pour assister des provinces réduites à l'extrême nécessité, en y envoyant de grandes sommes d'argent, et de quoi nourrir et vêtir une infinité de pauvres de toute condition, de tout âge et de tout sexe. On ne lit point qu'il y ait jamais eu de telles personnes associées qui, d'office, comme vous, mesdames, aient fait quelque chose de semblable[421] ».

Les attributions de l'Assemblée de Charité s'étendent de plus en plus. À la visite de l'Hôtel-Dieu, à l'assistance des provinces désolées, se joignent d'autres charges.

---

[421] Abelly, *l. c.*

La charité et le patriotisme s'unissaient dans les bienfaits que les Dames de la Charité répandaient sur les victimes de la guerre et des fléaux qui l'avaient suivie. Le patriotisme trouve aussi son compte dans l'oeuvre apostolique qu'elles accomplissent en favorisant les missions étrangères qui vont porter au loin, avec la connaissance de l'Évangile, le nom de la France. La duchesse d'Aiguillon est là encore au premier rang, et ses principales collaboratrices sont Mme de Miramion, Mme de Lamoignon[422].

Mme d'Aiguillon a une grande part à la fondation du séminaire des Missions étrangères. La duchesse crée des missions dans l'Extrême Orient, un séminaire à Siam. Elle achète les consulats de Tunis et d'Alger ; elle suscite la fondation d'un hôpital dans cette dernière ville pour y recueillir les Français malades et abandonnés. Enfin reprenant la pensée d'une autre femme de grand coeur, Mme de Guercheville, elle établit une colonie française et catholique au Canada[423], cette Nouvelle-France qui, aujourd'hui, garde plus que jamais à la mère-patrie malheureuse, un amour dévoué, enthousiaste, chevaleresque.

Voilà ce que les femmes du XVIIe siècle ont fait pour le salut des provinces dévastées, pour la grandeur de la France et la gloire de l'Église. Leurs bienfaits ne s'arrêtent pas là.

Saint Vincent avait fondé un hôpital pour les pauvres vieillards. Les dames de la Charité, notamment la duchesse d'Aiguillon, le pressèrent de donner plus d'extension à cette oeuvre. Devant les quarante mille mendiants qui, à Paris, peuplaient *onze cours de miracles*, il fallait un immense dépôt de

---

[422] Pour Mlle de Lamoignon, voir les vers que lui a consacrés Boileau. *Poésies diverses*, xvi. (Éd. Berriat-Saint-Prix.)
[423] Fléchier, *Oraison funèbre de Mme d'Aiguillon* ; Bonneau-Avenant, *la Duchesse d'Aiguillon*. Ce dernier écrivain nomme une humble cabaretière, Marie Rousseau, qui seconda la duchesse d'Aiguillon dans la fondation de cette colonie.

mendicité. Ce fut saint Vincent qui eut à modérer ici le zèle de ses collaboratrices ; mais il ne refusa pas ses conseils à la duchesse d'Aiguillon qui fonda la Salpêtrière avec le concours de la reine, de Mazarin et des princesses. A un moment où les ressources manquèrent à l'hôpital, Mme de Miramion, âgée, malade, quêta plus de cinquante mille francs en un mois pour soutenir cette création.

Comme le vieillard délaissé, l'enfant abandonné a rencontré dans les dames de la Charité, des mères tendres et secourables. Est-il nécessaire de rappeler le triste sort de ces enfants trouvés que l'on déposait à la Couche, ce hideux local de la rue Saint-Landry où une veuve, assistée d'une ou de deux servantes, recevait ces pauvres petits êtres ? Il ne se passait guère de jour que l'on n'en recueillît un. Les ressources manquaient pour donner des nourrices à ces enfants. Les uns mouraient de faim ; d'autres étaient tués par des soporifiques que les servantes leur faisaient prendre pour se débarrasser de leurs cris en les endormant. « Ceux qui échappaient à ce danger, étaient ou donnés à qui les venait demander, ou vendus à si vil prix, qu'il y en a eu pour lesquels on n'a payé que vingt sous. On les achetait ainsi, quelquefois pour leur faire teter des femmes gâtées, dont le lait corrompu les faisait mourir ; d'autres fois pour servir aux mauvais desseins de quelques personnes qui supposaient des enfants dans les familles... Et on a su qu'on en avait acheté (ce qui fait horreur) pour servir à des opérations magiques et diaboliques ; de sorte qu'il semblait que ces pauvres innocents fussent tous condamnés à la mort, ou à quelque chose de pire, n'y ayant pas un seul qui échappât à ce malheur, parce qu'il n'y avait personne qui prît soin de leur conservation. Et ce qui est encore plus déplorable, plusieurs mouraient sans baptême, cette veuve ayant avoué qu'elle n'en avait jamais baptisé, ni fait baptiser aucun ».

Ainsi parle un compagnon de la vie apostolique du saint ; et celui-ci même racontait que depuis cinquante ans, on n'avait pas entendu dire qu'un seul enfant trouvé eût vécu !

Témoin de cette navrante misère, saint Vincent l'expose aux dames de charité établies sur la paroisse de Saint-Nicolas du Chardonnet, la première de ces confréries qui se fût formée à Paris. Il savait bien, cet homme évangélique, que pour aimer et secourir l'enfance malheureuse, toute femme sent tressaillir en elle un coeur de mère. Les généreuses chrétiennes à qui saint Vincent faisait appel, ne purent d'abord sauver qu'une douzaine de ces pauvres innocents, « bien plus à plaindre que ceux qu'Hérode fit massacrer ». Il fallut les tirer au sort ! (1638.)

Les associées du bon saint augmentent peu à peu le nombre de leurs enfants d'adoption. Elles essayent même de les sauver tous. Puis, un jour, les ressources manquent. C'est alors que, dans une assemblée générale tenue vers 1648, a lieu cette scène incomparable qui a été tant de fois retracée, et que, néanmoins, je me garderai bien de ne point placer ici parmi les plus beaux titres d'honneur de la femme française.

Saint Vincent de Paul « mit en délibération si la Compagnie devait cesser, ou bien continuer à prendre soin de la nourriture de ces enfants, étant en sa liberté de s'en décharger, puisqu'elle n'avait point d'autre obligation à cette bonne oeuvre que celle d'une simple charité. Il leur proposa les raisons qui pouvaient les dissuader ou persuader ; il leur fit voir que jusqu'alors, par leurs charitables soins, elles en avaient fait vivre jusqu'à cinq ou six cents, qui fussent morts sans leur assistance ; dont plusieurs apprenaient métier, et d'autres étaient en état d'en apprendre ; que par leur moyen tous ces pauvres enfants, en apprenant à parler, avaient appris à connaître et à servir Dieu ; que de ces commencements elles pouvaient inférer quelle serait à l'avenir la suite de leur charité. Et puis élevant un peu la voix, il conclut avec ces paroles : « Or sus, mesdames, la compassion et la charité vous ont fait adopter ces petites créatures pour vos enfants ; vous avez été leurs mères selon la grâce, depuis que leurs mères selon la nature les ont abandonnés ; voyez maintenant si vous voulez aussi les abandonner. Cessez d'être leurs mères, pour devenir à présent leurs juges, leur vie et leur mort sont entre vos mains ; je m'en vais prendre les voix et les suffrages : il est temps de prononcer leur arrêt, et de savoir si vous ne voulez plus avoir de miséricorde pour eux. Ils vivront, si vous continuez d'en prendre un charitable soin ; et au contraire, ils mourront et périront infailliblement si vous les abandonnez : l'expérience ne vous permet pas d'en douter[424] ».

L'émotion qui vibrait dans la voix du saint « faisait assez connaître quel était son sentiment ». La sentence des juges ne pouvait se traduire que par des larmes et par les plus généreux sacrifices. L'oeuvre des Enfants-Trouvés était définitivement fondée.

Collectivement ou isolément, les femmes s'associent à toutes les oeuvres de saint Vincent de Paul. Elles assistent les galériens dont leur guide a soulagé les tortures physiques et les misères morales. Avant même qu'il y eût des Dames de la Charité, Mme de Gondi s'était occupée de faire évangéliser les galériens par M. Vincent et ses missionnaires. Plus tard, la duchesse d'Aiguillon qui fait donner à notre saint l'aumônerie générale des galères, obtient de son oncle, le cardinal de Richelieu, la fondation d'un hôpital pour les galériens, à Marseille, et y contribue par sa munificence. Les premières protectrices des Enfants-Trouvés, les dames de la Charité de Saint-Nicolas du Chardonnet, concourent aussi à cette oeuvre. Ce sont elles encore qui visitent dans leurs

---

[424] Abelly, *l. c.*

infectes et sépulcrales prisons les galériens de Paris. Mme de Miramion suit cet exemple ; elle porte aux prisonniers des secours, des consolations, de douces paroles de relèvement. Mme de Maignelais, soeur de M. de Gondi, visite aussi les galériens, et assiste jusqu'aux condamnés à mort.

Mme de Maignelais fonde une maison de filles repenties sous le vocable de sainte Madeleine, la grande pécheresse rachetée par l'amour divin. Les établissements de ce genre n'étaient pas nouveaux, mais, plus que jamais, ils devenaient nécessaires à une époque où, comme nous le disions plus haut, la licence régnait dans les villes, qui étaient devenues des camps.

Mme de Miramion, animée de l'esprit de saint Vincent, fonde une maison analogue, mais elle lui donne une grande extension ; elle crée le refuge de la Pitié pour les femmes de mauvaise vie que l'autorité y fait enfermer de force, et le refuge de Sainte-Pélagie pour les femmes repentantes qui, de leur propre mouvement, viennent y mener une vie de pénitence. Pour sauver ces âmes malades, Mme de Miramion avait le suprême remède, la miséricordieuse tendresse du Bon Pasteur qui ramène sur son épaule la brebis égarée.

La Pitié et Sainte-Pélagie deviennent des établissements publics. Pour les fonder, Mme de Miramion avait rencontré parmi ses appuis, le grand coeur de Mme d'Aiguillon.

Nous savons ce que Mme de Miramion avait fait pour l'instruction primaire des enfants du peuple, et aussi pour leur instruction professionnelle. Sous ce dernier rapport, les dames de la Charité ont aussi mérité nos hommages, elles qui faisaient apprendre un état à leurs chers enfants trouvés.

Le rôle des femmes du monde est immense au XVIIe siècle dans les oeuvres du bien. Quels résultats que ceux-ci : le salut des provinces ruinées, la régénération des campagnes par les missions à l'intérieur, l'évangélisation des contrées lointaines avec l'extension de l'influence française, le soulagement des malades, l'assistance des pauvres et surtout des vieillards, l'instruction primaire et professionnelle des enfants du peuple, l'enfance exercée au devoir en même temps qu'au travail, la jeune fille préservée du vice, la pécheresse ramenée au bien ; le forçat lui-même obligé de bénir dans la main qui le secourt et dans le coeur qui le plaint, la vertu efficace de la sublime religion que rien, quoi qu'on fasse, ne saura jamais remplacer pour inspirer de tels actes !

Cette inspiration chrétienne avait eu ici à son service la force que donne l'association. C'était là l'un des rares bienfaits produits par la transformation sociale qui avait amené les familles nobles à Paris. Naguère la charité avait été surtout une action individuelle : elle devenait désormais une puissance sociale. Mais si, dans les circonstances exceptionnelles, comme le désastre de quelques provinces, il fallait le concours de cette grande charité sociale, nous n'en regretterons pas moins que, dans les circonstances normales de la vie, les châtelaines aient trop souvent privé leurs paysans de la protection maternelle qui était le doux apanage de leurs aïeules. Sans parler, bien entendu, des émigrations forcées que provoqua la ruine de trois provinces, Paris ne serait pas devenu le refuge de tous les misérables si, comme au moyen âge, ceux-ci avaient trouvé dans le pays natal les secours de leurs seigneurs.

Les oeuvres de saint Vincent de Paul, ces oeuvres auxquelles les femmes du XVIIe siècle donnaient une impulsion vigoureuse, n'auraient pas été possibles, si pour les accomplir, il n'y avait eu, avec les vaillants prêtres de la Mission, ces admirables femmes dont je vais enfin prononcer le nom : les soeurs de la Charité, les filles de saint Vincent !

Leur ordre était né des confréries même de la Charité. Lorsque ces confréries s'étaient répandues à Paris, et que des femmes de condition s'y étaient enrôlées, celles-ci avaient bien le zèle généreux, le dévouement qui ne calcule pas, mais leurs devoirs domestiques et sociaux ne leur permettaient pas de veiller assidûment les malades. Ce fut alors que l'on proposa à M. Vincent de consacrer spécialement au service des pauvres malades, de pieuses filles de la campagne qui, avec toute la charité de leurs coeurs et toute la vigueur de leurs forces physiques, se dévoueraient à Jésus-Christ dans les êtres souffrants. L'active promotrice des confréries de la Charité, Mme Le Gras, fut l'institutrice de ces saintes filles qui vénèrent en elle et dans saint Vincent de Paul les fondateurs de leur ordre.

La maison que Mlle Le Gras occupait sur la paroisse de Saint-Nicolas du Chardonnet, fut la première communauté des filles de la Charité. Leurs premières bienfaitrices furent Mlle Lamy, fille d'un administrateur de l'hôpital général, et Mme de Miramion. Et comme le nom de la duchesse d'Aiguillon était destiné à être revendiqué par toutes les grandes oeuvres du XVIIe siècle, ce fut encore à la prière de la noble duchesse que l'archevêque de Paris accorda aux soeurs de la Charité le privilège nécessaire pour que leur association fût érigée en communauté.

Obligées d'aller à la recherche de toutes les misères, les filles de la Charité ne pouvaient mener la vie claustrale de ces saintes Carmélites qui, introduites en France par Mme Acarie, offraient aux âmes contemplatives ou aux coeurs blessés de la vie, leur inviolable asile de paix, de prière et de pénitence. Les soeurs de la Charité ne pouvaient être et n'étaient pas des religieuses. Dans la règle qu'il leur donna, saint Vincent de Paul disait : « Elles considéreront qu'encore qu'elles ne soient pas dans une religion, cet état n'étant pas convenable aux emplois de leur vocation, néanmoins parce qu'elles sont beaucoup plus exposées que les religieuses cloîtrées et grillées, n'ayant pour monastère que les maisons des malades ; pour cellule, quelque pauvre chambre, et bien souvent de louage ; pour chapelle, l'église paroissiale ; pour cloître, les rues de la ville ; pour clôture, l'obéissance ; pour grille, la crainte de Dieu ; et pour voile, la sainte modestie. Pour toutes ces considérations, elles doivent avoir autant ou plus de vertu que si elles étaient professes dans un ordre religieux[425] ».

Ces pieuses filles deviennent les ministres de l'Assemblée générale des dames de la Charité. A elles l'assistance spirituelle et corporelle du malade, soit dans le logis de la misère, soit à l'hôpital ! A elles la maternité de l'enfant trouvé et du vieillard délaissé ! A elles l'éducation des enfants du peuple ! Elles pansent les plaies morales comme les plaies physiques ; la plus hideuse lèpre de l'âme ou du corps les attire au lieu de les repousser. Elles soignent les pestiférés, et les galériens les voient se pencher sur eux dans leurs blanches auréoles comme des anges qui apparaîtraient aux damnés au milieu des supplices de l'enfer.

Dans les calamités publiques elles sont là. Ce sont elles qui, à Paris, pendant la Fronde, distribuent aux pauvres, aux réfugiés, la nourriture quotidienne. Le 21 juin 1652, saint Vincent de Paul écrit à propos des charges qui pèsent sur sa famille spirituelle : « Les pauvres filles de la Charité y ont plus de part que nous, quant à l'assistance corporelle des pauvres. Elles font des distributions de potage tous les jours, chez Mlle Le Gras, à treize cents pauvres honteux, et dans le faubourg Saint-Denis à huit cents réfugiés, et dans la seule paroisse de Saint-Paul quatre ou cinq de ces filles en donnent à cinq mille pauvres, outre soixante ou quatre-vingts malades qu'elles ont sur les bras. Il y en a d'autres qui font ailleurs la même chose ».

---

[425] Abelly. *l. c.*

Deux jours après, soit que M. Vincent ait été plus amplement informé, soit que le nombre des pauvres assistés se soit accru, c'est à huit mille de ces malheureux que les Soeurs de la paroisse de Saint-Paul donnent la nourriture[426].

Ainsi que les prêtres de la Mission, elles tombent victimes de leur chrétienne et patriotique charité. A Réthel, à Calais, on les verra se dévouer aux soldats blessés ou malades. A l'hôpital de Calais, quatre filles de la Charité ont la charge de cinq ou six cents militaires. Elles succombent à la tâche ; toutes sont malades, deux d'entre elles meurent. En les recommandant aux prières de ses missionnaires, leurs dignes frères d'armes, M. Vincent disait : « La reine nous a fait l'honneur de nous écrire pour nous mander d'en envoyer d'autres à Calais, afin d'assister ces pauvres soldats. Et voilà que quatre s'en vont partir aujourd'hui pour cela. Une d'entre elles, âgée d'environ cinquante ans, me vint trouver vendredi dernier à l'Hôtel-Dieu, où j'étais, pour me dire qu'elle avait appris que deux de ses soeurs étaient mortes à Calais, et qu'elle venait s'offrir à moi pour y être envoyée à leur place, si je le trouvais bon ; je lui dis : Ma soeur, j'y penserai : et hier elle vint ici pour savoir la réponse que j'avais à lui faire. Voyez, messieurs et mes frères, le courage de ces filles à s'offrir de la sorte, et s'offrir d'aller exposer leur vie, comme des victimes, pour l'amour de Jésus-Christ et le bien du prochain : cela n'est-il pas admirable ? Pour moi, je ne sais que dire à cela, sinon que ces filles seront mes juges au jour du jugement. Oui, elles seront nos juges, si nous ne sommes disposés comme elles à exposer nos vies pour Dieu[427]... »

---

[426] *Lettres* de saint Vincent de Paul à M. Lambert, date citée dans le texte. Aux soeurs de charité, à Valpuiseau, 23 juin 1652.
[427] Abelly, *l. c.* Comp. *Lettres*. A ma soeur Hardemont, 10 août 1658.

Pour rendre hommage à de tels actes, la parole d'ordinaire si simple de l'apôtre a des accents où vibre un religieux enthousiasme. Et c'est justice. Que, dans l'enivrement du combat, le drapeau du régiment échappe à une main mourante, nous comprenons l'ardeur avec laquelle des bras généreux s'étendent pour soutenir le symbole de l'honneur français. Mais que, dans un hôpital, la place des héroïques victimes de l'épidémie soit revendiquée comme un poste d'honneur, c'est là un de ces faits sublimes que nous offrent souvent les annales des filles de saint Vincent, et qui attestent que dans la vaillante race des femmes françaises, la soeur de charité a plus que le courage du soldat, la vocation du martyr.

Les Dames de la Visitation, fondées par saint François de Sales et sainte Chantal, prêtent aussi leur concours aux oeuvres de saint Vincent de Paul, supérieur de leur maison de Paris. Ce fut leur exquise douceur qui fit désirer à M. Vincent qu'elles se dévouassent aux pécheresses. Elles comprenaient certainement cette mission, les filles spirituelles du saint docteur de *l'Amour de Dieu*, les religieuses parmi lesquelles allait bientôt surgir la bienheureuse qui montra à notre pays ce que le Coeur d'un Dieu peut renfermer de tendre pardon. Nous aimons à voir les filles de saint François de Sales et les filles de saint Vincent de Paul se rencontrer dans la communion de la charité. Nous aimons à les voir servir le Dieu des miséricordes au lieu de ce Dieu sombre et jaloux que les jansénistes présentaient à leurs adeptes, et particulièrement à ces austères religieuses de Port-Royal, qui mirent au service de l'erreur une intrépidité digne d'une meilleure cause. Nous aimons encore à opposer la charité active que pratiquaient les collaboratrices de saint Vincent à ce quiétisme qu'allait bientôt prêcher une autre femme, Mme Guyon.

Après avoir parlé des femmes politiques qui, par leurs intrigues, contribuèrent à la ruine de la France, je me suis arrêtée avec bonheur devant les femmes de bien qui la relevèrent parla puissance de leur charité. C'est qu'en effet, la vraie mission sociale de la femme est dans les oeuvres du bien, et non dans les intrusions politiques. Mme de Maintenon en est un exemple de plus. Généreusement associée aux bonnes oeuvres de Mme de Miramion, elle-même fondatrice de l'Institut de Saint-Cyr, son rôle est moins heureux lorsqu'elle touche aux affaires publiques. Sans doute elle n'eut pas, dans la révocation de l'édit de Nantes, la part qu'on lui a attribuée[428]. Elle ne voulait pas de conversion forcée, et pour elle la douce et persuasive éloquence d'un Fénelon ou d'un Fléchier, la puissante dialectique d'un Bourdaloue étaient les meilleurs instruments de propagande. Mais s'il faut effacer de son rôle politique cette participation à une funeste mesure, il est d'autres circonstances où son immixtion dans les affaires d'État fut malheureuse. Il n'est pas jusqu'à sa sensibilité féminine qui ne devînt néfaste au pays quand, par ses larmes, elle obtint de Louis XIV qu'il reconnût le fils de Jacques II pour roi d'Angleterre. C'est par l'influence de Mme de Maintenon que l'inepte Chamillart a la double succession d'un Louvois et d'un Colbert, et que le présomptueux Villeroi est investi du commandement qui fait de lui le prisonnier de Crémone et le vaincu de Ramillies.

Il est toutefois une intervention politique dans laquelle Mme de Maintenon attire notre sympathie, parce qu'elle n'y figure que dans ses attributions de femme et dans ses sentiments de chrétienne. C'est lorsque, en 1693, elle inspire à Louis XIV, victorieux encore, une généreuse pitié pour les misères du peuple et lui fait désirer la paix. Nous retrouvons alors en elle l'amie de Fénelon et de Mme de Miramion.

---

[428] Duc de Noailles, *Histoire de Mme de Maintenon.*

En dépit de regrettables erreurs, l'influence de Mme de Maintenon est celle d'une femme honnête. Mais que dire du rôle que jouent au VIIIe siècle Mme de Prie, Mme de Pompadour, Mme du Barry : Mme de Prie, vraie reine de France de par la grâce du duc de Bourbon, et mettant au service de l'Angleterre une influence salariée ; Mme de Pompadour qui, tout en n'ayant pas été, comme on le croyait jusque dans ces derniers temps, la première instigatrice de la guerre de Sept ans [429], la favorise de toutes ses forces pour plaire à la grande souveraine étrangère dont les prévenances la flattent ; Mme de Pompadour, élevant ou précipitant les ministres, faisant donner à un Soubise le bâton de maréchal, mérité par Chevert ; et, pour se venger de la juste sévérité des jésuites à son égard, poussant le roi à la suppression de leur ordre ; Mme du Barry enfin, dont le nom souillerait ici pour la seconde fois notre étude s'il n'était, cette fois encore, marqué d'un stigmate flétrissant [430] ; Mme du Barry à qui la France dut la destruction de ses parlements et le triste ministère d'un duc d'Aiguillon.

Devant le règne honteux de cette dernière favorite, quelques coeurs de femmes battirent d'une noble indignation. A la fin du chapitre précédent j'ai fait allusion à des Françaises qui propagèrent à l'étranger les idées humanitaires et les belles utopies que vit éclore la fin du XVIIIe siècle : c'étaient les correspondantes du roi de Suède, Gustave III, qui nous sont connues par la récente publication de leurs lettres, conservées dans les papiers d'Upsal[431]. A la mort de Louis XV, l'une de ces amies de Gustave III, la comtesse de Boufflers, lui écrit les détails de cette mort, lui parle des huées qui accompagnèrent le

---

[429] M. le duc de Broglie a rétabli sur cette question la vérité historique dans son récent ouvrage, le Secret du roi.
[430] Voir plus haut, chapitre III.
[431] A. Geffroy, *Gustave III et la cour de France*.

cercueil sur la route de Saint-Denis ; et cette femme qui, cependant, n'était pas de mœurs irréprochables, ne peut s'empêcher de voir dans ces démonstrations de mépris, une revendication de la conscience publique outragée par l'ignominieuse puissance de Mme du Barry : « Rien n'est plus inhumain que le Français indigné, dit-elle, et, il faut en convenir, jamais il n'eut plus sujet de l'être ; jamais une nation délicate sur l'honneur et une noblesse naturellement fière n'avaient reçu d'injure plus insigne et moins excusable que celle que le feu roi nous a faite lorsqu'on l'a vu, non content du scandale qu'il avait donné par ses maîtresses et par son sérail à l'âge de soixante ans, tirer de la classe la plus vile, de l'état le plus infâme, une créature, la pire de son espèce, pour l'établir à la cour, l'admettre à table avec sa famille, la rendre la maîtresse absolue des grâces, des honneurs, des récompenses, de la politique et des lois, dont elle a opéré la destruction, malheurs dont à peine nous espérons la réparation. On ne peut s'empêcher de regarder cette mort soudaine et la dispersion de toute cette infâme troupe comme un coup de la Providence. Toutes les apparences leur promettaient encore quinze ans de prospérité, et, si leur attente n'eût été déçue, jamais peut-être les mœurs et l'esprit national n'auraient pu s'en relever[432]. »

Bien opposée à l'influence de Mme du Barry est celle que cherchent à exercer sur Gustave III, Mme de Boufflers et les autres correspondantes du jeune roi, la comtesse de Brionne, née princesse de Rohan-Lorraine, la comtesse d'Egmont et sa digne amie Mme Feydeau de Mesmes, la comtesse de la Marck. Nous venons d'entendre l'une d'elles flétrir la faiblesse royale qui livrait la dignité de la France aux caprices d'une immonde créature. La conduite du roi arrache de superbes accents à la comtesse d'Egmont, cette intéressante

---

[432] La comtesse de Boufflers à Gustave III. Lettre publiée par M. Geffroy, *ouvrage cité*.

jeune femme dont Gustave III portait les couleurs et qui, mourante, se servait de la respectueuse tendresse qu'elle avait inspirée à son royal chevalier, pour lui faire entendre des paroles telles que celles-ci : « Je suis loin de me plaindre que vous ne m'ayez pas écrit plus tôt. Votre gloire est mon premier bonheur, vous le savez ; c'est ainsi que je vous aime : préférez-moi le plus léger besoin du dernier de vos sujets...[433] »

Avis bien digne de la femme qui conseillait à Gustave III de faire planter la Dalécarlie en pommes de terre pour le soulagement de son peuple !

Toutes les amies de Gustave s'appliquent à faire de lui le roi d'un peuple libre, heureux, bénissant dans son souverain la paternelle bonté d'un Henri IV. Ce type royal, la comtesse d'Egmont se désespère de ne pouvoir le trouver dans Louis XV. « Votre Majesté m'accuse de ne pas aimer le roi. Hélas ! ce n'est pas ma faute, et le regret de ne pouvoir jouir des sentiments les plus nobles me fait seul soutenir avec tant de chaleur l'opinion que vous me reprochez. » Elle ajoute qu'en assistant récemment à une pièce qui lui paraissait remplie de sentiments français, le *Bayard*, de Debelloy, elle aurait acheté de son sang « une larme du roi. » Elle croit que les Français pourraient encore devenir les sujets « les plus soumis et les plus fidèles.... Un mot, un regard leur suffit pour répandre jusqu'à la dernière goutte de leur sang ; mais *ce mot n'est pas dit !*... Après Bayard, exaltée par la pitié, irritée de la froideur des assistants, je courus chez Mme de Brionne parler en liberté. Nous relûmes votre lettre et nous répétâmes mille fois : Voilà donc un roi qu'on peut aimer ! Nous l'avons vu ; il produirait des Bayard, il ferait revivre Henri IV ; il existe,

---

[433] La comtesse d'Egmont à Gustave III, 1er octobre. 1772. Lettre publiée par M. Geffroy, *ouvrage cité*.

et ce n'est pas pour nous : Dites encore que nous sommes républicaines[434] ! »

A travers le ton de sensibilité et d'enthousiasme qui dénote l'école de Rousseau, il est impossible de méconnaître ce qu'il y a de bonté et d'humanité dans ces accents. Comme la plupart des correspondantes de Gustave III, comme d'ailleurs une grande partie de la noblesse de ce temps, la comtesse d'Egmont voulait la liberté, mais la cherchait malheureusement en dehors de l'Évangile : erreur fatale qui, en se propageant dans le peuple, amena la Révolution. Cette noblesse française devait chèrement payer l'imprudente ardeur avec laquelle elle ébranlait le trône et l'autel[435]. Mais, à ces gentilshommes et à ces grandes dames qui voulaient le bien en se méprenant sur les moyens de le faire, nous devons appliquer le mot de l'Évangile : « Paix sur la terre aux hommes de bonne volonté. »

Je me suis plu à rendre hommage aux intentions que révèle la correspondance de quelques Françaises avec Gustave III, parce que j'y ai généralement trouvé moins une intervention politique que le désir de faire triompher ces principes de justice, d'honneur et d'humanité auxquels les femmes ne doivent pas demeurer étrangères. Le don de conseil, qui appartient à la femme forte, trouve ici encore son emploi, pourvu qu'il soit exercé avec prudence[436]. Pour l'épouse, pour la mère, le droit de conseiller est particulièrement un devoir, un devoir que sait remplir auprès de son fils la sainte mère de Louis XVI, quand elle rappelle au jeune prince que les rois doivent représenter Dieu sur la

---

[434] La comtesse d'Egmont à Gustave III, Lettre publiée par M. Geffroy, *l. c.*
[435] Caro, *la Fin du XVIIIe siècle*.
[436] Disons ici que toutes les correspondantes de Gustave III n'ont pas échappé au reproche de pédantisme ; et que, tout en s'excusant de sa témérité avec une modestie féminine, Mme de Boufflers semble plus régenter le roi que le conseiller. Voir les lettres publiées par M. Geffroy.

terre par leur majesté, par leur action bienfaisante, par la pureté de leur vie, et que, « plus ils auront de ressemblance avec ce divin modèle, plus ils s'assureront les hommages des peuples. » Saint Louis, c'est là le type qu'elle présentait au futur roi martyr !

Heureuse Marie-Antoinette si, comme la mère de Louis XVI, elle avait pu n'exercer son influence que dans la limite que lui prescrivaient les devoirs de la femme forte ! Mais, entraînée dans la mêlée des compétitions politiques et des luttes révolutionnaires, l'auguste reine allait témoigner que si le pouvoir est pour la femme une arme qu'elle rend facilement dangereuse au pays, cette arme, hélas ! peut la tuer elle-même.

Ah ! ce pouvoir, Marie-Antoinette ne l'a pas cherché ! Lorsque, presque enfant encore, elle est venue en France dans le charme de sa ravissante beauté et de sa grâce aérienne, dans l'irrésistible attrait d'une nature expansive qui a besoin d'être aimée et qui appelle la tendresse, un long cri d'amour a éclaté sur son passage. Cet enthousiasme populaire qu'elle soulève et dont les enivrantes émotions ne la rassasieront jamais, c'est là sa puissance, c'est là sa royauté. Et cette royauté, qu'elle est heureuse de la devoir au pays de France ! Française, elle l'est par son éducation, par les élans spontanés de sa généreuse nature, par la vivacité de son esprit, par l'étourderie et la gaieté de son caractère, et la frivolité même de ses goûts. Aussi avec quelle indulgence elle excuse les défauts de ses *chers vilains sujets* : leur légèreté, la mobilité d'impression avec laquelle, après s'être laissés aller aux mauvaises suggestions, ils reviennent si aisément au bien ! « Le caractère est bien inconséquent, mais n'est pas mauvais, écrit-elle à sa mère ; les plumes et les langues disent bien des choses qui ne sont point dans le coeur. » Et comme elle se plaît en même temps à faire ressortir tout ce qu'il y a dans ce pays de bonne volonté pour le bien ! « Il est impossible que mon frère n'ait pas été content de la nation d'ici, car, pour lui qui sait examiner les hommes, il doit avoir vu que, malgré la grande légèreté qui est établie, il y a pourtant des hommes faits et d'esprit, et en général un coeur excellent et beaucoup d'envie de bien faire[437]. »

Mais la jeune reine n'avait point alors la pensée que ce dût être à elle de « bien mener, » non pas que déjà elle ne fût entraînée par ses affections à se mêler de ces affaires auxquelles répugnait sa vive et juvénile nature. Mais elle ne prétendait pas agir sur la marche générale de la politique. Elle avait au coeur une bien autre ambition. Pouvait-elle oublier ce beau titre de nos souveraines : *reine de France et de charité* ? Certes, elle le méritait, ce titre, la généreuse femme. Ils en témoignent, ce paysan blessé qu'elle secourt, ce vieux serviteur qu'elle panse de ses mains, ces humbles ménages qu'elle recueille au Petit-Trianon, ces filles pauvres qu'elle dote, ces femmes âgées pour lesquelles elle fonde un hospice ; cette société de charité maternelle qui se crée sous son patronage !

La reine étend plus loin sa puissance. Les vieilles gloires françaises reçoivent son hommage ; elle les honore dans les hommes dont le nom les rappelle. Par son intervention, le petit-neveu de Corneille, père de famille plongé dans la misère, obtient du roi une gratification de 1,200 livres. En entendant louer l'action du chevalier d'Assas, elle s'étonne du long oubli où est demeuré ce fait sublime et veut savoir si le héros a laissé une famille. Cette famille existe, et elle obtient une pension héréditaire.

Les gloires du passé ne font pas oublier à Marie-Antoinette les besoins du présent, s'il faut en croire la

---

[437] Marie-Antoinette à Marie-Thérèse, 22 juin 1775, 14 janvier 1776, 14 juin 1777. *Marie-Antoinette, reine de France. Sa correspondance avec Marie-Thérèse, etc.* Ouvrage publié par M. d'Arneth et M. Geffroy.

tradition suivant laquelle, dès les premiers temps du règne de Louis XVI, la jeune reine aurait voulu que la cour et le gouvernement fussent transférés à Paris. De grands travaux d'utilité publique, l'achèvement du Louvre, la transformation de ce palais en un musée, tous ces projets que d'autres temps devaient voir se réaliser, se seraient rattachés au plan de cette jeune reine qui ne semblait occupée que de ses plaisirs. M. de Maurepas aurait fait échouer ce plan[438]. Hélas ! c'est comme prisonnière que la famille royale devait un jour habiter les Tuileries.

Rappelons encore un autre fait qui, celui-là, est complètement historique : l'acte de généreux patriotisme par lequel la reine, pour doter la France d'un vaisseau, renonça au superbe collier de diamants que le roi lui offrait et qui devint l'origine du procès célèbre dont les péripéties furent si douloureuses à Marie-Antoinette.

Faire le bien, c'était la préoccupation de la reine. Malheureusement la prudence ne modérait pas toujours les élans de son coeur, et, comme nous l'avons déjà dit, ce fut le besoin d'obliger ceux qu'elle aimait qui lui fit toucher d'une main souvent imprudente aux affaires de l'État.

En devenant reine de France, elle n'a pas oublié que c'est au duc de Choiseul qu'elle doit sa couronne, et que c'est le duc d'Aiguillon qui a fait exiler ce ministre. Elle s'efforce de ramener au pouvoir M. de Choiseul. Elle y échoue, mais, du moins, elle obtient son rappel de l'exil et le renvoi du duc d'Aiguillon. Plus tard, elle fera exiler celui-ci non seulement parce qu'il l'espionne et tient contre elle de mauvais propos, mais parce qu'il est hostile à M. de Guines que protège M. de Choiseul ; M. de Guines, cet ambassadeur de France à Londres, qui a un procès déshonorant que la reine fait

---

[438] Edmond et Jules de Goncourt, *Histoire de Marie-Antoinette*.

reviser[439]. La reine, il faut l'ajouter, aime à se dire qu'en obligeant M. de Choiseul, elle fait remplir un grand acte de justice. Elle pense de même pour la revision d'un autre procès, celui de MM. de Bellegarde, condamnés à un long emprisonnement par une condamnation que M. de Choiseul juge inique. C'est avec des larmes de joie que la reine a obtenu de Louis XVI la revision de ces deux procès. Lorsque MM. de Bellegarde, qui lui doivent plus que la liberté, l'honneur, viennent avec leurs familles se jeter aux pieds de leur libératrice, la reine, modérant les transports de cette reconnaissance, dit « que la justice seule leur avait été rendue ; qu'elle devait en ce moment même être félicitée sur le bonheur le plus réel qui fût attaché à sa position, celui de faire parvenir jusqu'au roi de justes réclamations[440]. »

Mais le chaleureux appui que la reine accorde à M. de Guines a de déplorables conséquences : Turgot et Malesherbes sont, eux aussi, contraires à ce diplomate. La reine qui leur garde déjà rancune de n'avoir pas appuyé ceux de ses protégés qu'elle voulait faire entrer dans le cabinet, la reine, faisant violence à la conscience du roi, se joint à la cabale qui renverse ces deux honnêtes ministres. Peut-être Marie-Antoinette s'imaginait-elle que la France désirait ce changement. Mais pour venger M. de Guines, elle montra une âpreté bien étrangère à sa générosité habituelle. Elle aurait voulu que Turgot fût envoyé à la Bastille le jour même où, par elle, M. de Guines était nommé duc ! Voilà ce qu'écrit avec douleur à l'impératrice Marie-Thérèse, l'ambassadeur d'Autriche, le comte de Mercy-Argenteau.

---

[439] Le comte de Mercy à Marie-Thérèse, 15 juillet 1774 ; Marie-Antoinette au comte de Rosemberg, 13 juillet 1775. D'Arneth et Geffroy, *recueil cité.*
[440] Mme Campan, *Mémoires.*

Lui-même le constate : la jeune reine n'aime pas M. de Guines ; mais elle soutient en lui l'ami de M. de Choiseul[441].

Le 11 mai 1776, Marie-Antoinette écrivait à sa mère : « M. de Malesherbes a quitté le ministère avant-hier... M. Turgot a été renvoyé ce même jour... J'avoue à ma chère maman que je ne suis pas fâchée de ces départs, mais je ne m'en suis pas mêlée[442]. » La reine ignorait que Marie-Thérèse savait à quoi s'en tenir sur la sincérité de cet aveu ; mais la jeune femme mentait comme une écolière qui a peur d'être grondée. Elle se souvenait des reproches que sa mère lui avait faits au sujet de ses premières imprudences politiques. L'empereur Joseph II, tendrement attaché à sa soeur Marie-Antoinette, lui avait écrit alors une lettre si dure que Marie-Thérèse crut devoir en empêcher l'envoi.

Dans son français germanique, Joseph II avait adressé à la reine des avertissements tels que ceux-ci : « De quoi vous mêlez-vous, ma chère soeur, de déplacer les ministres, d'en faire envoyer un autre sur ses terres, de faire donner tel département à celui-ci ou à celui-là, de faire gagner un procès à l'un, de créer une nouvelle charge dispendieuse à votre cour, enfin de parler d'affaires, de vous servir même de termes très peu convenables à votre situation ? Vous êtes-vous demandé une fois, par quel droit vous vous mêlez des affaires du gouvernement et de la monarchie française ? Quelles études avez-vous faites ? Quelles connaissances avez-vous acquises, pour oser imaginer que votre avis ou opinion doit être bonne à quelque chose, surtout dans des affaires qui exigent des connaissances aussi étendues ? Vous, aimable jeune personne, qui ne pensez qu'à la frivolité, qu'à votre toilette, qu'à vos amusements toute la journée, et qui

---

[441] Le comte de Mercy à Marie-Thérèse, 16 mai 1776, etc. D'Arneth et Geffroy, *recueil cité*. Voir aussi l'introduction.
[442] Marie-Antoinette à Marie-Thérèse, 15 mai 1776. D'Arneth et Geffroy, *recueil cité*.

ne lisez pas, ni entendez parler raison un quart d'heure par mois, et ne réfléchissez, ni ne méditez, j'en suis sûr, jamais, ni combinez les conséquences des choses que vous faites ou que vous dites ? L'impression du moment seule vous fait agir, et l'impulsion, les paroles mêmes et arguments, que des gens que vous protégez, vous communiquent, et auxquels vous croyez, sont vos seuls guides[443]. »

Mais Marie-Thérèse et Joseph II étaient loin de vouloir que la reine n'eût aucune action politique. Ils voulaient seulement qu'elle prît au sérieux cette influence et la fît servir non à ces « petites passions » comme les appelait le comte de Mercy, mais à des choses utiles. Ils n'oubliaient pas ici leurs intérêts, et l'alliance autrichienne est surtout ce qu'ils recommandent aux soins de Marie-Antoinette. C'est pour que cette alliance ne soit pas compromise après le partage de la Pologne, que Marie-Thérèse, abaissant sa dignité maternelle, avait naguère reproché à la dauphine de France d'afficher pour Mme du Barry le mépris que « la créature » lui inspirait. Froissée dans les plus fières délicatesses de son âme, la jeune archiduchesse résistait à sa mère : « Vous pouvez être assurée, lui écrivait-elle, que je n'ai pas besoin d'être conduite par personne pour ce qui est de l'honnêteté[444]. » Pour obtenir de la pure jeune femme une parole banale que celle-ci adresse enfin à Mme du Barry, il faut que sa mère l'adjure de sauver l'alliance entre son pays natal et son futur royaume.

En 1778 éclate l'affaire de la succession de Bavière. Après que Joseph II a illégalement envahi ce pays, la famille de Marie-Antoinette la supplie d'obtenir que la France

---

[443] Joseph II an Marie-Antoinette, juillet 1775. *Marie Antoinette, Joseph II und Leopold II. Ihr Briefwechsel* herausgegeben von Alfred Ritter von Arneth. Leipzig, 1866.

[444] Marie-Antoinette à Marie-Thérèse, 13 octobre 1774. D'Arneth et Geffroy, *recueil cité*.

intervienne en faveur de l'Autriche. La reine est alors, on le sait, toute-puissante sur Louis XVI. A l'empire qu'elle exerce sur lui et qui a succédé à la froideur avec laquelle il la traitait naguère, se joint le tendre intérêt qu'inspire l'espoir de sa première maternité. En lisant les appels émouvants que lui adressent cette mère qui, dit-elle, mourra de chagrin si l'alliance est rompue ; ce frère tant aimé qui, en lui reprochant de ne pas l'aider, lui déclare que du moins elle n'aura pas à rougir de lui dans les prochains combats, la jeune femme se trouble. Sa pâleur, ses larmes, trahissent son angoisse. La vue de sa douleur déchire le coeur de Louis XVI ; il pleure avec elle, mais c'est avec ses ministres qu'il agit, et le devoir du roi l'emporte sur la tendresse de l'époux[445]. Ce devoir et cette tendresse se concilient du jour où la France, investie du beau rôle de médiatrice, termine le conflit.

Plus tard, lorsque Joseph II voulait que la Hollande lui livrât la libre navigation de l'Escaut, la reine intervint avec une persévérante énergie pour que la France soutînt son frère[446]. Par son traité avec l'Autriche, la France s'était engagée à fournir à son alliée, en cas de juste guerre, une somme de quinze millions, ou bien une armée de vingt-quatre mille hommes. La reine demandait que ce dernier mode de secours fût adopté. « Je ne pus l'obtenir, dit-elle à Mme Campan, et M. de Vergennes, dans un entretien qu'il eut avec moi à ce sujet, mit fin à mes instances en me disant qu'il répondait à la mère du dauphin et non à la soeur de l'empereur[447]. »

---

[445] Voir dans le recueil de MM. d'Arneth et Geffroy, les lettres de l'année 1778.

[446] Voir dans le recueil de M. d'Arneth, *Marie Antoinette, Joseph II und Leopold II*, les lettres échangées en 1784 et 1785.

[447] Mme Campan, *Mémoires*.

Les quinze millions dont l'Autriche n'avait pas besoin, furent expédiés à Vienne d'une manière qui fit croire au peuple que la reine vidait pour sa famille les coffres de l'État ! C'est par de tels faits que la reine voyait se propager dans les classes populaires l'injurieux surnom qu'à son arrivée en France on lui avait donné en haut lieu : *l'Autrichienne*. Et cependant la critique impartiale l'a constaté : les sentiments domestiques de la reine ne furent pas ici nuisibles à la France. Devant la puissance grandissante et menaçante de la Prusse, le moment était venu d'abandonner la vieille politique antiautrichienne. Qui donc aujourd'hui oserait dire le contraire ?

En agissant comme fille, comme soeur, et sagement contenue d'ailleurs en cette circonstance par le gouvernement de Louis XVI, la reine n'avait donc pas exercé une influence répréhensible. Il n'en fut pas de même lorsque d'autres sentiments la jetèrent dans les luttes politiques.

Pendant les années où son mari ne lui avait témoigné que de l'indifférence, la jeune femme avait reporté sur l'amitié le besoin de tendresse qui était refoulé dans son coeur. Elle s'était créé, en dehors de son cercle officiel, un cercle intime qu'elle se plaisait à retrouver au Petit-Trianon. Dans cette délicieuse résidence, elle échappait aux rigoureux détails d'une étiquette que lui rendait si odieuse l'éducation patriarcale qu'elle avait reçue à Vienne. Rousseau avait mis à la mode le goût des bergeries. Au milieu des élégantes rusticités d'une nature artificielle, la reine de France est ravie d'échanger le sceptre contre la houlette.

Marie-Antoinette a fui le tracas des affaires ; elle a cherché dans une paisible retraite les joies si pures de l'amitié. Elle a cru trouver là non des courtisans, mais des amis. Et c'est par ce volontaire dépouillement de sa grandeur, c'est par ce besoin d'une douce intimité et d'une affection désintéressée, qu'elle se voit entraînée dans le conflit des ambitions de cour. L'amitié si tendre qui unit Marie-Antoinette à Mme de Polignac, devient un instrument de domination pour la coterie qui entoure la favorite et que la reine rencontre journellement chez son amie. Sous cette influence, Marie-Antoinette nomme les ministres. Si certains choix sont bons, tels que ceux de M. de Ségur et de M. de Castries, que dire des motifs qui décident la reine à faire désigner M. d'Adhémar pour l'ambassade de Londres : il ennuie la reine, c'est là son titre à ce brillant éloignement de Versailles[448]. On arrache à Marie-Antoinette, malgré ses répugnances, la nomination de Calonne ; et bien qu'elle n'encourage pas les dilapidations de ce ministre, bien qu'elle le fasse même renvoyer, on la rend responsable de l'état où il a mis les finances. *Madame Déficit*, tel est le nom cruel dont la baptisent les Halles. Un jour viendra où Marie-Antoinette dira « que si les reines s'ennuient dans leur intérieur, elles se compromettent chez les autres[449]. »

C'est encore à une amitié qu'elle cède quand, à la prière de son précepteur, l'abbé de Vermond, elle fait donner pour successeur à Calonne l'inepte Brienne. C'est en 1787. Date funeste pour le repos de Marie-Antoinette ! Par la faiblesse du roi, par le peu de confiance que le nouveau ministre inspire à Louis XVI, la reine est obligée d'intervenir directement dans la conduite des affaires. Jusque-là son influence réelle s'est bornée au choix plus ou moins heureux de quelques personnages officiels. Maintenant c'est à la direction même de la politique que la condamnent son dévouement d'épouse et aussi sa prévoyance de mère.

« Elle s'affligeait souvent de sa position nouvelle, et la regardait comme un malheur qu'elle n'avait pu éviter, dit

---

[448] Mme Campan, *Mémoires*.
[449] Id., *id.*

Mme Campan. Un jour que je l'aidais à serrer des mémoires et des rapports que des ministres l'avaient chargée de remettre au roi : « *Ah !* dit-elle en soupirant, *il n'y a plus de bonheur pour moi depuis qu'ils m'ont faite intrigante.* » Je me récriai sur ce mot. « Oui, reprit la reine, c'est bien le mot propre ; toute femme qui se mêle d'affaires au-dessus de ses connaissances, et hors des bornes de son devoir, n'est qu'une *intrigante* ; vous vous souviendrez au moins que je ne me gâte pas, et que c'est avec regret que je me donne moi-même un pareil titre ; les reines de France ne sont heureuses qu'en ne se mêlant de rien, et en conservant un crédit suffisant pour faire la fortune de leurs amis et le sort de quelques serviteurs zélés. » Hélas ! la reine ne se rendait pas compte que c'était justement son désir de « faire la fortune » de ses amis, qui l'avait fatalement entraînée aux affaires, et que les faveurs inouïes dont elle les avait comblés, avait contribué à son impopularité ! Mais poursuivons le récit de Mme Campan.

« Savez-vous, » ajouta cette excellente princesse, que sa conduite plaçait, malgré elle, en contradiction avec ses principes, « savez-vous ce qui m'est arrivé dernièrement ? Depuis que je vais à des comités particuliers chez le roi, j'ai entendu, pendant que je traversais l'Oeil-de-boeuf, un des musiciens de la chapelle dire assez haut pour que je n'en aie pas perdu une seule parole : *Une reine qui fait son devoir reste dans ses appartements à faire du filet.*

« J'ai dit en moi-même : *Malheureux, tu as raison ; mais tu ne connais pas ma position : je cède à la nécessité et à ma mauvaise destinée.* »

La voici donc, cette pauvre reine, en proie à la fatalité qui pèse sur elle. Avec son inexpérience, comment pourrait-elle guider la royauté dans la crise la plus effroyable que la France ait traversée ? Est-ce une main novice qui peut saisir le gouvernail à l'heure où la tempête va faire sombrer le navire ?

Marie-Antoinette a les vertus morales, le courage héroïque, la générosité, le dévouement, la grandeur enfin. Près d'un roi qui aurait eu un caractère plus ferme que Louis XVI, elle n'aurait eu à déployer que ces qualités, qui se résument en celle-ci : la magnanimité. Mais obligée de vouloir pour le roi, de décider pour lui, la reine n'a pas été préparée à ce nouveau rôle, et ceux qui prétendent la guider ne le font que d'après leurs intérêts personnels. En prenant ouvertement le pouvoir, Marie-Antoinette en assume les terribles responsabilités, et augmente la somme de haines qui s'amasse contre elle.

Quand il faut « accorder au désespoir de la nation entière[450] » la disgrâce de Brienne, Marie-Antoinette montre, cette fois encore, l'imprudente générosité de son coeur. Elle donne de hautes marques de son estime au ministre qu'a justement fait tomber l'indignation publique.

Autrefois elle a été tour à tour favorable et hostile à Necker. Maintenant c'est elle qui le prie d'accepter le pouvoir. A ce moment elle semble disposée aux réformes que le roi peut accorder sans abaisser la dignité royale. Nous la voyons accueillir le projet d'une double représentation du Tiers-État. Plus tard, lorsque la crise révolutionnaire aura éclaté, la reine semblera accepter le concours de Mirabeau ; elle écoutera avec sympathie les conseils de Barnave, et elle paraîtra croire que l'essai loyal de la Constitution est la suprême ressource de la monarchie ; mais ne nous y méprenons pas ! La reine alors n'est plus libre, elle est obligée de cacher sa véritable pensée. Ce n'est qu'en frémissant qu'elle supporte le joug et avec le secret espoir de

---

[450] Mme Campan, *Mémoires*.

le voir briser. Combien sa fière et loyale nature souffre de cette dissimulation que lui impose la nécessité : toujours l'implacable nécessité ! Avec quelle confusion elle est obligée de démentir par un billet chiffré la lettre que Barnave lui a fait écrire à Léopold II pour lui proposer de reconnaître la Constitution[451] !

La liberté, elle la veut, mais dans une sage mesure ; elle la veut, mais telle que le roi a toujours désiré la donner, non telle que l'a imposée sous de hideuses conditions une populace qui se dit le peuple. La reine dit qu'il faut « bien épier le moment » ou la France semblera disposée à recevoir de son roi cette liberté. Même après de sanglantes journées révolutionnaires, elle croit que le peuple n'est qu'égaré, et qu'en lui témoignant de la confiance, on le ramènera[452]. Vaine illusion !

Deux solutions étaient désormais en présence.

Devant l'intrépide courage de Marie-Antoinette, Mirabeau, frappé d'admiration, avait dit : « Le roi n'a qu'un homme, c'est sa femme. Il n'y a de sûreté pour elle que dans le rétablissement de l'autorité royale. J'aime à croire qu'elle ne voudrait pas de la vie sans sa couronne ; mais ce dont je suis bien sûr, c'est qu'elle ne conservera pas sa vie si elle ne conserve pas sa couronne.

« Le moment viendra, et bientôt, où il lui faudra essayer ce que peuvent une femme et un enfant à cheval ; c'est pour elle une méthode de famille[453]. » Cette fière attitude était bien

---

[451] Marie Antoinette an den Grafen Mercy, 29 et 31 juillet 1791 ; an Leopold II, 30 juillet 1791, etc. D'Arneth, *Marie Antoinette Joseph II und Leopold II. Ihr Briefwechsel.*
[452] Marie Antoinette an Leopold II, 29 mai et 7 novembre 1790. *Id.*
[453] Seconde note du comte de Mirabeau pour la cour, 20 juin 1790. *Correspondance entre le comte de Mirabeau et le comte de la Marck*, publiée par M. de Bacourt.

celle qui convenait à la digne fille de Marie-Thérèse ; mais, ce que Mirabeau proposait, c'était l'appel à une guerre civile devenue d'ailleurs inévitable. La reine de France recula devant l'horreur d'une lutte fratricide. C'est alors qu'elle tenta ce qu'on lui a si amèrement reproché : l'appel à l'intervention étrangère.

Lorsque la famille royale se préparait à fuir, la reine avait écrit à l'empereur Léopold, son frère : « Nous devons aller à Montmédy. M. de Bouille s'est chargé des munitions et des troupes à faire arriver en ce lieu, mais il désire vivement que vous ordonniez un corps de troupes de huit à dix mille hommes à Luxembourg, disponible à notre réclamation (bien entendu que ce ne sera que quand nous serons en sûreté) pour entrer ici, tant pour servir d'exemple à nos troupes, que pour les contenir[454]. »

L'entrée de troupes étrangères en France pendant que la famille royale y était, exposait celle-ci aux terribles représailles de la Révolution. C'est pourquoi la reine ne voulait pas que cette éventualité se produisît avant que son mari et ses enfants fussent à l'abri. C'est pourquoi aussi elle blâmait énergiquement le parti de l'émigration. C'est pourquoi encore, après son retour de Varennes, elle ne demandait plus, comme Barnave, que ce congrès armé qui permît « aux hommes modérés, aux partisans de l'ordre, aux propriétaires, de relever la tête et de se rallier contre l'anarchie autour du trône et des lois, » dit M. Taine en démontrant que ce ne fut pas la royauté, mais l'Assemblée législative qui appela sur la France la coalition des rois.

Une fois la guerre déclarée par l'Assemblée, la reine, il est vrai, seconda activement l'intervention étrangère, et je voudrais pouvoir effacer de sa vie ce billet chiffré par lequel

---

[454] Marie Antoinette an Leopold II, 22 mai 1791. D'Arneth, *recueil cité*.

elle fit connaître à l'ambassadeur d'Autriche la marche des armées françaises[455]. Mais comment oserait-on lui faire un crime de ce qui ne fut qu'un aveuglement trop légitime, hélas !

Marie-Antoinette est femme, elle est épouse et mère, elle est chrétienne, elle est fille des empereurs d'Allemagne et femme du roi de France, et, dans toutes ces situations, elle est cruellement atteinte. Femme, elle subit d'indignes outrages.

Elle ne peut paraître à sa fenêtre sans risquer de recevoir d'immondes injures. Depuis la fuite de Varennes, elle est surveillée même pendant la nuit, et il faut que sa chambre à coucher reste ouverte pour que, de la pièce précédente, l'officier de garde puisse observer ce qui se passe chez elle. Odieuse inquisition qui révolte toutes les délicatesses de sa pudeur ! Épouse, elle voit abaisser son mari, elle voit couler les larmes que lui arrache cette humiliation ; mère, elle tremble pour la vie du roi, pour la vie de ses enfants. Pour la sienne, peu lui importerait ! Chrétienne, elle voit persécuter l'Eglise. Fille des Césars, elle sent ruisseler dans ses veines un sang que l'outrage fait bouillonner et qui la rend impatiente du frein. Reine, elle sait que la vraie France n'est pas avec la Révolution sanglante ; elle a entendu, en pleurant, ces voix qui sont montées jusqu'à ses fenêtres : « Ayez du courage, Madame, les bons Français souffrent pour vous et avec vous[456], » et elle a voulu sauver la partie saine de la nation.

N'oublions pas non plus que c'était de son frère que Marie-Antoinette attendait le secours qui, suivant elle, devait sauver sa famille et la France, et, redisons avec M. Cuvillier-

---

[455] Marie Antoinette an den Grafen Mercy, 26 mars 1792. Ganz in Chiffern ; die Auflôsung von Mercy's Hand liegt bei. D'Arneth, *recueil cité*.
[456] Mme Campan, *Mémoires*.

Fleury : « Le patriotisme l'accusait ; la démagogie l'a condamnée ; l'humanité l'absout[457]. »

Et d'ailleurs, même dans cette guerre où ses voeux semblaient être avec l'étranger, comme son coeur restait français ! « Oui, dit Mme Campan, non seulement Marie-Antoinette aimait la France, mais peu de femmes eurent plus qu'elle ce sentiment de fierté que doit inspirer la valeur des Français. J'aurais pu en recueillir un grand nombre de preuves ; je puis du moins citer, deux traits qui peignent le plus noble enthousiasme national. La reine me racontait qu'à l'époque du couronnement de l'empereur François II ce prince, en faisant admirer la belle tenue de ses troupes à un officier général français, alors émigré, lui dit : *Voilà de quoi bien battre vos sans-culottes !*—*C'est ce qu'il faudra voir, Sire*, lui répondit à l'instant l'officier. La reine ajouta : « Je ne sais pas le nom de ce brave Français, mais je m'en informerai ; le roi ne doit pas l'ignorer. » En lisant les papiers publics, peu de jours avant le 10 août, elle y vit citer le courage d'un jeune homme qui était mort en défendant le drapeau qu'il portait, et en criant : *Vive la nation !* « Ah ! le brave enfant ! dit la reine ; quel bonheur pour nous si de pareils hommes eussent toujours crié *vive le roi !* »

Aussi que de déchirements dans ce noble coeur quand on l'accusait de ne pas aimer la France ! « Deux fois, dit Mme Campan, je l'ai vue prête à sortir de son appartement des Tuileries pour se rendre dans les jardins et parler à cette foule immense qui ne cessait de s'y rassembler pour l'outrager : « Oui, s'écriait-elle en marchant à pas précipités dans sa chambre, je leur dirai : Français, on a eu la cruauté de vous persuader que je n'aimais pas la France ! moi ! mère d'un dauphin qui doit régner sur ce beau pays ! moi ! que la Providence a placée sur le trône le plus puissant de

---

[457] Cuvillier-Fleury, *Études et portraits*. Première série. *Marie-Antoinette*.

l'Europe ! Ne suis je pas de toutes les filles de Marie-Thérèse celle que le sort a le plus favorisée ? Et ne devais-je pas sentir tous ces avantages ? Que trouverais-je à Vienne ? Des tombeaux ! Que perdrais-je en France ? Tout ce qui peut flatter la gloire et la sensibilité[458]. »

La crainte de soulever une émeute arrêtait de tels élans, qui témoignent que si la reine se trompait dans ses vues politiques, c'était du moins de bonne foi qu'elle errait.

Le malheur de Marie-Antoinette, comme celui de bien des femmes qui ont exercé le pouvoir, est de s'être trop laissé gouverner par ses impressions et de n'avoir pas suffisamment distingué de l'intérêt de l'État l'intérêt de sa famille. L'instinct du coeur trompe souvent dans les matières politiques qui exigent une profonde connaissance des hommes et des choses ; mais, du moins, cet instinct ne déçut jamais la reine quand il la porta à ces actes de courage moral dont la femme est peut-être plus capable que l'homme aux heures de suprême péril.

Par sa fière attitude devant l'émeute sanglante et menaçante, la reine arrache des cris d'admiration à ses insulteurs même. Voyons-la à Versailles dans les journées d'octobre 1789. Dès le 5, une horde de femmes a été le sinistre avant-coureur de l'armée parisienne. Ce qu'elles sont venues demander, ces femmes, ce sont les « boyaux » de la reine pour en faire des « cocardes. » Comme de hideuses sorcières, elles veulent « les foies » de la reine pour les « fricasser. » Marie-Antoinette n'a pas peur : « J'ai appris de ma mère à ne pas craindre la mort, et je l'attendrai avec fermeté, » dit-elle. L'émeute est venue chercher la reine jusque dans son palais. Marie-Antoinette a dû se jeter hors de son lit pour échapper au couteau des assassins. La reine,

---

[458] Mme Campan, *Mémoires*.

la reine, c'est elle que, dans la journée du 6, le peuple mande au balcon du palais. Elle s'y montre, protégée par ses deux enfants. « Point d'enfants ! » crie la foule. Alors, repoussant ses enfants, la fille des Césars, la reine s'avance. Elle croise ses mains sur sa poitrine et attend le martyre. Et les voix délirantes qui demandaient sa mort, s'unissent dans ce cri enthousiaste : « Vive la reine ! »

Elle aurait voulu faire passer dans l'âme de tous ceux qui l'entouraient la fière énergie qui la soutenait. Devant les défaillances des uns, le mauvais vouloir des autres, elle écrivait en 1791 : « Je vous assure qu'il faut bien plus de courage à supporter mon état que si on se trouvait au milieu d'un combat... Mon Dieu, est-il possible que, née avec du caractère, et sentant si bien le sang qui coule dans mes veines, je sois destinée à passer mes jours dans un tel siècle et avec de tels hommes ? Mais ne croyez pas pour cela que mon courage m'abandonne ; non pour moi, pour mon enfant je me soutiendrai, et je remplirai jusqu'au bout ma longue et pénible carrière. Je ne vois plus ce que j'écris. Adieu[459]. »

Ce superbe courage n'aura jamais de défaillance. Marie-Antoinette ne quittera jamais auprès de son mari, auprès de ses enfants, le poste du danger. Mourir avec eux ou pour eux, c'est là désormais son voeu. Le 20 juin la verra impassible sous les infâmes outrages et les épouvantables menaces de ces hordes qui, défilant devant elle, lui présentent des verges, une guillotine, une potence. Elle arrache des larmes à la mégère qui lui a jeté à la face d'horribles imprécations et qu'elle subjugue par l'incomparable majesté de sa douce et maternelle parole[460].

---

[459] Marie-Antoinette an den Grafen Mercy, 12 septembre 1791. D'Arneth, *ouvrage cité*.
[460] Mme Campan, *Mémoires*.

Par la généreuse confiance qu'elle témoigne aux gardes nationaux, elle les émeut, et l'un d'eux lui saisit la main et y appuie ses lèvres avec respect. « Peu s'en fallut que la multitude n'applaudît[461]. »

Au 10 août, même intrépidité. C'est la reine qui, foudroyant Pétion sous son regard, le contraint de signer l'ordre de combattre par la force l'émeute qu'il a contribué à préparer. C'est elle qui fait passer au roi la revue des troupes, et s'il avait eu le secret de ces paroles qui changent le coeur d'une multitude, peut-être la royauté et la France étaient-elles sauvées.

Maintenant tout est fini. La reine qui, plutôt que de quitter les Tuileries, voulait se faire clouer aux murs du palais, la reine a été contrainte de suivre son mari aux Feuillants. Louis XVI est suspendu de ses fonctions royales, sa famille est prisonnière.

« Nous sommes perdus, dit-elle ; nous voilà arrivés où l'on nous a menés depuis trois ans par tous les outrages possibles ; nous succomberons dans cette horrible révolution ; bien d'autres périront avec nous. Tout le monde a contribué à notre perte ; les novateurs comme des fous, d'autres comme des ambitieux pour servir leur fortune ; car le plus forcené des jacobins voulait de l'or et des places, et la foule attend le pillage. Il n'y a pas un patriote dans toute cette infâme horde ; le parti des émigrés avait ses brigues et ses projets ; les étrangers voulaient profiter des dissensions de la France : tout le monde a sa part dans nos malheurs. » Et comme le dauphin entrait avec sa soeur : « Pauvres

---

[461] Comte de Falloux, *Louis XVI*.

enfants ! dit la reine, qu'il est cruel de ne pas leur transmettre un si bel héritage, et de dire : Il finit avec nous[462]. »

La vie de la reine est terminée. Dans la prison du Temple Marie-Antoinette n'a plus que la majesté du malheur. Mais l'épouse a toujours son tendre dévouement, la mère exerce toujours cette mission dont elle a constamment pratiqué les grands devoirs. Ici elle n'appartient plus à l'histoire. Elle ne paraîtra plus dans la vie publique que pour monter aux dernières stations de son chemin de croix.

Alors elle aura enduré tout ce qu'une créature humaine peut supporter de douleur. Du jour où la tête de son amie, la princesse de Lamballe, lui a été présentée au bout d'une pique, jusqu'à cette déchirante soirée où le roi s'est arraché de ses bras, à la veille de monter sur l'échafaud, il semblait que la coupe d'amertume eût été vidée par elle jusqu'au fond. Non, il y avait encore une lie que pouvait seule y déposer la main criminelle d'un démon : il fallait que la reine, cette « grande mère[463], » s'entendît publiquement accuser d'avoir corrompu l'innocence de son fils ; il fallait que l'on eût arraché à ce pauvre enfant, après l'avoir abruti, l'accusation qui faisait jaillir du coeur de la reine ce mot sublime : « Si je n'ai pas répondu, c'est que la nature se refuse à répondre à une pareille question faite à une mère. J'en appelle à toutes celles qui peuvent se trouver ici. » Remuées jusqu'au fond des entrailles, les mégères elles-mêmes frémissaient.

Sous la poignante étreinte de toutes les tortures physiques et de tous les supplices du coeur, Marie-Antoinette garde l'amour de ce pays où elle les souffre. Elle fait des voeux pour le bonheur de la France, fût-ce au détriment du

---

[462] Mme Campan, Mémoires.
[463] C'est ainsi que la nomme M. de Lescure.

bonheur de son fils. Elle n'a pour ses bourreaux que des paroles de miséricorde, et dans l'admirable lettre qu'elle écrit à Madame Élisabeth avant de monter sur l'échafaud, elle exhorte son fils à ne pas venger sa mort. C'est bien la femme magnanime qui avait dit au lendemain du 6 octobre : « J'ai tout vu, tout su, tout oublié. »

Lorsque, au milieu d'une foule vociférante qui ne sait même pas respecter la majesté de la mort, la reine gravit les degrés de L'échafaud avec la même dignité souveraine qu'elle montait naguère les marches du trône, elle a depuis longtemps secoué la poussière des luttes politiques. Il n'y a plus en elle qu'une martyre qui atteint enfin le sommet du Calvaire.

« Il était nécessaire qu'un homme mourût pour le salut de tous, » avait écrit Marie-Antoinette sur l'immortel plaidoyer que M. de Sèze avait fait pour le roi. A elle aussi pouvait s'appliquer cette parole, à elle et à toutes les grandes victimes qui surent, avec elle, faire à Dieu le sacrifice de leur vie. Si, aux yeux de la miséricorde divine, la France de 1793 put être rachetée, c'est par tout le sang innocent qui, répandu alors, criait non pas vengeance contre les bourreaux, mais miséricorde pour eux.

Les femmes eurent leur large part dans cette rédemption nationale. Et, en même temps qu'elles expiaient par leur martyre le crime des uns, la lâcheté des autres, que de sublimes exemples de dévouement et de courage elles donnaient à leur époque ! C'est Madame Elisabeth demeurant volontairement au poste du péril pour mourir avec sa famille, Madame Elisabeth ne voulant pas qu'on détrompe les assassins qui la prennent pour la reine, et, à l'heure du supplice, ne connaissant d'autre crainte que celle que lui dicte une céleste chasteté ; ce sont ces filles, ces épouses, bravant le trépas pour sauver un père, une mère ; un mari ; prenant la place d'un être aimé ou mourant avec lui ; c'est Mlle de Sombreuil acceptant, pour sauver la vie de son père, le verre de sang qu'on lui présente[464] ; c'est Mlle Cazotte fléchissant les septembriseurs en faveur de son père, mais ne réussissant qu'une fois à l'arracher à la mort ; c'est la princesse de Lamballe accourant de l'étranger pour partager le péril de la reine et lâchement assassinée ; c'est cette humble femme de chambre répondant à l'appel du nom de sa maîtresse pour être jetée dans la Loire ; c'est Mme Bouquet recueillant cinq proscrits, partageant avec eux sa ration pendant un mois de famine, et montant avec eux sur l'échafaud ; ce sont ces chrétiennes qui, au prix de leur vie, abritent Notre-Seigneur dans le prêtre proscrit ; ce sont ces Carmélites de Compiègne allant au supplice en chantant le *Veni Creator* et le *Te Deum*, se disputant la première place sous le couperet de la guillotine, tandis que leur supérieure veut mourir la dernière pour soutenir le courage de ses filles. Rendons hommage encore à Mme de Staël dont la plume éloquente défend Marie-Antoinette ; à Mme Tallien qui soustrait des victimes à la hache du bourreau ; enfin, à ces quinze à seize cents femmes qui présentent à la Convention une pétition pour demander la grâce des prisonniers. Admirons encore dans leur patriotisme ces femmes et ces filles d'artistes qui, devant la pénurie du Trésor, offrent à l'Assemblée constituante leurs bijoux pour contribuer à payer la dette publique ; ces femmes de Lille qui aident à repousser l'envahisseur ; cette mère Spartiate qui, à Saint-Mithier, entourée de ses enfants, s'assoit dans sa boutique sur un baril de poudre, et, un pistolet à chaque main, menace de faire sauter sa demeure si l'ennemi y pénètre ; ces émules de Jeanne Hachette, ces engagées volontaires qui se battent auprès d'un père, d'un frère, d'un mari ; ces héroïques enfants de l'Alsace, Mlles Fernig, âgées l'une de treize ans,

---

[464] M. de Pontmartin, qui a connu l'héroïne, croit qu'au moment où Mlle de Sombreuil allait boire le verre de sang, les bourreaux, « saisis d'un mouvement d'horreur ou de pitié.... le répandirent à ses pieds. » *Mes Mémoires*. Enfance et jeunesse, 1882.

l'autre de seize, et qui, voyant leur père courir sus aux Autrichiens, se jettent dans la mêlée, combattent à Valmy, à Nerwinde, à Jemmapes, sous Dumouriez qui, pour se servir de l'ascendant magnétique qu'elles exercent sur leurs compatriotes, leur a donné des commissions d'officiers d'état-major, et qui les voit attacher leurs noms à des faits de guerre dignes d'illustrer *de vieux guerriers*[465].

C'est dans ces généreux élans de courage, de dévouement et de patriotisme, que nous aimons à suivre les femmes ; mais faut-il étudier leur rôle politique dans les annales révolutionnaires, nous y trouverons une nouvelle preuve des illusions et de l'impressionnabilité qu'elles apportent dans les affaires publiques.

Mme Roland nous dira bien que Plutarque l'a disposée à devenir républicaine. Mais eût-il suffi à ce résultat si d'autres influences n'y avaient aidé ? Cette noble dame qui appelle *mademoiselle* la vénérée grand'mère de Mme Roland, cette financière qui invite la famille de la jeune philosophe pour la faire manger à l'office, n'ont-elles pas soulevé cette fière nature contre un ordre social qui permettait de telles distinctions de rang ? Lorsque la jeune fille va à Versailles, et qu'elle y endure d'autres humiliations, que répond-elle à sa mère qui lui demande si elle est contente de son voyage : « Oui, pourvu qu'il finisse bientôt ; encore quelques jours, et je détesterai si fort les gens que je vois, que je ne saurai que faire de ma haine.—Quel mal te font-ils donc ?—Sentir l'injustice et contempler à tout moment l'absurdité[466]. »

Si Mme Roland était née dans les classes privilégiées qui lui inspiraient de telles rancunes, il est probable qu'elle s'en serait tenue au libéralisme des grandes dames du XVIIIe

---

[465] Lairtullier, *les Femmes célèbres de* 1789 à 1795.
[466] Mme Roland, *Mémoires*, édition de M. P. Faugère. *Mémoires particuliers*.

siècle, ou qu'elle aurait apporté dans ses opinions politiques la mobilité qui distingua ses croyances religieuses ou philosophiques. N'avait-elle point, disait-elle, passé par le jansénisme, le cartésianisme, le stoïcisme, pour arriver au patriotisme ? N'y avait-il pas eu dans son ardente jeunesse un moment où elle avait rêvé le martyre religieux avec le même enthousiasme qu'elle souffrit plus tard le martyre politique ?

Mais dans la vie de Mme Roland, tout se réunissait pour rendre cette femme plus fidèle à ses opinions politiques qu'à ses croyances religieuses. Dans le rôle que joue son mari, elle voit le moyen d'établir cette république idéale dont l'illusion a caressé sa jeunesse. Disons ici à son honneur que, malgré la prétention théâtrale avec laquelle elle se montre dans ses *Mémoires*, elle a grand soin de nous avertir qu'elle n'est jamais sortie de ses attributions de femme, qu'elle n'a jamais pris une part active aux discussions politiques qui avaient lieu chez son mari, mais que, dans l'attitude modeste qui convient à son sexe, elle se bornait à écouter. « Ah, mon Dieu ! s'écrie-t-elle, qu'ils m'ont rendu un mauvais service ceux qui se sont avisés de lever le voile sous lequel j'aimais à demeurer ! Durant douze années de ma vie, j'ai travaillé avec mon mari, comme j'y mangeais, parce que l'un m'était aussi naturel que l'autre[467]. » Elle reconnaît donc qu'elle a été pour Roland un secrétaire, mais un secrétaire intelligent dont elle avoue elle-même la collaboration. Nous savons que ce n'est pas sa main seulement qui a écrit la lettre, plus éloquente que généreuse et juste, que Roland adressa à Louis XVI et qui le fit sortir de ce cabinet où le 10 août devait le faire rentrer. Dans diverses dépêches officielles de Roland se retrouvent la plume et l'esprit de sa femme. Et, en effet, pour le malheur des Girondins, Mme Roland fut bien réellement l'inspiratrice de ce parti qui, avec son esprit d'utopie, crut pouvoir se

---

[467] Mme Roland, *l. c.*

servir des Jacobins pour faire le 10 août contre la royauté, vota pour la mort de Louis XVI et, entre ces deux actes, désavoua avec indignation les massacres de septembre : étrange illusion que de s'étonner du carnage quand on a lâché la bête féroce ! Ceux qui la déchaînent en sont eux-mêmes les victimes : Mme Roland et les Girondins l'éprouvèrent.

Dès le moment de son arrestation, Mme Roland reconnaît les illusions de sa vie politique. Elle dit aux commissaires qui la conduisent à l'Abbaye : « Je gémis pour mon pays, je regrette les erreurs d'après lesquelles je l'ai cru propre à la liberté, au bonheur... » Dans sa captivité, apprend-elle l'arrestation des Girondins : « Mon pays est perdu !... » s'écrie-t-elle. « Sublimes illusions, sacrifices généreux, espoir, bonheur, patrie, adieu ! Dans les premiers élans de mon jeune coeur, je pleurais à douze ans de n'être pas née Spartiate ou Romaine ; j'ai cru voir dans la Révolution française l'application inespérée des principes dont je m'étais nourrie : la liberté, me disais-je, a deux sources : les bonnes moeurs qui font les sages lois et les lumières qui nous ramènent aux unes et aux autres par la connaissance de nos droits[468]... » Eh bien, Mme Roland a vu ce qu'a produit une liberté à laquelle elle ne donne, même dans ses déceptions, qu'une base humaine ; et dans ses *Dernières pensées*, et plus amplement dans son *Projet de défense*, elle dit avec amertume : « La liberté ! Elle est pour les âmes fières qui méprisent la mort, et savent à propos la donner, » ajoute-t-elle avec cette persévérante illusion classique qui, malgré la répulsion que lui inspire le sang versé, lui fait toujours saluer dans le poignard de Brutus la délivrance de son pays[469]. Cette liberté, poursuit Mme Roland, « n'est pas

---

[468] Mme Roland, *Mémoires. Notices historiques.*
[469] Sur les illusions classiques des révolutionnaires, voir l'ouvrage de M. E. Loudun, *le Mal et le Bien*, tome IV, *la Révolution*.

pour ces hommes faibles qui temporisent avec le crime, en couvrant du nom de prudence leur égoïsme et leur lâcheté. Elle n'est pas pour ces hommes corrompus qui sortent » de la fange du vice, » ou de la fange de la misère pour s'abreuver dans le sang qui ruisselle des échafauds. Elle est pour le peuple sage qui chérit l'humanité, pratique la justice, méprise les flatteurs, connaît ses vrais amis et respecte la vérité. Tant que vous ne serez pas un tel peuple, ô mes concitoyens ! vous parlerez vainement de la liberté ; vous n'aurez qu'une licence dont vous tomberez victimes chacun à votre tour ; vous demanderez du pain, on vous donnera des cadavres[470], et vous finirez par être asservis. »

En pleurant sur ses illusions perdues, Mme Roland honore ceux qui les ont partagées avec elle, « républicains déclarés mais humains, persuadés qu'il fallait par de bonnes lois faire chérir la république de ceux même qui doutaient qu'elle put se soutenir ; ce qui effectivement est plus difficile que de les tuer, » ajoute-t-elle avec une superbe ironie. « L'histoire de tous les siècles a prouvé qu'il fallait beaucoup de talents pour amener les hommes à la vertu par de bonnes lois, tandis qu'il suffit de la force pour les opprimer par la terreur ou les anéantir par la mort. »

Ce sont là de nobles regrets, et l'on aime à entendre ces graves et généreux accents dans ces pages où la déclamation remplace trop souvent l'éloquence, comme il arrive fréquemment d'ailleurs dans les écrits des femmes politiques. Mais dans ces lignes, Mme Roland parle bien moins la langue de la politique que celle de la conscience outragée.

Mme Roland sut mourir. « Vous pouvez m'envoyer à l'échafaud, avait-elle dit dans son premier interrogatoire :

---

[470] Dans les notes des *Mémoires* de Mme Roland, édités par lui, M. Faugère fait remarquer qu'il y a ici une réminiscence d'un discours de Vergniaud.

vous ne sauriez m'ôter la joie que donne une bonne conscience, et la persuasion que la postérité vengera Roland et moi en vouant à l'infamie ses persécuteurs[471]. »

Sans doute un appareil théâtral se mêle aux derniers jours de Mme Roland. Le courage stoïcien n'a pas la sublime simplicité du courage chrétien. Comme l'acteur qui se drape dans les plis de son vêtement pour mourir avec noblesse, aux applaudissements du public, le stoïcien meurt en regardant le monde auquel il demande la gloire. Le chrétien ne regarde que le ciel dont il attend sa récompense.

Quand arriva cependant l'heure du supplice, Mme Roland paraît avoir eu comme une soudaine perspective de la vie éternelle. Au pied de l'échafaud, dit-on, elle demanda « qu'il lui fût permis d'écrire des pensées extraordinaires qu'elle avait eues dans le trajet de la Conciergerie à la place de la Révolution. Cette faveur lui fut refusée[472]. »

J'ai déjà cité quelquefois les *Mémoires* que Mme Roland eut le courage et le sang-froid d'écrire dans sa prison. La publication entière de ces écrits a été funeste à la mémoire de cette femme célèbre. La vanité de l'auteur, le cynisme de certains détails ont singulièrement fait descendre Mme Roland du piédestal où l'avaient élevée l'héroïsme de sa mort et l'illusion de l'histoire contemporaine. Nous voyons aussi dans ces *Mémoires* combien peu la femme a été créée pour un rôle public. Mme Roland se met-elle en scène, prend-elle la pose d'une héroïne, elle est guindée, prétentieuse ; des réminiscences classiques se mêlent dans son langage à l'enthousiasme obligatoire et par conséquent faux qui distingue l'école de Rousseau. La femme politique gâte jusqu'à la femme du foyer qui elle-même se plaît à

---

[471] Mme Roland, *Projet de défense, Notes sur son procès*, etc.

[472] P. Faugère, introduction aux *Mémoires de Mme Roland.*

l'emphase ; mais lorsque Mme Roland veut bien n'être que la femme du foyer, et qu'elle nous épargne d'étranges confidences, nous la jugeons avec plus de sympathie. Sa tendresse pour sa mère, ses promenades dans les bois de Meudon lui dictent des pages simples, touchantes, remplies de fraîches descriptions et qui parlent vraiment à notre coeur. Nous avons rendu hommage à la générosité naturelle de ses sentiments. Voyons-la encore se dévouer avec un intrépide courage à la défense d'un mari pour lequel elle n'a qu'une affectueuse estime. Entendons enfin cette femme qui la sert dans sa prison et qui dit à Riouffe, l'un des compagnons de sa captivité : « Devant vous, elle rassemble toutes ses forces ; mais dans la chambre, elle reste quelquefois trois heures appuyée sur sa fenêtre à pleurer. »

« Séparez Mme Roland de la Révolution, elle ne paraît plus la même, » dit le comte Beugnot qui, lui aussi, la connut en prison. « Personne ne définissait mieux qu'elle les devoirs d'épouse et de mère, et ne prouvait plus éloquemment qu'une femme rencontrait le bonheur dans l'accomplissement de ces devoirs sacrés. Le tableau des jouissances domestiques prenait dans sa bouche une teinte ravissante et douce ; les larmes s'échappaient de ses yeux, lorsqu'elle parlait de sa fille et de son mari : la femme de parti avait disparu[473]... »

Dans ces pleurs, tout n'était pas pour son mari, pour son enfant. Elle avait au fond du cour une affection qui ne triompha pas de son honneur, mais qui la fit profondément souffrir. Peut-être le stoïcisme, la seule foi qu'elle connût, ne lui aurait-il pas suffi pour supporter courageusement sa captivité, si elle n'avait vu avec joie dans les murs qui l'enfermaient une barrière qui la protégeait contre sa passion, mais qui, suivant une déduction bien hasardée et bien

---

[473] *Mémoires* de Mme Roland, édition de M. Faugère. Appendice du second volume.

périlleuse, la rendait ainsi plus libre de garder son âme à l'homme qu'elle aimait.

Comme le comte Beugnot, M. Legouvé a fait remarquer combien en Mme Roland l'homme d'État est au-dessous de la femme : « Elle a des sensations politiques au lieu d'idées, et devient la perte de son parti dès qu'elle en devient l'âme[474]. »

Deux autres femmes célèbres ont partagé l'enthousiasme de Mme Roland pour une république idéale : Charlotte Corday, Olympe de Gouges. Charlotte Corday, comme Mme Roland, trouve que la liberté « est pour les âmes fières qui méprisent la mort, et savent à propos la donner. » Charlotte Corday la donne. Mais alors même que la victime s'appelle Marat, l'acte qui frappe cet homme est un crime, et ce n'est point par l'assassinat que triomphent les saintes causes. Charlotte Corday a écouté la voix d'une passion noble dans son principe, mais coupable dans son application. Elle a exécuté l'arrêt de la vengeance humaine, non celui de la justice divine.

Olympe de Gouges, elle, n'a pas versé le sang.

Nous retrouverons tout à l'heure en elle l'ardente émancipatrice politique de la femme. Mais comment elle-même remplit-elle ce rôle public qu'elle revendique pour la femme ? Cette étrange créature qui, sans savoir lire ni écrire, composa des pièces de théâtre et des brochures révolutionnaires, n'était républicaine que dans ses espérances ; elle demeurait à son insu royaliste dans ses souvenirs ; elle demanda à défendre Louis XVI ; et ce sont les invectives qu'elle lança contre Robespierre qui la firent condamner à mort. Ainsi que Mme Roland, Olympe de

---

[474] Legouvé, *Histoire morale des femmes*.

Gouges eut, avec l'emphase oratoire, quelques éclairs de véritable éloquence.

Mme Roland, Charlotte Corday, Olympe de Gouges poursuivaient sinon une idée, du moins une utopie politique. Mais que dire de ces femmes, de ces mégères que fit surgir l'émeute, et qui, dans le déchaînement des passions populaires, dépassèrent encore les hommes en cruauté, d'après cette loi de la nature qui veut que l'être le plus impressionnable soit, suivant ses instincts, capable des plus généreuses actions ou des plus exécrables forfaits ! La fièvre de la Révolution avait donné à ces femmes la soif du sang. Elles venaient à la curée comme ces bêtes fauves qui ne savent pas pour quelle cause des hommes sont massacrés, mais qui sont attirées par l'odeur du carnage.

Dans leur farouche ardeur, ces femmes sont pour la Révolution un auxiliaire dont elle sent le prix. Mirabeau a dit que les femmes, en se mettant aux premiers rangs de l'émeute, peuvent seules la faire triompher. Elles sont capables d'entendre un appel de ce genre, ces femmes qui trouvent que les hommes ne vont pas assez vite.

Les femmes forment, au 5 octobre, l'avant-garde de ce peuple parisien, de cette mer humaine qui roule jusqu'à Versailles ses flots en fureur, son écume immonde, et qui bat de ses vagues le vieux palais des rois. Parmi ces femmes, les unes sont poussées par la famine, les autres par leurs mauvais instincts. Filles perdues et femmes du peuple se coudoient dans la mêlée. Elles sont armées de bâtons, de coutelas, de fusils ; l'une d'elles bat du tambour, et la horde chante le *Ça ira*.

Pour séduire les soldats qui défendent Versailles, tout leur est bon, et les dégoûtants spectacles de l'orgie se mêlent aux scènes du massacre. Voient-elles de leurs compagnes s'attendrir à la parole du roi, elles procèdent à la strangulation de ces dernières, ce qui ne les empêchera pas de céder elles-mêmes au mouvement qui saluera la superbe attitude de la reine.

Les femmes de l'émeute ont triomphé : elles ramènent à Paris la famille royale. Juchées sur des voitures, sur les trains des canons, elles sont affublées des dépouilles des gardes du corps, et ces étranges soldats jettent ce cri de sauvage triomphe : « Nous ne manquerons plus de pain, nous ramenons le boulanger, la boulangère et le petit mitron. »

Elles demandent à la Commune une récompense, et s'il en faut en croire Pacquotte, elles l'ont bien méritée : « Sans elles, la chose publique était perdue. » En dépit des murmures masculins qui accueillent cette assertion, les femmes obtiennent les honneurs qu'elles sollicitent. Dans les cérémonies publiques, elles auront une place d'honneur... « et tricoteront, » ajoute Chaumette, peu partisan, comme nous allons le voir, de leur émancipation politique.

Partout où il y aura du sang à flairer, les femmes de l'émeute seront là, aux Tuileries le 20 juin et le 10 août, dans les prisons aux massacres de septembre. Elles demandent des piques pour défendre la Constitution ; mais en vérité elles ont bien d'autres armes. Ces femmes qui endossent le pantalon rouge et qui se coiffent du bonnet rouge, ce sont les *flagelleuses* ; et si, sur la voie publique, elles rencontrent d'autres femmes dont le civisme leur paraît suspect, elles les fouettent : outrage ignoble qu'elles font subir sur le parvis de Notre-Dame aux angéliques soeurs de charité expulsées de leur maison. Sous la douleur et la honte de cet infâme supplice, les saintes filles tombent malades, quelques-unes d'entre elles meurent, et l'une d'elles, qui a voulu se sauver, est jetée dans la Seine.

Ces femmes forment des clubs. Le plus terrible est celui de la *Société des femmes révolutionnaires* qui s'assemblent dans le charnier de l'église Saint-Eustache. Un charnier convient bien à ces fauves.

Il y a encore d'autres sociétés parmi lesquelles il faut distinguer la *Société fraternelle* : c'est une succursale de la Société mère des Jacobins et celle-ci se charge de diriger cette pépinière. La *Société fraternelle* a des affiliations dans tout le pays. Ses membres fomentent la guerre contre l'Autriche.

Les femmes ne se contentent pas de leurs clubs ; elles assistent et pérorent aux séances des clubs masculins et de l'Assemblée. On les a vues envahir l'Assemblée de Versailles, se mêler aux députés, voter avec eux, encourager les uns, imposer silence aux autres : « Parle, député ; tais-toi, député. » Par d'ignobles menaces, par des actes cyniques, elles souillent l'asile de la représentation nationale[475].

Robespierre saura se servir du concours de ces femmes. Remplissant les galeries des Assemblées, elles... tricotent, comme le leur a prescrit Chaumette, mais en même temps elles prennent aux séances une part active. Par leurs applaudissements, elles s'associent aux plus cruelles motions des Jacobins. Elles couvrent de leurs huées la parole des hommes modérés. « Monsieur le président, faites donc taire ce tas de *sans-culottes*, » dit l'abbé Maury en désignant les tricoteuses. C'est ainsi que fut employé pour la première fois ce nom qui devait désigner les purs Jacobins[476].

Dans les comités de salut public et de sûreté générale, les tricoteuses acclament les dénonciateurs. En prairial, elles ne se bornent pas à se servir de leurs langues, elles tirent leurs couteaux contre la Convention. C'est une femme, une folle furieuse qui assassine Féraud qu'elle a pris pour Boissy-

---

[475] Taine, *les Origines de la France contemporaine. La Révolution* ; Lairtullier, *ouvrage cité*.
[476] Lairtullier, *l. c.*

d'Anglas. La cruauté des femmes survivra même au régime de la Terreur.

Les mégères se font gloire de ce titre : *les Furies de la guillotine*. Lorsque le peuple semble las des scènes de l'échafaud, ce sont elles que l'on enverra aux exécutions pour que leurs hurlements réveillent la meute populaire. Elles excitent les bourreaux. Avec une âpre volupté, elles se cramponnent jusqu'à la planche de l'échafaud pour se mieux repaître de la vue du sang. A leurs grimaçantes attitudes, à leurs fauves éclats de rire, on les prendrait pour des démons surgissant de l'enfer. Elles dansent au pied de l'échafaud la hideuse carmagnole.

Quelques-unes des femmes de l'émeute se sont fait un nom. Je ne parle pas de cet être allégorique, la Mère Duchesne, Brise-Acier, qui fumant le schibouk, menaçant de son sabre et tournant sa quenouille, crie aux femmes : « Vivre libre ou mourir ! » Je me contente de nommer la reine des Halles, reine Audu, qui obtient une couronne pour sa belliqueuse attitude dans les journées du 5 et du 6 octobre. Rose Lacombe, la fondatrice de la fougueuse société des femmes révolutionnaires, la farouche clubiste que je retrouverai tout à l'heure ; Rose Lacombe qui, avec les Marseillais, est allée, aux Tuileries le 10 août, et en septembre dans les prisons où elle a assouvi ses haines furieuses ; Rose Lacombe qui commande les *flagelleuses*, Rose Lacombe qui, accusant la Convention de lenteur, dénonce à sa barre les fonctionnaires nobles ou suspects, et qui, éprise d'un jeune royaliste, se retourne contre les Jacobins parce qu'ils ne veulent pas élargir l'homme qu'elle aime ; Rose Lacombe enfin qui, après la fermeture des clubs de femmes, tiendra une humble boutique dans la galerie du Luxembourg.

Le temps et la bonne volonté me manquent pour m'arrêter devant les tristes héroïnes des journées révolutionnaires. Il en est une cependant que je veux signaler comme le type même de la furie démagogique.

Fille de laboureurs, Théroigne de Méricourt a été aimée d'un jeune gentilhomme qui l'a abandonnée. Voilà ce qui a fait d'elle l'ennemie des hautes classes. La villageoise devient courtisane, et pour commencer son oeuvre de revendication sociale, elle se plaît à ruiner les plus riches seigneurs. La Révolution éclate. Théroigne se jette dans les luttes de la rue. En habit d'amazone, elle porte le sabre au côté, des pistolets à la ceinture ; et... dans le pommeau de sa cravache se trouve une cassolette d'or contenant des sels et des parfums, « en cas de défaillance et pour neutraliser l'odeur du peuple[477]. » La courtisane et l'émeutière se combinent ici dans un curieux mélange.

Théroigne participe aux journées de la Révolution. Elle figure au pillage du dépôt d'armes des Invalides. Elle compte parmi les premiers assaillants qui ont escaladé les tours de la Bastille, et un sabre d'honneur est sa récompense. Accusant de tiédeur le club des *Enragés* qui a des chefs tels que Maillard, Saint-Huruge, Santerre, elle a jeté sur Versailles les femmes du 5 octobre. Cette fois son amazone est rouge, et rouge aussi son panache. Échevelée, armée jusqu'aux dents, debout sur un canon, elle excite les insurgés. Le 10 août, elle se bat. Aux massacres de septembre, on la voit à l'Abbaye, à la Force, à Bicêtre ; elle a une acolyte qui tient une tête de femme au bout d'une pique. Elle parle dans les clubs, à l'Assemblée même. Enfin, liée avec Brissot, elle prêche avec lui la conciliation des partis qu'il faut réunir contre l'étranger. Brissot est attaqué dans la rue par les mégères. Théroigne le défend, et l'amazone révolutionnaire subit le châtiment que savent donner les *flagelleuses*. Cet outrage la rend folle. On l'enferme. Alors Théroigne la courtisane, Théroigne la

---

[477] Lairtullier, *l. c.*

septembriseuse a dans sa folie le double caractère de sa honteuse et sanguinaire existence. Dépouillée de tout sentiment de pudeur, elle ne peut supporter aucun vêtement, et dans sa hideuse nudité, elle se traîne sur le sol, elle mord avec rage celui dont la présence l'irrite ; et recherchant ses aliments dans les ordures, elle ne peut boire que l'eau boueuse du ruisseau.

Chapitre V

La femme au XIXe siècle— Les leçons du présent et les exemples du passé

§I. L'émancipation politique des femmes jugée par l'école révolutionnaire.—§II. Le travail des femmes. Quelles sont les professions et les fonctions qu'elles peuvent exercer ?—§III. Quelle est la part de la femme dans les oeuvres de l'intelligence et dans quelle mesure la femme peut-elle s'adonner aux lettres et aux arts ?—§IV. L'éducation des femmes dans ses rapports avec leur mission.—§V. Conditions actuelles du mariage. Les droits civils de la femme peuvent-ils être améliorés ?—§VI. Mondaines et demi-mondaines.—§VII. Le divorce.—§VIII. Où se retrouve le type de la femme française.

I

L'émancipation politique des femmes jugée par l'école révolutionnaire.

Les honteux spectacles que donnaient les *flagelleuses*, les émeutes que les femmes des clubs suscitaient dans les rues, devinrent bientôt un grave embarras pour la République.

Les hommes de la Révolution avaient bien pu se servir des femmes pour faire réussir leurs projets, mais ils n'entendaient pas qu'elles dussent être entre leurs mains autre chose qu'un instrument plus ou moins conscient de son rôle ; ils se souciaient fort peu de les associer à ces droits politiques que leurs pétitions réclamaient, qu'Olympe de Gouges défendait et qu'appuyait Condorcet. Mirabeau, qui jetait si volontiers les femmes à la tête de l'insurrection, les hommes de la Terreur qui les employaient au service de leurs passions cruelles, ne voulaient la Révolution que dans l'État et non dans la famille.

La République se bornait donc à décerner des honneurs aux femmes qui la servaient ; mais, bien loin de leur accorder des droits politiques, elle leur en enlevait un qu'elles tenaient de la monarchie, et leur retirait ceux qu'elle leur avait elle-même octroyés : le 22 mars 1791, l'Assemblée nationale excluait les femmes de la régence ; la loi du 20 mai 1793 les bannit des tribunes de la Convention jusqu'à ce que l'ordre fût rétabli, et la loi du 26 mai leur interdit l'assistance à toute assemblée politique. Enfin lorsque, après la chute des Girondins, les Jacobins n'eurent plus besoin des tricoteuses, la Convention s'inquiéta des scandales et des émeutes causés par le club de Rose Lacombe ; elle jugea que les femmes étaient incapables d'exercer des droits politiques ; qu'elles étaient « disposées, par leur organisation, à une exaltation qui serait funeste à la chose publique, et que les intérêts de l'État seraient bientôt sacrifiés à tout ce que la vivacité des passions peut produire d'égarements et de désordres[478]. »

Le 9 brumaire 1793, un décret de la Convention ferma donc les clubs de femmes. Les citoyennes réclamèrent devant l'Assemblée qui les hua.

Mais le 27 brumaire, Rose Lacombe jette dans la salle où siège le conseil général de la Commune son armée de

---

[478] Convention nationale, séance du 9 de brumaire. *Moniteur universel*, 1793.

femmes coiffées du bonnet rouge. Des protestations s'élèvent du sein de l'assemblée. Alors le même homme qui, naguère, a enjoint aux femmes de tricoter au milieu des honneurs publics qu'elles revendiquaient, le procureur général Chaumette se lève et s'écrie :

« Je requiers mention civique au procès-verbal, des murmures qui viennent d'éclater. C'est un hommage aux moeurs, c'est un affermissement de la République ! Eh quoi ! des êtres dégradés qui veulent franchir et violer les lois de la nature, entreront dans les lieux commis à la garde des citoyens, et cette sentinelle vigilante ne ferait pas son devoir ! Citoyens, vous faites ici un grand acte de raison ; l'enceinte où délibèrent les magistrats du peuple doit être interdite à tout individu qui outrage la nature !... Et depuis quand est-il permis aux femmes d'abjurer leur sexe, de se faire hommes ? Depuis quand est-il d'usage de voir des femmes abandonner les soins pieux de leur ménage, le berceau de leurs enfants, pour venir, sur la place publique, dans la tribune aux harangues, à la barre du Sénat, dans les rangs de nos armées, remplir les devoirs que la nature a répartis à l'homme seul ? A qui donc cette mère commune a-t-elle confié les soins domestiques ? Est-ce à nous ? Nous a-t-elle donné des mamelles pour allaiter nos enfants ? A-t-elle assez assoupli nos muscles pour nous rendre propres aux soins de la hutte, de la cabane et du ménage ? Non, elle a dit à l'homme : sois homme ! les courses, la chasse, le labourage, les soins politiques, les fatigues de toute espèce, voilà ton apanage. Elle a dit à la femme : sois femme ! les soins dus à l'enfance, les détails du ménage, les douces inquiétudes de la maternité, voilà tes travaux ; mais tes occupations assidues méritent une récompense ; eh bien, tu l'auras ; et tu seras la divinité du sanctuaire domestique ; tu régneras sur tout ce qui t'entoure par le charme invincible de la beauté, des grâces et de la vertu. Femmes imprudentes, qui voulez devenir des hommes, n'êtes-vous pas assez bien partagées ? Que vous faut-il de plus ?... Le législateur, le magistrat sont à vos pieds ; votre despotisme est le seul que nos forces ne puissent abattre, puisqu'il est celui de l'amour, et, par conséquent, celui de la nature. Au nom de cette même nature, restez ce que vous êtes ; et, loin de nous envier les périls d'une vie orageuse, contentez-vous de nous les faire oublier au sein de nos familles, en reposant nos yeux sur le spectacle enchanteur de nos enfants heureux par vos soins ! »

Ces mégères, ces *flagelleuses*, perdent leur assurance effrontée. Elles retirent leurs bonnets rouges et les cachent. Le terrible procureur général remarque ce mouvement : « Ah ! je le vois, dit-il, vous ne voulez point imiter ces femmes hardies qui ne rougissent plus... »

Il leur dit quelle néfaste influence politique ont exercée les femmes. Il leur parle avec dédain d'une Olympe de Gouges, une « virago, » une « femme-homme. »

« Nous voulons, ajoute-t-il, que les femmes soient respectées, c'est pourquoi nous les forcerons à se respecter elles-mêmes. Que diraient des magistrats à une femme qui se plaindrait des atteintes d'un jeune étourdi, lorsqu'il alléguerait pour sa défense : J'ai vu une femme avec les allures d'un homme ; je n'ai plus en elle respecté son sexe, j'en ai agi librement ?... »

« Autant nous vénérons la mère de famille qui met son bonheur à élever, à soigner ses enfants, à filer les habits de son mari et à alléger ses fatigues par l'accomplissement de ses devoirs domestiques, autant nous devons mépriser, conspuer la femme sans vergogne qui endosse la tunique virile, et fait le dégoûtant échange des charmes que lui donne la nature contre une pique et un bonnet rouge. »

On ne pouvait mieux dire. Mais ce n'était pas aux hommes de la Terreur qu'il appartenait de flétrir les excès qu'ils avaient encouragés et qui leur avaient été si utiles. Quoi qu'il en fût, le conseil général de la Commune adopta cette motion de Chaumette : « Je requiers que le Conseil ne reçoive plus de députations de femmes qu'après un arrêté pris, à cet effet, sans préjudice aux droits qu'ont les citoyennes d'apporter aux magistrats leurs demandes et leurs plaintes individuelles[479]. »

Les clubs de femmes étaient morts. Ils devaient revivre. Les mégères elles-mêmes devaient reparaître mêlées à cette écume que font surgir toutes les révolutions. 1848 les a vues couper les têtes des gardes mobiles. En 1871, leurs sinistres et fauves figures nous sont apparues à la lueur des incendies allumés par ces infernales créatures : les pétroleuses.

Le mouvement révolutionnaire, qui jette jusqu'aux femmes dans les luttes de la rue, a chaque fois aussi fait bouillonner dans leurs cerveaux l'idée de l'émancipation politique. Malgré le mauvais accueil que les révolutionnaires de 1789 et de 1793 avaient fait à cette émancipation, chaque fois que la République s'est établie en France, les mêmes, revendications se sont produites, et, comme. 1848, 1870 a ramené les doléances de quelques femmes et les plaidoyers plus ou moins intéressés de leurs défenseurs. Avant 1848 cependant, les saint-simoniens avaient prêché l'égalité des deux sexes, l'admissibilité de la femme à toutes les fonctions publiques.

Pour défendre l'émancipation, les avocats de cette cause n'ont guère fait que reproduire les arguments de leurs devanciers.

---

[479] Le discours de Chaumette est reproduit en grande partie dans le *Moniteur universel*, 1793. Commune de Paris. Conseil général. Du 27 de brumaire. Je l'ai cherché *in extenso* dans les *Procès-verbaux de la Commune*. Mais la collection de la Bibliothèque nationale s'arrêtant à 1790, j'ai recouru au texte cité par M. Lairtullier.

De même que Condorcet en 1790, ils prétendent que la femme possède les mêmes droits naturels que l'homme, et qu'elle est capable de les exercer.

Partant de ce principe que les deux sexes sont égaux moralement, voire même physiquement, les émancipateurs des femmes réclament pour elles, outre l'égalité des droits civils, l'égalité des droits politiques et le libre accès à toutes les fonctions publiques.

Nous parlerons tout à l'heure de l'émancipation civile. Bornons-nous maintenant à la question des droits de la femme dans l'État.

Tout d'abord, j'avoue humblement que je ne crois pas que l'homme et la femme aient les mêmes droits naturels. La femme, ayant d'autres devoirs à remplir que ceux de l'homme, a aussi d'autres droits. Quant aux capacités politiques de la femme, je crois avoir suffisamment démontré qu'elles ne valent assurément pas ses qualités morales.

Dans l'histoire, de notre pays comme dans les annales de l'antiquité, nous avons pu constater que le passage de la femme dans la vie politique d'un peuple, a été le plus souvent désastreux. L'histoire légendaire d'Hérodote nous parle bien d'une sage et habile reine de Carie, Artémise, qui fut aussi prudente dans le conseil que vaillante dans le combat ; mais, pour une Artémise, que d'Athalie, d'Olympias, de Livie, d'Agrippine ! Quand ces femmes antiques possédaient le pouvoir, c'était pour elles le moyen de faire triompher leurs passions ou leurs ambitions effrénées. Dans notre France chrétienne, ce n'est guère que par la foi patriotique et religieuse, par la charité sociale, que les femmes ont eu une influence heureuse sur les destinées de notre pays. Mais ont-elles exercé le pouvoir politique, cela n'a été que bien rarement pour le bonheur de la France. En présence de grandes exceptions, telles que sainte Bathilde, Blanche de Castille, Anne de Beaujeu, voici Frédégonde, voici Brunehaut dans la seconde partie de sa vie ; voici Catherine de Médicis, Marie de Médicis. Voici encore les femmes politiques de la Révolution, c'est-à-dire, toujours et partout, le sentiment personnel substitué à l'idée du droit.

On me répondra peut-être que pour sacrifier la justice à la passion, il n'est pas nécessaire d'être femme, et que plus d'un roi, plus d'un homme politique, n'a vu dans le pouvoir que l'instrument de son bon plaisir. Oui, sans doute ; mais pour les hommes mêmes qui se sont laissé entraîner par la passion, il est rare qu'ils n'aient pas conservé à travers leurs défaillances une idée gouvernementale, bonne ou mauvaise, mais enfin une idée. Chez la femme politique, au contraire, la sensation a remplacé l'idée.

On me dira encore que par une éducation virile, on changera tout cela. Soit. Il restera toujours à la femme la faiblesse physique, et bien qu'on nous objecte qu'il y a des femmes beaucoup plus fortes que certains hommes, je répondrai que ce n'est là que l'exception, et que, dans l'état normal, l'homme a reçu en partage la vigueur, et la femme, la délicatesse.

En 1791, la célèbre Olympe de Gouges disait dans sa *Déclaration des droits de la femme* : « La femme a le droit de monter à l'échafaud ; elle doit avoir également celui de monter à la tribune. »

Qu'eût répondu Mme de Gouges si on lui eût opposé ceci : La femme a le droit d'être atteinte par les obus ; elle doit avoir également celui d'être ? soumise à la conscription ?

Olympe de Gouges aurait répondu que la constitution physique de la femme et les lois de la maternité la dispensaient naturellement du service militaire. C'est absolument ce que nous pensons au sujet de la généralité des fonctions publiques ; et si l'on ajoute à cette cause matérielle la cause morale que nous a révélée l'histoire, on aura répondu à cet autre argument qui appuyait la thèse de Mme de Gouges et que, de nos jours, on a répété après cette émancipatrice : « La femme concourt, ainsi que l'homme, à l'impôt public ; elle a le droit, ainsi que lui, de demander compte à tout agent public de son administration. »

Mais fut-il prouvé que la femme peut avoir le même genre de capacités intellectuelles que l'homme, fût-il encore prouvé par impossible, qu'elle a autant de force physique que lui, je trouve qu'il n'y aurait là aucun argument à faire valoir en faveur de son émancipation politique. Il ne s'agit pas de savoir si la femme peut agir comme l'homme ; il s'agit de savoir si, en empiétant sur les attributions masculines, elle peut remplir les fonctions pour lesquelles elle a été créée, et que révèle jusqu'à son organisation physique. On objecte qu'une femme peut concilier ses droits politiques avec ses devoirs domestiques. Je crois que cette opinion ne peut être soutenue que par les hommes qui ne savent pas ce que c'est qu'un ménage ou par les femmes qui n'en ont pas. Mais pour qui comprend l'étendue des devoirs que comporte le rôle domestique de la femme, ce n'est pas trop dire que sa vie entière y doit être occupée, soit qu'elle vaque elle-même aux soins multiples du ménage, soit que, dans une situation plus élevée, elle joigne aux sollicitudes de l'épouse et de la mère l'active surveillance départie à la maîtresse de la maison.

Toutes les femmes ne se marient pas, dira-t-on. Sans doute. Mais c'est la minorité, et parmi les vieilles filles, combien n'ont pas gardé le célibat pour remplir une mission filiale ou fraternelle qui suffît à absorber une vie !

Cependant, il fut au moyen âge un temps où la femme jouit des droits politiques et civiques. Comme jeune fille, comme veuve, la dame de fief exerce sans tuteur dans le droit féodal toutes les attributions de la souveraineté : suzeraine, elle reçoit le serment de ses vassaux. Vassale, elle prête elle-même ce serment. Dans ses domaines, elle octroie des chartes, elle donne des lois, elle rend la justice. Selon le droit coutumier, la bourgeoise peut être choisie pour arbitre. Mais, répétons-le, ces privilèges n'étaient accordés qu'à la femme qui n'était pas en puissance de mari ; et les plus nombreux étaient restreints à un petit nombre de femmes, qui, par leur haute situation sociale, disposaient de loisirs inconnus à la femme du peuple. Puis, si l'on excepte les très rares occasions où la châtelaine siégeait avec ses pairs, elle restait à son foyer pour rendre la justice, pour recevoir l'hommage de ses vassaux. Il n'en serait pas de même pour celles de nos contemporaines qui visent à remplir le mandat du député, du conseiller municipal, les fonctions du juge et les autres emplois publics réservés aux hommes. D'ailleurs le moyen âge lui-même ne maintint pas les privilèges qui donnaient à la femme des préoccupations étrangères à celles du foyer, et le droit romain lui retira ses droits politiques et civiques. Au XVIe et au XVIIe siècles, les doctrines émancipatrices de Marie de Romieu et de Mlle deGournay se perdent dans le vide. Toujours la France, avec ce bon sens qui, en dépit de bien de folies passagères, est au fond de son esprit national, toujours la France a repoussé l'émancipation.

L'abaissement de l'homme au profit de la femme[480].

D'ailleurs, avant de nous émanciper, il est bien juste que, par ce temps de suffrage universel, on nous demande s'il nous plaît d'être jetées dans l'arène publique. Que l'on nous interroge, et toutes celles d'entre nous qui ont le sentiment de leurs devoirs seront unanimes à repousser la motion. Pour se détacher d'une immense majorité, il n'y aura que

---

[480] Camille Doucet, *l'Avocat de sa cause*, scène VI.

quelques femmes déclassées, quelques personnalités tapageuses, enfin, qu'on me passe le mot, quelques fruits secs de la famille.

Pourquoi donc alors tant de zèle pour nous imposer des privilèges que nous repoussons ? Pourquoi les socialistes d'aujourd'hui réclament-ils pour la femme les droits politiques que lui déniaient énergiquement les hommes de 93, ces révolutionnaires dont ils se proclament avec orgueil les fils et les héritiers ? La raison en est simple : la question politique se double aujourd'hui de la question religieuse.

Je ne sais si nos émancipateurs sont aussi persuadés qu'ils le disent de nos capacités politiques, mais il est une autre force qu'ils nous reconnaissent avec raison : c'est la foi qui assure notre influence religieuse. Ils savent que la femme est à son foyer la gardienne des vérités qu'enseigne l'Eglise. S'ils réclament l'affranchissement de la femme, c'est bien moins pour la délivrer de prétendues chaînes dont elle ne se plaint pas, que pour l'arracher elle-même à la garde des saintes croyances. Ils croient savoir aussi que la femme a généralement peu de goût pour les institutions républicaines[481].

Ils espèrent qu'en faisant miroiter à ses yeux la perspective de l'émancipation, elle tombera en leur pouvoir. Et c'est si bien un intérêt de secte qui est ici en jeu, que le plus fidèle avocat de l'émancipation des femmes désire qu'elles ne jouissent pas immédiatement du droit de suffrage, très assuré qu'il est que « sur neuf millions de femmes majeures, quelques milliers à peine voteraient librement : le reste irait prendre le mot d'ordre au confessionnal[482]. » Ce n'est que lorsque la libre pensée aura émancipé l'esprit des

---

[481] Léon Richer. *la Femme libre*.

[482] Léon Richer, *la Femme libre*.

femmes, que leurs défenseurs les jugeront dignes du droit de suffrage.

C'est sans doute aussi pour le même motif que nos aptitudes aux fonctions d'avocat et de magistrat,—aptitudes parfaitement reconnues d'ailleurs,—pourront n'être employées que plus tard. Ce sera plus prudent... pour la libre pensée.

En attendant, on réclame pour nous l'accès à toutes les autres fonctions... civiles, bien entendu, car, malgré l'habileté stratégique que nous reconnaissait au XVIe siècle Marie de Romieu, on s'obstine à ne point placer au nombre de nos droits celui de défendre notre pays par les armes : mais cela viendra.

Et lorsque, cette fois encore, nous demandons comment nous pourrons accorder nos fonctions publiques avec nos devoirs domestiques, on nous répond que l'ouvrière quitte bien sa maison le matin pour n'y rentrer que le soir. Mais que produit cette absence de la femme ? M. Jules Simon va nous le dire.

II

Le travail des femmes. Quels sont les emplois et les professions qu'elles peuvent exercer ?

« Autrefois, dit M. Jules Simon, l'ouvrier était une force intelligente, il n'est plus aujourd'hui qu'une intelligence qui dirige une force. La conséquence immédiate de cette transformation a été de remplacer presque partout les hommes par des femmes, en vertu de la loi de l'industrie, qui la pousse à produire beaucoup avec peu d'argent, et de la loi des salaires, qui les rabaisse incessamment au niveau des besoins pour le travailleur sans talent. On se rappelle les éloquentes invectives de M. Michelet : « L'ouvrière ! mot impie, sordide, qu'aucune langue n'eut jamais, qu'aucun temps n'aurait compris avant cet âge de fer, et qui balancerait à lui seul tous nos prétendus progrès ! » « Si on gémit sur l'introduction des femmes dans les manufactures, ce n'est pas que leur condition matérielle y soit très mauvaise. Il y a très peu d'ateliers délétères, et très peu de fonctions fatigantes dans les ateliers, au moins pour les femmes. Une soigneuse de carderie n'a d'autre tâche que de surveiller la marche de la carde et de rattacher de temps en temps un fil brisé. La salle où elle travaille, comparée à son domicile, est un séjour agréable, par la bonne aération, la propreté, la gaieté. Elle reçoit des salaires élevés, ou tout au moins très supérieurs à ceux que lui faisaient gagner autrefois la couture et la broderie. Où donc est le mal ? C'est que la femme, devenue ouvrière, n'est plus une femme. Au lieu de cette vie cachée, abritée, pudique, entourée de chères affections, et qui est si nécessaire à son bonheur, et au nôtre même, par une conséquence indirecte, mais inévitable, elle vit sous la domination d'un contremaître, au milieu de compagnes d'une moralité douteuse, en contact perpétuel avec des hommes, séparée de son mari et de ses enfants. Dans un ménage d'ouvriers, le père, la mère sont absents, chacun de leur côté, quatorze heures par jour. Donc il n'y a plus de famille. La mère, qui ne peut plus allaiter son enfant, l'abandonne à une nourrice mal payée, souvent même à une gardeuse qui le nourrit de quelques soupes. De là une mortalité effrayante, des habitudes morbides parmi les enfants qui survivent, une dégénérescence croissante de la race, l'absence complète d'éducation morale. Les enfants de trois ou quatre ans errent au hasard dans les ruelles fétides, poursuivis par la faim et le froid. Quand, à sept heures du soir, le père, la mère et les enfants se retrouvent dans l'unique chambre qui leur sert d'asile, le père et la mère fatigués par le travail, et les enfants par le vagabondage, qu'y a-t-il de prêt pour les recevoir ? La chambre a été vide toute la journée ; personne n'a vaqué aux soins les plus élémentaires de la propreté ; le foyer est mort ; la mère épuisée n'a pas la force de préparer des aliments ; tous les vêtements tombent en lambeaux : voilà la famille telle que les manufactures nous l'ont faite. Il ne faut pas trop s'étonner si le père, au sortir de l'atelier où sa fatigue est quelquefois extrême, rentre avec dégoût dans cette chambre étroite, malpropre, privée d'air, où l'attendent un repas mal préparé, des enfants à demi sauvages, une femme qui lui est devenue presque étrangère, puisqu'elle n'habite plus la maison et n'y rentre que pour prendre à la hâte un peu de repos entre deux journées de travail. S'il cède aux séductions du cabaret, les profits s'y engouffrent, sa santé s'y détruit ; et le résultat produit est celui-ci, qu'on croirait à peine possible : le paupérisme, au milieu d'une industrie qui prospère[483]. »

M. Jules Simon juge que l'élévation des salaires pour les hommes, la création de cités ouvrières, la moralisation du peuple permettraient de supprimer le travail des femmes dans les manufactures. Ce serait un grand progrès, mais dont la réalisation semble malaisée au réformateur lui-même. Les cercles catholiques d'ouvriers ont mis récemment cette question à l'étude[484].

La transformation qui s'est opérée dans l'industrie a multiplié une autre classe de femmes qui ne peuvent rester chez elles : ce sont les employées de commerce. Les grandes maisons de nouveautés viennent se substituer à une foule de boutiques que les femmes tenaient sans quitter leur foyer. Ces vastes établissements occupent un grand nombre de femmes. Mais ce sont généralement de jeunes filles qui peuvent plus aisément que la mère de famille chercher le

---

[483] Jules Simon, *l'Ouvrière*.
[484] Voir le discours de M. le comte Albert de Mun à la, séance de clôture de la dernière assemblée générale. *Bulletin de Association catholique*, 15 mai 1882.

pain quotidien hors de la maison. Sans doute, il vaudrait mieux que la jeune fille pût rester à ce foyer paternel où s'abrite si naturellement son innocence. Mais c'est un rêve irréalisable. Il est évident que la femme seule peut et doit vendre ce qui se rattache à l'habillement de la femme. Il est ridicule de voir des hommes remplir cet emploi, et le ridicule touche à l'immoralité quand il s'agit de vêtements qu'il faut faire essayer[485]. Tout en déplorant donc que les conditions actuelles du commerce arrachent tant de femmes au foyer domestique, nous ne pouvons que souhaiter ici qu'elles occupent dans les magasins une place plus considérable, pourvu toutefois que ces établissements, réservant aux mères de famille les travaux qu'elles peuvent faire chez elles, emploient au service de la vente les femmes qu'un devoir maternel ne fixe pas à la maison. Mais avec quelle prudence les chefs de ces maisons ne doivent-ils pas veiller sur les jeunes filles et les jeunes femmes qui se trouvent en contact journalier avec les commis de magasins, avec les acheteurs !

L'ouvrière, l'employée de commerce ne sont pas les seules femmes qui aient à chercher au dehors le pain quotidien. Que de femmes, que de mères courent le cachet du matin au soir ! Il est vrai que la femme professeur reste dans cette mission éducatrice qui est avant tout maternelle. Il est vrai aussi qu'elle est moins exposée que l'ouvrière et l'employée de magasin à des contacts corrupteurs, et encore n'en est-elle pas toujours préservée. Mais il n'en est pas moins vrai non plus que si elle est mariée, le ménage souffre de son absence et que ses enfants sont abandonnés à une garde étrangère.

---

[485] Cette remarque s'applique, non-seulement aux commis de magasin, mais aux *couturiers*, qui, de plus, enlèvent à la femme un des rares états qui peuvent l'occuper chez elle.—Au XVIIIe siècle, on se plaignait déjà de voir les hommes empiéter sur le « droit naturel » qu'ont les femmes « à toute la parure de la femme. » Voir Beaumarchais, *le Mariage de Figaro*, acte III, scène XVI.

Comment remédier à de telles situations ? C'est bien difficile. En admettant même que l'élévation des salaires et des petits traitements permette à la femme de l'ouvrier ou de l'employé de rester chez elle, il y a toujours un grand nombre de filles et de veuves qui ne peuvent subsister que par elles-mêmes. Si la veuve n'a pas d'enfants qui réclament ses soins, elle est, ici encore comme la jeune fille, plus libre de vaquer aux occupations extérieures. Mais dans le cas contraire, quelle situation plus pénible que celle qui la contraint à abandonner chaque jour ses enfants, afin de leur procurer la nourriture qu'elle est seule maintenant à leur pouvoir donner ! Ainsi fait la mère du petit oiseau ; mais dans le nid où elle le laisse, celui-ci court moins de dangers que l'enfant dont l'âme, aussi bien que le corps, est soustraite à la vigilance maternelle.

La question du travail des femmes est bien complexe, on le voit. Ce qui semble nécessaire avant tout, c'est de multiplier pour la femme le nombre des professions sédentaires. Les mille variétés de travaux à l'aiguille, si mal rétribués et dont il faudrait augmenter le salaire, les arts professionnels, permettent à la femme de concilier ses devoirs domestiques avec le besoin de gagner sa vie. Cette faculté existe aussi pour la maîtresse de pension, pour la directrice de cours, pour toute femme professeur qui reçoit ses élèves chez elle. Et à ce sujet, qu'il nous soit permis de regretter que les cours publics d'enseignement secondaire aient fait à l'enseignement libre une concurrence qui le paralyse, et qui enlève ainsi à la femme l'une des rares professions qu'elle pouvait exercer à son foyer. Autrefois, un brevet d'enseignement était pour elle une ressource. L'usage de faire passer des examens aux jeunes filles est devenu général ; mais en même temps que ce brevet, instrument de travail pour beaucoup, était répandu à profusion, la création des cours publics d'enseignement rendait souvent cet outil improductif.

Si la femme a perdu sur le terrain de l'enseignement libre, il faut reconnaître que d'autres professions sédentaires lui ont été largement ouvertes : les bureaux de poste, de télégraphie, de timbre et de tabacs comptent nombre de femmes parmi leurs titulaires.

Les femmes remplissent encore d'autres fonctions publiques ; malheureusement elles ne peuvent s'en acquitter à leur foyer. Ce sont les fonctions d'inspectrices. Les écoles et les pensionnats de filles, les établissements pénitentiaires de jeunes détenues, les écoles de réforme, ne peuvent cependant être inspectés que par des femmes. Mais si restreint est le nombre des inspectrices que bien peu de femmes sont exposées à sacrifier à cette mission leurs sollicitudes domestiques. En général, ces fonctions me paraissent surtout devoir être exercées par des femmes non mariées et encore par des femmes mariées qui n'ont pas d'enfants ou qui n'ont plus à veiller sur leur éducation.

Voici que nous abordons une question bien délicate. La femme peut-elle être médecin ?

Certes la pudeur exigerait que dans leurs maladies les femmes fussent soignées par une de leurs soeurs. Mais la femme médecin ne sera-t-elle pas dominée par l'impressionnabilité nerveuse ? Aura-t-elle cette sûreté de coup d'oeil d'où dépend souvent la vie de celui qui souffre ? La femme est une admirable garde-malade alors qu'il ne s'agit pour elle que d'exécuter les ordonnances du médecin ; mais saura-t-elle toujours les prescrire elle-même ?

J'admets cependant qu'elle se maîtrise assez pour dompter ses impressions et pour bien diagnostiquer d'une maladie. Je veux bien que sa carrière soit sans danger pour la vie physique de ses malades. Mais cette carrière sera-t-elle sans danger pour sa propre vie morale ? Sur les bancs de l'école ou dans l'amphithéâtre, n'aura-t-elle rien à craindre du contact des étudiants ? Je suppose enfin que, par une faveur spéciale de la Providence, sa vertu sorte triomphante de cette épreuve. La jeune fille est reçue docteur en médecine. Elle se marie, elle devient mère. Désertera-t-elle le berceau de ses enfants pour répondre, jour et nuit, à l'appel des malades qui la demandent ? Mais son premier devoir est de veiller sur ses enfants.

Oui, je désirerais qu'il y eût, parmi les femmes, des médecins comme il y a des soeurs de charité. Mais alors, comme les soeurs de charité, qu'elles soient formées par un institut spécial, qu'elles ne se marient pas, et que, sans blesser les lois de la famille, elles se dévouent à l'humanité souffrante !

III

Quelle est la part de la femme dans les oeuvres de l'intelligence, et dans quelle mesure la femme peut-elle s'adonner aux lettres et aux arts ?

J'ai nommé les arts professionnels parmi les travaux qui peuvent occuper la femme à son foyer. L'art lui-même, l'art dans son expression la plus élevée, se conciliera aussi avec les devoirs domestiques si la femme n'oublie pas pour l'idéal la vie réelle.

Dès l'antiquité grecque, l'art a eu ses ferventes prêtresses. Dans notre pays, comme partout et toujours d'ailleurs, c'est généralement comme inspiratrice que la femme a influé sur les destinées de la peinture, de la sculpture et de l'architecture. Il est juste de rappeler ici que c'est surtout notre art national que les femmes de France ont encouragé. Elles-mêmes ont donné à cet art sinon des pages immortelles, du moins des oeuvres distinguées qui ont mérité l'honneur de figurer au Louvre. J'aime à redire que les femmes qui ont laissé un nom dans la peinture française étaient presque toutes, filles, soeurs, épouses d'artistes : c'est au foyer domestique qu'elles avaient pris leurs leçons. Cette tradition ne s'est pas perdue, et la plus illustre des femmes artistes l'a continuée de nos jours.

Si, de l'art nous passons aux lettres, nous exprimerons, ici encore, le voeu que la femme ne s'y livre qu'avec prudence.

Je suis loin de méconnaître la part qu'a eue la femme dans la littérature depuis l'antiquité la plus reculée. Des femmes comptent parmi les poètes sacrés dont l'Esprit-Saint a inspiré le génie et dont la Bible nous a conservé les accents. Chez les peuples païens, les Indiens, les Grecs, les Romains, les Germains adorent dans des personnifications féminines les divinités de l'intelligence. Les Indiens comptent des femmes parmi les auteurs de leurs plus anciens livres sacrés, les Védas. Les Grecs ont leurs neuf muses terrestres ; ils ont aussi, dans leurs Pythagoriciennes, les apôtres d'une doctrine élevée, spiritualiste encore au milieu des erreurs de la métempsycose.

Chez les Romains, la femme fait vibrer la voix du poète et chante elle-même. Chez les Gallo-Romains, d'humbles religieuses copient, dans le silence du cloître, les antiques manuscrits, et, à travers les ténèbres produites par les invasions, elles contribuent ainsi à garder le flambeau civilisateur auquel l'Evangile a donné une plus pure lumière.

Les femmes des envahisseurs apportent à la Gaule une autre tradition intellectuelle : la farouche tradition des chants du Nord. Lorsque la langue léguée par Rome à la Gaule est devenue l'interprète du rude génie des Germains, la femme du moyen âge inspire les mâles accents du trouvère, mais malheureusement aussi la sensuelle poésie du troubadour. Poète elle-même et prosatrice aussi, elle dote de fleurs et de fruits une terre inculte, mais féconde. En éclairant à la lumière de sa conscience la chronique historique, Christine de Pisan fait apparaître, pour la première fois, dans une oeuvre française encore bien informe, la philosophie de l'histoire. Le premier livre français que l'on peut lire sans dictionnaire est dû à une femme, Marguerite d'Angoulême[486]. Les femmes, qui ont largement participé au mouvement intellectuel de la Renaissance, contribuent puissamment, par leurs oeuvres ou par leurs conversations, à enrichir la langue du XVIe siècle, à épurer celle du XVIIe. Elles exercent leur influence sur le génie de nos grands écrivains, les Corneille, les Racine, les La Fontaine. Avec Mme de Sévigné enfin, la femme prend rang parmi nos meilleurs auteurs classiques. Et ce n'est pas seulement la langue française qui est redevable à Marguerite d'Angoulême, à Mme de Sévigné, à tant d'autres femmes qui n'écrivirent pas, mais qui surent bien parler : c'est l'esprit français lui-même qui se mire dans les oeuvres des unes, dans la causerie des autres.

A la fin du XVIIIe siècle et au commencement du XIXe, une autre femme personnifie l'esprit français, l'esprit français fidèle à ces traditions spiritualistes dont les femmes de notre pays savent être les gardiennes ; l'esprit français qui, dans son vol élevé, rapide, ne se borne plus à planer sur notre patrie, mais qui, étendant ses ailes sur le domaine de l'étranger, saisit entre ses serres puissantes tout ce qu'il peut s'assimiler.

J'ai tenu à indiquer le sillon lumineux que la femme a laissé dans les lettres et particulièrement dans les lettres françaises. Mais qu'il me soit permis de reprendre cette esquisse à un autre point de vue : la destinée même de la femme.

Ces femmes, qui ont exercé dans la littérature une action civilisatrice, ces femmes ont-elles su être les femmes du

---

[486] D. Nisard, *Histoire de la littérature française*.

foyer ? Oui, beaucoup d'entre elles, et ce sont celles qui m'intéressent le plus. Que Sappho ait dû sa gloire aux strophes qui ont gardé à travers les siècles la brûlante empreinte d'une passion criminelle, je le déplore, mais ce n'est pas elle que je cherche dans le groupe des neuf muses terrestres de la Grèce : c'est Erinne, la vierge modeste qui célèbre sa *quenouille*. Ce que je cherche encore dans les lettres helléniques, ce sont les pages dont on a reporté l'honneur aux Pythagoriciennes, et qui, tout apocryphes qu'elles puissent être, contiennent des réflexions si justes et si profondes sur les attributions respectives de l'homme et de la femme, sur les devoirs domestiques de celle-ci, sur les lumières que l'instruction lui donne pour mieux remplir sa mission.

Chez les Romains, ce qui me charme, ce n'est ni la Lesbie de Catulle, ni la Cynthie de Properce, ni la Corinne d'Ovide, ni la Délie de Tibulle, ces trop séduisantes inspiratrices de l'amour païen. Mais je m'arrête avec émotion devant le groupe sévère et charmant des femmes que j'ai nommées les *Muses du foyer*[487].

Rentrons dans notre pays. J'ai, tout à l'heure, rappelé le nom de Christine de Pisan. Quel que soit le service qu'elle ait rendu aux sciences historiques, ce qui m'attire surtout à elle ce sont les conseils domestiques qu'elle donne aux femmes pour toutes les situations de la vie et dont sa propre existence leur offrait l'application.

Quelles sont les ouvres de Marguerite d'Angoulême qui nous attachent le plus à elle ? Je l'ai dit : ce n'est pas la plus parfaite de ses oeuvres littéraires, les *Contes de la reine de Navarre*. Non, mais ce sont les poésies et les lettres qui nous montrent dans le charmant et spirituel écrivain la tendre

---

[487] Voir *la Femme romaine*.

soeur de François Ier. Et, dans ce même siècle, qu'est-ce qui a résonné le plus doucement à notre oreille ? Est-ce la lyre passionnée d'une Louise Labé, ou les accents si purs et si voilés de ces femmes qui, elles aussi, pourraient être nommées *les Muses du foyer* ?

Qu'est-ce qui a fait de Mme de Sévigné un grand écrivain sans qu'elle s'en doutât ? l'amour maternel. Si une union mal assortie fit vibrer dans le génie de Mme de Staël les regrets du bonheur domestique, c'est, du moins, aux premières tendresses du foyer, à l'amour filial, que nous devons quelques-unes de ses pages les plus éloquentes.

De nos jours, une femme s'est élevée, merveilleux écrivain qui demeurera parmi les maîtres de la langue. Malheureusement elle s'était mise en dehors des lois sociales et elle voulut, comme son maître, Rousseau, ériger en système les erreurs de sa vie. Pour rassurer sa conscience, elle ne vit, dans les lois, dans les moeurs, dans la religion, que des préjugés. Tout ce qu'il y avait en elle de forces, génie, passion, magie du style, elle employa tout pour saper les bases éternelles sur lesquelles repose la famille. J'aurai à signaler bientôt l'influence délétère qu'elle exerça sur ses contemporaines.

C'est par le roman que cette femme célèbre a exprimé ses doctrines sociales ou antisociales. C'est par le roman qu'elle les a propagées. Lorsqu'elle a voulu les transporter sur la scène, elle y a heureusement moins réussi : les personnages, qui ne sont que des théories ambulantes, ne peuvent intéresser au théâtre.

Dans ces dangereux romans, il y a une tonalité fausse qui décèle que la femme qui les a écrits se sent elle-même hors du vrai. Mais écoute-t-elle son coeur et sa conscience, parle-t-elle en honnête femme, alors son génie s'élève à la plus grande hauteur. C'est par ses romans champêtres qu'elle a vraiment conquis l'immortalité ; c'est dans ces délicieuses églogues où, peintre admirable de la nature, elle nous fait respirer, avec les senteurs balsamiques des bois et des champs, le parfum de la vie domestique et rurale.

Aucun nom contemporain ne devant figurer dans ce chapitre, je me suis bornée à désigner par le caractère de ses oeuvres la femme qui a tenu une si grande place dans notre siècle. Elle y a fait école parmi les femmes, et, malheureusement, l'auteur des romans à thèses sociales a eu particulièrement cette influence.

Mais à côté des femmes qui ont cherché le succès littéraire en ébranlant les bases de la famille, d'autres défendent les traditions domestiques et, abritant leur vie à l'ombre du foyer, elles ne livrent que leurs oeuvres à la publicité. Soit dans la poésie, soit dans les études morales, soit dans les ouvrages destinés à la jeunesse, plus d'une s'est fait un nom. C'est ainsi qu'à travers les âges s'est perpétuée la tradition romaine des *muses du foyer*.

Mais, alors même que la femme demeure fidèle à ce dernier type, faut-il encourager chez elle le travail littéraire ? Oui, si n'écrivant que pour remplir une mission moralisatrice, elle sait toujours placer au-dessus de ses labeurs intellectuels ses sollicitudes domestiques. Il ne suffit pas qu'elle reste à son foyer ; il faut qu'elle y remplisse tous ses devoirs. Pour la femme, même non mariée, mais qui a à remplir une mission filiale ou fraternelle, c'est déjà bien difficile ; mais pour l'épouse, surtout pour la mère de famille, c'est, le plus souvent, presque impossible !

Que la femme y réfléchisse et qu'elle ait toujours présent à la pensée ce douloureux aveu échappé à la plus illustre des femmes auteurs : « Pour une femme, la gloire ne saurait être que le deuil éclatant du bonheur. »

Pour son repos il vaudrait mieux que la femme pût ne remplir dans les lettres et dans les arts que le doux rôle d'inspiratrice. De grands poètes français de noire siècle ont senti cette influence qui a plané sur leurs berceaux sous les traits d'une mère chérie. Deux des poètes particulièrement fidèles aux traditions spiritualistes ont été, suivant la remarque d'une jeune et célèbre Hindoue, « profondément redevables de la direction de leurs esprits à leurs mères, femmes de prière, d'une haute intelligence et faisant abnégation d'elles-mêmes[488]. ». Heureuse la mère qui a pu dire en se mirant dans les oeuvres de son fils : « Il y dit précisément ce que je pense ; il est ma voix, car je sens bien les belles choses, mais je suis muette quand je veux les dire, même à Dieu. J'ai, quand je médite, comme un grand foyer bien ardent dans le coeur, dont la flamme ne sort pas ; mais Dieu, qui m'écoute, n'a pas besoin de mes paroles : je le remercie de les avoir données à mon fils[489]. »

Nous avons rappelé qu'autrefois c'était encore par les salons que la femme exerçait une influence délicate sur les lettres et les arts. Mais les salons se perdent de plus en plus, et ce n'est que dans un très petit nombre de ces foyers intellectuels que se gardent les anciennes traditions de l'esprit français. La femme a abdiqué dans les relations mondaines sa véritable royauté. Nos contemporaines songent souvent plus à briller par les oripeaux de leurs couturières que par les charmes de leur esprit. Isolées des hommes qui, dans les salons, se groupent entre eux, elles posent plus qu'elles ne causent, et, à vrai dire, on ne leur demande pas autre chose. Entament-elles une conversation avec leurs voisines, rien de plus banal que les propos qui s'échangent généralement et

---

[488] « Women of prayer, large-minded and self-denying », dit celle dont j'aime à honorer ici encore la touchante mémoire, et que j'ai appelée ailleurs la jeune Française des bords du Gange. Toru Dutt, *A sheaf gleaned in french fields.*
[489] M. de Lamartine, *le Manuscrit de ma mère.*

qui ont pour objet les chiffons et les plaisirs, quand ce ne sont pas les défauts du prochain.

Déshabitués de la causerie des femmes par la vie du cercle, les hommes ont contracté dans leur langage, aussi bien que dans leurs allures, un sans-gêne que plus d'une femme d'ailleurs s'empresse d'imiter. Autrefois la femme donnait à l'homme sa délicatesse, aujourd'hui elle lui prend la liberté de son langage et de ses manières.

Mgr Dupanloup regrettait la disparition des salons d'autrefois. Nous verrons comment il exhortait les femmes à les faire revivre.

Mais pour que la femme pût reprendre l'influence sociale qu'elle exerçait par les salons, il faudrait qu'elle y fût préparée par une éducation meilleure.

IV

L'éducation des femmes dans ses rapports avec leur mission.
La méthode de Mgr Dupanloup.

L'évêque d'Orléans le constatait : il y a aujourd'hui une fièvre de savoir et il y a aussi un immense besoin de faire passer dans le domaine des faits les théories spéculatives. Mais ce besoin est d'autant plus périlleux que le bien et le mal se confondent dans l'ardente fournaise où se refond la société. Ce sont les principes qui manquent. La femme se sent portée d'instinct vers ces principes, mais elle ne les distingue pas toujours nettement. Il faudrait, pour cela, l'*exquis bon sens* que Fénelon et Mme de Maintenon formaient dans leurs disciples et qui, nous le rappelions plus haut avec Mgr Dupanloup, pouvait suppléer chez les femmes à l'étendue des connaissances.

Mais aujourd'hui que le bon sens ne dirige guère le courant des idées, il faut faire revivre par l'étude cette précieuse faculté. Et par malheur l'instruction que reçoivent généralement les femmes se prête peu à cette restauration qui, en leur permettant de remplir leurs véritables devoirs, les aiderait en même temps à sauver les sociétés modernes[490].

Ainsi que le fait remarquer Mgr Dupanloup, ce n'est réellement pas, comme au temps de Fénelon, l'insuffisance des études qui est le vice dominant de l'éducation féminine : c'est plutôt, comme dans l'instruction des hommes, un entassement de connaissances qui, dépourvues de principes supérieurs, obscurcissent l'intelligence au lieu de l'éclairer. Ce qui manque, « c'est moins l'étendue des connaissances que la solidité de l'esprit. » On orne la mémoire, on néglige le jugement. « On enseigne la lettre et non pas l'esprit des choses... Des sons au lieu de musique, des dates au lieu d'histoire, des mots au lieu d'idées. » C'est cette éducation-là qui produit des pédantes. Quand leur horizon est borné et qu'elles ne voient rien au delà, les femmes croient tout savoir, alors qu'elles ignorent tout et ne s'intéressent à rien.

« Que leur importe, dit M. Legouvé, que Tibère ait succédé à Auguste et qu'Alexandre soit né trois cents ans avant Jésus-Christ ? En quoi cela touche-t-il au fond de leur vie ? La science n'est un attrait ou un soutien que quand elle se convertit en idées ou se réalise en actions ; car savoir, c'est vivre, ou, en d'autres termes, c'est penser et agir. Or, pour atteindre ce but, l'éducation des jeunes filles est trop frivole dans son objet et trop restreinte dans sa durée. Presque jamais l'étude, pour les jeunes filles, n'a pour fin réelle de perfectionner leur âme... ; tout y est disposé en vue de l'opinion des autres... Rien pour la pratique solitaire du travail, c'est-à-dire pour le coeur ou pour la pensée. » M.

---

[490] Mgr Dupanloup, *Lettres sur l'éducation des filles*.

Legouvé a dépeint ce que le vide de l'esprit donne à l'imagination de dangereuse puissance, et ce que le dégoût du travail cause de passion pour le plaisir[491].

Comme le moraliste, l'évêque d'Orléans s'effrayait des désordres que peut produire chez la femme une instruction insuffisante. Ces désordres, le ministère des âmes lui permettait de les voir de près ; et la préoccupation qu'il en éprouva fut dominante pendant les dernières années de sa vie. Ce n'était pas en vain que dans son discours de réception à l'Académie française, l'illustre prélat, faisant une allusion rapide aux devoirs de sa charge épiscopale, ajoutait : « Le soin d'élever cette jeunesse qui aura été mon premier et mon dernier amour ! » En effet, si son premier grand ouvrage avait été consacré à l'éducation des hommes, c'est l'éducation des femmes qui lui a inspiré les dernières pages que revoyait encore sa main déjà glacée par l'agonie : *les Lettres sur l'éducation des filles*.

Ce n'était pas pour la première fois que Mgr d'Orléans traitait ce sujet. Depuis 1866, il avait souvent abordé cette question. Les *Conseils aux femmes chrétiennes qui vivent dans le monde*, les *Femmes savantes* et *Femmes studieuses*, la *Controverse sur l'éducation des filles*, toutes ces oeuvres offraient déjà le véritable plan d'une éducation qui devait éloigner la femme aussi bien des écueils du pédantisme que des tristes suites de l'ignorance et de l'oisiveté, et qui avait pour idéal ce type généreux et charmant par lequel l'évêque résuma sa *Controverse sur l'éducation des filles : la femme chrétienne et française !*

Dans ses *Lettres sur l'éducation des filles*, Mgr d'Orléans condensa tout ce que ses précédents travaux, sa longue expérience et le ministère des âmes lui avaient fourni de lumières sur ce vaste sujet.

---

[491] Legouvé, *Histoire morale des femmes*.

Ce que furent les âmes pour l'évêque d'Orléans, on le sait. Il ne se contentait pas de les disputer au mal, de les guérir, de les sauver ; il ne se contentait même pas de les élever à Dieu sur les ailes de l'amour et de la piété ; mais pour les rendre plus dignes de répondre au *Sursum corda*, il cherchait à développer en elles tout ce que le Créateur avait départi à chacune d'elles de facultés natives ; il voulait qu'elles pussent réellement concourir au plan divin. De même qu'à la voix du Tout-Puissant le soleil nous donne tous ses rayons, la fleur tout son parfum, le fruit toute sa saveur, il veillait à ce que l'âme produisît, pour la gloire de Dieu et l'honneur de l'humanité, toutes les richesses que le Créateur lui a confiées et dont le Souverain Juge lui demandera compte un jour.

Comment ce zèle des âmes n'aurait-il pas inspiré à notre évêque l'amour de la jeunesse, et, en particulier, l'amour de l'enfant ? L'enfant, c'est l'âme fraîchement éclose des mains du Créateur ; c'est l'âme que n'a pas encore souillée la poussière d'ici-bas ; c'est l'âme qui s'éveille dans la pureté et dans l'amour ; c'est l'âme qui apparaît dans ce doux et naïf sourire que font naître déjà les baisers d'une mère ou d'un père, dans ce candide regard qui n'a pas encore vu le mal et ne sait encore refléter que le ciel. Mais pour notre vénéré prélat, l'enfant, c'est surtout l'âme qu'il faut à tout prix agrandir et élever, c'est le germe divin qu'il faut faire éclore aux chauds rayons du soleil de Dieu.

La femme, telle que l'a faite l'éducation moderne, a-t-elle toujours vu développer en elle ce germe divin ? Toutes ces facultés ont-elles été cultivées selon le plan du Créateur ? Vit-elle de la pleine vie de l'âme ? Non, nous répond avec une profonde tristesse l'évêque d'Orléans, et il nous prouve que, trop souvent, la femme, même bonne et pieuse, n'a qu'une bonté d'instinct et une piété sensitive. C'est que Dieu avait donné à la femme non seulement le coeur, mais l'intelligence qui doit diriger les mouvements de ce coeur, et c'est cette intelligence négligée, étouffée, ce sont ces riches facultés inassouvies qui remplissent de vagues et malsaines rêveries tant de jeunes imaginations, les dépravent et les pervertissent. En sevrant les jeunes filles d'études sérieuses, on les livre à la frivolité. En leur refusant les ouvrages qui traitent du vrai dans l'histoire, dans la littérature, dans les sciences et les arts, on les livre aux romans qui faussent leur esprit et corrompent leur coeur.

« Et que deviennent, dit l'évêque, que font alors celles de ces âmes plus généreuses, plus riches, plus fortes, et par là même plus malheureuses, qui sont condamnées à se replier ainsi tristement sur elles-mêmes, et à déplorer, quelquefois à jamais, leur existence perdue, ou du moins appauvrie, affaiblie sans retour ? Elles souffrent, elles gémissent en silence ou parfois poussent des cris saisissants... »

Ce fut par l'un de ces cris qu'une jeune femme apprit un jour à l'évêque le secret de cette vague souffrance. « C'était une personne pieuse, élevée très chrétiennement, bien mariée à un homme chrétien comme elle, ayant d'ailleurs tout ce qu'il faut pour être heureuse. Vous ne l'êtes pas tout à fait, lui dis-je, mais pourquoi ?—Il me manque quelque chose.—Quoi ?—Ah ! il y a dans mon âme trop de facultés étouffées et inutiles, trop de choses qui ne se développent pas et ne servent à rien ni à personne.

« Ce mot fut pour moi une révélation : je reconnus alors le mal dont souffrent bien des âmes, surtout les plus belles et les plus élevées : ce mal, c'est de ne pas atteindre leur développement légitime, tel que Dieu l'avait préparé et voulu, de ne pas trouver l'équilibre de leurs facultés, telles que Dieu les avait créées, de ne pas être enfin elles-mêmes, telles que Dieu les avait faites. »

Dans cette *formation incomplète* du coeur et de l'esprit, est la cause du mal qui fait souffrir ou pervertit dans la femme la création de Dieu.

Comment l'évêque, le pasteur des âmes, n'eût-il pas été ému des cris de détresse que jetaient vers lui ces femmes qui souffraient de leur inaction ? Comment n'eût-il pas gémi de l'apathie, de l'indifférence, de la chute enfin de celles qui n'avaient plus la force de lutter contre l'inutilité de leur vie ?

Aussi, devant ce douloureux spectacle, combien le froissent les railleries que décoche aux femmes instruites le comte Joseph de Maistre, avec tous les hommes qui, croyant s'inspirer ici de Molière, n'ont pas établi comme celui-ci une distinction nécessaire entre les femmes savantes et les femmes studieuses, et ne se sont pas aperçus que c'est précisément l'instruction véritable qui préserve du pédantisme !

M. de Maistre dit que la femme doit se borner à faire le bonheur de son mari et l'éducation de ses enfants ; mais, comme le lui répond l'évêque d'Orléans, c'est justement pour cela qu'il faut des femmes fortes, et les exemples de l'Écriture sainte nous démontrent que les filles du peuple élu recevaient une culture intellectuelle qui en faisait d'admirables épouses et des mères vraiment éducatrices.

Et si la jeune fille renonce au mariage soit pour se consacrera Dieu, soit pour se dévouer à sa famille, la valeur individuelle que le christianisme a donnée à la femme, exige le développement de toutes ses facultés morales et intellectuelles. L'Église l'a toujours compris, comme nous le rappelle par d'éclatants exemples Mgr Dupanloup.

« La femme n'existe-t-elle donc point par elle-même ? dit M. Legouvé. N'est-elle fille de Dieu que si elle est compagne de l'homme ? N'a-t-elle pas une âme distincte de la nôtre, immortelle comme la nôtre, tenant comme la nôtre à l'infini par la perfectibilité ? La responsabilité de ses fautes et le mérite de ses vertus ne lui appartiennent-ils pas ? Au-dessus de ces titres d'épouses et de mères, titres transitoires, accidentels, que la mort brise, que l'absence suspend, qui appartiennent aux unes et qui n'appartiennent pas aux autres, il est pour les femmes un titre éternel et inaliénable qui domine et précède tout, c'est celui de créature humaine : eh bien ! comme telle, elle a droit au développement le plus complet de son esprit et de son coeur. Loin de nous ces vaines objections tirées de nos lois d'un jour ! C'est au nom de l'éternité que vous lui devez la lumière[492] ! »

Après avoir établi les droits qu'ont les femmes à la culture intellectuelle, Mgr Dupanloup déclare que ces droits sont aussi des devoirs et que ce n'est pas en vain que la femme a reçu de Dieu une âme immatérielle. « Et Dieu n'a pas plus fait les âmes de femmes que les âmes d'hommes pour être des terres stériles ou malsaines. » Quand la terre n'est pas cultivée, l'ivraie étouffe le bon grain.

Alors, avec une sévérité vraiment épiscopale, le saint pontife rappelle que la parabole du talent multiplié regarde la femme aussi bien que l'homme, et qu'au jour du jugement Dieu lui demandera compte, à elle aussi, du dépôt que lui a fait la Providence. C'est précisément parce que le travail intellectuel est pour elle un devoir que la privation en devient une souffrance, un péril.

Comme dans l'homme, Dieu a allumé dans sa compagne le feu d'une vie immortelle. « Si vous ne dirigez pas cette flamme en haut, elle dévorera sur la terre les aliments les plus grossiers... Qui ne sait que la sensibilité et l'imagination sont très développées, particulièrement chez les femmes ? et

---

[492] Legouvé, *Histoire morale des femmes*.

c'est par le besoin profond de ces facultés, qu'elles ont l'instinct de faire de leur vie autre chose qu'un sacrifice perpétuel aux aveugles préjugés du monde. Et voilà précisément pourquoi on doit cultiver, éclairer, par la raison, par de sages conseils et gouverner par l'instruction solide ces facultés si vives. Il leur faut, comme elles disent parfois, déployer leurs ailes, et sous peine de souffrir, s'élever de temps en temps au-dessus des intérêts matériels de la vie : si vous voulez lutter violemment contre de tels élans, vous ne réussirez pas. Les diriger, voilà ce qu'il faut, et non les étouffer. La sensibilité et l'imagination sont deux flammes qui, une fois allumées, ne périssent pas. Elles semblent quelquefois céder en frémissant, mais ne vous y fiez pas : le feu caché est le plus dangereux de tous ; elles reparaîtront bientôt, menaçantes, ennemies mortelles peut-être de la paix du coeur et des devoirs austères du foyer. Il fallait en faire, non des ennemies, mais des alliées. »

Négliger l'intelligence de la femme, c'est établir une lacune dans le plan divin qui a assigné à la femme la place qu'elle doit occuper. Mais quelle est cette place à laquelle elle ne saurait manquer sans causer un grave désordre dans sa propre vie et dans la vie de l'humanité ? L'évêque d'Orléans va nous le dire. C'est à la Genèse, c'est aux livres sapientiaux que le vénéré prélat demande ici le secret de Dieu.

Mgr d'Orléans déroule dans sa rayonnante et sereine majesté le tableau de la création : l'homme souffrant d'être seul, même en conversant avec les anges, avec Dieu ! le Seigneur lui donnant la compagne, semblable à lui, qui seule pouvait compléter son existence ; et, pour cela, Dieu ne prenant plus, comme pour la création de l'homme, un vil limon, mais un ossement choisi tout près du coeur de l'homme ; Dieu animant du même souffle divin que l'homme cette nouvelle créature ; et, après l'avoir *édifiée* comme le chef-d'oeuvre de sa puissance et de son amour, présentant à la tendresse et au respect de l'homme celle en qui Adam reconnaît avec transport *l'os de ses os* et *la chair de sa chair* !

« Formée par la délicate opération de Dieu, et d'une nature et d'un corps qui était déjà le temple de l'Esprit-Saint, elle devra à cette origine plus noble, comme une spiritualité plus grande, moins dé propension que l'homme aux satisfactions matérielles, et plus de facilité à s'élever vers l'idéal et vers l'infini... Elle est, dans les choses du coeur, plus élevée, elle est, si je puis dire ainsi, plus âme que l'homme. »

Je voudrais pouvoir citer l'admirable portrait que notre grand évêque trace de la femme d'après la Genèse et les livres sapientiaux qu'il commente ici avec les inspirations les plus suaves et les plus vivantes de ce génie qui, en lui, ne se séparait point de la sainteté. Jamais plus complet hommage ne fut rendu à la femme ; à la religieuse mission de la fille de Dieu, au dévouement de l'épouse, à l'incomparable sollicitude de la mère, à la souriante dignité de la reine du foyer. Jamais plume ne sut mieux dépeindre la femme dans sa douce et touchante beauté, dans sa grâce aérienne et chaste, dans la délicatesse de ses sentiments, et, au-dessus de tout, dans cette piété angélique et tendre qui la transporte si naturellement aux plus hauts sommets de l'amour divin, et illumine et épure dans son coeur les saintes affections d'ici-bas. Nul n'a compris avec plus d'émotion cette ardente charité, ce dévouement intrépide qui donnent à la femme, pour tous ceux qui souffrent, un coeur de mère ou de soeur. Nul n'a admiré avec plus de respect cette énergie morale qui, malgré la faiblesse physique de la femme, la rend souvent plus courageuse que l'homme, et qui, à l'heure des communes épreuves, lui donne, toute brisée qu'elle soit par la douleur, la force de se tenir debout auprès de l'homme pour le soutenir. Qu'il lui est facile de remplir une mission consolatrice, à elle qui sait si bien s'appuyer sur la foi, s'élever sur les ailes de l'espérance sainte, se nourrir du feu de la charité ! Voilà pour le coeur. Quant à l'intelligence, l'évêque d'Orléans, le grand éducateur, surprend dans la femme des *coups d'oeil*, des *coups d'aile*, qui lui font rapidement atteindre des hauteurs où l'homme ne parvient qu'avec difficulté par le raisonnement. Et ce n'est pas seulement par une merveilleuse délicatesse d'intuition, c'est par l'élan, par l'enthousiasme que la femme arrive à la plus haute lumière intellectuelle.

Telle est la femme, telle est la compagne de l'homme et la mère de ses enfants. Et c'est surtout parce qu'elle doit transmettre ses qualités à ses enfants que l'évêque ne veut pas que cette grandeur d'âme, cette délicatesse de coeur, cette intuition de l'intelligence demeurent stériles, et que la faiblesse organique de la femme subsiste seule en elle. Il faut que les facultés de la femme soient pleinement développées selon le plan divin, et ici le saint évêque s'élève avec force contre cette piété mal entendue qui, au lieu de se borner à détruire dans l'humanité ce qui est nuisible, voudrait aussi étouffer ce qui est utile. On ne supprime pas impunément les dons de Dieu, et les éducations comprimées produisent ces natures éteintes dont l'évêque a parlé plus haut avec une saisissante énergie et une douloureuse pitié.

Plus que dans les grands hôtels, où trop souvent les distractions du monde s'opposent aux sérieuses études, c'est au troisième étage que l'évêque a rencontré la femme fidèle au plan divin. Il a vu là de jeunes filles, de jeunes femmes dont l'intelligence est « l'honneur, le trésor de la famille. » Il a vu là aussi des mères vraiment dignes de ce nom, des mères noblement jalouses de transmettre à leurs enfants la foi et l'honneur qui, au besoin, font mépriser et sacrifier les biens de la fortune ; des mères qui président à l'éducation de leurs fils, font elles-mêmes l'éducation de leurs filles, et, après des journées laborieusement remplies, attendent le retour du chef de famille, qui, rentrant de ses occupations journalières, se reposera de ses travaux dans la douce causerie de sa femme, dans les jeux de ses enfants et la gaieté du foyer.

Quand l'évêque demande que toutes les facultés de la femme soient développées, sans doute il a surtout en vue les femmes des classes aisées, mais il n'oublie pas les femmes des classes populaires : « Un peuple, bon, honnête, chrétien, dit-il, est comme la base granitique d'une nation ; les classes populaires sont les premières et fortes assises sur lesquelles tout repose. De même que, dans les couches profondes du sol, circulent quelquefois de puissants fleuves, qui ne jaillissent pas toujours à la surface, mais promènent partout où ils passent la fécondité de la vie ; de même dans les familles populaires chrétiennes Dieu a déposé, comme de grands courants, de merveilleux trésors d'humbles vertus, qui sont ce qu'un pays a de plus vital et de plus précieux. Tant que ces trésors se conservent, et que la corruption n'a pas pénétré là, quand même elle aurait déjà entamé les extrémités élevées, les classes riches, rien n'est désespéré pour un pays ; tant que le sang du peuple est sain et pur, il peut, infusé dans les veines du corps social, régénérer encore une société. Mais si ces sources mêmes de la vie nationale étaient gâtées aussi et corrompues, ce serait dans un peuple la décadence irrémédiable, la décomposition certaine et prochaine. »

S'élevant contre le terme de *classes privilégiées* qui semble ne faire résider le bonheur que parmi les riches de la terre, Mgr d'Orléans nous rappelle que l'ouvrier ou le paysan chrétien qui peut, par le travail, lutter victorieusement contre la pauvreté, goûte dans sa famille les joies les plus pures et les plus vives. L'évêque voit Dieu même s'asseoir à cet humble foyer ; et c'est avec une religieuse émotion que l'illustre prélat a souvent contemplé ce spectacle dans les montagnes de sa chère Savoie et dans les campagnes de son diocèse.

Mais, pour que Dieu règne sous ce toit, il faut que la femme sache soigner et garder la maison. Il faut qu'une bonne et religieuse éducation, qu'une instruction appropriée à son état, la prépare à sa rude, douloureuse et bienfaisante mission d'épouse et de mère. Et quand elle est bien remplie, cette mission, le grand évêque s'incline « avec un respect infini », devant l'humble et laborieuse femme du peuple, et il l'élève bien haut au-dessus de la femme du monde, inoccupée, frivole, qui, non seulement n'est pas utile comme celle-là, mais devient nuisible à elle-même et aux autres. Cependant, si la femme honnête et active est pour le paysan ou l'ouvrier le soutien et l'honneur de la vie, quel fléau est pour cet homme la femme paresseuse et insouciante qui, par son défaut d'ordre et d'économie, amène la ruine de la famille !

Dans toute condition, il faut éviter le désoeuvrement ; et loin de nuire aux devoirs de la maîtresse de la maison, le travail intellectuel aide à les remplir. La piété seule n'y suffit point si elle elle n'a pour base une solide instruction religieuse. L'étude éclaire la raison, forme le jugement, fait disparaître les goûts futiles, et par la peine qu'elle coûte et les habitudes qu'elle impose, fortifie le caractère et imprime à la vie cette régularité sans laquelle l'existence n'est qu'un rêve et souvent un mauvais rêve. La femme instruite et sensée devient pour son mari une sage conseillère qu'il estime, et pour ses enfants un guide qu'ils vénèrent. Mais il faut alors que l'instruction qu'elle a reçue ait plus affermi sa raison qu'orné son intelligence.

La femme appliquée, studieuse, exercera de nos jours plus qu'une influence domestique, une influence sociale, et ce ne sera pas seulement comme mère éducatrice. Au lieu d'encourager son mari à l'oisiveté, comme le font trop de femmes aujourd'hui, elle le poussera vers les nobles carrières qui lui permettront d'être utile à la patrie, à la religion. Le travail est une loi divine pour tous. Par la sentence de l'Éden, le riche y est soumis comme le pauvre. Et aujourd'hui que le socialisme est l'une de nos plaies, l'évêque fait remarquer combien l'exemple du travail, exemple donné par les hautes classes, sera bienfaisant pour l'ouvrier. Celui-ci peut regarder avec une haine envieuse l'oisif qui jouit de tout sans se donner la peine de rien, tandis que lui, courbé sur une rude tâche, gagne à la sueur de son front le pain quotidien. Mais il considérera d'un oeil plus bienveillant l'homme qui ne se croit pas dispensé du travail par sa fortune.

C'est aux femmes qu'il appartient de « réhabiliter le travail », dit l'évêque, qui ajoute : « En cela, comme en toutes choses, il faut que l'exemple vienne de haut ; car en cela, comme en religion et en morale, les hautes classes doivent à la société et à la patrie une expiation. Le xviiie siècle, avec sa corruption, ses scandales, son irréligion, pèse encore sur nous de tout le poids d'un satanique héritage. Comme le péché originel, ces fautes ont été lavées dans le sang, c'est l'histoire de tous les grands égarements. Mais il reste à expier le désoeuvrement, l'inaction, l'inutilité, l'annihilation auxquels on s'est voué et dont on a donné le funeste exemple. »

Mgr d'Orléans conseille particulièrement aux femmes d'aider leurs maris dans les exploitations agricoles. Pour cela, il faudra qu'elles aient le courage de sacrifier à une existence aussi austère que douce les plaisirs mondains si enivrants, mais si amers ! Aujourd'hui qu'un courant malsain entraîne vers les villes les populations rurales, il est plus que jamais utile que les châtelains, demeurant au milieu des paysans et dirigeant leurs travaux champêtres, leur enseignent par ce grand exemple que rien n'honore plus l'homme que la culture de la terre, et que la charrue forme avec la croix et l'épée le plus glorieux symbole d'une nation.

L'épée ! Naguère, c'étaient les femmes qui en armaient elles-mêmes leurs fiancés, leurs époux. Aujourd'hui, ce sont elles qui souvent les en désarment ; et cependant c'est aujourd'hui surtout que l'honneur de la France a besoin d'être gardé par de vaillantes mains. L'évêque adjure les jeunes filles et leurs familles de ne plus exiger qu'un fiancé quitte le service militaire. Que la femme s'honore d'être la compagne d'un officier français ; qu'elle le suive dans les villes de garnison ; et si le danger de la patrie l'appelle à la frontière menacée, ou si, marin, il doit s'exposer aux périls d'une traversée lointaine, qu'elle sache souffrir les angoisses de la séparation, et qu'elle attende ce retour dont bien des femmes ont retracé à notre évêque les ineffables joies.

Tandis que par sa propre activité et par ses généreux conseils la femme donnera à son mari l'impulsion des travaux utiles et ne lui fera pas perdre le goût des nobles carrières, elle aura aussi appris par l'étude à faire tomber de sa douce voix les préjugés qui, à son foyer, peuvent s'élever contre la religion. Souffrir, se taire ou s'irriter, c'est là, en général, tout ce qu'elle peut faire aujourd'hui quand elle voit attaquer autour d'elle ses plus chères croyances.

En devenant pour son mari une compagne avec laquelle il sera en pleine communauté intellectuelle, la femme studieuse le détournera de ces clubs, où trop souvent l'ennui de vivre avec une femme frivole pousse bien des hommes. Ainsi, chez les Athéniens, l'ignorance de la femme honnête préparait le règne de la courtisane lettrée.

La femme studieuse retiendra aussi près d'elle, par le charme d'une conversation attachante, les amis de sa famille, qui désertent ces salons sans vie où ne s'échangent que des paroles vaines.

Quelle influence sociale peut exercer alors une maîtresse de maison qui saurait faire circuler autour d'elle un courant d'idées élevées, de sentiments généreux ! On verrait revivre nos salons français d'autrefois avec leurs conversations exquises. La littérature, les arts redeviendraient les manifestations du beau dans ce que ce principe a de plus grand, de plus pur, de plus délicat. Que de forces le matérialisme perdrait ainsi dans la vie morale, intellectuelle et artistique de notre pays !

C'est ainsi que par la femme, une nation redevient laborieuse, croyante et vraiment forte, grande et glorieuse. Telle est, outre sa mission domestique, la mission sociale réservée à la femme d'après le plan divin que lui retrace l'évêque d'Orléans.

Mais par quels moyens préparera-t-on la jeune fille à remplir sa place dans le plan divin ? Quels sont les principes supérieurs qui illumineront pour elle cette instruction dans laquelle elle ne voit qu'une suite de faits et de dates ?

Ces principes supérieurs peuvent être ramenés à un seul : la raison éclairée par la foi. Ce principe qui substituera à la faiblesse naturelle de la femme la force morale, dirigera sûrement les élans de son intelligence et réglera les mouvements de son coeur. La réflexion dominera l'impressionnabilité ; la piété solide, agissante, remplacera la dévotion superficielle. Ainsi réglée, la vie de l'âme n'en sera que plus puissante. « Il faut un sol granitique, me disait un jour l'évêque d'Orléans, ce qui n'empêche pas le regard d'embrasser le plus vaste horizon. »

Mais, pour que la mère ou l'institutrice puisse imprimer une pareille direction à ses élèves, elle doit l'avoir suivie elle-même. Il faut qu'elle possède la vraie lumière intellectuelle. Si elle ne l'a pas encore, qu'elle l'acquière. L'évêque rappelle éloquemment aux femmes que la lumière du monde, c'est Dieu même ; et qu'en allant à cette lumière, c'est à leur divin Maître qu'elles iront. Et, pour les guider vers Dieu, cette lumière est aussi en elles-mêmes. Avec saint Thomas d'Aquin, Mgr d'Orléans leur enseigne « que la vraie raison est en nous, comme la foi, une participation de la lumière divine, une impression sublime de l'éternelle lumière, l'illumination même de Dieu. »

Après avoir ainsi développé en elle « le fond divin, le fond éternel », que Dieu a mis dans la femme, la mère ou l'institutrice saura donner pour base à l'éducation de son élève la raison dirigée par la foi. Cette base, il faut la poser dès l'enfance. Il faut habituer la petite fille à connaître et à pratiquer le devoir, et ne rien lui ordonner qu'au nom des commandements de Dieu. L'évêque souhaite aussi qu'au lieu de s'abaisser par un langage enfantin au niveau de ces petites intelligences on les élève jusqu'à soi par un langage simple sans doute, mais noble : les enfants comprennent. Dans sa carrière de catéchiste, Mgr d'Orléans l'a souvent expérimenté. Ce père des âmes savait que, pour l'enfant comme pour l'homme du peuple, une parole grande et vraie est l'aimant qui attire les âmes ; et, à ce contact magnétique, celles-ci, s'éveillant ou se réveillant, s'écrient : *Adsumus*, nous voici ! Les âmes d'enfants, ces âmes « encore dans l'innocence baptismale », sont si promptes à reconnaître dans ce qui est beau et bon le Créateur qui vient de les mettre à la lumière ! Les petites filles surtout, l'évêque le remarque, « ont la passion du sublime, parce que leur esprit est plus angélique que celui des petits garçons. »

Qu'on alimente donc dans ces jeunes âmes cette passion généreuse. Qu'on leur apprenne les scènes les plus vivantes, les plus majestueuses de la Bible et de l'histoire de l'Église. Que ces enfants y sentent la puissance et l'amour de Dieu, et qu'on leur montre aussi à chercher cet amour et cette puissance dans les spectacles de la belle nature, la nature, ce livre de Dieu, ce livre où il nous fait lire son nom à chaque page. L'instruction religieuse et les notions très élémentaires des sciences physiques formeront la substance de ce petit enseignement primaire.

C'est surtout à l'époque de la première communion que le sens du divin se liera plus facilement, dans l'âme de la jeune fille, à toutes ses études, à tous ses actes. Quelle lumière dans cette jeune âme qui possède Dieu !

Mais, après ces jours bénis, vient une période que l'on a si bien nommée l'*âge ingrat*. Avec une délicatesse vraiment maternelle, l'évêque donne ici les moyens de combattre la personnalité inquiète et agitée qui se manifeste à cet âge et qui peut faire perdre les fruits divins de la première communion. Pendant cette période si difficile, c'est avec un redoublement de tendresse que la mère ou l'institutrice doit s'adresser à la jeune fille. Plus que jamais elle la fortifiera par le plus aimable langage de la raison, et la consolera par la douce influence de la piété. Plus que jamais aussi elle évitera que l'instruction soit mécanique. Que sa parole vivante, aimante et chaleureuse fasse sentir à l'élève la présence de Dieu dans chaque branche de l'enseignement ! Que l'engourdissement sensitif, si menaçant alors, soit combattu par la pleine vie de l'âme !

Et quand la jeune fille aura révolu sa quinzième année, que l'horizon se développe encore pour elle plus radieux et plus beau ! Que l'histoire, les lettres, et, plus tard, la philosophie dans de certaines limites, montrent à l'adolescente comment Dieu gouverne les peuples et comment le Verbe inspire les intelligences. C'est alors que l'on doit étudier les goûts de la jeune personne et favoriser le penchant qui l'entraîne vers une étude particulière. Si aucune prédilection ne se manifeste à cet égard, si la jeune fille a sous ce rapport l'insensibilité de la pierre, alors, nous dit l'évêque, « qu'une maîtresse approche de ce bloc, avec feu elle-même, plusieurs spécialités, l'une après l'autre : en multipliant les essais, il s'en trouvera quelqu'une qui réussira. » Si l'étincelle a jailli, le feu sacré est allumé.

Cette expérience peut même se faire plus tôt, mais seulement, ajoute l'évêque, après la première communion de la jeune fille, parce que, dès ce moment, « tout tient en elle à la racine du divin, » et que la raison illuminée par la foi donne à ses élans un sûr point d'appui.

Dans le soin avec lequel Mgr d'Orléans cherche à connaître et à favoriser la vocation intellectuelle de la jeune fille, on reconnaît la méthode qu'il appliquait à l'éducation des hommes. Loin de comprimer les âmes sous une règle uniforme, il veillait à ce que chacune d'elles se développât dans le libre épanouissement de ses facultés natives. Divers sont les parfums des fleurs, et diverses les saveurs des fruits : tel est l'ordre providentiel. Pour Mgr d'Orléans, l'éducation est bien réellement la continuation de « l'oeuvre divine dans ce qu'elle a de plus noble et de plus élevé : la création des âmes[493]. »

Aussi, combien l'évêque se sent attiré vers ces enfants gais, ouverts, impétueux même qui, d'ordinaire, sont la terreur des maîtres, mais dans lesquels l'éducateur de génie reconnaît, avec joie cette vie puissante qui, bien dirigée, donnera aux luttes du bien un combattant de plus ! Parmi les petites filles aussi bien que parmi les petits garçons, Mgr Dupanloup nourrissait pour ces caractères-là une tendresse particulière. Par l'expérience qu'il avait pu faire sur lui-même, il savait ce qu'il y a de généreuses promesses dans ces riches natures, et quels fruits divins elles peuvent produire.

Soucieux de conserver à la jeunesse la spontanéité de ses meilleurs instincts, l'évêque veut que l'on respecte jusqu'à ces belles illusions que l'expérience de la vie fera tomber d'elles-mêmes. « Vous ne pourrez jamais, malgré vos leçons et votre tendresse, épargner à votre enfant toutes les

---

[493] Mgr Dupanloup, *De l'éducation*, t. I.

douleurs d'une espérance trompée, d'une illusion évanouie ; eh bien ! laissez-la donc jouir de cette joie pure de la jeunesse, s'enivrer de ce parfum d'espérance qu'exhale devant elle l'avenir ; souriez, si vous le voulez, de ce sourire mélancolique qui est celui d'un âge où l'on sait plus et mieux, parce qu'on a vu et souffert davantage. Mais si ces illusions, cet enthousiasme, cette exaltation même ne portent que sur le bien et le beau ; si à côté de l'imagination, le coeur s'est développé avec plus de force ; si le jugement s'appuie sur la vérité ; si l'esprit a reçu l'instruction convenable, et si l'âme travaille à devenir forte par la pratique de la vertu, ne craignez rien pour votre fille, et encore une fois, laissez-la jouir et respectez sa joie. C'est l'oiseau qui, fier de ses plumes nouvelles, bat des ailes comme pour s'élancer dans l'espace, mais qui bientôt, effrayé de sa faiblesse, se blottira dans son nid et s'y cachera sous l'aile maternelle. »

C'est une époque admirable dans la vie que celle où la jeune fille, enfant de la Vierge immaculée, aime Dieu dans la céleste pureté de son âme, et où elle voit pleinement en Lui le principe de toutes les connaissances intellectuelles aussi bien que de toutes les vertus morales. Comme le dit l'évêque, elle jouit alors de *la béatitude des coeurs purs, qui est de voir Dieu.*

C'est là le magnifique résultat de l'éducation qui s'appuie sur la raison éclairée par la foi ; mais cette foi ne doit pas demeurer à l'état de principe, il faut qu'elle soit pratique. Déjà, en suivant la jeune fille dès le berceau, l'évêque avait dit quelles prières, quels exercices de piété conviennent à tel ou tel âge, et comment cette piété peut et doit aider aux études des enfants et combattre les défauts de ceux-ci. Mais l'illustre prélat consacre particulièrement les trois dernières de ses *Lettres sur l'éducation des filles* à définir ce que doit être la piété dans une maison d'éducation. Ce qui manque surtout, même dans les bons pensionnats, ce sont les bases solides de la vraie instruction chrétienne, et par conséquent les bases solides de la vraie piété.

La religion est l'objet d'un cours à peu près semblable aux autres, et qui, généralement, fatigue l'esprit de la jeune fille alors qu'il devrait saisir son intelligence et enflammer son coeur. Et quant à la piété, l'évêque d'Orléans s'est plus d'une fois élevé, avec les maîtres de la vie chrétienne, contre cette dévotion mal comprise où la lettre tue l'esprit. En s'adressant un jour aux femmes du monde, il leur disait :

« Et parmi les femmes chrétiennes, laissez-moi, Mesdames, vous le dire, il y en a trop de celles que le monde nomme des dévotes, ce qui veut dire des personnes qui mettent leur piété plus dans l'extérieur que dans le fond de l'âme et de la vie, plus dans les formules que dans les oeuvres. Une telle dévotion n'est pas la vraie, elle manque de solidité ; et loin d'être pour l'âme comme l'est la vraie et solide piété, un heureux développement, d'où résulte une admirable fécondité d'oeuvres et de vie, elle la rétrécit plutôt, ne la féconde en rien, n'empêche pas la vie d'être vide, et ne sauvera pas la femme qui s'annule ainsi, des sévérités de l'Évangile contre les serviteurs inutiles. Que dis-je ? Avec une telle et si pauvre vie, la piété elle-même n'est pas en sûreté, et si de grandes chutes ne se rencontrent pas, c'est peut-être que l'occasion ne s'est pas présentée. La piété doit tout élever et tout ennoblir dans l'âme. Mais peut-elle être vraiment dans une vie où les pratiques extérieures seraient tout, et le travail de l'âme sur elle-même rien ? Non, ni les formules de prières ne peuvent suppléer aux sentiments du coeur ; ni les pratiques extérieures de dévotion, surtout les pratiques surérogatoires, aux actes obligés, aux oeuvres, aux devoirs[494]. »

En effet, c'est une prière morte que celle que ne suit pas l'effort courageux qui corrige les défauts et qui dompte les passions. La vraie piété ne consiste pas à cueillir sans peine sur la route de la vie les fleurs que l'on offre à Dieu. La vraie piété ressemble à ces instruments de labour qui sarclent les mauvaises herbes ou qui déchirent la terre dont le sillon produira le bon grain. Alors la piété est encore, un travail, celui qui extirpe le mal et féconde le bien.

Une solide instruction chrétienne permettra seule à la jeune fille d'acquérir l'énergie morale qui n'est au fond que la piété agissante.

Et lorsque la jeune fille, après avoir achevé ses études scolaires, croira avoir terminé son éducation, c'est alors que commence pour elle cette seconde éducation que l'on se fait à soi-même et qui dure toute la vie. C'est le moment des fructueuses lectures. L'évêque d'Orléans conseille aux femmes de donner à ces lectures une place dans le règlement de leur vie et de ne les faire que la plume à la main. Quel vaste programme d'études que celui-ci : les classiques du XVIIe siècle, ces immortels modèles de raison, de bon goût et d'éducation morale ; les plus belles productions de la poésie chrétienne : les idiomes étrangers à l'aide desquels les femmes pourront lire les plus purs chefs-d'oeuvre des diverses littératures ; le latin, la langue de l'Église ; les meilleures pages de la philosophie antique, cette « préface de l'Évangile », a dit M. de Maistre ; la religion étudiée dans les oeuvres dé ses éloquents génies et dans les vies de ses saints ; l'histoire, et surtout l'histoire de France. « Soeurs,

---

[494] Mgr Dupanloup, *Conférences aux femmes chrétiennes*, publiées par M. l'abbé Lagrange. 1881.

épouses et mères de Français, il ne faut pas qu'elles se condamnent à ignorer les grandes choses que Dieu a faites dans le monde par la France, et ce qu'il peut faire encore[495]. »

Les sciences n'occuperont qu'une place bien secondaire dans ce programme. Ce n'est que dans leurs applications aux usages de la vie qu'elles entrent utilement dans l'éducation des femmes. L'histoire naturelle, l'agriculture, sont spécialement recommandées par l'évêque, et nous en savons le motif. Il souhaite aussi que les femmes ne restent pas étrangères aux questions de droit qui les concernent. Il leur en conseille l'étude dans la même mesure que Fénelon.

Comme Fénelon, comme Mme de Maintenon, l'évêque d'Orléans a voulu former des mères. Comme eux aussi, il s'applique à ces deux résultats fondamentaux : éclairer la piété, fortifier le jugement, ces deux résultats qui, nous le redisions après lui, peuvent se ramener à un seul : la raison éclairée par la foi. Cependant, plus que Fénelon et que Mme de Maintenon, l'évêque d'Orléans tient compte des facultés de coeur et d'imagination qu'il faut employer chez la femme, mais en les gouvernant. Avec M. Legouvé, il donne à ces facultés la nourriture substantielle qui les empêchera de dévorer les aliments malsains. Les lettres dans ce qu'elles ont de plus pur et de plus fortifiant, répondront aux aspirations des femmes vers le beau, vers l'infini.

Cette éducation, qui se poursuit toute la vie à l'ombre du foyer, est admirablement appropriée aux facultés individuelles de la femme, à sa mission domestique et sociale. Elle se rattache non seulement à la méthode du XVIIe siècle, mais à ces vieilles traditions éducatrices dont nous avons trouvé les linéaments chez les peuples anciens : les Indiens, les Romains, certaines races grecques ; telles que

---

[495] Mgr Dupanloup, *la Femme studieuse*.

les Éoliens et les Achéens. Mais c'est chez les Hébreux que nous avons vu le type de cette éducation avec ses trois grands caractères : domestique, national, religieux. Il était naturel que chez le peuple de Dieu l'éducation de la femme répondit au plan divin.

Le christianisme fait revivre ce grand type d'éducation et le présente à nos ancêtres gallo-romains et germains. Les Franks l'accueillent avec d'autant plus de faveur que les incultes Germains, qui vénéraient dans leurs compagnes le souffle divin, donnaient à celles-ci la culture intellectuelle qu'ils se refusaient à eux-mêmes. Les filles des Franks gardent encore cette suprématie à laquelle les préparent de pieux monastères qui nourrissent leur esprit en abritant leur pureté. Ces traditions se perpétuent au moyen âge. Sans doute, la généralité des femmes n'est pas appelée alors à recevoir un développement supérieur des facultés de l'esprit ; mais une instruction modeste et solide est donnée à toutes.

Pendant la Renaissance, la femme ne se maintient pas assez dans le domaine intellectuel qui lui est propre. L'érudition et ses excès compromettent quelque peu la cause de l'instruction des femmes. Toutefois, la belle Cordière et Jean Bouchet rappellent les vrais principes de l'éducation féminine : remplir le vide que l'ignorance creuse dans l'existence des femmes ; préparer dans la jeune fille la compagne de l'homme, la mère éducatrice. Ce sont ces principes qui président à la solide éducation que, du XVIe au XVIIIe siècle, des familles, fidèles aux anciennes traditions, continuent de donner à leurs filles. Ce sont ces principes qui ont guidé Fénelon, Mme de Maintenon, à une époque où le désoeuvrement de la vie mondaine et les railleries de Molière contre les femmes savantes avaient substitué, pour les jeunes filles, les périls de l'ignorance aux écueils de la pédanterie.

Après la tourmente révolutionnaire, les traditions éducatrices se retrouvent. Lorsque Napoléon Ier fonde la maison d'éducation de la Légion d'honneur, il demande à Mme Campan, à qui il en confie la direction : « Que manque-t-il aux jeunes personnes pour être bien élevées en France ? »—» Des mères », répond Mme Campan.—» Le mot est juste. Eh bien, madame, que les Français vous aient l'obligation d'avoir élevé des mères pour leurs enfants. »

C'est ainsi que Mme Campan fit régner à Écouen les principes que Mme de Maintenon avait appliqués à Saint-Cyr.

A l'éducation traditionnelle que l'évêque d'Orléans avait élevée à la hauteur des besoins actuels, et qui est adaptée aux facultés natives de la femme, on a voulu substituer aujourd'hui une autre éducation : l'éducation masculine des filles. Ce système n'est pas nouveau. Sparte l'a expérimenté, et, par la ruine de ses moeurs, elle a appris que ce n'est pas impunément que l'on change l'ordre des lois naturelles.

Si la création des lycées de filles par la loi du 21 décembre 1880, suscita des plaisanteries, elle éveilla également de sérieuses alarmes. On savait que, parmi ceux qui avaient voté cette loi, beaucoup poursuivaient le même but que les hommes qui réclamaient pour la femme l'émancipation politique : arracher la femme à l'Eglise. On se disait aussi qu'une éducation masculine et sans base religieuse produirait au lieu de femmes fortes, des hommes manqués ; au lieu de chrétiennes simplement fidèles à leurs devoirs, des libres penseuses très portées à devenir de libres faiseuses.

Les premiers promoteurs de la loi s'effrayèrent eux-mêmes des suites que pouvait avoir une éducation qui, ne tenant aucun compte ni des facultés natives de la femme ni de ses aspirations religieuses, écraserait son esprit en étouffant son âme. Les programmes adoptés par le conseil supérieur de l'Instruction publique et qui ont été l'objet d'un arrêté ministériel du 28 juillet 1882, témoignent que la commission chargée de les élaborer s'est préoccupée de ces critiques.

D'une part, les programmes définitifs ont été allégés des matières qui en surchargeaient le projet primitif. Les travaux à l'aiguille, qui avaient été écartés de ce projet, figurent dans les programmes qui comprennent aussi un cours d'économie domestique.

D'autre part, si la religion révélée n'occupe pas dans ces programmes la place qui lui est due, la vie future et Dieu n'en ont pas du moins été exclus ; c'est quelque chose à la triste époque où nous vivons ; disons-le à ce sujet comme nous le disions à propos de Rousseau. Il faut savoir gré aussi à la commission d'avoir fait figurer dans le choix des auteurs à expliquer et à commenter, Bossuet, Fénelon, Bourdaloue, Massillon. Quant à Pascal, on aurait pu se contenter de prendre au grand moraliste un choix de ses *Pensées*, sans demander à l'ardent janséniste quatre de ses *Provinciales*. Ce choix est particulièrement malheureux aujourd'hui. Mais n'y eût-il d'autre motif d'exclusion que de prémunir les femmes contre ces discussions théologiques dont les éloignaient prudemment Fénelon et Mme de Maintenon, il eût été de bon goût de ne pas faire lire les *Provinciales* à de jeunes filles de seize ans.

Ces mêmes programmes prouvent combien il est difficile de séparer de l'éducation la foi révélée. Je vois inscrits dans ces programmes ces mots : *Respect de la personne dans ses croyances, liberté des cultes.* Comment conciliera-t-on ce respect des croyances en enseignant les matières suivantes dut programme d'histoire : les Hébreux. *Leur religion.*—Histoire romaine. *Le christianisme. Les catacombes.*—*Le christianisme en Gaule.*—*L'Église et les ordres monastiques au xie siècle.*—*La papauté ; son influence ; lutte avec l'Empire.*—*La Réforme, ses origines. Différentes formes du protestantisme.—Réorganisation du catholicisme. Le concile de Trente*, etc., etc. Comment parler des Hébreux et de l'établissement du christianisme sans tenir compte de la révélation ? Si l'on ne traite de la religion des Hébreux qu'au même titre que du paganisme grec ou romain, qui ne voit ce que cette neutralité même a de périlleux pour la foi de la jeune fille et de blessant pour sa conscience ? J'en dirai autant de ce qui se rattache à l'histoire de l'Eglise. On peut objecter à cela que nul n'est obligé d'envoyer sa fille au lycée, et que les familles croyantes, à quelque culte qu'elles appartiennent, se garderont bien d'y conduire leurs enfants. Sans doute, il en sera ainsi pour les familles qui ont une foi vigoureuse. Mais chez d'autres qui, tout en gardant certaines habitudes de piété, sont moins fermes dans leurs principes, il pourra arriver que l'appât d'une bourse leur fera confier leurs filles aux lycées. Ne prévoit-on pas alors ce qu'un enseignement neutre pourra apporter de trouble à cette jeune fille de douze ans, qui, si elle est catholique, par exemple, sera dans toute la fervente piété de sa première communion ? Et aura-t-elle toujours la force morale nécessaire pour garder sa foi, si elle entend parler du christianisme comme d'une doctrine purement humaine ? Que sera devenu alors le respect des croyances ? Et si, ce que j'appelle de tous mes voeux, la religion est présentée avec son divin caractère, que sera devenu le principe de neutralité ? Bon gré mal gré, on aura rendu à l'éducation la seule base qu'elle puisse avoir : la foi.

Mais est-il nécessaire de tant insister sur les écueils qu'offrent les lycées de filles ? Ces lycées ont bien de la peine à s'établir. Ils seront toujours impopulaires parmi nous. Leur nom seul suffirait pour les couvrir de ce ridicule auquel rien ne survit en France. Et ce nom fût-il même changé, notre esprit national, si antipathique à l'émancipation politique des femmes, repousserait encore pour le même motif l'éducation publique des filles.

Parmi les libres penseurs, plus d'un jugeant comme Rousseau qu'il ne faut pas faire de la femme un homme, pas même un honnête homme, plus d'un eût volontiers répété avant la loi de 1880, l'exclamation moqueuse du philosophe : « Elles n'ont point de collèges ! Grand malheur[496] ! » Et même devant les modifications du programme, il se dira encore que la femme ne doit pas être préparée par l'éducation publique à la vie modeste qu'elle doit mener à son foyer. Il laissera donc à d'autres pères le bénéfice de la loi,—Peût-il votée.

D'ailleurs les études de l'enseignement secondaire ne diffèrent guère de celles de l'enseignement primaire supérieur, telles qu'elles existent dans nombre d'institutions et de cours, telles aussi que les consacrait, il y a quelques années, le programme de la ville de Paris pour l'obtention du brevet de premier ordre. Ce n'est pas celui-là qu'on aurait pu opposer au programme des lycées, lorsqu'on a dit que ce qui distingue l'enseignement secondaire « de l'enseignement primaire supérieur, c'est la culture littéraire, si propre à élargir et à assouplir l'esprit[497]. »

En effet, l'ancien programme de la ville de Paris pour le brevet supérieur accordait à l'élément littéraire une place prédominante qu'il n'a plus dans le nouveau programme. Celui-ci a supprimé les auteurs grecs et latins qui, lus dans des traductions, figuraient dans celui-là à côté des classiques du XVIIe siècle, comme aujourd'hui dans les programmes de l'enseignement secondaire. C'était surtout à l'intelligence de l'aspirante que s'adressait l'examinateur. Il lui demandait quelles avaient été ses lectures littéraires et lui en faisait rendre compte. Ainsi se développaient dans un délicat

---

[496] Voir plus haut, page 58.

[497] *Rapport* de M. Marion, au nom de la commission chargée d'examiner le projet d'organisation de l'enseignement secondaire des filles.

épanouissement les facultés propres à la femme : Mgr Dupanloup eût reconnu là son excellente méthode. Dans le nouveau programme de renseignement secondaire, le rapporteur dit très justement qu'il faut « permettre à chaque élève de chercher sa voie, de choisir selon ses aptitudes et ses besoins. » Cette méthode, nous l'avons vu, existait déjà.

Au lieu de créer des lycées de filles, n'aurait-il pas suffi de reprendre et de généraliser dans toute la France l'ancien programme de la ville de Paris, en y introduisant certaines études qui ont été adoptées avec raison pour l'enseignement secondaire [498] ? Malheureusement le nouveau programme de la Ville, très chargé de détails techniques, n'a admis dans ces derniers temps que l'addition que voici : « A partir de la session du mois de juillet 1882, les épreuves écrites comprendront une composition sur l'instruction morale et civique. »

Le brevet supérieur de la ville de Paris n'étant demandé, en dehors des fonctions d'inspectrices, qu'aux personnes qui veulent diriger des institutions de premier ordre ; la morale civique envahit ainsi jusqu'au domaine de l'enseignement libre. Mais quelque déplorable que soit ce fait, l'institutrice libre peut, du moins, donner et faire donner l'enseignement religieux aux jeunes filles qui lui sont confiées. Les parents sont libres d'ailleurs d'envoyer leurs enfants dans les institutions qui leur conviennent le mieux. Il n'en est pas ainsi toutefois pour les familles populaires qui habitent les localités où l'école communale subsiste seule. La loi a chassé Dieu de cette école, et cependant le paysan, l'ouvrier sont

---

[498] L'esthétique, par exemple, et aussi les notions de droit dans leurs rapports avec la condition de la femme. Nous savons que l'évêque d'Orléans recommandait ces études. La seconde était déjà demandée par Fénelon, comme nous le remarquions, page 37, en regrettant qu'elle manquât jusqu'à présent à nos programmes actuels. Les programmes de l'enseignement secondaire n'avaient pas encore paru au moment où nous exprimions ce regret.

contraints d'y envoyer leurs enfants, eux qui n'ont pas la ressource de les faire élever ailleurs. C'est ici le caractère le plus effrayant de l'instruction laïque et obligatoire.

Naguère, la Convention avait aussi décrété, en d'autres termes, cette instruction laïque et obligatoire. Elle avait aussi remplacé la morale chrétienne par la morale civique : étrange morale que celle qui enseignait aux enfants de huit à dix ans les soins qu'il faut donner à l'enfant dès que la femme se sent mère[499] ! Cet enseignement, tout au moins précoce pour les petites filles, était-il donné aux garçons ? On sait que la Convention appliquait volontiers les mêmes méthodes d'enseignement aux deux sexes. C'est ainsi que les filles apprenaient l'arpentage. Je ne sais si les garçons apprenaient la couture.

La Convention ne put guère que décréter l'enseignement laïque et obligatoire. Pour obliger les pères de famille à envoyer leurs enfants aux écoles primaires, il aurait fallu que ces écoles existassent, et la Révolution avait été plus habile à les détruire qu'à les reconstruire. Les maîtres manquaient d'ailleurs aussi bien que les écoles. Il n'y avait pas de fonds pour les payer, et le maître ou la maîtresse laïque, qui a la charge, d'une famille, ne peut avoir le désintéressement des instituteurs religieux.

Aujourd'hui, la situation a changé. Les efforts de l'Église et ceux de l'État s'étaient unis pour propager l'instruction primaire, et cet enseignement avait reçu une puissante organisation. Maintenant l'État chasse de l'école l'Église, sa collaboratrice. Et tandis qu'il bannit de l'école la religion, les municipalités en expulsent jusqu'aux mères des enfants du peuple, les soeurs de la Charité.

---

[499] Albert Duruy, *l'Instruction publique et la Révolution*.

C'est à la famille, dit-on, qu'il appartient de donner à l'enfant l'instruction religieuse. Mais si elle ne la possède pas elle-même, ou si, l'ayant possédée, elle l'a perdue, faut-il aussi en priver l'enfant ? Ah ! même parmi les hommes qui se sont éloignés de l'Église, bien peu consentiront de plein gré à voir se dessécher, à l'ombre glaciale de l'école athée, cette fleur de piété qui, éclose aux chauds rayons de la parole de Dieu, venait embaumer leur foyer. Avec le poète, ils aimaient à dire :

Ma fille ! va prier !—Vois, la nuit est venue.
C'est l'heure où les enfants parlent avec les anges.
Tandis que nous courons à nos plaisirs étranges,
Tous les petits enfants, les yeux levés au ciel,
Mains jointes et pieds nus, à genoux sur la pierre,
Disant à la même heure une même prière,
Demandent pour nous grâce au Père universel !
Ce n'est pas à moi, ma colombe,
De prier pour tous les mortels,
Pour les vivants dont la foi tombe,
Pour tous ceux qu'enferme la tombe,
Cette racine des autels !
Ce n'est pas moi, dont l'âme est vaine,
Pleine d'erreurs, vide de foi,
Qui prierais pour la race humaine,
Puisque ma voix suffit à peine,
Seigneur, à vous prier pour moi !
Non, si pour la terre méchante
Quelqu'un peut prier aujourd'hui,
C'est toi, dont la parole chante,
C'est toi : ta prière innocente,
Enfant, peut se charger d'autrui !
Pour ceux que les vices consument,
Les enfants veillent au saint lieu !
Ce sont des fleurs qui le parfument,
Ce sont des encensoirs qui fument,
Ce sont des voix qui vont à Dieu !

Laissons faire ces voix sublimes,
Laissons les enfants à genoux.
Pécheurs ! nous avons tous nos crimes,
Nous penchons tous sur les abîmes,
L'enfance doit prier pour tous[500] !

Les limites de mon travail ne me permettent pas de répéter ici ce que je publiais au mois de mars 1871 pour défendre une cause sacrée : le maintien de l'élément religieux dans l'enseignement scolaire à tous ses degrés[501]. Je ne peux détacher de ce travail que ces quelques lignes qui concernent spécialement l'instruction de la femme.

« La perspective du néant... suffira-t-elle pour fortifier l'homme qui se débat contre les difficultés morales et matérielles qu'amène le grand combat de la vie ? Et quant à la femme, si vous ne lui apprenez pas que le cri de la conscience est l'appel d'un Dieu rémunérateur, quel appui donnerez-vous à sa vertu ? « Une instruction solide, direz-vous, la prémunira contre toute défaillance. » Oui, une instruction qui repose sur des principes religieux, est un grand élément de moralisation, et c'est pourquoi j'appelle de tous mes voeux la régénération intellectuelle de la femme. Mais une instruction qui n'a point la foi pour base, ne risque-t-elle pas, au contraire, de donner à l'esprit cette fausse indépendance qui secoue jusqu'au joug du devoir ? Je sais que, parmi les femmes aussi bien que parmi les hommes, il est des natures si heureusement douées que, bien qu'elles jugent la morale indépendante d'un Dieu, elles en pratiquent loyalement les plus sévères obligations. Mais ce sont là de ces faits isolés qui, d'ailleurs, prouveraient précisément combien sont ineffaçables les enseignements religieux dont ces âmes ont subi, à leur insu peut-être, la salutaire influence.

---

[500] Victor Hugo, *les Feuilles d'automne*, la Prière pour tous.
[501] *Une Question vitale.*

Si donc nous exceptons ces natures d'élite, où la femme incrédule puisera-t-elle la force nécessaire pour remplir ses devoirs, lorsque, délaissée par son mari, le mal se présentera à elle sous la dangereuse et séduisante apparence d'une sympathie consolatrice ? La femme tentée ne sera-t-elle pas exposée à se dire : « Si la loi qui prescrit la fidélité conjugale, a une origine purement humaine, qu'importe de la braver[502] ! » Voilà ce que, sans le vouloir, vous aurez fait du foyer domestique ! »

Est-ce le foyer seul qui souffrira de l'éducation athée donnée à la femme ? Consultons les ouvrages pénitentiaires, et nous verrons qu'en France la criminalité est moindre pour les femmes que pour les hommes[503]. Ce résultat n'est-il pas dû en grande partie à la pieuse éducation que reçoit la femme, et surtout au frein salutaire de la confession ? Que l'éducation sans Dieu ait le temps de former une nouvelle génération de femmes, et les futures statistiques criminelles nous donneront les fruits de ce système.

Dans un roman malheureusement trop lu à notre époque et qui décrit les mœurs populaires dans ce qu'elles ont de plus repoussant, l'auteur a dit : « J'ai voulu peindre la déchéance fatale d'une famille ouvrière, dans le milieu empesté de nos faubourgs. »—» Au bout de l'ivrognerie et de la fainéantise », le romancier voit « le relâchement des liens de la famille, » les plus infâmes aspects de l'immoralité, « l'oubli progressif des sentiments honnêtes, puis pour dénouement, la honte et la mort. » Le romancier matérialiste ne se doute pas que ce hideux tableau est celui de la famille sans Dieu.

---

[502] Cette pensée n'est-elle pas au fond des romans à thèses sociales dont nous parlions plus haut?
[503] Vicomte d'Haussonville, *les Établissements pénitentiaires en France et aux colonies* ; J. de Lamarque, *la Réhabilitation des libérés*.

Au milieu de son récit, après avoir montré une femme coupable qui a essayé de devenir une honnête épouse, mais qui, voyant son mari tomber dans la débauche, roule elle-même dans la fange, et ne peut faire de sa fille qu'un être immonde, l'auteur s'étonne de la courte durée d'un bonheur domestique dont il avait cru voir l'image. « Il semblait, dit-il, que quelque chose avait cassé le grand ressort de la famille, la mécanique qui, chez les gens heureux, fait battre les coeurs à l'unisson[504]. » Ah ! certes, la mécanique devait s'arrêter. Et il en est toujours ainsi quand on supprime le grand moteur, Dieu !

V

Conditions actuelles du mariage. Les droits civils de la femme peuvent-ils être améliorés ?

La famille sans Dieu ! le grand ressort domestique brisé parce que Dieu ne le fait plus mouvoir ! Hélas ! ce spectacle, nous ne le voyons déjà que trop, même dans les maisons qui ont gardé les apparences du christianisme, mais qui n'en ont plus l'esprit.

Et comment Dieu vivrait-il dans ces demeures ? Est-ce sa présence que l'homme a appelée en fondant son foyer ? Non, c'est la divinité du jour, c'est l'or ! N'est-ce pas une des phrases courantes de la causerie mondaine que celle-ci : « Monsieur un tel épouse cinq cent mille francs, un million, ou plus ? » Quel est l'objet des premières informations de l'homme qui recherche une femme ? l'honorabilité de la famille, les qualités morales ou même les attraits physiques de la jeune fille ? Non, la dot, la dot, toujours la dot. C'est là le caractère qui prédomine dans les sociétés en décadence

---

[504] Zola, *l'Assommoir*.

pour lesquelles la satisfaction des jouissances matérielles est tout. Athènes avait connu cette plaie. En dépit des lois de Solon qui restreignaient la dot, les temps de corruption amenèrent la vénalité des mariages ; la fille pauvre fut exposée à vivre dans le célibat. Comme nous le rappelions, « il arrivait, alors déjà, que l'homme avait supputé avec soin les mines, le talents, les drachmes de la dot ; mais dans cette addition, il avait oublié de compter les qualités ou les défauts de la fiancée. Un jour l'or était parti, mais la femme restait, et, avec elle, le regret de sa présence : « J'ai épousé un démon qui avait une dot... Ma maison et mes champs me viennent d'elle ; mais, pour les avoir, il a fallu la prendre aussi, et c'est le plus triste marché[505] !... »

A Rome, quand le régime dotal remplace l'antique communauté, la femme richement dotée trouve dans sa fortune la liberté de tout vouloir et de tout faire. A une époque où la fréquence de divorce permet à la femme de quitter son mari, l'époux se résigne à la perte de son autorité, à la perle même de son honneur : ne faudrait-il pas rendre la dot avec la femme ? « J'ai accepté l'argent ; j'ai vendu mon autorité pour une dot[506]. »

L'ancienne France ne connut guère que dans les deux derniers siècles le fléau des mariages d'intérêt. La vieille communauté germaine y régna longtemps avec le droit d'aînesse ; et même, quand la dotalité romaine vint se joindre à la communauté coutumière ou la remplacer, la dot fut modeste, et le droit d'aînesse qui subsistait toujours, rendait fort rares les riches héritières. Ce ne fut que lorsque la vie des cours eut créé les besoins factices du luxe et de la vanité que les femmes commencèrent à être recherchées, les unes pour leur fortune, les autres pour les honneurs qu'elles

---

[505] G. Guizot, *Ménandre. Fragments* ; et mon étude sur *la Femme grecque*.
[506] *Argentum adcepi, dote imperium vendidi.* (Plaute, *Asinaire*, 89.)

apportaient. Déjà convoitées au XVIIe siècle, les filles de la finance deviennent au XVIIIe siècle l'objet d'un honteux trafic. Mais c'était surtout la noblesse des cours qui se livrait à ce négoce matrimonial. Dans la noblesse de province comme dans la bourgeoisie des villes, bien des hommes ne consultaient pour se marier que le choix de leurs parents, la bonne renommée de la famille à laquelle ils désiraient s'allier, les vertus et les grâces de la jeune fille qu'ils souhaitaient d'associer à leur vie. Ces traditions s'étaient perpétuées en France dans la première moitié de notre siècle. Les terribles épreuves de la Révolution qui avaient ruiné tant de familles et qui avaient fait voir de près le néant des vanités humaines ; la simplicité de vie, d'habitudes et de toilette, qui résultait de cette disposition morale, avaient fait prédominer dans le mariage la vertu du désintéressement. Il a fallu les fiévreuses spéculations et le luxe insensé dont la seconde moitié du XIXe siècle donne l'exemple, pour que la vénalité du mariage devînt générale. Le mariage n'est guère autre chose aujourd'hui qu'une opération financière, et la femme n'est plus qu'une valeur sur le marché matrimonial jusqu'à ce que, le divorce aidant, cette valeur soit cotée à la Bourse et passe de main en main. Seulement cette valeur a cela de particulier qu'on ne l'achète pas, mais qu'on ne daigne l'accepter qu'au plus haut prix.

Chez certains peuples de l'antiquité et chez les populations musulmanes de nos jours, l'époux achète l'épouse comme une marchandise. Mais du moins cette marchandise devient sa propriété. Chez nous, c'est réellement l'épouse qui achète l'époux, mais, en l'achetant, il faut qu'elle paye très cher le droit, non de le dominer, mais de lui obéir.

En employant ce dernier terme, je n'entends pas être l'écho des doléances qui ont pour objet l'asservissement de la femme à son mari. Tout d'abord, rien, dans la loi, ne l'oblige à se marier, et, si elle reste fille, elle demeure libre.

En dehors des rapports conjugaux, la femme a, dans le Code, les mêmes droits civils que ceux de l'homme, à part quelques exceptions. Ainsi, bien qu'elle puisse être déclarante dans un acte de l'état civil, elle ne peut en être témoin comme elle l'était sous l'ancien régime. La loi « hésite encore » à lui rendre le droit d'arbitrage qu'elle exerçait dans le droit coutumier du moyen âge. Il ne lui est pas permis de gérer un journal. Elle peut être tutrice officieuse ; mais elle ne sera investie de la tutelle légale que si elle est la mère ou l'aïeule de l'enfant mineur[507]. Nous ne réclamons pour elle ni le droit de témoigner dans un acte civil, ni le droit, souvent périlleux, de gérer un journal. Mais un jour viendra sans doute où, comme dans le droit féodal, on lui permettra d'être tutrice hors de sa descendance directe : c'est un droit qu'elle peut revendiquer au nom de ce coeur de mère que trouvent en elle les orphelins.

Sur un autre point encore, il serait utile de revenir aux anciennes traditions. Dans la loi chrétienne comme dans la loi biblique et dans la loi germaine, le séducteur d'une jeune fille était puni. Le droit coutumier permettait la recherche de la paternité. Il n'en est pas ainsi du Code Napoléon qui interdit cette recherche et qui déclare qu'à moins que la victime n'ait moins de quinze ans, le séducteur ne doit pas être puni.

A part ces exceptions, le Code civil a singulièrement amélioré la condition légale de la femme qui n'est pas en puissance de mari. Elle a les mêmes droits d'héritage que l'homme. Elle peut administrer ses biens, en disposer, tenir une maison de commerce ou de banque, s'engager pour autrui, enfin, témoigner en justice[508]. Comme dans le droit féodal, l'incapacité légale de la femme n'existe que dans l'état

---

[507] Voir plus loin la tutelle réservée à la femme de l'interdit.
[508] Armand Dalloz jeune. *Dictionnaire général de jurisprudence*. Femme ; Gide, *ouvrage cité*.

de mariage. Mais, alors, il faut le reconnaître : si nous nous reportons soit à nos vieilles institutions françaises du moyen âge, soit même à la législation romaine, nous trouverons que la condition de la femme mariée est généralement abaissée dans le Code Napoléon.

N'exagérons rien cependant. Aux yeux du législateur moderne, la femme n'est pas, comme on le prétend, l'esclave de l'homme. Elle est sa compagne, sa compagne respectée. A son égard, il a des devoirs à remplir aussi bien que des droits à exercer. « Les époux se doivent mutuellement fidélité, secours, assistance. »

L'épouse conseille l'époux ; mais c'est lui seul qui décide. En échange de la protection qu'il doit à sa faiblesse, elle lui doit l'obéissance[509]. « L'obéissance de la femme est un hommage rendu au pouvoir qui la protège, » a dit excellemment le comte Portalis, « et elle est une suite nécessaire de la société conjugale, qui ne pourrait subsister si l'un des époux n'était subordonné. »

L'autorité du chef de la maison est la base même de la famille, telle que Dieu l'a instituée. Ce n'est pas, comme on l'a dit de nos jours, un reste des institutions monarchiques[510]. C'est la constitution patriarcale, la seule, ne l'oublions pas, qui sauvegarde l'existence de la famille. Cette constitution, nous l'avons vue chez tous les peuples primitifs, chez les Aryas comme chez les Hébreux, chez les vieux Romains comme chez les Grecs des temps homériques. Nos ancêtres immédiats, les Gaulois et les Germains, l'avaient conservée. Elle s'est perpétuée dans le moyen âge, dans les temps modernes, jusqu'à la fin du siècle dernier, et bien qu'elle ait

---

[509] Code civil, art. 212, 213.
[510] Richer, *ouvrage cité*.

subi, elle aussi, le contre-coup de la Révolution, elle se maintient encore dans bien des familles contemporaines.

Nous reconnaissons hautement l'autorité du chef de la famille ; nous ne voulons signaler que les abus de pouvoir contre lesquels la loi chrétienne protégeait l'épouse. Mais il nous faut d'abord rappeler les articles du Code qui définissent le pouvoir que le mari exerce sur la personne et sur les biens de la femme.

« La femme est obligée d'habiter avec le mari, et de le suivre partout où il juge à propos de résider, » dit la première partie de l'article 214.

La section du Conseil d'État, chargée d'élaborer cet article, avait prévu ce qu'il pourrait y avoir de cruel pour la femme à être arrachée au sol natal, aux premières tendresses du foyer ; et la section avait ajouté que si le mari voulait, sans une mission spéciale du gouvernement, quitter la France, la femme ne pourrait être contrainte à le suivre. Mais, suivant le témoignage d'un des conseillers d'État qui concoururent à la rédaction du Code, « l'Empereur dit que l'obligation de la femme ne peut recevoir aucune modification, et qu'elle doit suivre son mari toutes les fois qu'il l'exige. On convint de la vérité du principe, avec quelqu'embarras cependant pour l'exécution, et l'addition fut retranchée[511]. »

« La femme, dit l'article 215, ne peut ester en jugement sans l'autorisation de son mari, quand même elle serait marchande publique, ou non commune, ou séparée de biens. » Ce n'est que « lorsque la femme est poursuivie en matière criminelle ou de police, » que l'article 216 déclare que « l'autorisation du mari n'est pas nécessaire. »

---

[511] Maleville, *Analyse raisonnée de la discussion du Code civil au Conseil d'État*. Paris, 1805.

Cette même femme mariée sous un autre régime que celui de la communauté, cette même femme qui a obtenu la séparation de biens, ne peut pas non plus contracter sans la permission de son mari. Elle « ne peut donner, aliéner, hypothéquer, acquérir, à titre onéreux ou gratuit, sans le concours de son mari dans l'acte, ou son consentement par écrit[512]. » (Art. 217.)

Cette disposition du Code civil est singulièrement oppressive. Comme l'a fait remarquer le conseiller d'État que nous citions tout à l'heure : « Il faut convenir qu'il est bien un peu surprenant que la femme ne puisse agir sans l'autorisation de son mari, quoique la mauvaise conduite de ce dernier l'ait forcée à demander la séparation de leurs biens... La femme alors devrait tout simplement être autorisée par la justice[513], » ainsi qu'il en arrive pour la femme du mineur, de l'interdit, de l'absent, ou du condamné à une peine afflictive ou infamante. (Articles 221, 222, 224.)

Il est vrai que, d'après les articles 218 et 219, si le mari refuse l'autorisation, le juge peut l'accorder ; mais il serait plus simple de ne pas imposer à la femme séparée la demande de ce consentement.

Quant à la marchande, quel que soit le régime sous lequel elle est mariée, elle peut, pour les intérêts de son commerce, s'obliger sans autorisation de l'époux ; et si elle est mariée sous le régime de la communauté, elle engage même son mari (art. 220). Bizarre anomalie qui lui confère un pareil privilège quand, d'autre part, la loi lui interdit d'agir en justice sans le consentement du mari !

---

[512] Quant à l'aliénation des biens, il ne s'agit ici que des immeubles. (Art. 1538.)
[513] Maleville, *ouvrage cité*.

Bien que le Code n'ait été que trop fidèle aux traditions romaines qui dominaient dans les derniers siècles de la monarchie française, il a accordé à l'épouse un privilège que lui refusaient plusieurs anciennes coutumes : elle peut tester sans l'autorisation de son mari. (Art. 226.)

Sous le régime dotal, c'est l'époux qui administre la dot de l'épouse. Il dispose des revenus de cette dot ; mais il ne peut aliéner le fonds dotal, même avec le consentement de l'épouse[514]. Quant aux biens paraphernaux ou extra-dotaux, la femme en a l'administration ; mais il ne lui est permis de les aliéner qu'avec le consentement du mari. (Art. 1549, 1554, 1576.)

Sous le régime de la communauté, l'époux est maître absolu des biens qui ont été mis dans cette communauté. (Art. 1421.) Il en dispose sans le consentement de l'épouse. Il peut s'en montrer prodigue pour les indignes créatures qu'il lui préfère. Il peut même donner à ces femmes les objets qui appartiennent à sa compagne. Il peut, enfin, la ruiner, ruiner leurs enfants. La femme a, il est vrai, la ressource d'obtenir la séparation de biens ; mais, comme l'a remarqué M. Legouvé, combien peu de femmes osent exposer le nom d'un mari au scandale d'une affaire judiciaire[515] ?

Nous avons déjà vu que la femme de l'interdit, de l'absent, du condamné à une peine afflictive ou infamante, n'a besoin que d'une autorisation judiciaire pour plaider ou contracter. La femme de l'absent, celle de l'interdit, ont la surveillance des enfants, la direction de leur éducation,

---

[514] Il y a ici des exceptions que la loi spécifie. (Art. 1555 et suiv.)
[515] Legouvé, *Histoire morale des femmes*. Ajoutons ici qu'un projet de loi récemment soumis à la Chambre, amoindrit ce scandale en interdisant la publicité des détails en matière de séparation de corps.

l'administration de leurs biens. La femme de l'interdit peut même avoir la tutelle de son mari. (Art. 507.)

Conformément au principe qui affranchit la femme en dehors de la puissance conjugale, la veuve n'a pas besoin d'une autorisation judiciaire pour plaider ou pour contracter. Elle a sur ses enfants presque tous les droits du père. On ne restreint pour elle que le droit de correction : la loi a voulu prémunir l'enfant et la mère elle-même, contre la promptitude souvent passionnée des résolutions féminines[516].

Mais si la mère, veuve, a presque toute l'autorité paternelle sur ses enfants, la loi ne lui accorde aucun droit effectif tant que le mari est vivant. La mère chrétienne verra donner à ses enfants une éducation athée, et n'aura aucun moyen légal de s'y opposer. Son consentement n'est pas non plus nécessaire au mariage de son enfant. En cas de conflit, le consentement du père suffit. (Art. 148.)

Certes, redisons-le, l'autorité du chef de la famille est de droit primordial. L'ébranler, c'est ébranler la société même. D'ailleurs, l'homme de coeur qui est investi de ce pouvoir sait le tempérer et le partager avec l'épouse qui en est digne. Mais ne pourrait-on prévoir le cas où le chef de famille ne saurait faire de son autorité qu'un odieux despotisme ? Ne trouve-t-on pas alors alors que, sous le Code Napoléon, la femme mariée est généralement entourée de moins de garanties que la femme du moyen âge et même que l'épouse romaine ? Dans les vieilles coutumes germaniques, la femme était protégée par le conseil de famille où siégeaient ses proches et qui pouvait limiter l'autorité maritale si celle-ci devenait tyrannique. Par une belle institution chrétienne qui protégeait déjà la femme gallo-romaine, l'évêque, l'ancien

---

[516] M. Demolombe, cité par M. Gide.

défenseur de la cité, demeurait au moyen âge le protecteur de l'épouse malheureuse. La femme franke avait, dès le début de son mariage, la jouissance de son douaire. Elle y joignait la libre disposition de la part qu'elle avait dans les acquêts ou économies du mariage. Quant à la femme romaine, bien qu'elle ne pût, même avec la permission du mari, engager l'immeuble dotal, elle en administrait elle-même les revenus. Sous le régime de la communauté, les biens de cette communauté ne pouvaient être aliénés sans le consentement de l'épouse.

En souhaitant aujourd'hui qu'un conseil de famille soit juge des questions où le despotisme ou la prodigalité du chef de famille serait un danger pour la femme et pour les enfants, en désirant aussi pour la femme une plus large part dans l'administration de ses biens, on ne demande que le retour aux traditions du passé.

En attendant que cette situation préoccupe le législateur, les parents pourront y remédier d'abord en étudiant davantage le caractère de l'époux qu'ils destinent à leur fille, puis en assurant à celle-ci par contrat de mariage une plus libre administration de ses biens. Mais il faudrait pour cela que la jeune femme eût reçu une éducation solide qui la rendît apte au maniement des affaires domestiques et qui la préservât des folles prodigalités qu'entraînent le luxe et les plaisirs mondains. Il faudrait enfin que la femme pût être la gardienne du foyer.

VI

Mondaines et demi-mondaines.

Pour la femme mondaine, il n'y a pas de foyer domestique. Le foyer, c'est pour elle une suite de salons qu'elle a fait brillamment décorer, mais qu'elle n'habite réellement pas. Elle n'en est que l'hôte passager, et ne les traverse que pour y recevoir la cohue qu'elle retrouvera le lendemain dans une autre demeure. Si l'on excepte ces jours de réceptions, elle ne reste chez elle que le temps que le voyageur passe à l'hôtellerie : les heures consacrées au sommeil, à la toilette, à ceux des repas qu'elle prend à la maison. Les heures qu'elle pourrait se réserver dans la matinée n'existent même pas pour elle. Pour la femme qui, après avoir passé la nuit dans le monde, se lève à midi, et passe deux heures au moins à sa toilette, la matinée commence à trois heures, et cette *matinée*, c'est le terme consacré, cette *matinée* est employée aux visites, aux achats de luxe, aux courses de chevaux. Les dîners privés, les soirées, les bals, le théâtre, constituent la soirée. C'est ainsi que se multiplie à un nombre infini d'exemplaires le type de la femme qui est toujours sortie[517].

Dans cette vie dévorée que j'appelais ailleurs le tourbillonnement dans le vide, comment la femme mondaine remplit-elle ses devoirs d'épouse et de mère ? Elle habitue son mari à se passer d'elle. Quant à ses enfants, il lui suffit de les confier à des soins mercenaires.

Avec le plaisir, une seule idée la possède : le luxe.

La fièvre de la spéculation a produit les mariages d'argent. Et la femme, abaissée, disions-nous, au taux d'une valeur financière, a voulu représenter cette valeur par un luxe dont les excès ruinent plus d'une fois le mari qui a cru s'enrichir en épousant une fille bien dotée. L'expérience date de loin : les Romains l'avaient faite avant nos pères.

« Je t'ai certainement apporté une dot plus considérable que ta fortune personnelle. Il est assurément juste de me

---

[517] V. Sardou, *la Famille Benoîton*.

donner de l'or, de la pourpre, des servantes, des mulets, des cochers, des valets de pied, de petits courriers, des voitures dans lesquelles je me fasse traîner[518]. »

Ainsi parlait la Romaine. Depuis, les chevaux ont remplacé les mulets ; mais l'économie domestique n'y a rien gagné.

Je rappelais tout à l'heure que la première moitié de notre siècle avait vu renaître la simplicité. En 1814 un auguste exilé, qui revoyait la France, disait à de nobles dames en parlant d'une sainte princesse dont la jeunesse avait eu pour palais la prison du Temple : « Ma belle-fille est d'une grande simplicité ; elle ne vous donnera pas l'exemple du luxe[519]. » Pendant près de trente-quatre ans, cette simplicité régna à la cour de France.

Les temps sont changés. Le luxe a reparu. Des influences multiples y ont contribué. Il faut en signaler quelques-unes.

A l'aristocratie de race a succédé l'aristocratie d'argent. Il suffisait à la première de se nommer pour exercer son prestige. Cette ressource manquant à la seconde, elle ne peut briller que par l'éclat extérieur. A la suite des idées égalitaires du temps, ce luxe s'est propagé dans toutes les classes de la société. Dans les rangs les plus modestes, la femme a voulu rivaliser d'élégance avec la femme opulente ; et d'après un vieil adage, ce qu'elle n'était pas, elle a voulu le paraître.

C'est dans le luxe que la femme frivole a mis sa gloire. La grande coquette aimera mieux voir attaquer son honneur que critiquer sa toilette.

---

[518] *equidem datem ad te adtuli. Majorem multo, tibi quam erat pecunia, etc.* (Plaute, *Aululaire*, 495-499).

[519] *Anne-Paule-Dominique de Noailles, marquise de Montagu.*

Pour subvenir à ce luxe, la femme a besoin d'or. Cet or, elle sait où le chercher. Elle aussi est atteinte par l'épidémie du jour, l'agiotage ; et la soif de l'or a aussi desséché sa poitrine. Elle ne se borne plus aux paris des courses.

« Signe des temps ! a dit un publiciste. Les femmes apparaissent autour de la Bourse ! Elles franchiront, quelque jour, triomphalement la grille et ajouteront à tous les droits qu'elles réclament le droit à la ruine ! » En attendant, elles spéculent aux portes du palais. Les voici partagées en deux groupes, la bohème et l'aristocratie. La bohème, ce sont ces vieilles femmes collées aux grilles de la Bourse, lisant les journaux financiers ou tricotant (« les tricoteuses de l'agio ! »), s'efforçant de suivre le flux et le reflux de cette mer houleuse. L'aristocratie, ce sont ces femmes élégantes, femmes du monde et femmes du demi-monde qui, chez le pâtissier voisin, donnent leurs ordres au commis d'agent de change qui pénètre, pour leur compte, dans le temple profane d'où elles sont encore exclues[520].

Mais le groupe des joueuses de Bourse est encore restreint, Dieu merci. D'ordinaire, c'est en poussant le mari aux spéculations hasardeuses que la femme se procure les ressources de son luxe. Plus d'une fois, comme le disait déjà un écrivain du XVIe siècle, c'est le luxe de la femme qui non seulement ruine le mari, mais lui fait toucher à l'argent d'autrui quand le sien est épuisé. Plus d'une fois aussi, c'est pour alimenter ce luxe que l'homme, placé par les événements publics, entre le souci de garder des fonctions sociales et la crainte de manquer à son devoir, se laisse entraîner à de honteuses capitulations de conscience[521].

---

[520] Jules Claretie, *la Vie à Paris*. 1881.
[521] Mézières, *Études morales sur le temps présent*. 1869.

« Malheureux cet homme, disait naguère Caton le Censeur, malheureux cet homme, et s'il fléchit, et s'il demeure inexorable ! Car, ce que lui-même n'aura pas donné, il le verra donner par un autre[522]. »

Aujourd'hui, comme au siècle de Caton, le luxe, peut faire de la femme une courtisane. Il ne lui manque plus que ce dernier trait d'ailleurs pour appartenir à ce demi-monde qui lui donne à présent la mode et jusqu'au ton.

Comme dans toute société en décomposition, la courtisane prend à notre époque une place considérable.

Lorsqu'elle a fait son entrée dans la littérature, on l'avait montrée se purifiant, non comme Madeleine, par les pleurs du repentir et par le feu de l'amour divin, mais par une dernière chute que lui faisait faire une passion que l'on proclamait généreuse parce qu'elle n'était plus vénale. Aujourd'hui on ne se contente plus de cette étrange réhabilitation. Dans le roman, sur le théâtre, on représente la courtisane dans le triomphe même du vice. On ne fait même plus battre en elle le coeur de la femme. C'est bien réellement la fille de marbre, froide, insensible à tout, excepté au cliquetis de l'or, étalant insolemment sa honte dans les splendeurs d'un luxe scandaleux, ne possédant souvent ni beauté, ni jeunesse, ni esprit, n'ayant d'autre attrait que celui du vice, mais par la puissance de ce vice devenant la reine du jour, reine qui a la plus considérable liste civile que la vénalité de la femme ait jamais prélevée sur la corruption d'une époque.

Éclipsées par ces rivales, des femmes du monde ont voulu savoir par quels secrets les femmes du demi-monde

---

[522] *Miserum illum virum, et qui exoratus, et qui non exoratus erit! quum, quod ipse non dederit, datum ab alio videbit.* Tite Live, XXXIV, 4 ; et mon étude sur *la Femme romaine*.

leur dérobaient leur sceptre, et comme au XVIe siècle, il en est qui ont mis leur étude à copier ce type honteux. Elles ont pris à la courtisane ses toilettes, ses allures, son langage. Et sans doute le triomphe de la grande dame devait lui paraître complet lorsqu'elle avait réussi à être confondue avec son modèle.

Cette imitation de la courtisane par la femme du monde a produit un type qui a reçu un nom trivial que j'hésite à reproduire : la *cocodette* ; et le langage du demi-monde, adopté dans une partie du vrai monde, recevait, il y a plusieurs années, un nom spécial, la *langue verte*, langue qui a eu jusqu'à son dictionnaire.

Nous le voyons : la femme qui a pris les dehors de la courtisane peut bien, pour jouir de son luxe, se procurer les scandaleuses ressources dont dispose son modèle.

Comme je viens de l'indiquer, le roman n'a que trop contribué à faire envier à la femme honnête, mais frivole, le triomphe de la courtisane. Et, par malheur, dans la vie activement désoeuvrée de la femme mondaine, la seule place que celle-ci accorde à la lecture appartient au roman, non pas même généralement au roman pur, délicat, qui a produit dans notre siècle des oeuvres exquises, mais au roman immoral dans le fond et souvent aussi dans la forme.

Quand l'héroïne de ce dernier roman n'est pas une courtisane, c'est bien souvent, ou la femme d'instinct que l'on a nommée la *faunesse*, ou bien c'est une de ces créatures artificielles qui, je l'espère pour nos contemporaines, n'ont pu sortir que du cerveau du romancier. Je lis peu de romans ; mais lorsqu'il m'arrive d'ouvrir un de ces livres, il me semble souvent que je suis transportée dans un bal masqué. On me dit que des femmes sont là ; mais je ne les reconnais pas. Derrière le masque très compliqué que j'ai sous les yeux, je cherche en vain le fond éternel de la nature humaine, ce fond que je retrouve si aisément dans la plus haute antiquité. Je plaindrais fort la femme qui ne se reconnaîtrait pas plutôt dans une Nausicaa, dans une Andromaque, dans une Pénélope, que dans ces types conventionnels où l'on prétend nous montrer nos contemporaines.

Cependant le roman actuel se pique de réalisme. La peinture, très laide généralement, s'est substituée à l'idée, et la sensation a remplacé le sentiment. Ce réalisme va jusqu'au plus abject matérialisme dans certaines oeuvres dont les innombrables éditions attestent l'immense succès. Et cependant ces ouvrages où la boue se montre à découvert, me paraissent moins dangereux encore que des romans qui se rattachent à une autre école, mais qui dissimulent sous un tapis de fleurs la même fange. Ici le vice ne se montre pas dans cette brutalité qui, après tout, inspire plus d'horreur que d'attrait ; mais ce vice se présente sous les dehors qui peuvent le mieux séduire les caractères faibles et les imaginations ardentes. On a fait de l'adultère une vertu, et la vertu la plus chère au coeur de la femme : le dévouement ! La suprême expression de cette vertu est la violation de la foi conjugale. Si, comme dans *Jacques*, la femme combat, ce n'est pas pour obéir à des lois religieuses ou civiles qu'elle ne reconnaît pas, c'est par égard pour son mari qui, par extraordinaire, est un être d'élite ; et lorsqu'enfin elle tombe, elle souhaite que chaque fois que son complice et elle se réuniront pour renouveler cet outrage, ils s'agenouillent... et prient pour le mari qu'ils trompent et déshonorent ! Et si ce mari sait comprendre son rôle, il accepte son malheur avec résignation, il trouve que sa femme n'a fait « que céder à l'entraînement d'une destinée inévitable... Nulle créature humaine ne peut commander à l'amour, et nul n'est coupable pour le ressentir et pour le perdre[523]. » Ce qui, pour ce mari, constitue la trahison conjugale, ce n'est pas

---

[523] Georges Sand, *Jacques*.

l'infidélité, c'est le mensonge. Pour lui la femme n'est adultère que lorsqu'elle paraît témoigner à son mari l'amour qu'elle vient de prouver à son amant. Comment s'étonner que ce mari philosophe ait un moment la pensée de dire aux deux complices : « Je sais tout, et je pardonne à tous deux ; sois ma fille et qu'Octave soit mon fils ; laissez-moi vieillir entre vous deux et que la présence d'un ami malheureux, accueilli et consolé par vous, appelle sur vos amours les bénédictions du ciel[524] ? » On croit rêver quand on lit de telles aberrations.

Mais au moment où le mari va demander humblement de s'asseoir à ce foyer où un autre a usurpé sa place, il est trop tard. La faute de sa femme a eu des suites qui rendent nécessaire ou la mort de la coupable, ou la mort du mari. « Tue-la, » dirait alors l'auteur de l'*Homme-femme*. Mais l'auteur de *Jacques* aime mieux dire au mari : « Tue-toi. » C'est que pour ce dernier écrivain, le suicide aussi est un dévouement... comme l'adultère ; et de même qu'on peut se préparer à l'infidélité conjugale par la prière, on se prépare au suicide comme à la réception d'un sacrement[525] !

L'auteur a, du reste, formulé sa théorie dans le même roman, d'où j'ai extrait mes citations. La soeur de son héros, libre esprit comme lui, lui propose de fuir avec lui dans le Nouveau-Monde, d'y élever leurs enfants dans ce qu'elle appelle leurs principes. « Nous les marierons un jour ensemble à la face de Dieu, sans autre temple que le désert, sans autre prêtre que l'amour ; nous aurons formé leurs âmes à la vérité et à la justice, et il y aura peut-être alors,

---

[524] Ibid.
[525] Georges Sand, *Jacques*. Voir aussi *Indiana*.

grâce à nous, un couple heureux et pur sur la face de la terre[526]. »

Oui, heureux et pur à la manière de l'Émile et de la Sophie de Rousseau...

Il est triste de penser que c'est une femme, une femme de génie, qui a donné aux femmes de semblables enseignements. Comment calculer les immenses désastres moraux qui ont suivi de telles leçons, alors que la presse à bon marché les a répandues à profusion dans tous les rangs de la société ?

Tout conspire ainsi pour perdre la femme : le luxe, les mauvais exemples, les mauvaises lectures, triple contagion qui sévit jusque chez les femmes du peuple, et qui, à tous les degrés de l'échelle sociale, remplit de rêves malsains les imaginations et les coeurs. Et lorsque, à toutes ces pernicieuses influences, s'ajouteront les résultats de l'éducation athée, que deviendront nos foyers ? Il y aura là des abîmes de dépravation que l'on ne peut sonder, et sur lesquels nous avons déjà arrêté nos regards attristés.

A défaut de la conscience, est-ce la crainte du châtiment qui prémunira la femme contre la violation de la foi conjugale ? Nous en doutons. A moins que le mari, surprenant sa femme en flagrant délit d'adultère, ne se soit vengé lui-même, les antiques châtiments réservés à l'infidélité conjugale ont fait place à des peines infiniment moins sévères. L'épouse coupable et son complice sont punis correctionnellement d'une détention de trois mois à deux ans. Si le mari consent à reprendre sa femme, elle est rendue à la liberté.

---

[526] *Id., Jacques.*

Quant au mari infidèle, il ne peut être poursuivi que s'il a entretenu sa complice sous le toit conjugal ; et encore n'est-il possible que d'une amende. Certes l'infidélité de la femme a des suites plus graves que celle du mari, puisque l'épouse adultère peut introduire dans la maison des enfants étrangers à l'époux et qui porteront son nom. Il est donc naturel que les lois humaines punissent plus sévèrement l'infidélité de la femme. Ainsi en jugeaient les anciennes législations. Mais au-dessus des intérêts humains, il y a les droits de la conscience ; au-dessus des lois humaines, il y a les lois de Dieu, et devant ces lois, l'époux et l'épouse qui manquent à la foi conjugale sont également coupables : saint Jérôme le rappelait éloquemment.

VII

Le divorce

A tous les maux qui rongent le foyer domestique, on oppose aujourd'hui un remède plus dangereux que le mal : c'est par la dissolution de la famille que l'on prétend combattre sa désorganisation. Le divorce est à l'ordre du jour.

Les hommes qui veulent rétablir le divorce, malgré la triste expérience que la France en a faite de 1792 à 1816, ces hommes croient qu'en le limitant à de certains cas, il en rendront l'usage moins périlleux. Mais comment arrêter le torrent lorsque la digue est rompue ? Certaines législations antiques restreignaient aussi la faculté du divorce. Cependant nous voyons que si la loi du Sinaï avait dû permettre cet expédient aux Hébreux, « à cause de la dureté de leurs coeurs, » les Talmudistes en multiplièrent un jour les causes avec une profusion inconnue à la législation primitive. De même les Romains de la décadence trouvèrent au divorce des motifs dont leurs ancêtres eussent repoussé la puérilité[527]. Un jour vient où les matrones « divorcent pour cause de mariage et se marient pour cause de divorce, » dit Sénèque. En rappelant ailleurs cette parole, nous ajoutions : « Les matrones ne se bornent pas à suivre la supputation romaine des années, c'est-à-dire à compter le nombre des consulats : elles calculent le nombre des années d'après celui de leurs époux. Mais encore c'est trop peu dire : « Huit maris en cinq automnes, » dit Juvénal[528]. »

D'ailleurs, sans chercher de si lointains exemples, la loi que la Chambre des députés vient de voter et que le Sénat n'a pas sanctionnée, cette loi contient deux articles qui peuvent autoriser sous les plus faibles prétextes la rupture du lien conjugal : elle admet le divorce « par consentement mutuel, » ce qui permet aux époux de se quitter d'un commun accord pour aller former ailleurs de ces liaisons temporaires que crée le vice[529] et que jusqu'à présent l'on nommait des ménages irréguliers. Il ne manquait plus à ces immorales associations que d'être sanctionnées par la loi.

Quant aux « injures graves, » on a démontré combien la jurisprudence peut étendre le sens de cette expression. Dans les meilleurs ménages, n'y a-t-il pas de ces froissements où plus d'une fois, sous l'empire de la colère, il échappe une parole dont la portée dépasse certainement l'intention de celui qui l'a proférée ? Le caractère plus ou moins impétueux de l'un des époux ne sera-t-il pas alors une cause de divorce ? Le divorce « pour injures graves » aussi bien que le divorce « par consentement mutuel, » ne ramènent-ils pas implicitement le divorce pour incompatibilité d'humeur, ce divorce que le projet de loi a cependant repoussé ? N'est-ce pas compromettre à jamais la paix et le bonheur des

---

[527] *La Femme biblique, la Femme romaine.*
[528] *La Femme romaine.*
[529] Fernand Nicolay, *le Divorce, son histoire, son péril.*

ménages que d'admettre de tels cas de rupture ? « Lorsque le mariage est indissoluble, disions-nous ailleurs, chacun des époux doit, pour son propre repos, plier son caractère au caractère de l'autre ; et l'habitude de vivre ensemble, l'estime réciproque, et surtout ce lien que nouent les petites mains des enfants, tout cela contribuera à établir entre le mari et la femme une harmonie souvent plus solide que celle de l'amour. Mais quand le divorce a passé dans les mœurs d'un peuple, pourquoi se donner tant de peine pour arriver à la concorde ? N'est-il pas plus facile de rompre un lien que de chercher à le rendre plus léger ? L'époux quittera donc alors la compagne de sa jeunesse ; et, contractant une autre union, il y trouvera peut-être des déceptions qui lui feront regretter son premier mariage[530]. »

Les sévices ou injures graves étant une cause de divorce, ne pourra-t-il aussi arriver que le mari maltraitera exprès sa femme pour reconquérir une liberté dont il profitera pour épouser une autre femme plus jeune, plus belle, plus riche surtout, faut-il dire à une époque où la spéculation matrimoniale a passé dans nos mœurs ? Nous disions plus haut : « Le mariage n'est guère autre chose aujourd'hui qu'une opération financière, et la femme n'est plus qu'une valeur sur le marché matrimonial, jusqu'à ce que, le divorce aidant, cette valeur soit cotée à la Bourse et passe de main en main. » Je ne savais pas, en écrivant ces lignes, que des paroles à peu près semblables avaient été prononcées par un orateur de la Convention, le 2 thermidor, an III :

« La loi du divorce, disait Mailhe, est plutôt un tarif d'agiotage qu'une loi ; le mariage n'est plus en ce moment qu'une affaire de spéculation ; on prend une femme comme une marchandise, en calculant le profit dont elle peut être

---

[530] *La Femme romaine.*

l'objet et l'on s'en défait aussitôt qu'elle n'est plus d'aucun avantage : c'est là un scandale vraiment révoltant. »

Dans une autre séance, Mailhe ajoutait : « Vous ne pourrez arrêter trop tôt le torrent d'immoralité que roulent ces lois désastreuses. »

Le conventionnel Deleville s'écriait, lui aussi : « Il faut faire cesser le marché de chair humaine que les abus du divorce ont introduit dans la société[531] »

Sur les vingt mille divorces qui eurent lieu à Paris de 1792 à 1796, « il y en eut plus de sept mille entre les époux qui avaient déjà divorcé une première, une deuxième ou une troisième fois. Cela ne doit pas nous étonner, car ceux qui divorcent une première fois sont de mauvais maris ou de mauvaises épouses qui, probablement dans un autre mariage, ne seront pas meilleurs. »

Ces paroles étaient prononcées à la Chambre, le 6 mai dernier, par M. Henri Giraud qui rappelait aussi que dans l'exposé des motifs du projet de loi que M. Naquet présentait sur le divorce, ce dernier disait : « On s'occupe en ce moment de réduire la durée du service militaire, tandis qu'on veut maintenir l'indissolubilité du mariage. » En citant ce passage, M. Giraud ajoutait : « Vous voudriez donc qu'on réduisît aussi, au moyen du divorce, la durée du service matrimonial, et peut-être admettre le volontariat d'un an. »

Ainsi que l'affirmait Martial dans son brutal langage, c'est l'adultère légal. Nous nous acheminons ainsi vers les unions

---

[531] M. Henri Giraud, discours prononcé à la Chambre des députés, le 6 mai 1882. (*Journal officiel*, 7 mai ;) Fernand Nicolay, *étude citée*.

libres[532], tant prônées par certains romans. Le type hideux de la femme libre s'épanouira au grand jour.

La loi votée par la Chambre admet cependant de plus sérieuses causes de divorce que celles que nous avons indiquées : telle est l'infidélité d'un des deux époux. Ici on ne distingue plus entre la faute du mari et celle de la femme. Que le mari ait ou non entretenu sa complice sous le toit conjugal, la femme peut demander le divorce.

Dans cette loi, le divorce est encore autorisé quand l'un des époux a été condamné à une peine infamante autre que le bannissement et la dégradation civique prononcés pour cause politique.

Ah ! nous comprenons ce qu'il peut y avoir de désespoir et de honte dans l'existence de l'époux ou de l'épouse qui reste seul à son foyer, tandis que celui ou celle qui porte son nom, mène une vie scandaleuse, ou, châtié par la société, subit sa peine dans un bagne même.

« Mais, dirons-nous ici avec Son Ém. le cardinal Donnet, pour quelques situations dont le divorce serait le remède peut-être, que de malheureuses conséquences[533]... »

De toutes ces conséquences, la plus terrible est l'écroulement de la famille, le triste sort des enfants. On nous dit que la séparation de corps crée les mêmes dangers. Non ! D'abord parce que cette séparation ne permettant pas aux époux de se remarier, est assurément moins fréquente que ne le serait le divorce. Nous ne pouvons que répéter ici que la faculté du divorce rendra inutiles les concessions

---

[532] Mgr Freppel, discours prononcé à la Chambre des députés ; le 13 juin 1882.
[533] Lettre de S. E. le cardinal Donnet à M. l'abbé Falcoz, à propos de son ouvrage: *la Loi sur le divorce devant la raison et devant l'histoire.*

mutuelles. Il est rare que l'on invente des prétextes pour la séparation, et pour avoir droit au divorce, on créera, s'il le faut, redisons-le, l'un des motifs qui le permettent. De récentes affaires judiciaires témoignent que l'adoption présumée de la, loi a déjà fait prendre à certains hommes, des précautions de ce genre[534]. Non seulement les sévices, les injures graves, mais l'infidélité même, tous ces moyens, et d'autres encore, seront bons pour obtenir le divorce. Les enfants seront donc plus menacés que jamais de perdre cette pierre du foyer sur laquelle ils doivent être élevés. Lorsque les parents divorcés se seront remariés, les enfants reverront auprès de leur mère un autre époux que leur père ; auprès de leur père, une autre femme que leur mère ; et s'ils sont conduits ainsi à plusieurs foyers successifs, quelle idée se feront-ils de la sainteté de la famille ? Que deviendra à leurs yeux l'auréole de la mère, la majesté du père ? Le respect filial n'existera guère davantage que dans ces sauvages contrées où règne une hideuse promiscuité ; et un jour viendra où les enfants connaîtront moins encore leurs parents que les animaux qui, du moins, les voient veiller sur eux tant qu'ils en ont besoin. Que deviendra la sollicitude paternelle ou maternelle chez celui ou chez celle qui, passant d'un foyer à un autre, aura eu des enfants de toutes ces unions successives ?

Dans la séparation de corps, déjà bien douloureuse cependant et qu'il faudrait éviter au prix des plus grands sacrifices, un tel spectacle est généralement épargné aux enfants. Pour qu'un homme ou une femme ose se montrer aux yeux de ses enfants avec son complice, il faut que cet homme ou cette femme ait perdu le dernier sentiment qui subsiste dans l'être le plus dégradé : le respect que lui inspire l'innocence de son enfant. C'est à un foyer solitaire que l'enfant, qui vit avec l'un de ses parents, retrouve l'autre

---

[534] Fernand Nicolay, *étude citée*.

quand il le visite. Dans la maison où il est élevé, la place du père ou de la mère n'est pas occupée : elle manque ! Et lorsque vient un jour où l'enfant a compris qu'un grand malheur a passé sur son foyer, avec quel redoublement de tendresse, de respect il se dévoue à celui de ses parents qui a du être à la fois pour lui père et mère et que sacre à ses yeux la double couronne du malheur et de la vertu !

Je ne sais si beaucoup de ménages recourront aux facilités de vie que leur promet la nouvelle loi. Mais ce que je sais bien, c'est que les femmes chrétiennes ne les accepteront jamais, et demeureront inviolablement attachées au principe d'indissolubilité qui est la loi primordiale de l'humanité et que le Christ a rappelé.

Il est de ces femmes chrétiennes, et il en est beaucoup, qui, maltraitées ou trahies par un époux, se refusent même à la séparation de corps et restent vaillamment à leur poste. Au pied de la Croix elles acceptent l'épreuve, elles la bénissent. Les enseignements de la religion leur ont fait savoir que l'épouse fidèle sanctifie l'époux infidèle ; et humbles et silencieux missionnaires, elles remplissent à leur foyer, par l'exemple de leurs vertus et par leur céleste résignation, un apostolat que Dieu bénit plus d'une fois sur la terre par un tendre retour du mari coupable.

Il y en a de plus héroïques encore : il y en a qui se dévouent à un être déshonoré, condamné à une peine infamante. Ou elles le croient innocent, et alors il devient pour elles un martyr, ou bien elles le savent coupable, et elles lui restent attachées pour le relever et le sauver.

D'ailleurs, fussent-elles même privées de la foi, les plus délicats instincts de la pudeur ne leur disent-ils pas qu'elles ne peuvent vivre avec un autre mari du vivant du premier ? Pour l'honneur des femmes de France, j'espère que l'on en trouvera peu parmi elles qui braveront cette honte. Comme leur aïeule, la prêtresse gauloise Camma, elles diront, non en jetant aux pieds de leur mari la tête du centurion romain, mais en repoussant la loi qui ferait d'elles des courtisanes légales : « Deux hommes vivants ne se vanteront pas de m'avoir possédée. »

Certes, répétons-le, c'est rarement en dehors de la religion que la femme a la magnanimité, la divine compassion qui font d'elle la martyre du devoir au foyer conjugal. Le christianisme seul nous apprend à souffrir, et la doctrine positiviste qui cherche à le remplacer n'apprend qu'à jouir. Aussi les hommes qui proscrivent Dieu de l'éducation, sont-ils les mêmes qui appellent le divorce. C'est logique. Ce n'est pas après avoir désarmé le soldat qu'on l'envoie à la bataille. Ce n'est pas avec la perspective du néant que l'on nous dédommage des douleurs de cette vie.

VIII

Où se retrouve le type de la femme française.

L'abaissement du caractère de la femme, la désorganisation du foyer, voilà ce que nous a surtout montré jusqu'à présent le XIXe siècle. Si la société française tout entière était gangrenée par cette corruption, il y aurait de quoi désespérer de notre patrie. Une seule ressource peut sauver un pays en décadence : c'est la famille avec ses traditions domestiques, patriotiques, religieuses. Grâce à Dieu, cette ressource suprême ne nous manque pas encore ; et si les mauvaises moeurs sont les plus apparentes parce qu'elles sont les plus tapageuses, elles ne sont pas, disons-le bien haut, en majorité parmi nous. A toute époque le mal a existé, et à toute époque aussi le bien a poursuivi son cours.

A côté de la femme légère, corrompue même, entraînant les hommes au mal, on a vu et l'on voit toujours la femme laborieuse, unissant à la tendresse miséricordieuse le dévouement poussé jusqu'au sacrifice, la force morale qui fait d'elle pendant l'épreuve, la consolatrice de l'homme, la conseillère du plus difficile devoir. « On a dit quelquefois, avec beaucoup d'injustice, qu'au fond de toute faute de la part d'un homme, il y a une femme. Le contraire est plus près de la vérité. Dans toute action noble et désintéressée, cherchez bien, vous trouverez votre mère, ou votre femme, ou votre enfant qui vous inspire, si vous êtes vraiment un homme de coeur. Mère, épouse, fille ou soeur, oui, répétons-le, il est des inspirations qui naissent de préférence dans le coeur des femmes, où le froid calcul, les ambitieuses réserves, les secrètes convoitises ont toujours moins de prise que sur l'esprit des hommes, même les meilleurs[535]. »

Tel est le caractère, telle est l'influence de la femme fidèle au plan divin. Ce type a existé dans les plus anciennes sociétés patriarcales, il s'est même retrouvé dans la corruption païenne. Mais il a reçu dans la femme forte de l'Écriture son expression la plus accomplie avant que l'Évangile lui eût donné une plus complète puissance de rayonnement et de tendresse. Ce type, nos vieux ancêtres de Gaule et de Germanie l'ont adopté avec amour, eux qui reconnaissaient dans la femme quelque chose de divin. Pour les rudes guerriers du moyen âge, la femme, être sacré, est une image visible de la Vierge Mère de Dieu ; et le respect chevaleresque qu'elle leur inspire devient l'un des traits de la civilisation française.

Ce type, la corruption des siècles l'a épargné. A une civilisation plus brillante, mais moins pure que celle du moyen âge, la femme française et chrétienne n'a donné ou pris que les traditions de bon goût littéraire, d'urbanité sociale, de bonne compagnie enfin, qui s'adaptent si bien à

---

[535] Cuvillier-Fleury, *Discours de réception à l'Académie française*.

ses qualités natives : la grâce enjouée, la vivacité d'esprit. C'est par elle que vivent encore aujourd'hui les rares salons qui ont gardé les traditions d'autrefois. C'est plus d'une fois par elle que le sentiment du beau trouve encore de l'écho parmi nous.

A tous les degrés de l'échelle sociale, le type de la femme française existe aujourd'hui ; et, si dans les classes populaires, une éducation appropriée à une modeste destinée, lui donne moins d'éclat, ses grandes lignes subsistent toujours. Par l'élévation des sentiments, la plus humble femme du peuple a une distinction innée qui frappe souvent l'attention de l'observateur.

Dans tous les rangs de la société d'ailleurs, les femmes françaises ont pour le bien un admirable élan. Enthousiastes de leur nature, elles ne se bornent cependant pas à se laisser exalter par les grandes inspirations. Avec cette tendance pratique qui est dans notre caractère national, elles sentent le besoin de traduire par des actes, les généreuses émotions qui ont passé dans leurs âmes. La charité n'a pas de plus actifs missionnaires que les femmes de France. Ce sont les femmes qui, chaque année, figurent en majorité parmi les lauréats des prix Monthyon qui récompensent les humbles héroïsmes de la charité. Pauvres elles-mêmes, elles donnent à de plus pauvres qu'elles leurs soins, leur pain, leur temps.

Dans les classes plus élevées de la société, même chaleur d'âme, même sollicitude. Il y a encore des châtelaines qui, de même qu'au moyen âge, sont les mères de leurs paysans, et demeurent au milieu d'eux pour les éclairer, les soutenir, les soigner enfin dans leurs maladies. Au sein des villes, que de femmes vont porter dans les plus misérables demeures, les tendres encouragements et les secours matériels de la charité !

Depuis qu'avec saint Vincent de Paul, la charité est surtout devenue sociale, les femmes n'ont cessé de participer aux oeuvres fondées par ce grand apôtre du bien, ou qui, animées de son esprit, sont nées dans notre siècle. A présent, comme autrefois, les femmes du monde sont les dignes émules des soeurs de la Charité et de toutes les saintes filles qui, dans les autres communautés, se dévouent aux oeuvres du bien. Comment ne pas nommer parmi celles-ci les Petites-Soeurs des pauvres, et ne pas rappeler qu'elles furent instituées par deux ouvrières et par une servante ?

Sous l'inspiration de l'Évangile, les femmes de France, quel que soit leur habit, quelle que soit leur condition sociale, embrassent dans leur sollicitude l'existence humaine tout entière, depuis le moment où l'enfant commence sa vie dans le sein de sa mère, jusqu'au temps où le vieillard se traîne dans la tombe. Sociétés de charité maternelle, éducation des enfants trouvés ou délaissés, orphelinats, crèches, asiles, écoles primaires ou professionnelles, ouvroirs, patronage des jeunes ouvrières valides ou malades, patronage de cercles d'ouvriers, fourneaux économiques, hospitalité de nuit, hospices de vieillards, hôpitaux, bagnes, prisons, maisons de détention, de correction, de préservation, patronage des jeunes filles détenues et libérées, écoles de réforme pour les petits vagabonds, on retrouve partout la femme de l'Évangile, excepté dans les écoles et dans les hôpitaux d'où l'on chasse avec le Dieu qui protège l'enfant et qui secourt le malade, la sainte fille qui est la mère de l'un et de l'autre.

Entre toutes les oeuvres que je viens de signaler ici et qui mériteraient une longue étude que ne me permet pas le cadre restreint de mon travail, je ne peux résister au désir d'en désigner deux qui montrent, sous deux aspects caractéristiques, la courageuse charité des femmes de France. L'une est l'oeuvre des Dames du Calvaire. Elle réunit, « en une grande famille[536], » les veuves qui cherchent en Dieu et dans la charité les seules consolations que puisse laisser le déchirement des affections humaines. Sans former de voeux, sans habit religieux, elles recueillent des femmes atteintes des plaies les plus repoussantes, les plus infectes, et ces plaies, ce sont elles qui les pansent de leurs propres mains. Voilà ce que la charité chrétienne donne de courage physique ! Et voici maintenant ce qu'elle donne de courage moral.

Parmi les communautés qui s'occupent spécialement des oeuvres pénitentiaires et au nombre desquelles j'aime à placer le nom des sours de Marie-Joseph et de Notre-Dame-du-Bon-Pasteur, « des dominicaines appartenant aux premières familles de France, ne se bornent pas à recueillir les libérées des prisons, disais-je ailleurs. Avec une charité vraiment sublime et qui confond tous nos préjugés humains, elles ouvrent leurs rangs à celles de leurs protégées qui, après cinq années d'épreuves, ont été jugées dignes de prendre place parmi les épouses de Jésus-Christ. C'est au R. P. Lataste qu'est due l'inspiration de cette oeuvre si bien nommée : l'Oeuvre des Réhabilitées, qui est également appelée : *la Maison de Béthanie*, admirable souvenir de l'humble demeure que visitait Jésus, et où notre Sauveur aimait à rencontrer auprès de Marthe qui n'a jamais failli, Marie qui a péché, mais à qui il sera beaucoup pardonné, parce qu'elle a beaucoup aimé[537] ! »

Ce courage qui fait surmonter à la femme française et chrétienne tous les dégoûts physiques, toutes les répulsions morales, ce courage lui fait braver tous les périls. Dans les hôpitaux ravagés par le choléra, sur les barricades, sur les champs de bataille, on voit la cornette de là soeur de charité ;

---

[536] *Manuel des oeuvres.*

[537] Extrait de mes *Études pénitentiaires*, publiées dans la *Défense*, en 1878, d'après les documents qui m'avaient été communiqués par le ministère de l'intérieur.

et sous le feu meurtrier des obus aussi bien que sous le souffle empesté de l'épidémie, elle a trouvé de vaillantes auxiliaires dans la société laïque.

Lors de nos récentes calamités nationales, la bravoure et le patriotisme des femmes de France se sont montrés à la hauteur des exemples du passé. Si Dieu n'a plus suscité parmi elles une Jeanne d'Arc, du moins elles ont prouvé qu'elles n'étaient pas indignes d'être nées dans le pays de l'héroïne. Nous les avons vues à Paris supporter gaiement les rudes épreuves du siège, la famine, le bombardement. Nous les avons vues passer les glaciales nuits d'hiver à la queue des boucheries municipales. Nous les avons vues accepter avec intrépidité la perspective d'une explosion qui aurait fait périr avec elles l'envahisseur, et demeurer calmes au milieu des obus qui, en sifflant sur leurs demeures, leur apportaient peut-être la mort. Lorsqu'un décret décida que les femmes qu'atteindraient les obus ennemis seraient considérées comme tombées au champ d'honneur, c'était dignement répondre à l'enthousiasme avec lequel les assiégées de Paris partageaient, non seulement les rigueurs, mais les périls de la guerre. Elles pouvaient avec fierté dire cette parole que je recueillais un jour sur les lèvres de l'une d'elles : « Eh bien ! nous mourrons comme des soldats ! »

Devant le péril de la patrie, la femme s'est senti une âme romaine, et j'ai vu la mère du soldat faire passer le salut national avant même la vie de son fils.

Quand les généreuses émotions de la guerre étrangère firent place aux poignantes douleurs de la guerre civile, les femmes se montrèrent pour sauver des proscrits. Heureuses celles qui purent, comme les dames de la Halle, préserver leur pasteur de la mort !

Rappelons-le encore ici : c'est, dans l'action de la charité, c'est dans le courage du patriotisme, c'est dans les interventions qui ont pour objet d'arracher des innocents à la mort, c'est là surtout la vraie mission publique de la femme, ou, pour mieux dire, c'est l'extension même du rôle qu'elle remplit à son foyer.

Cette mission, sociale et domestique, la femme qui sait la comprendre n'en réclame pas d'autre. Ce n'est pas elle qui prétend à l'émancipation politique. Il lui suffit de maintenir à son foyer les traditions de justice, de désintéressement, d'honneur chevaleresque et de généreux patriotisme, qui font sacrifier l'intérêt personnel à la voix de la conscience[538]. Elle sait aussi que la plus sûre manière de servir son pays est de lui donner dans ses fils de courageux soutiens, dans ses filles, des femmes qui seront des mères éducatrices. Et lorsqu'elle a le bonheur d'être unie à un homme digne d'elle, elle n'a pas non plus à songer à l'émancipation civile. Entourée de sa tendresse et de son respect, elle vit de sa vie, elle partage avec lui l'autorité domestique, et si la loi humaine ne lui accorde pas la plénitude de son droit maternel, elle exerce ce droit au nom d'une loi plus haute : le *Décalogue*.

C'est la famille patriarcale telle que Dieu l'a instituée au commencement du monde, et telle que le Christ l'a restaurée. Elle a traversé de bien mauvais jours, et peut-être subit-elle maintenant la crise la plus périlleuse qu'elle ait jamais eu à combattre. Ce n'est plus seulement, comme autrefois, la corruption des moeurs qui la menace ; c'est

---

[538] C'est dans ce sens que M. de Tocqueville souhaitait que la femme ne se désintéressât pas de la vie publique : « J'ai vu cent fois, dans le cours de ma vie, » écrivait-il à Mme Swetchine, « des hommes faibles montrer de véritables vertus publiques, parce qu'il s'était rencontré à côté d'eux une femme qui les avait soutenus dans cette voie, non en leur conseillant tels ou tels actes en particulier, mais en exerçant une influence fortifiante sur la manière dont ils devaient considérer en général le devoir et même l'ambition. »

l'ébranlement même des principes sur lesquels elle repose : Dieu, l'indissolubilité du mariage, l'autorité paternelle. Plus que jamais il appartient à la femme d'être à son foyer la gardienne vigilante de ces principes. Elle ne remplit pas seulement ainsi ses devoirs d'épouse et de mère, elle remplit une mission patriotique. Au milieu des ruines qui nous entourent, elle protège contre l'effondrement général, la seule pierre qui soit restée debout : la pierre du foyer. C'est sur cette pierre seulement que pourra se reconstituer la société française.

FIN

www.ingramcontent.com/pod-product-compliance
Lightning Source LLC
Chambersburg PA
CBHW050119170426
43197CB00011B/1638